인성교육의 관점에서 본

# 학교폭력 예방 및 학생의 이해

정일환 · 주동범 · 문수백 · 류영숙 · 조태윤 · 정현숙 · 전경숙 공저

학지사

# 머리말

학교폭력에 시달리던 학생들이 잇달아 자살하면서 정부는 이에 대한 다양한 정책을 마련하고 있다. 특히 2011년 11월에 학교폭력을 견디다 못해 불행한 선택을 한 대구의 중학생 사건은 근원적인 학교폭력 예방과 대책을 향한 강력한 도화선이 되어 교육계뿐만 아니라 사회 전체를 각성시켰다. 당시 정부에서는 대통령의 지시하에 청와대 및 관계부처에서 학교현장의 실태와 학교 구성원들의 생생한 요구 및 목소리를 반영하여 이에 대한 대책안으로 2012년 2월 6일에 '학교폭력 근절 종합대책'을 발표하였다. 이후 관련 정책 및 일련의 조치로 인해 학교폭력은 많이 개선된 것으로 나타났다. 그러나 여전히 학교현장에서 학교폭력이 발생하고 있다는 것은 학교교육의 핵심인 교수–학습활동과 생활지도가 의도한 대로 작동하지 않고 있음을 보여 준다.

학교교육의 본질을 회복하기 위해서는 근원적으로 올바른 인성교육을 통해 학생들의 학교생활이 이루어지도록 사전 예방과 더불어 무엇보다도 추후 지도가 중요함은 두말할 나위가 없다. 이후 정부에서는 「인성교육진흥법」을 제정하고, 예비교사를 양성하는 교사양성기관에서 교직과목으로 '학교폭력 예방 및 학생의 이해' 교과목을 개설하여 운영할 정도로 다양한 접근을 시도하고 있다. 이에 교육학을 전공하는 학자들이 모여 '학교교육의 본질로서 인성교육의 내실화'라는 교육학적 인식과 공감대를 형성하고, 이에 관한 도서를 발간하고자 하여 『인성교육의 관점에서 본 학교폭력 예방 및 학생의 이해』를 집필하게 되었다.

이와 같은 취지와 내용을 담기 위하여 이 책은 12개의 장으로 구성하였다. 제1장에서는 학교폭력에 대한 이해를 파악하기 위해 그 실태와 유형, 이론적 관점, 원인, 예방과 대책방안을 개괄적으로 기술하였으며, 제2장에서는 학교폭력과 관련하여 학생에 대한 이해를 파악하기 위해 청소년의 특성에 대해 기술하였다. 제3장과 제4장에서는 불확실성의 사회와 청소년문제를 연계하여 학교폭력 문제를 근본적으로 진단하고 인성교육을 철학적 관점에서 탐색하였다.

제5장에서는 학교폭력 예방과 인성교육을 위해 정부에서 제정한 「인성교육진흥법」을 중심으로 기술하고, 학교폭력 예방을 위한 국내외 인성교육 프로그램을 소개하여 학교현장에서 그 활용도를 높이고자 하였다. 제6장에서는 학교폭력 예방 및 발생 시 사후조치로서 중앙정부 차원, 지방자치단체 차원 및 학교 차원에서의 대응체제가 어떻게 구축되고 실제로 대응되는가에 대해 소개하였다.

제7장과 제8장에서는 최근 날로 심각해지고 있는 스마트폰 중독 현상과 이에 따른 사이버 학교폭력에 대해 기술하고, 주요국의 스마트폰 중독과 예방대책을 살펴보았다. 제9장과 제10장에서는 학교폭력 예방과 대책에 관하여 미국의 현황과 대책 동향 그리고 학교자원경찰제도에 대해 소개하여 한국 교육현장에 주는 시사점을 제시하였다.

제11장에서는 학교현장에서 실제적으로 학교폭력 해결을 위한 인성교육의 활성화 방안으로 문제중심학습(Problem-Based Learning: PBL)에 대해 설명하였다. 이를 토대로 학교폭력 예방을 위한 문제중심학습의 실천방안과 학교현장에 적용되는 측면을 기술하였다. 제12장에서는 학교폭력 대처방안을 사회구조적 측면에서 살펴보고, 새로운 패러다임의 회복적 정의, 생태론적 접근 그리고 학교공동체 형성방안에 대해 기술하였다.

아울러 학교폭력 예방과 인성교육에 관해 독자의 이해를 돕고자 그 근간이 되는 두 가지 법률, 즉 「학교폭력예방 및 대책에 관한 법률」[시행 2023. 9. 15., 법률 제19234호, 2023. 3. 14., 타법개정]과 「인성교육진흥법」[시행 2020. 9. 12., 법률 제17472호, 2020. 8. 11., 타법개정]의 전문을 부록으로 수록하였다.

학교교육의 본질 회복 차원에서 학교폭력 예방과 대책 마련 및 인성교육의 내실화는 한국 교육이 해결해야 할 주요 과제이다. 이 책에서 학교폭력과 인성교육에 관해 기술한 이론적 · 철학적 배경과 실제적인 정책대안이 학교현장에 정착되어 글로벌 사회와 4차 산업혁명 시대에 적합한 한국의 미래 인재를 양성하는 데 기여하기를 집필진은 기대한다. 향후에도 집필진은 학생과 학부모가 만족하고, 교원이 자긍심을 가진 채 학생을 교육하는 학교현장의 모습이 정착될 수 있도록 이 분야에 대해 지속적으로 탐구하고자 한다.

끝으로 이 책이 발간되기까지 집필진이 정례적으로 모여 연구할 수 있도록 지원해 준 대구가톨릭대학교와 교정 등의 작업에 각고의 노력을 기울여 준 대구가톨릭대학교 박사과정 손판이 선생에게 고마움을 표한다. 이 도서가 곱게 발간되도록 편집 및 교정 등 수고해 주신 학지사 김진환 사장님과 편집부 직원 분들께도 감사드린다.

2024년 2월

대표 저자 정일환

# 차례

제 1 장

# 학교폭력의 이해

## 1. 학교폭력의 의의

학교폭력(school violence)의 지속적인 피해로 인해 끊이지 않는 학생들의 자살 소식 등은 교육현장에서뿐만 아니라 우리 사회를 위기상태로 몰아가고 있다. 학교폭력 문제가 우리 사회의 중요한 당면 과제인 이유는 단순히 학교 안에서 벌어지는 일에 머무는 것이 아니라 장기적으로 보다 더 심각한 사회문제를 유발할 수 있기 때문이다. 학교폭력 가해학생의 폭력에 대한 인식이 무감각해지고 일상화되어 아무런 죄책감을 느끼기 어렵고, 폭력을 목격한 학생 역시 적절하게 대처하지 못하고 있어서 날로 그 심각성이 더해지고 있다.

일반적으로 학교폭력의 개념은 학교에서 일어나는 폭력을 의미하지만 폭력의 가해자와 피해자, 발생 장소, 그 원인에 따라 다양하게 정의할 수 있다. 학교폭력의 문제에 효과적으로 대처하기 위하여 2004년에 제정된 「학교폭력예방법」은 그동안 몇 차례의 전면개정과 일부개정을 거쳐서 2012년 3월에 개정된 법에서는 학교폭력의 개념을 '학생을 대상으로 한 행위'로 확대하고 사이버따돌림도 학교폭력 유형에 추가하였다. 따라서 「학교폭력예방 및 대책에 관한 법률」 제2조 1항에 의하면, 학교폭력은 '학교 내외에서 학생을 대상으로 발생한 상해, 폭행, 감금, 협박, 약취 · 유인, 명예훼손, 모욕, 공갈, 강요 · 강제적인 심부름 및 성폭력, 따돌림, 사이버따돌림, 정보통신망을 이용한 음란 · 폭력 정보 등에 의하여 신체 · 정신 또는 재산상의 피해를 수반하는 행위를 말한다'라고 정의 내리고 있다.

2017년도 학교폭력 실태보고서에 따르면, 학교폭력 피해는 '교실 안' '복도' '운동장' 등 학생들이 주로 생활하는 '학교 안'에서 발생했으며, 피해시간은 '쉬는 시간' '점심시간' '하교 이후' '수업 시간' 등의 순으로 나타났다(교육부, 2017). 2016년 학교폭력은 학교 안에서 67.2%, 학교 밖에서 24.8%, 기타 8%로 발생한 것으로 나타났으며, 피해시간은 '쉬는 시간'이 42%, '하교 이후' 14.7%, '점심시간' 9.7%, '정규수업 시간 7.9% 등의 순으로 나타났다(교육부, 2016a). 이처럼 학교 안에서 일어나는 학교폭력은 2016년과 거의 비슷했으나 피해시간은 쉬는 시간이 많이 감소되었고 점심시간은 증가한 것으로 나타났다. 학교폭력에 대한 관심이 증가되면서 학급 또는 학교 안에서 발생하는 사소한 갈등과 폭력에 대하여 신속하고 민감하게 대처하는 교사와 학교가 많아진 것도 사실이지만, 아직까지도 폭력을 학생들의 성장과정에서 흔히 있을 수 있는 일시적인 행동으로 인식하는 경우도 있다.

따라서 교사와 학교당국은 학교폭력에 대한 올바른 이해를 통해 학교폭력을 예방하고, 학교폭력이 발생할 경우에 올바르게 대처하고 피해를 최소화하여 학생들의 교육적 성장에 도움이 되도록 하여야 할 것이다. '사소한 괴롭힘'이나 '장난삼아 한 행위'도 학교폭력임을 분명하게 가르쳐야 할 것이다.

## 2. 학교폭력의 실태와 유형

### 1) 학교폭력의 실태

학교폭력을 예방하고 감소시키기 위해서는 학교폭력의 실태와 원인에 대한 철저한 조사와 분석이 선행되어야 할 것이다. 「학교폭력예방 및 대책에 관한 법률」에서는 학교폭력의 실태를 파악하고 학교폭력에 대한 효율적인 예방 및 대책을 수립하기 위하여 학교폭력 실태조사를 연 2회 이상 실시하도록 규정하고 있다. 이러한 조사결과를 바탕으로 체계적이고 실질적인 예방 프로그램의 개발이 이루어져야 할 것이다. 지금까지의 프로그램은 가해학생과 피해학생을 위한 프로그램이 대부분이었다. 이외에도 학교폭력의 방관자를 위한 예방 프로그램 개발도 활발하게 이루어져야 할 것이다. 학교폭력 근절을 위한 규제나 제제도 필요하지만 학교폭력 예방에서 가장 중요한 과제는 교사들이 학생들에게 지속적인 관심을 가지고 학생들 간에 문제가 일어났을 때 사건을 해결하기 위해서 적절히 개입하는 것이다. 학교폭력 발생 시 교사가 무관심, 방조 등의 부적절한 대응방식으로 대처하였을 때 학생들은 폭력을 묵인하는 것으로 보고 학교폭력을 확산시키는 결과를 초래할 수 있다. 오늘날 학교폭력의 심각성은 학교만의 문제가 아니라 사회전반의 문제로 확대되어 가고 있다. 학교폭력의 피해로 인한 자살 증가, 학교폭력의 저연령화 · 집단화, 폭력에 대한 인식부족, 폭력의 잔인화로 학교폭력의 피해 정도가 증가하고 있어 학생들 사이에서 심각한 문제로 대두되고 있다. 또한 가해학생의 학교폭력에 대한 인식이 무감각하고 일상화되어 아무런 죄책감도 느끼지 않고, 폭력을 목격한 학생 역시 적절하게 대처하지 못하고 있어 날로 그 심각성이 더해지고 있다. 나아가 폭력을 많이 본 학생은 폭력행동을 모방하고 학습한다는 것이 더 큰 문제이다.

정정호(2000)의 연구에서 친한 친구가 적고 친구 사이에서 인기가 낮으며 학교폭력 피해경험이 있는 친구를 둔 학생의 학교폭력 피해경험이 많아지는 것으로 나타났다. 학교폭력 피해학생이 부모나 교사로부터 정서적인 지지와 보호를 받지 못하는 경우, 학교적응에 실패할 가능성이 높아진다. 이 결과 비행집단과의 접촉 가능성이 많아 반복적인 피해자가 되는 경향이 높아지는 동시에 폭력의 가해자로 이행될 위험이 있다고 하였다(김명자, 2001). 따라서 학교폭력 피해학생을 치유하고 이들에게 지속적인 관심을 갖고 보살피는 것이 또 다른 학교폭력 발생을 막을 수 있을 것이다. 더 심각한 것은 학교폭력이 증가되고 저연령화된 상황임에도 불구하고 학교폭력 예방교육을 받지 못한 학생이 17%로 나타났으며, 예방교육을 받은 학생 중 40.4%가 단 1회의 예방교육을 받은 것으로 나타나 학교폭력 예방교육이 부진한 실정이다.

학교폭력으로 인한 피해자의 심리적 고통은 심각한 수준이다. 2011년 전국 학교폭력 실태조사에 따르면, 2006년 17.3%, 2007년 16.2%, 2008년 10.5%, 2009년 9.4%로 점차 감소되다가 2010년 11.8%, 2011년 18.3%로 2010년부터 다시 크게 증가되었다(청소년폭력예방재단, 2012). 2011년에 학교폭력 가해학생의 지속적이고 반복적이며 의도적으로 계획된 가해행위로 피해학생이 극단적인 선택을 하여 심각한 사회문제로 부각되었다. 2011년 실태조사에 따르면, 전체 9,714명의 학생 중 학교폭력 피해를 입은 학생 1,673명(18.3%)에 한하여 자살생각 유무를 묻는 질문에 '전혀 없다'(68.6%)를 제외하고 '일 년에 1~2번'이 15.4%, '한 달에 1~2번'은 5.8%, '일주일에 1~2번' 4.0%, '지속적으로'는 6.2%로 나타났다. 학교폭력을 목격한 적이 있는지에 대한 질문에 31.8%에 해당하는 2,913명의 학생이 목격한 적이 있다고 응답하였다. 이 중 56.3%가 학교폭력을 목격하고도 모른 척하였다고 응답하였으며, 학교폭력을 보고도 모른 척하는 이유로는 '같이 피해를 입을까 봐'(29.9%), '어떻게 할지 몰라서'(25.3%) 등의 순으로 응답하였다(청소년폭력예방재단, 2012). 이것은 같은 공간에서 공부를 하고 생활하는 친구들이 폭력을 당해도 나 자신만 아니면 된다는 이기주의 의식이 팽배할 뿐만 아니라 가해학생과 방관자 학생의 도덕성 부재로 볼 수 있다.

2013년 전국 학교폭력 실태조사 결과 발표를 보면, 학교폭력을 경험한 적이 있다고 응답한 학생 중 학교폭력을 처음 당한 시기로는 초등학교 6학년이 16.5%로 가장 높게 나타났다. 그리고 초등학교 저학년 때 학교폭력 피해를 입은 학생은 31.4%, 고학년 때 피해를 경험한 학생은 43.7%로 초등학교 시기에 피해를 당한 경우는 전체의 75.1%로 나타났다. 이는 학교폭력으로 인한 피해학생의 저연령화가 지속되고 있음을 보여 주고 있다. 또한 학교폭력을 당한 학생들 중 42.1%가 폭력의 고통으로 인해 자살을 생각해 본 적이 있는 것으로 조사되었다. 이 결과는 2012년의 44.7%에 이어 자살이라는 극단적인 생각을 하는 청소년이 지속적으로 존재하는 것으로 나타났다(청소년폭력예방재단, 2014).

학교폭력이 증가하고 있음에도 불구하고 피해학생 중 피해 후 아무런 도움을 요청하지 않은 학생이 49.2%로 나타났다. 이는 2012년 조사·결과인 33.8%에 비해 15.6% 증가하였는데, 정부와 학교가 학교폭력에 대한 종합적인 대책을 실시함에도 불구하고 학생들에게는 실질적인 도움이 되지 않는 것이다. 학교폭력을 목격한 적이 있는지에 대한 질문에 22.9%가 목격한 적이 있다고 응답하였다. 이 중 52.6%가 학교폭력을 목격하고도 모르는 척하였다고 응답하였으며, 그 이유로는 '관심이 없어서'가 31.2%로 가장 많은 것으로 나타났다. 이러한 증가는 2012년에 비해 4.3% 증가한 것이다. 즉, 방관자 학생은 학교폭력 및 친구들에 대한 관심이 부족한 것으로 조사되었다. 또한 '어떻게 해야 할지 몰라서'의 비율은 2012년과 비슷한 반면, '같이 피해를 당할까 봐'는 감소하고 '도와줘도 소용이 없을 것 같아서'는 증가하였다. 즉, 보복에 대한 두려움은 줄었으나 도와줘도 소용이 없을 것 같은 좌절감은 높아진 것으로 나타났다.

피해를 당한 학생 중에서도 33.8%가 아무런 도움을 요청하지 않은 것으로 조사되었다. 도움을 요청하지 않은 이유는 '일이 커질 것 같아서'(29.8%), '이야기해도 소용이 없을 것 같아서'(25.8%) 등의 순으로 나타났다(청소년폭력예방재단, 2014).

피해학생은 학교폭력으로 인해 '죽을 만큼 고통스러웠다' '많이 고통스러웠다' '고통스러웠다'의 비율이 63.4%로, 학교폭력을 당하고 난 뒤 고통을 심하게 받고 있는 것으로 나타났다. 또한 학교폭력으로 인해 자살생각을 한 적이 있는가에 대한 질문에 피해학생 중 31.4%가 자살생각을 한 번 이상 생각해 본 적이 있다고 응답한 것으로 학교폭력으로 인한 심리적 고통이 얼마나 큰지 알 수 있다(청소년폭력예방재단, 2014). 학교폭력 실태를 분석해 보면 가장 큰 문제점은 피해학생은 신체적·정신적 고통을 겪고 있음에도 불구하고 많은 학생이 신고하지 않는다는 것이다. 피해학생은 아직 가정, 학교, 사회의 학교폭력 대처방안이 도움이 되지 않는다고 생각하거나, 학교폭력 피해 후에 도움을 요청하는 것에 대하여 부정적인 인식이 자리잡고 있는 것으로 보인다. 도움 요청 및 신고체계에 대한 믿음을 가질 수 있도록 학교폭력에 대한 인식이 제고되고 실질적인 방안이 마련되어야 할 것이다.

2022년도에 교육부가 발표한 학교폭력 실태조사의 학교급별 피해 응답률은 〈표 1-1〉과 같다.

**〈표 1-1〉 학교급별 피해 응답률** (단위: %)

| 구분 | 2018년 | 2019년 | 2020년 | 2021년 | 2022년 | 증감 |
|---|---|---|---|---|---|---|
| 초등학교 | 2.8 | 3.6 | 1.8 | 2.5 | 3.8 | 1.3 |
| 중학교 | 0.7 | 0.8 | 0.5 | 0.4 | 0.9 | 0.5 |
| 고등학교 | 0.3 | 0.4 | 0.4 | 0.24 | 0.3 | 0.06 |

출처: 교육부(2022: 9).

학교급별 피해 응답률은 초등학교 3.8%, 중학교 0.9%, 고등학교 0.3%로 전년도에 비해 초등학교 1.3%, 중학교 0.5%, 고등학교 0.06%가 증가했다. 특히 초등학교 저학년의 학교폭력의 피해가 높게 나타나 중·고등학교에 비해 상대적으로 심각하였다. 학교폭력이 심각한 사회문제로 부각되면서 정부나 민간 차원의 다양한 학교폭력 예방대책이 마련되고, 학교폭력 예방을 위한 인성교육 프로그램이 개발 및 실시되는 등 많은 노력이 이루어졌으나 학교폭력의 피해자는 줄지 않고 있다. 이는 학교폭력 관련 학생들의 심리적·사회적 발달특성, 학교폭력의 노출 정도 등 학교현장에서 필요한 다양한 정보와 요구를 충분히 반영하지 못하는 것으로 보인다. 김은영(2014)의 연구에서는 학교폭력 피해경험이 있는 학생은 다른 또래보다 불안이 높고, 사회성과 자존감이 낮은 것으로 나타났다.

**〈표 1-2〉 피해 유형별 비율(학생 1,000명당 복수응답)** (단위: 건)

| 구분 | 2018년 | 2019년 | 2020년 | 2021년 | 2022년 | 증감 |
|---|---|---|---|---|---|---|
| 언어폭력 | 34.7 | 35.6 | 33.6 | 41.7 | 41.8 | 0.1 |
| 집단따돌림 | 17.2 | 23.2 | 26 | 14.5 | 13.3 | −1.2 |
| 스토킹 | 11.6 | 8.9 | 6.7 | 6.2 | 5.7 | −0.5 |
| 신체폭력 | 10.0 | 8.7 | 7.9 | 12.4 | 14.6 | 2.2 |

| | | | | | | |
|---|---|---|---|---|---|---|
| 사이버폭력 | 10.6 | 8.6 | 12.3 | 9.8 | 9.6 | −0.2 |
| 금품갈취 | 6.4 | 8.3 | 5.4 | 5.8 | 5.4 | −0.4 |
| 성폭력 | 5.2 | 4.9 | 3.7 | 4.1 | 4.3 | 0.2 |
| 강요 | 3.9 | 3.9 | 4.4 | 5.4 | 5.3 | −0.1 |

출처: 교육부(2022: 11).

〈표 1−2〉의 학생 1,000명당 피해응답 건수는 '언어폭력'(41.8건)이 가장 많았고 다음으로 '신체폭력'(14.6건), '집단따돌림'(13.3건), '사이버폭력'(9.6건) 등의 순으로 나타났다. 이는 학생들 사이에 욕설이나 모욕 등 언어폭력의 피해가 심각하다는 것을 알 수 있다. 또한 학생들 사이에서는 자주 사용하는 욕설이 언어폭력일 수 있다는 것을 인지하지 못하고 있는 경우도 있을 것이다. 그러나 피해학생의 입장에서는 반복적인 언어폭력에 노출되다 보면 자괴감을 느끼고 친구들을 기피하는 등 부정적인 행동으로 나타날 수 있다. 따라서 이러한 결과들을 토대로 학생들에게 올바른 언어문화가 형성될 수 있도록 대책 마련과 실행이 요구된다.

한편, 학교폭력 가해학생의 응답률은 〈표 1−3〉에서 제시한 바와 같이 초등학교 1.3%, 중학교 0.3%, 고등학교 0.1%로 나타났다. 전년도에 비해 고등학생은 0.06%, 중학생은 0.14%, 초등학생은 0.45%의 비율로 증가하였다. 이는 여전히 학교폭력의 저연령화가 지속되고 있음을 알 수 있다.

**〈표 1−3〉 학교급별 가해 응답률** (단위:%)

| 구분 | 2018년 | 2019년 | 2020년 | 2021년 | 2022년 | 증감 |
|---|---|---|---|---|---|---|
| 초등학교 | 0.8 | 1.4 | 0.7 | 0.85 | 1.3 | 0.45 |
| 중학교 | 0.2 | 0.3 | 0.2 | 0.16 | 0.3 | 0.14 |
| 고등학교 | 0.1 | 0.1 | 0.05 | 0.04 | 0.1 | 0.06 |

출처: 교육부(2022: 4).

학교폭력 가해이유로는 〈표 1−4〉에 제시된 바와 같이, '특별한 이유 없이'(34.5%), '상대방이 먼저 나를 괴롭혀서'(22.1%), '오해와 갈등'(12.2%) 등의 순으로 나타났다. 그중 심각한 것은 가해학생이 폭력을 행사했음에도 불구하고 죄의식을 느끼지 않는다는 것이다. 피해학생은 폭력의 피해로 모멸감과 자괴감을 느끼고 때로는 자살에 이르게 됨에도 불구하고, 가해학생은 장난삼아 한 행동이라고 생각한다는 것은 학교폭

〈표 1-4〉 학교폭력 가해 이유

| 구분 | 전체 | 초등학교 | 중학교 | 고등학교 |
|---|---|---|---|---|
| 상대방이 먼저 괴롭혀서 | 20.5 | 22.6 | 12.5 | 10.7 |
| 장난이나 특별한 이유 없이 | 35.7 | 35.7 | 37.3 | 30.2 |
| 오해와 갈등으로 | 10.5 | 8.9 | 16.9 | 17.9 |
| 상대방의 행동이 마음에 들지 않아서 | 8.4 | 7.5 | 11.1 | 14.2 |
| 다른 친구가 하니까 | 4.1 | 3.9 | 4.8 | 5.0 |
| 화풀이 또는 스트레스 때문에 | 10.3 | 10.8 | 7.3 | 11.7 |
| 강해 보이려고 | 5.3 | 5.5 | 4.6 | 4.5 |
| 보호자나 선생님의 관심을 받고 싶어서 | 1.9 | 1.9 | 1.9 | 3.1 |
| 선배나 친구가 시켜서 | 3.3 | 3.2 | 3.6 | 2.8 |

출처: 교육부(2021: 8).

력 피해의 심각성을 인지하지 못하는 것이다. 그러나 학생들 간의 폭력은 단지 학생들 간의 문제만은 아닐 것이다. 더 넓게는 학생들 간에 지나친 경쟁을 부추기는 학교풍토, 더 나아가 가정폭력이나 다양한 매체를 통해 폭력 프로그램을 확산하는 사회환경의 영향도 크다고 할 수 있다. 이러한 환경에 노출되어 있는 학생들에게는 문제를 해결하는 방법으로 폭력을 행사하도록 학습시키며, 언어적 · 신체적 폭력을 많이 경험한 학생일수록 학교폭력 가해경험이 많은 것으로 나타났다(Murray, 1999).

가해학생의 학교폭력에 대한 그릇된 인식과 태도를 변화시키기 위해서는 체험위주의 인성교육활동을 통해 가해학생이 스스로 학교폭력 피해의 심각성을 인지하고 자각할 수 있도록 지도하여야 할 것이다.

정부도 학교폭력 예방문화 조성을 위해 학생들의 발달과정을 고려한 학교폭력 예방교육과 프로그램을 개발하여 학교현장에 적용할 수 있도록 제도적 지원 방안을 제시하였다(관계부처합동, 2016a). 그러나 무엇보다도 학교폭력을 예방하기 위해서는 교사와 학생, 학생과 학생 간에 친밀감과 신뢰를 형성하여 친화적 학교문화를 조성하고 안전한 학교환경을 구축하여야 할 것이다.

## 2) 학교폭력의 유형

학교폭력 가해행위는 지속적이고 체계적으로 착취하고, 괴롭히고, 학대하는 것으로 나타나고 있다. 금품갈취, 몸에 상처가 나지 않도록 하는 신체적 폭행 및 감금, 위협, 성적 수치심을 유발하는 언어폭력과 모욕적인 가학행위, '빵셔틀' 등 강제적인 심부름은 물론이고, 심지어 물고문과 같은 충격적인 폭력도 있다. 가해학생은 가정불화와 학업 스트레스 등 스스로 감당하지 못하는 문제로 인하여 자신의 분노와 불만을 정면으로 대응하지 않고 약한 친구를 협박, 폭행, 착취하여 대리만족을 한다. 특히 가해학생은 자신의 부모나 성인으로부터 약한 사람을 지능적으로 괴롭히고 착취하는 방법을 배운다. 일반 학생은 '나만 아니면 된다'는 심리로서 알면서 모른 체 침묵한다. 결과적으로 피해학생이 지속적으로 따돌림이나 폭력을 당하는 사실을 알고도 대개 눈을 감아 버리는 방관자가 된다. 교육부(2017)의 실태조사에서는 학교폭력을 목격한 학생의 20.3%가 방관자였다. 학교폭력을 목격하고도 방관하는 이유는 별일이 아니라고 생각하거나 학교폭력의 중재자로 나섰다가 피해를 입을 수 있다는 두려움 때문에 묵인하고 있는 것으로 나타났다. 그러나 이들은 상황에 따라서 언제든지 가해학생도 피해학생도 될 수 있기 때문에 이들에게 학교폭력에 대한 명확한 인식과 적절한 개입방법에 대해 지도하여야 할 것이다.

2022년의 학교폭력 피해 응답률은 1.7%로 2021년 대비 0.6% 증가했으며, 2020년 대비 0.1% 증가했다. 피해 유형별 응답비율은 '언어폭력'(41.8%), '신체폭력'(14.6%), '집단따돌림'(13.3%) 등의 순으로 나타났다.

2022년 시행한 교육부의 학교폭력 실태조사를 중심으로 학교폭력의 유형을 제시하면 다음과 같다.

### (1) 신체폭력

신체폭력은 신체적 고통이나 상해를 가할 의도나 그러한 의도가 있다고 인식되는 행위를 의미하는 것으로 감금, 상해·폭행, 약취, 유인 등이 해당된다. 감금은 일정한 장소에서 쉽게 나오지 못하도록 하는 행위이며, 상해·폭행은 신체를 손이나 발로 때리는 행위, 약취는 폭행이나 협박을 통해 일정한 장소로 데리고 가는 행위, 유인은 상대방을 속이거나 유혹해서 일정한 장소로 데리고 가는 행위를 의미한다. 이러한 행위는 상대방에게 신체적 고통뿐만 아니라 지속적인 두려움과 우울감을 갖게 하며 이로 인해 때로는 자살과 같은 극단적인 선택을 하기도 한다.

### (2) 언어폭력

언어폭력은 명예훼손, 모욕, 협박을 포함하는 개념으로, 빈정대거나 거친 말투로 상대방에게 고통을 주는 행위이다. 명예훼손은 여러 사람 앞에서 상대방의 명예(예: 성격, 능력, 배경 등)를 훼손하는 말을 하는 행위이고, 모욕은 욕이나 심한 말을 지속적으로 사용하는 행위이다. 이러한 명예훼손이나 모욕의 경우, 그런 내용의 글을 인터넷, SNS 등으로 퍼뜨리는 행위까지 학교폭력으로 인정된다. 협박은 신체 등에 해를 끼칠 듯한 언행과 문자메시지로 겁을 주어 상대방이 어떤 일을 행하도록 위협하는 행위를 의미한다. 이러한 언어폭력의 구체적인 행위로는 위협하기, 비웃기, 이상한 소문 내기, 약점 건드리며 놀리기, 싫어하는 별명 부르기, 흉내를 내면서 놀리기, 신체 및 외모 놀리기 등 인격적인 모욕감을 주는 행위를 말한다.

언어폭력은 피해학생이 겪는 스트레스가 무척 크지만 겉으로는 드러나지 않는 경우가 많기 때문에 주변에서 그 심각성을 알기 힘들다는 것이 특징이다. 또한 반복적으로 되풀이되고 유지되는 경향이 있기 때문에 심리적 모멸감과 자괴감을 느끼게 하고, 심각한 정신적 상처를 주어 삶의 의욕을 상실하게 할 수도 있다. 청소년폭력예방재단(2015)의 조사 결과에 따르면, 학교폭력의 피해를 입은 학생의 절반 이상이 학교폭력 피해로 인해 고통스러움을 경험하였고, 피해학생의 42.9%가 학교폭력의 고통으로 인해 자살을 생각해 본 적이 있으며, 그중 41.8%는 직접 자살을 시도한 것으로 나타났다.

### (3) 금품갈취

금품갈취는 공갈을 포함하는 개념으로, 피해학생에게 협박과 무력을 행사하여 금품을 빼앗거나 상납을 요구하는 행위를 말한다. 이때 공갈은 이득을 취할 목적으로 폭행 또는 협박을 하여 공포심을 일으키는 행위를 의미한다. 금품갈취는 돈 뺏기, 돈을 억지로 빌리고 돌려주지 않기, 학용품을 빼앗거나 망가뜨리기 등으로, 특히 초등 저학년의 경우에는 피해 사실에 대한 민감성 및 대응력이 약하여 더 큰 피해가 발생할 가능성이 있다.

### (4) 집단따돌림

집단따돌림은 집단이 개인을 의도적, 반복적으로 피하는 행위이다. 무시하기, 말걸지 않기, 같이 밥 먹지 않기, 물어봐도 대답하지 않기, 고립시키기, 좌석 배치 시 옆자리 기피 등이 해당된다. 권이종(2000)의 연구에서는 친구들로부터 따돌림을 당한 피해자는 외로움, 분노, 억울함, 자책감과 같은 감정을 느끼는 것으로 나타났다. 여학생은 외로움, 슬픔, 우울 등과 같은 자기 내면세계로 들어가면서 위축된 반응을 보인 반면, 남학생은 분노, 모욕감, 억울함과 같은 공격적인 감정 반응이 많아 남녀별로 따돌림을 당했을 때의 느낌이 차이를 보였다. 따돌린 친구들에 대해서는 복수심, 증오, 피하고 싶은 느낌을 가지며, 남학생이 여학생보다 분노가 강하게 표출되는 것으로 나타났다.

### (5) 강요

강요는 폭행 또는 협박으로 상대방의 권리 행사를 방해하거나 해야 할 의무가 없는 일을 하게 하는 행위이다. 속칭 빵셔틀, 와이파이셔틀, 억지로 심부름 시키기, 귀찮게 하기, 숙제 시키기, 청소 시키기, 돈을 훔치게 하기, 가방 등을 숨기기, 과잉친절로 불안하게 하기, 옷을 벗기려고 하기, 상대방이 원하지 않는 행동을 강요하기 등이 그 예이다. 2012년에 정부가 발표한 '학교폭력 근절 종합대책'에서는 사소한 괴롭힘도 폭력임을 단계적으로 교육하는 학교폭력 예방교육활동을 실시하도록 하고 있다.

### (6) 성폭력

성폭력은 폭행 또는 협박을 통해 강제적 성행위 및 성적 모멸감을 주는 신체적 접촉이나 행위를 의미하며, 성적인 말과 행동으로 상대방에게 성적 굴욕감, 수치심을 주는 행위도 이에 해당한다. 2014년에 개정된 「아동 · 청소년의 성보호에 관한 법률」에 의하면, 누구든지 아동 · 청소년 대상 성범죄의 발생 사실을 알게 된 때에는 수사기관에 신고할 수 있고, 특히 학교나 의료기관, 복지시설 등의 단체장과 종사자는 직무의 성격상 아동 · 청소년 대상 성범죄의 발생 사실을 알게 된 때에는 즉시 수사기관에 신고하여야 한다(「아동 · 청소년의 성보호에 관한 법률」 제34조 2항).

### (7) 사이버폭력

사이버폭력은 정보통신망을 이용한 음란 · 폭력 정보 등에 의해 신체 · 정신 · 재산상 피해를 수반하는 행위를 말한다. 특정인에 대한 모욕적인 언사나 욕설 등을 인터넷 게시판, 채팅, 카페 등에 올리거나, 특정인에 대한 허위 글이나 사생활에 관한 사실을 인터넷, SNS, 카카오톡 등에 공개하는 행위 등이 해당한다. 이런 일이 가상공간에서 벌어지다 보니 가해학생이 별다른 죄의식을 느끼지 않고 교사나 학부모도 이를 제재하기가 쉽지 않다. 2012년에 개정된 「학교폭력예방 및 대책에 관한 법률」에는 인터넷, 휴대전화 등 정보통신기기를 이용하여 학생이 특정 학생을 대상으로 지속적, 반복적으로 심리적 공격을 가하거나 특정 학생과 관련된 개인정보 또는 허위 사실을 유포하여 상대방이 고통을 느끼도록 하는 행위도 '사이버폭력'으로 보아 처벌하도록 하였다(「학교폭력예방 및 대책에 관한 법률」 제2조 제1의3).

## 3. 학교폭력의 이론적 관점

### 1) 생물학적 관점

인간의 행동을 뇌를 중심으로 한 신경계통의 통제 관리 및 체내의 호르몬 분비와 관련시켜서 이해하려는 관점이다. 이러한 입장에서는 주로 뇌의 기능 분화에 관한 연구와 각종 호르몬의 과다분비 내지는 과소분비가 인간의 정서 및 심리적 변화와 특성에 영향을 미친다고 본다. 즉, 생물학적 관점은 학교폭력과 같은 공격성향이 유전된다는 점을 강조하고, 신경학과 호르몬 요인, 각성 수준, 신경심리적 결함 등에 초점을 둔다. 즉각적으로 어떤 위협을 지각하거나 욕구 만족을 위한 기회를 만나면 2개의 뇌 구조인 편도체와 시상하부가 개인에게 주장이 강한 반응을 하도록 하여 먼저 행동하고 나서 사고하는 경향이 있다. 이뿐만 아니라 남성호르몬인 테스토스테론(testosterone)[1] 수준이 상승하고 신경전달물질인 세로토닌(serotonin)[2] 수준이 하강하게 되면 주장적 행동을 공격적으로 전환할 수 있다(Sylwester, 1999; 송재훈, 2016 재인용). 그래서 테스토스테론에 의해 야기된 높은 에너지와 활동수준을 드러내려는 경향성은 타인에 대한 공격성의 형태로 표출될 수 있다는 것이다. 이러한 사실은 남학

1) 대표적인 성(性)호르몬으로, 자신감 형성과 남성 역할의 수행에 기여한다.
2) 뇌의 시상하부 중추에 존재하는 신경전달물질로 기능하는 화학물질 중의 하나이다.

생이 여학생보다 좀 더 공격적이라는 연구결과(Gropper & Froschl, 2000; Paquette & Underwood, 1999)에 의해서 뒷받침되기도 한다.

## 2) 정신분석학적 관점

정신분석학적 관점은 Freud에 의해 체계화된 이론이다. 인간의 모든 행동에는 반드시 그러한 행동을 유발시키는 동기가 있기 마련이며, 이러한 동기에는 의식적인 수준과 무의식적인 수준이 있다는 것이다. 인간행동의 이해는 인간의 심층적인 무의식 세계를 통찰할 때 가능하며, '인간행동을 결정하는 힘의 근원은 무의식에 있다'고 보았다. 무의식은 자신도 잘 알지 못하는 욕망들로 구성되어 있으며, 개인의 행동을 실제적으로 지배하고 통제하는 원동력이 되며 무의식적 갈등이 부적응, 신경증, 신경질환의 근원이 된다는 것이다(Belkin, 1981).

정신분석학적 관점은 인간행동에 대한 인간 내부의 동기적 측면을 설명해 주어 다양한 개인차를 이해하는 데 많은 도움을 주기는 했지만 무의식에 대한 과학적 연구가 어렵기 때문에 이에 대한 비판이 따르고 있다. Freud는 우리의 마음이 구조적으로 조직되어 있다고 하였다. 그는 정신적 기구의 세 가지 주요부분을 자아(ego), 원초아(id), 초자아(superego)로 불렀다. 자아는 개체를 외부세계로 지향시키는 일군의 기능을 포함하며, 외부세계와 내부세계를 중재한다. 사실상 자아는 충동의 집행자로 활동하며 이러한 요구들은 적당한 수준에서 양심 및 외부세계와 관련시킨다. 원초아는 근본적으로 성적이고 공격적인 충동으로, 마음에 대한 본능적인 압력의 총합적 조직을 나타낸다. 초자아는 자아에서 분리된 부분으로, 개인이 어린 시절에 받은 도덕적 훈련의 잔재이며 가장 중요한 아동기 동일시와 이상적 포부의 침전물이다. 일상적인 상황에서는 이 마음의 세 주요 요소 간에 두드러진 경계선은 없다. 그러나 정신 내적 갈등이 있을 때 이들의 차이와 구별이 분명해진다(김충기, 강봉규, 2001).

자아가 가진 중요한 기능 중의 하나는 내적 위협으로부터 마음을 보호하는 것이다. 불안은 억압된 무의식적 욕구가 의식 속에 침투할 때 일어나는 압도적인 불안이나 공황의 위험에 대하여 자아에게 경고하는 신호로 작용한다. 일단 경고를 받으면 자아는 자신을 보호하기 위하여 여러 가지 방어 중에 어떤 것이라도 실행할 수 있다. 정신분석은 갈등의 관점에서 본 인간의 본성이라고 정의할 수 있다. 정신분석학에서는 마음의 기능을 갈등적인 힘의 표현이라고 보고 있다. 이러한 한 개인이 나타내 보이는 부적응의 원인은 어렸을 때의 경험으로 구성된 무의식적 동기나 욕구에서 찾으려는 입장을 취한다(Nystul, 1999).

정신분석학적 관점에서 인간에게는 모두 폭력적 충동이나 본능이 있다고 가정하고 있다. 인간의 발달과정에서 자신의 욕구를 어느 정도 만족하고 충동적 행동을 조절할 수 있는 경험을 한 청소년은 본능적인 자아인 원초아(id)와 현실적인 자아인 자아(ego)와 양심적인 자아인 초자아(superego)가 균형을 이룬다. 이로써 자아와 초자아가 자신의 충동을 적절하게 중재하여 조절하고 지연시켜서 사회적 규범이나 윤리를 따르는 데 별 어려움이 없다고 본다. 그러나 어린 시절에 지나치게 자신의 욕구를 억압하거나 그러한 상황을 강요받는 경험을 많이 한 경우나, 반대로 자신의 욕구를 지나치게 충족한 경우에는 자신의 욕구를 조절하거나 지연시킬 수 있는 능력이 없다는 것이다. 그래서 화가 났을 때 자신의 감정을 적절히 통제하거나 조절하지 못하여서 폭력적인 행동을 유발한다고 본다. 청소년시기는 그 어느 때보다 육체적 성장과 정신적 성장의 균형 있는 발달이 어려워 자신의 감정을 제어하기가 어렵다고 할 수 있다.

### 3) 사회학습이론 관점

사회학습이론(social learning theory)은 관찰을 통한 모방과 대리적 학습 및 독서와 강연 참여 등을 통한 상징적 학습에 의해서도 새로운 행동 습득이 가능하다고 본다(Bandura, 1977). 인간은 어떤 행동을 습득하기 위해서 반드시 직접적인 경험을 해야만 하는 것이 아니라, 다른 사람의 경험을 간접적으로 보고 들어서 새로운 행동을 습득하거나 변화시키기도 한다. 부모, 교사 또는 친구와 인기 연예인의 행동을 지켜본 아동에게서 그들의 행동특성을 습득하는 경향을 찾아볼 수 있다. 이러한 현상은 한 개인이 타인의 행동을 관찰하거나 모방함으로써 학습이 이루어질 수 있음을 보여 준다. 심리학에서는 이러한 학습을 관찰학습 또는 대리학습이라고 한다. 아동은 주로 형제와 또래의 행동을 단순히 따라하거나 또는 다른 사람의 행동을 관찰한 후에 자기의 판단과 생각을 덧붙여서 그 행동을 모방하기도 한다. 그러므로 관찰학습에서는 타인의 행동과정에 대한 관찰자의 지각이 영향을 받는다고 할 수 있다(Bandura, 1986). 학습자가 기계 조작에 대한 조교의 시범을 지켜본 후에 스스로 실행에 옮기는 경우가 관찰학습에 해당한다. 또한 관찰학습에서는 다른 사람의 행동을 관찰한 후, 그 행동의 결과에 따라서 모방여부를 결정하기도 한다. 즉, 모델의 행동 중 상이나 칭찬을 받는 행동은 따라하지만 벌이나 질책을 받는 행동은 피하게 된다. 예를 들어, 어린 시절에 공격적인 행동을 하는 부모를 보고 성장한 경우에는 자녀도 부모와 같은 방식으로 공격적인 행동을 하게 된다는 것이다. 이처럼 가정폭력을 경험한 아동은 갈등 상황에서 폭력을 하나의 해결방법으로 학습하게 된다. 가정폭력이나 학대를 경험한 아동이 다른 아동에 비해 공감능력이 부족하고, 충동적으로 행동하거나, 비합리적 신념과 반사회적 행동을 표출하는 경향이 강한 것으로 나타났다(이순래, 2002). Bandura(1986)의 실험에 따르면, TV를 통해 난폭한 행동에 노출된 아동은 그렇지 않은 아동보다 더 공격적인 행동을 많이 하는 것으로 나타났다. 특히 부모나 교사는 자녀나 학생의 모델링이 되기 때문에 공격적인 행동을 지양하고 어떤 상황에도 공격적인 행동이 수용되거나 강화받는 일이 없도록 지도해야 한다.

## 4. 학교폭력의 원인

지식기반사회, 정보화 사회로 인해 오늘날 사회는 점차 비인간화되어 가고 있다. 도시화, 산업화로 사회구조가 급격히 변화함에 따라 가족기능이 현저히 약화되고 있다. 이외에도 한국사회에서 빈번하게 일어나고 있는 강력 범죄들과 비윤리적 현상, 집단이기주의, 환경파괴, 공직사회의 부패 등은 도덕성과 인성이 상실된 이 시대의 위기를 보여 주고 있다(손봉호, 2011). 한국사회의 많은 사람이 자신의 생존과 안정까지도 위협을 받게 되면서 현 시대의 도덕성 및 인성의 중요성에 대한 인식이 점차 증가 하고 있다.

바람직한 전인교육의 본질을 추구해야 할 학교교육마저 입시 위주의 지식교육과 획일화된 교육으로 인하여 청소년의 인성교육에 많은 어려움을 겪고 있다. 특히 청소년 시기는 신체적, 심리적으로 많은 변화를 경험하게 되며, 이러한 변화 속에서 자신의 자아정체감을 확립하기 위해 고뇌하고 방황하며 갈등을 겪게 된다. 청소년 시기에 올바른 자아정체감을 확립하지 못하면 학교와 사회에 제대로 적응하지 못하게 되고 삶의 목표마저 상실하게 된다. 이러한 문제는 비행 등의 일탈문제, 정서 및 성격

장애, 정신질환 등의 심각한 심리병리적 문제를 일으키며, 가출, 범죄, 심지어 자살에 이르기도 한다. 우리 사회나 학교가 전인적 성숙과는 거리가 먼 입시 위주의 지식만으로 학생들을 평가하고, 그 틀 속으로 몰아가려는 현실이 두드러지고 있으며, 동시에 도덕교육의 부재, 인성교육의 상실에 대한 우려의 목소리가 높아지고 있다.

학교폭력의 피해로 인한 자살 증가, 학교폭력의 저연령화, 집단화 폭력에 대한 인식부족, 폭력의 잔인화로 학교폭력 피해정도의 수준이 증가하고 있어 학생들 사이에 심각한 문제로 대두되고 있다. 학교폭력 문제가 한국사회의 중요한 당면과제인 이유는 단순히 학교 안에서 벌어지는 것에 머무는 것이 아니라 장기적으로 보다 심각한 사회문제를 유발할 수 있다는 것이다.

학교폭력의 예방대책을 마련하기 위해서는 근본적인 원인을 살펴보는 것이 필요하다. 그 원인으로 학생의 인성 및 사회성 함양을 위한 교육적 실천 미흡, 교사가 적절한 생활지도를 하기 어려운 교육적 여건, 학부모의 자녀교육에 대한 관여 부족, 인터넷 게임, 영상매체의 부정적 영향력 증가 등을 제시하고 있다(교육과학기술부, 2012). 일반적으로 학교폭력을 설명하는 이론적 관점으로는 개인적 특성의 차이, 발달과정에서 나타나는 현상, 사회문화적 현상, 사회적 맥락 등 매우 복잡한 현상으로 한 개인이나 이유로 발생하기보다는 다양한 요인이 상호작용하여 나타난다.

## 1) 개인 요인

Crick와 Dodge(1996)의 개인 특성과 학교폭력에 관한 연구에 따르면, 분노나 충동성과 같은 정서조절 및 행동통제능력, 자아개념, 적대적 귀인과 같은 사회인지 요인이 학교폭력 관련 요인이라고 하였다(정미경, 2008). 폭력행동을 하는 청소년에게서 나타나는 특성 중 가장 많은 부분을 차지하는 것은 공격성이다. 공격성이 높은 사람은 사회질서나 규범을 고려하지 않고 자기중심적으로 행동하는 경향이 있다. Salmivalli과 Nieminen(2002)의 연구에서도 폭력의 가해학생은 일반 학생보다 공격성이 더 높은 것으로 나타났다. 또한 가해학생의 대부분이 상대방의 권리와 감정을 무시하고 친구를 지배하려는 강한 욕구인 공격성을 가지고 있으며, 반면에 자존감, 공감능력, 관점채택능력, 자기통제, 학교적응 등이 학교폭력 발생을 억제하는 요인으로 나타났다(Hoover & Oliver, 1996; 문용린 외, 2006 재인용).

이러한 선행연구들에 따르면, 자기통제능력이나 정서조절이 부족한 아동의 경우에는 공격적이고 난폭하게 행동하는 경향이 강한 반면에 자존감[3], 공감[4] 및 관점채택능력[5] 등의 특성이 잘 발달되어 있고 충분히 성숙한 아동의 경우에는 사회적으로 바람직하고 수용될 수 있는 적절한 방식으로 갈등을 해결하는 경향이 강하기 때문에 학교폭력 발생이 억제된다는 것이다. 특히 청소년기는 신체적, 심리적으로 급격한 변화를 겪는 시기로, 인생의 어느 시기보다 많은 심리적 갈등과 혼란을 경험하게 된다. 더구나 치열한 입시경쟁, 미래 자신의 진로문제 등의 현실적인 문제와 복합되어 상당히 힘든 시기를 보낸다. 따라서 이 시기에는 자신의 감정을 통제하기가 어렵다. 그리하여 사소한 일에도 민감하게 반응하거나 작은 일에도 화를 참지 못하고 공격적인 행동으로 나타나는 것이다. 선행연구에서 인구학적 요인, 특히 성별과 연령의 학교폭력 피해에 대한 영향력은 일관성 있게 나타나고 있다. 정서적으로 불안정한 시기에 있는 청소년은 사소한 일에도 예민하게 반응하거나, 끓어오르는 분노를 참지 못하거나, 통제력을 잃고 상대방에게 적대적인 행동을 하거나, 공격을 행사하는 등의 폭력적인 행동을 선택하게 된다(이승출, 2011).

이처럼 학교폭력 가해학생은 공격성, 충동성, 지배욕, 피해자에 대한 낮은 공감대를 가지는 특성을 보인다. 그중 빈번하게 나타나는 특성은 공격성인데, 이로 인해 사회질서나 규범을 고려하지 않고 자기중심적, 감정적으로 행동하는 경향이 있다. 이러한 정서불안은 정서장애로 이어져서 반항적이고 충동적이고 파괴적인 행동을 하며 다른 사람을 괴롭힌다. 또한 충동적인 사람은 반항적이고 화를 잘 내며 타인에 대한 우정이나 책임감이 적고 자기통제력이 부족하며, 이러한 충동적 성격이 청소년기 · 성인기의 부적응 및 비행과 관련이 있는 것으로 나타났다(조정실, 차명호, 2012).

일반적으로 남학생이 여학생보다 학교폭력 피해를 더 빈번히 경험하지만 여학생은 보다 높은 비율의 언어폭력을 경험하는 것으로 나타났다(김선애, 2007). 즉, 청소년기는 사회적 성별 모델의 강화가 일어나는 시기이므로 남학생은 남성적 역할의 동일시로 인해 학교폭력의 가해 및 피해가 더 많이 나타났다(황혜원 외, 2006).

---

3) 자존감(self-esteem): 자신에 대한 존엄성이 타인의 외적인 인정이나 칭찬에 의한 것이 아니라 자신 내부의 성숙된 사고와 가치에 의해 얻어지는 개인의 의식을 말한다.

4) 공감(empathy): 타인의 사고나 감정, 의견에 대하여 자신도 그렇다고 느끼는 것을 뜻한다.

5) 관점채택능력: 사물이나 현상을 관찰할 때 타인이 생각하는 태도나 방향을 이해하는 능력이다.

## 2) 가정환경 요인

가정환경은 청소년의 행동특성에 영향을 미치는 중요한 요소 중의 하나이다. 가족구조의 변화로 가정에서의 자녀지도에 대한 교육적 기능과 사회적 기능이 약화되었다. 현대의 가정은 핵가족화, 이혼율의 증가로 인한 한부모가족, 혼합가족 등의 형태로 가족의 결속력과 교육적 기능이 점차 약해지고 있다. 양종국(2002)의 비행청소년의 연구에 의하면, 비행청소년은 학교결석, 약물복용, 가출 등의 비행적인 행동이 환경 요인보다 가족의 무관심 등 심리적 요인에 더 큰 영향을 받는 것으로 나타났다. 이 연구에 의하면, 가족의 관심과 지지를 받지 못하는 경우에 청소년의 비행이 증가하는 것으로 나타났다.

부모-자녀 관계와 관련해서 폭력 가해학생은 부모와의 갈등적인 관계에 놓여있는 것으로 나타났다(Bowers, Smith, & Binner, 1992). 또한 가족관계에 있어 가해학생은 가족구성원이 서로 친밀하지 못하다고 생각하고 가족에 대한 유대감을 덜 느끼고 있으며 가족구성원 각자가 서로의 문제와 요구에 대해 관심을 갖지 않는 것으로 나타났다(문용린 외, 2006). 따라서 어떤 부모 밑에서 성장했으며, 어떤 가정에서 사회화 과정을 경험했느냐에 따라 청소년의 폭력요인이 크게 좌우된다고 할 수 있다. 가정은 기초집단으로 인간의 지능 · 성격 · 신체 · 정서 형성의 근간이 된다. 가정의 본래 기능을 잃게 될 때 자녀의 가치혼란과 주체성 상실은 크다. 건강한 가정이 있을 때 자녀의 주체성이 잘 형성되고 나아가 건전한 청소년을 기대할 수 있다(조남두, 2014).

가정에서 부모 간 폭력을 많이 목격한 학생일수록 학교폭력의 가해가 증가하는 것으로 나타났다(김재엽, 이순호, 2011). 이와 같이 가정폭력에 노출된 청소년이 학교폭력에 더 많은 영향을 미치고 있다. 이순래(2002)의 연구에서도 부모나 교사와의 애착관계가 강할수록 학교폭력을 자제하는 경향이 있는 것으로 나타났으며, 부모와의 애착 효과와 교사와의 애착을 비교했을 때 그 차이는 뚜렷하지 않았지만 부모와의 애착이 교사와의 애착보다 중요하게 작용하는 것으로 나타났다. 이와 같이 가정환경 특히 부모와의 관계가 자녀의 행동특성과 밀접하게 관련된다는 것을 알 수 있다.

우리나라 학부모는 자녀에 대한 교육열은 높으나 자녀와의 대화, 학교교육에 참여할 수 있는 기회가 부족하여 학교폭력으로 인한 이상 징후를 즉각적으로 발견하지 못한다. 또한 맞벌이가정이 늘어나면서 자녀를 돌보는 기능이 약해지고 있다. 따라서 사회와 학교에서는 학부모들에게 자녀를 올바로 이해하고 지도할 수 있는 학부모교육을 형식적이고 일회성이 아닌 지속적이고 체계적으로 실시하는 것이 필요하다. 이를 위해 관련 교과와 연계하여 교육과정의 일부분으로서 학부모를 대상으로 학부모교육을 의무화하여 자녀와 부모가 함께하는 활동 프로그램이나 자녀의 발달시기에 적합한 부모역할에 대한 교육을 실시해야 한다. 더 나아가 학생을 가장 잘 이해하고 학생과 함께 감정을 공유하고 의사소통할 수 있는 학부모는 학교 내에서 폭력문제 해결과 학생의 인성 및 전인교육을 담당할 수 있는 주체로서의 역할을 수행하도록 하는 것이 필요하다.

### 3) 학교환경 요인

학교는 학생이 지식과 기술을 습득할 뿐만 아니라 규칙을 익히고, 또래 및 다양한 구성원과 관계를 맺으면서 경쟁을 통해 상호 발전하는 과정을 경험하는 장소라고 할 수 있다. 학창시절 대부분의 기간 동안에 학생들은 학교에서 많은 시간을 보내며 가족보다 또래에 대해 보다 높은 관심을 기울이고 영향을 받기 때문에 이들로 부터 인정을 받는 것이 중요하다. 또래와의 관계에서 어려움이 있거나 이들로부터 배척당하는 것은 무엇보다도 큰 스트레스 요인이 된다(이규미, 2014). 이외에도 학교차원에서 학교폭력 발생을 유발하는 위험요인은 학급의 과도한 경쟁, 학급규칙의 부재나 비일관성, 교사의 폭력적인 언어나 행동, 학교폭력에 대한 교사의 무관심과 방임인 것으로 나타났다(박영신, 김의철, 2001; 이상균, 2005).

지금까지 우리의 교육제도, 특히 학교제도에서 인성교육이나 정의적 교육에 강조를 두기보다는 지적 교육 중심으로 이루어져 왔고 이러한 지적 중심의 교육이 인성교육의 부재를 가져왔으며, 그로 하여금 학생들의 입시 위주의 교육운영과 활동으로 학교교육의 본질이자 핵심가치인 인성교육을 소홀히 하게 되었다.

학급 내에서 발생하는 학교폭력은 단순 우발적인 경우도 있겠지만 대부분 학급구성원의 사회적 관계 속에서 발생하므로 지속적으로 유지되는 경우가 많다. 학급분위기, 학급응집력, 담임교사의 지도성, 학교생활만족도가 학교폭력 발생과 밀접한 관련성이 있었다(문용린 외, 2006). 교사와의 관계에서 교사에게 불만이 많고 갈등관계에 있는 학생이 폭력성을 보였으며, 교사가 학생에게 긍정적인 관심을 갖지 않거나 학교

차원의 학생에 대한 생활지도와 감독 소홀, 학생의 반사회적 행동에 대한 규제 부재, 그리고 문제행동과 규칙위반에 대한 신체적 체벌을 가하는 것들이 학교폭력의 위험 요인으로 나타났다(김준호, 1997). Smith와 Shu(2000)의 연구에 따르면, 학교폭력 피해학생은 학교가 자신들에게 안전하지 못한 곳이라고 느끼는 것으로 나타났다.

이에 대응하여 학생들을 효과적으로 지도할 수 있는 방법과 관련 제도가 여전히 미흡하다고 할 수 있다. 아무리 학교폭력 예방을 위한 효율적인 대책을 수립하고 법령을 제정하여도 교사에게 학교폭력을 예방하고 학생을 보호하겠다는 강한 의지가 없으면 학교폭력은 근절되지 않을 것이다. 일부 교사는 승진점수를 의식해 학교폭력 문제가 드러나는 것을 꺼린다는 지적도 있다. 학교폭력 문제가 외부에 알려지면 교사에게 불이익이 돌아가고 학교의 이미지가 좋아지지 않는다는 이유로 어떻게든 드러내지 않고 넘어가려는 폐쇄적인 학교문화도 학교폭력 문제해결에 걸림돌이 되고 있다(김영화, 2012).

학교폭력의 예방 및 해결을 위해서는 교사의 문제해결 의지와 실제 지도능력이 중요하다. 그러나 교사는 학교폭력 현상이 사회적으로 심각한 문제라고 인식하고 있으나 학교 및 학급에서는 별로 심각하지 않는 것으로 인식하고 있어 학교폭력에 대한 일반적인 인식과 실제 지각 간에는 차이가 있음이 나타났다. 그리고 학교폭력의 가장 효과적인 주체로 교사는 학생 자신을 꼽고 있어 본인에 대한 책임감은 상대적으로 적은 것으로 나타났다(조학래, 2002). 따라서 학교 내에서의 효과적인 학교폭력 문제해결을 위해 학교폭력의 정확한 실태 파악과 실제적인 대처요령에 대한 교사교육이 요구된다고 할 수 있다.

### 4) 사회환경 요인

오늘날 한국사회의 전반적인 윤리의식의 부족과 지나친 개인주의 팽배 등으로 인간 이해에 많은 도전을 받고 있다. 이러한 긴장과 혼란 속에서 전통적인 인간 이해와 삶에 대한 본질을 점차 잃어 가고 있으며, 물질화되어 가는 사회와의 갈등 또한 극심하다. 이처럼 현대사회 구조의 급격한 변화 속에서 인간은 자신을 상실하게 되고, 인간의 존엄성을 잃어버릴 위기에 직면하게 된다. 이와 함께 우리 사회에 팽배해 있는 폭력 무감각주의, 생명경시주의와 치안의 부재는 학교폭력을 부추기고 있다.

이처럼 사회가 폭력에 노출되어 있는 분위기는 개인의 공격적인 성향뿐만 아니라 다양한 매체에서 폭력적인 요소로 나타나고 있어 이는 구성원이 폭력에 노출되는 빈도에 영향을 미친다(이규미, 2014). 이외에도 퇴폐·폭력문화를 조장하는 유흥업소, 비디오방, 락카페 등 청소년 유해환경의 잦은 노출 역시 학교폭력을 조장하는 요인으로 지적된다. 청소년은 유해환경에 접촉함으로써 규범의식의 약화와 함께 반규범적인 가치나 태도를 학습할 기회가 증가하여 비행과 반사회적 공격행동을 일으킬 가능성이 높아진다(김준호 외, 1997). 이처럼 사회 전체의 폭력문화 및 지역사회 환경 요인은 청소년의 학교폭력에 영향을 미친다.

Farrington과 Loeber(2000), Bender와 Losel(2011)에 의하면, 학교폭력 가해학생의 약 25%가 성인이 되었을 때 범법자가 되는 것으로 보고되었다. 또한 우리 사회의 IT산업 발전은 사이버 공간의 급격한 확산을 일으켜 인터넷을 통한 폭력물, 음란물 등의 동영상을 접할 기회가 많아짐으로써 청소년의 폭력에 대한 인식이 둔감해지고 있으며 반복되는 영상물의 접촉으로 모방행동이 이루어지고 있다(교육과학기술부, 2012a). 이춘화(1999)의 연구에서도 보호관찰 청소년 중에 폭력비행 경험집단이 무경험 집단보다 폭력물이나 음란물을 접촉한 경험이 많은 것으로 나타났다. 이처럼 폭력물에 대한 청소년의 노출은 청소년이 갈등과 문제를 해결하는 방법으로 폭력을 행사하도록 조장할 수 있다.

## 5. 학교폭력의 예방 및 대책방안

학교폭력 문제에 효과적으로 대처하기 위하여 2012년에 개정된 「학교폭력예방 및 대책에 관한 법률」에서는 가해학생에 대한 처벌을 강화하는 한편, 가해학생에 대한 치료에도 초점을 맞추었다. 학교폭력이 근절되기 위해서는 학교의 노력뿐만 아니라 학부모의 관심과 노력도 필요한 바, 학교폭력이 발생한 경우에 가해학생의 학부모도 특별교육을 받도록 하여 학부모의 책임성을 강조하고 있다. 또한 학교폭력 예방에 기여한 자에 대해서는 상훈을 수여하거나 근무성적 평점에 가산점을 부여하는 등 인센티브를 부여하도록 하여 교직원이 보다 적극적으로 학교폭력에 대처할 수 있도록 하였다.

2012년 정부에서 발표한「학교폭력 근절 7대 실천정책」은 '학교폭력 없는 행복한 학교'를 목표로 사소한 괴롭힘도 범죄라는 인식하에 학교폭력에 철저히 대응하는 네 가지의 직접 대책과 학교, 가정, 사회가 함께하는 인성교육을 위한 세 가지의 근본대책으로 구성되었다. 인성교육 차원도 국어 · 도덕 · 사회 교과의 '인성 핵심 역량' 요소를 강화하고, 국어 시간에 바른 언어습관을 기르며, 신체활동 욕구가 강한 중학생의 체육활동을 50%로 증대하는 등에 초점을 맞추었다. 학교폭력 예방을 위한 다양한 노력은 학교폭력에 대한 정보와 대처방법을 알려 주는 데 주안점을 두고 있지만 현실적인 적용에 있어서는 어려운 부분도 많다. 물론 이 정책에는 강력한 대책과 함께 학생들의 인성교육을 강화하는 근본적인 대책도 포함하고 있으며, 폭력 발생 시 가해학생에 대한 처벌과 격리 등 외부적 강제와 규제 중심의 방안을 강조한 측면이 있다.

이러한 정책을 실시한 결과 학교폭력 안전인프라의 양적 확충, 맞춤형 예방교육 강화, 단위학교의 대응능력 및 책무성 제고, 피해학생 치유 및 가해학생 선도 시스템의 질 향상, 존중과 배려의 학교문화 조성, 지역사회와 함께하는 학교안전망 구축 등의 부분에서는 성과를 이루었다. 그러나 여전히 해결해야 할 과제로는 학교폭력 안전인프라 질적 제고, 학부모 · 교원 등 학교구성원 전체가 참여하는 예방교육, 학교폭력 신고 후 조치에 대한 불만, 가정과 사회의 공동 노력을 통한 폭력문화의 개선 등이다.

관계부처합동으로 발표한 '제3차 학교폭력 예방 및 대책 기본계획'에서는 이러한 과제를 해결하고자 하였다. 2019년에 '제3차 학교폭력 예방 및 대책 기본계획'이 종료되고 여전히 학교폭력이 중요한 사회 문제로 인식되는 상황을 고려하여 범부처의 대책 수립이 요구되었다. 특히 인프라 구축에 상응하는 정책의 질적 제고를 위해 정책 환경 변화를 반영하여 '제4차 학교폭력 예방 및 대책 기본계획'을 수립하였다. '제4차 학교폭력 예방 및 대책 기본계획'에서는 학교공동체 역량 제고를 통한 학교폭력 예방 강화, 학교폭력에 대한 공정하고 교육적인 대응 강화, 피해학생 보호 및 치유 시스템 강화, 가해학생 교육 및 선도 강화, 전 사회적 학교폭력 예방 및 대응 생태계 구축으로 구성되었다. 이를 제시하면 [그림 1-1]과 같다.

이러한 기본계획을 토대로 하여 학생들의 인성교육 강화, 교사교육, 학부모교육 등에 대한 구체적인 대책방안을 제시하고자 한다.

첫째, 학교폭력 예방을 위해 인성교육을 강화하는 것이다. 범정부 차원에서 학교폭력에 대처하기 위해서 많은 노력을 기울이고 있지만, 우리나라에서 실시되고 있

| | |
|---|---|
| 비전 | 모두가 함께 만드는 행복한 학교 |
| 목표 | ◇ 존중과 배려가 가득한 학교문화<br>◇ 적극적 보호와 교육으로 신뢰를 받는 학교<br>◇ 민주시민의 성장을 돕는 가정과 사회 |

| 5대 정책영역 | | 14개 추진 과제 | |
|---|---|---|---|
| 1 | 학교공동체 역량 제고를 통한 학교폭력 예방 강화 | 1 | 학교 · 학급 단위의 학교폭력 예방교육 내실화 |
| | | 2 | 학생 참여 · 체험 중심의 학교폭력 예방활동 확대 |
| | | 3 | 학교폭력 유형 추세 · 대응 예방활동 강화 |
| | | 4 | 전 사회적 협력을 통한 학교폭력 예방문화 조성 |
| 2 | 학교폭력에 대한 공정하고 교육적인 대응 강화 | 5 | 학교폭력 조기 감지 및 대응체계 강화 |
| | | 6 | 학교의 교육적 해결역량 제고 |
| | | 7 | 사안 처리의 공정성 · 전문성 확보 |
| 3 | 피해학생 보호 및 치유 시스템 강화 | 8 | 피해학생 맞춤형 보호 · 지원체계 강화 |
| | | 9 | 사후 지원 강화 및 학교 안팎 협력체계 구축 |
| 4 | 가해학생 교육 및 선도 강화 | 10 | 가해학생 교육 · 선도 내실화 |
| | | 11 | 중대한 학교폭력 가해학생에 대한 엄정대처 |
| 5 | 전 사회적 학교폭력 예방 및 대응 생태계 구축 | 12 | 가정의 교육적 역할 강화 |
| | | 13 | 지역사회의 역할 및 책무성 강화 |
| | | 14 | 전 사회적 대응체계 강화 및 대국민 인식 제고 |

[그림 1-1] **학교폭력 근절 종합대책**

출처: 관계부처합동(2022).

는 학교폭력 예방 프로그램은 대부분 학교폭력에 대한 개념이해와 대처방안에 치중되어 있어 예방적인 차원에서 인성교육은 부족하다. 청소년의 학교폭력 및 비행행동을 예방하기 위해서는 인성교육에 초점을 두어야 한다는 것에는 이견이 없다. 학교폭력 예방을 위해서는 폭력에 대한 구체적인 정보도 중요하나 기본적으로 갖추어야 하는 타인에 대한 배려, 책임감, 자기조절 등 덕목 중심의 인성교육이 근본적인 해결방안이 될 것이다(정미경, 2001; 조연순 외, 2001; 박종효, 2005; 박효정 외, 2006). 김상돈(2010)은 학교폭력은 가해학생의 도덕성에 문제가 있다고 하였다. 즉, 가해학생의 도덕적 무관심 및 무감각, 도덕적 무지가 학교폭력의 주된 원인으로 지적하였다.

인성교육의 개념은 다양한 개념과 의미를 가지고 있기 때문에 한마디로 규정하기가 어렵다. 그러나 그것은 기존의 인지적으로 편중된 교육상황에서는 별로 다루지 않았던 정의적 측면 및 인간의 본성과 관련한 것으로, 학습자로 하여금 건강한 전인적인 민주시민으로 성장하고 생래적인 본성을 실현함으로써 보다 풍부하고 자유로운 삶을 살 수 있도록 하기 위한 교육적 경험을 제공해 주는 것이라고 할 수 있다(조연순 외, 2001). 결국 인성교육은 전인적인 인간교육을 위해 필수적인 과정임에 틀림없다. 따라서 학교폭력 예방교육을 인성교육과 연계시킴으로써 학교폭력 발생을 줄여나가고 학생들의 협동성, 결속감을 증대시킬 수 있는 교과 외 활동을 강화할 필요가 있다. 그러기 위해서는 창의적 재량활동 시간을 활용하여 지역사회나 어려운 이웃을 위한 봉사활동 및 자율활동 등을 통한 다양한 체험학습도 효과적일 것이다. 체험활동을 통한 인성교육을 실시하기 위해서는 학교, 교사, 학생과 학부모, 지역사회 관계자의 긴밀한 협조가 선행되어야 할 것이다. 그러나 무엇보다 우선해야 할 것은 교사 스스로 인성교육의 중요성을 지각하고 도덕의식을 고취하여 그것을 실천하고자 하는 의지이다.

둘째, 청소년의 정서조절능력을 증대시킬 수 있는 정서교육에 초점을 두어야 할 것이다. 지금까지의 교육은 자신의 감정을 표현하고 조절하는 정서교육에 대해서는 관심을 가지지 않았기 때문에 청소년이 자신의 내면적인 문제나 스트레스를 효율적으로 다룰 수 있는 방법에 대해 제대로 알지 못했다. 정서교육을 통해 인간의 정서를 순화시키고 청소년의 신체적 · 심리적 특성을 이해하여 학업과 진로, 친구와의 관계 등으로 인한 청소년의 스트레스를 관리하도록 지도하고, 분노나 화 같은 감정을 잘 조절할 수 있는 정서조절능력을 증대시킬 수 있다. 실제로 학교현장에서 발생하는 집단괴롭힘, 학교폭력, 부적응 등은 상대방에 대한 배려의 부족, 분노를 조절하거나 화를 참는 능력의 부족 등으로 보는 견해가 일반적이다(김창군, 임계령, 2010).

정서조절능력은 여러 가지 경험적인 활동 외에도 소집단 활동을 통해서 발달할 수 있다. 집단활동 프로그램을 통한 대인관계의 경험, 정서적 경험은 타인과 자신에 대한 객관적인 이해뿐만 아니라 자신을 긍정적으로 발달시킴으로써 자신의 감정을 왜곡하지 않고 건설적인 방법으로 표출하도록 한다. 이처럼 정서조절능력은 자신의 감정상태를 인식하고 조절하면서 상대방의 사고와 감정을 이해하는 능력이기 때문에 청소년기에 일어날 수 있는 정서문제와 갈등을 해결하는 데 중요한 영향을 미친다고 할 수 있다. 따라서 정서조절은 청소년이 다양한 경험상의 정서문제를 인식하고 해결하도록 돕는 정서적 · 인지적 · 사회적 유능감을 증진시킬 수 있으므로 매우 중요하다(김수정, 손경숙, 2007). 이러한 의미에서 정서조절능력을 향상시키는 정서교육은 청소년이 화, 분노 등의 정서를 적절하게 표현하지 못하여 발생하는 청소년의 학교폭력을 예방할 뿐만 아니라 자신의 감정을 조절하여 또래집단과의 바람직한 사회적 관계도 증진시키게 될 것이다.

셋째, 학교폭력의 예방 및 해결을 위해 교사교육을 강화시키는 것이다. 이를 위해서는 모든 교사를 대상으로 학교폭력 예방 및 대처방안에 관한 교육을 의무화하여 정기적으로 연수회를 개최하여야 할 것이다. 아무리 학교폭력 예방을 위한 효율적인 대책을 수립하고 법령을 제정하여도 교사가 학교폭력을 예방하고 학생을 보호하겠다는 의지가 없으면 학교폭력은 근절되지 않을 것이다. 교사는 학교폭력이 일어나기 전에, 혹은 지속적으로 반복되기 전에 학생의 행동변화를 민감하게 감지하여 조기에 예방하여야 한다. 학교폭력이 발생하였을 때 교사는 반드시 객관적으로 판단하고 적극적으로 개입하여 사건을 해결하여야 한다. 폭력사건을 은폐하려고 하거나 소극적으로 대처하면 피해학생뿐만 아니라 가해학생 및 대다수의 학교폭력 방관자 학생에게 폭력을 묵인하는 결과를 초래하여 또 다른 폭력사건을 야기시킬 수 있다. 학교폭력 예방을 위해 교사는 학생에 대한 지속적인 관심과 체계적인 상담이 필요할 것이다.

넷째, 학부모교육의 강화와 학교폭력 예방 지킴이로서 학부모의 역할을 수행하는 것이다. 부모의 양육태도가 학교폭력과 상관이 있다는 것은 앞에서 살펴보았다. 따라서 정부가 추진하고 있는 학교폭력 근절 및 예방을 위한 목표를 달성하는 데 기여할 수 있는 학부모 '멘토전문가'를 양성하는 프로그램을 실시하는 것이다. 학부모가 학교폭력 멘토전문가로 활동하게 되면 다음과 같은 효과를 기대할 수 있을 것이다. ① 학부모가 학교교육에 직접 참여하면서 현실적 학교폭력 현장의 대안 방안을 마련하고 이에 대한 의견을 제시할 수 있다. ② 학부모 멘토전문가 과정 이수 후 학교폭력 예방 지킴이로서 학교폭력 사전 예방과 지역사회의 안전에 기여할 수 있다. ③ 학부모의 바람직한 학교 참여 문화를 확산하고 학교현장에서 학부모 친화적 지원을 돕는 역할을 할 수 있다. ④ 학부모교육 프로그램을 통해 학부모는 학교폭력 예방과 진로적성 상담의 구심점 역할을 담당함으로써 학생뿐만 아니라 정부지원의 취약계층과 소외계층의 학부모를 위한 멘토 역할을 담당할 수 있다. 학부모 멘토프로그램을 효율적으로 운영하기 위해서는 교육부의 취약계층 지원방안과 학교폭력 근절 방안을 연계하여 학부모 멘토전문가 과정을 현실화하고, 정부의 학부모 교육자원 봉사확대 정책을 심도 있게 파악하여 학부모교육 프로그램의 지속적인 발전방안을 모색해 나가야 할 것이다.

다섯째, 청소년이 건전한 놀이문화를 즐길 수 있는 문화공간의 확보와 다양한 프로그램의 개발 및 실시가 필요하다. 청소년을 위한 청소년 문화회관과 수련시설이 예전에 비해 많이 건립되었으나 아직도 많이 부족한 상태이다. 학교에서뿐만 아니라 우리 사회가 청소년에게 깊은 관심을 가지고 청소년이 건전한 놀이문화를 즐길 수 있는 문화공간의 확보와 더불어 청소년이 건전한 문화를 즐길 수 있는 다양한 프로그램의 개발을 통해 청소년은 심신을 건전하게 단련시켜서 성숙한 인격으로 성장해 가도록 끊임없이 노력해야 할 필요가 있다.

이외에도 학교 안에서 발생하는 폭력에 대해서 적극적으로 제지하거나 피해학생을 보호하는 역할을 하지 않는 대부분의 학교폭력 방관자 학생의 교육에도 관심을 가져야 할 것이다. 학교폭력이 발생했을 때 가해학생의 처벌과 심리치료, 피해학생의 심리치료와 보호 등이 급선무이지만 학교폭력이 문제가 되는 것은 이들 방관자 학생은 언제든지 잠정적인 가해학생으로 학교폭력을 이행할 수 있다는 점이다. 이에 이들을 위한 프로그램 개발과 함께 지속적인 프로그램 운영에도 관심을 가져야 할 것이다.

제2장

# 청소년의 이해

1. 청소년의 정의와 특성
2. 청소년기의 발달과업
3. 청소년문화
4. 청소년문제와 대처방안

## 1. 청소년의 정의와 특성

학교폭력은 학교 내외에서 학생을 대상으로 발생하는 신체 · 정신 · 재산상의 피해를 수반하는 행위를 말하는 것으로, 대부분 청소년기에 속하는 학생에게 발생하는 청소년비행을 의미한다. 청소년은 다른 어떤 심리적 발달단계에서 볼 수 없는 고유한 특성을 가진다. 그들은 아동이나 성인의 어떤 집단에도 소속되지 못하거나, 두 개의 집단에 동시에 속하게 되면서 양가적인 감정을 느끼고 주변인으로서 갈등과 정신적 방황을 경험하게 된다. 청소년의 폭력이나 범죄는 성인의 범죄와는 다른 특성을 가지고 있으며, 특히 그 시기에 경험하게 되는 여러 가지 학교폭력으로 인한 정신적 · 심리적 상처는 학생 개인의 전체 삶이나 건전한 사회구성에 부정적이면서 결정적인 영향을 미치게 된다. 청소년비행에 속하는 학교폭력을 예방하고 이에 적절한 대처방안을 마련하기 위해서는 우선 청소년에 대한 전반적인 이해가 필요하다.

### 1) 청소년의 정의

청소년은 아동과 성인의 중간 시기로서 청소년의 연령에 대한 규정은 법령이나 규범에 따라 다르게 적용된다. 대한민국의 「청소년기본법」에서는 청소년을 만 9세 이상 24세 이하인 사람으로 규정한다. 13~19세를 영어로는 teenager라고 하는데, 이는 2차 성징이 나타나면서부터 성장이 급속히 진행되는 2차 급속성장기의 성장이 끝나고 성인이 되기 전의 연령을 이르는 말이다(위키백과). 청소년기는 아동기와 성인기 사이에 속한다고 할 수 있으며, 청소년 전기(12~19세)와 청소년 후기(19~25세)로 구분된다.

청소년기(adolescence)는 라틴어 'adolescere', 즉 '성장하다'에서 유래된 것으로 Hall(1904)에 의해 처음 소개되었다(김봉소, 1989: 282). 그는 청소년기를 아동과 성인의 어떤 단계에도 속하지 않고 갈등과 혼란을 경험하게 되는 '질풍과 노도'의 시기로 묘사하였다. Hall은 사회가 원시의 야생상태에서 문명화된 성숙의 단계로 진화하듯이 인간도 유아의 원시적 상태에서 근대의 계몽된 이성적 상태로 성장해 간다고 보았다. 그 당시에는 '한 개체의 발생과정은 그 개체가 속한 종의 진화과정을 재현한다.'

라는 진화재현설이 유행하였는데, 그는 이 이론의 영향으로 인간의 성장과정은 인류라는 종이 진화해 온 과정을 거친다고 생각하였다. 아동은 성숙한 어른과는 질적으로 다른 사고방식을 가지고 있을 것으로 보고, 원시인과 같은 아동이 문명화된 성인이 되기까지의 중간단계에 대해 관심을 가졌다. 아동도 아니고 성인도 아닌 애매한 시기인 중간단계를 청소년기라고 이름을 붙이고, 청소년의 행동을 관찰하였다. 그 결과 그는 청소년을 문명세계에 갖다 놓은 원시인의 모습일 것이라고 생각하고, 원시인이 문명화된 세상에 놀라고 두려워하며 야만적 폭력성을 보이는 것처럼 청소년도 그러한 상태일 것으로 보았다. 그리고 이러한 상태를 '질풍과 노도의 시기'라고 묘사하였다.

Hall은 개인의 성장을 이미 주어진 사회발전과 동일한 측면에서 정의하려고 하였으며, 청소년기를 그러한 진화기의 과도기적 단계로 간주하였다. 따라서 청소년은 두 개의 대립적인 힘, 즉 유아의 원시상태로 되돌아가려는 힘과 성인의 이성적 상태로 나아가려는 힘에 의해 영향을 받는 '정서적 격변과 불안정'이라는 특성을 지니게 된다.

이와 같은 Hall의 청소년기에 대한 정의를 통해 청소년기가 인간발달의 과도기적 단계로서 정서적 불안정을 필연적으로 수반한다는 관점이 청소년에 대한 보편적 지식으로 자리 잡게 되었고, 현대사회에서 이들은 정신적 · 사회적 · 경제적 미성숙으로 인한 심리적 이유기, 어디에도 속하지 못하는 주변인, 경계인 등으로 정의되고 있다(김미란, 2012: 52-54). 그러나 최근에는 사회변화와 함께 청소년에 대한 정의를 새롭게 하려는 다양한 시도가 있다. 'youth' 'adolescence' 'puberty' 'teenager' 등 다양한 용어로 나타나는 청소년의 의미는 정치적 · 경제적 · 사회적 조건에 따라서도 다양하게 나타날 수 있다. 사회의 무질서와 관련하여 청소년은 비행과 이탈 집단으로 불리기도 하며, 낯설고 이해 불가능한 행동과 사고방식을 근거로 새로운 시대의 '문화생산자'로 이해되기도 한다(김미란, 2012: 52). 그들은 독립의 욕구가 강해지지만 실제로는 문제를 해결할 수 없고, 과도한 행동에 대한 적절한 통제가 이루어지지 않는 미성숙하고 불완전한 존재로 정의된다.

### 2) 청소년기의 특성

오늘날의 청소년은 산업화와 지식정보화 사회에서 풍요롭게 자란 세대로서 다원화된 가치를 존중하고 자율적이며 독립적 가치를 추구한다. 그러나 한편으로 사회와 기성세대를 통해 전통적 가치와 윤리의식을 강요받으면서 자아정체성과 가치관의 혼란과 갈등을 경험한다. 그들은 약물이나 유해업소, 폭력이나 학대 등의 여러 가지 유해한 환경에 둘러싸여 있으며, 가정과 학교에서의 무관심과 방임, 학대 등으로 자살, 폭력, 가출 등이 발생하고 있다. 특히 이 가운데 학교폭력의 문제는 심각한 사회문제로 나타나고 있다. 청소년은 성인과는 다르게 신체적, 정신적으로 미성숙한 시기로 여러 가지 혼란과 어려움을 경험하게 된다. 이러한 청소년의 위기 상황을 이해하고 올바르게 청소년문제에 대처하기 위해서는 먼저 청소년이 어떤 특성을 가지는가에 대한 이해가 필요하다.

청소년의 특성은 대체로 네 가지로 나타난다(최성환, 최해연, 2014: 835). 첫째, 청소년은 신체적으로는 이미 성인 수준에 달하고 있지만 정신적으로는 여전히 독립되어 있지 못하고 정서적으로 불안정하다. 내면적으로 독립의 욕구가 있지만 현실적으로 실현하기 어려우며, 내면적 불안과 동요로 인해 자기부정의 감정, 자기혐오나 자기비판도 나타난다. 이러한 정서적 불안감은 반사회적인 방식으로 표출되기도 한다. 둘째, 청소년은 자아의식이 강하고, 독립과 해방의 욕구가 증가하며, 기성문화에 대해 부정적 경향성을 지닌다. 따라서 전통적인 가정과 사회체제에 충돌을 보이면서 위기를 경험한다. 셋째, 청소년은 또래와 함께 있을 때 정서적 안정감을 얻는다. 음악이나 복장, 스포츠 등에서 청소년만의 고유한 문화를 만들어 가면서 그들만이 서로 이해할 수 있는 독특한 취향을 갖는다. 넷째, 청소년은 자의식이 강해지면서 다른 사람도 자기의 외모나 행동에 대해 자기와 동일한 방식으로 주의할 것이라는 자기중심적 사고를 하게 된다. 이러한 청소년의 자아중심성은 '상상의 청중(imaginary audience)'과 '개인적 우화(personal fable)'로 표현되는데, 이러한 자아중심적 태도는 청소년이 사회적인 관계에서 혼자만의 세계로 들어가 자기만의 사고에 몰입하거나 사회불안이나 충동성 같은 청소년기의 부정적 정서를 증폭시킬 수 있다. 이러한 청소년의 특성을 신체적 · 인지적 · 정서적 특성으로 구분하면 다음과 같다.

### (1) 신체적 특성

청소년기에는 체중과 신장의 급격한 증가를 경험하고, 음경과 질의 생리학적 변화와 같은 1차 성징 및 2차 성징의 발현이 이루어지며, 비만과 신경성 식욕부진과 같은 신체 문제가 많이 발생한다(김봉소, 1989: 306). 급속한 신체의 발달과 호르몬의 변화가 일어나면서 남자 청소년은 테스토스테론의 분비량이 증가하고 공격적 성향을 갖게 되며, 여자 청소년은 에스트로겐(estrgen)과 프로게스테론(progesterone)의 영향으로 상대적으로 우울감을 많이 느끼게 된다. 또한 청소년기는 대뇌발달이 불균형하게 이루어진다. 감각기관을 통해 입수된 감각정보를 분석하여 일차적인 감정적 반응을 일으키도록 하는 편도체는 성숙되지만, 추론과 의사결정 및 자기통제를 담당하는 전전두엽은 25세 혹은 그 이후까지도 계속 발달해 간다. 편도체의 성숙에 따른 강한 정서 경험에 비해서 이를 적절하게 조절하는 전전두엽의 기능이 아직 충분히 발휘되지 못하여 무모하거나 충동적인 행동 또는 강한 우울감 같은 부정적인 정서적 특성이 나타난다(최성환, 최해연, 2014: 834). 정보기억과 학습과 관련된 뇌의 수상돌기와 시냅스의 과도한 생성과 소멸이 이루어지며, 높은 도파민의 수치로 인해서 중독 성향이 증가한다.

### (2) 인지적 특성

청소년기는 인지적 발달에 따른 형식적 조작능력이 획득되는 시기이다. 신체적 · 성적 변화와 함께 청소년은 지적인 능력에서도 많은 변화를 경험한다. 인지적 발달은 자신이나 가족, 친구와 세계를 보는 관점에 영향을 미친다. 그들의 전체적인 사고과정의 질은 변한다(김봉소, 1989: 297). 그들은 추상적인 개념에 흥미를 보이고 가설적 · 연역적 사고를 할 수 있다. 형식적 조작기에 이른 청소년은 가설을 세울 수 있고, 논리적인 결론을 내릴 수 있으며, 구체적, 추상적인 행태와는 무관하게 복잡한 문제를 체계적으로 해결할 수 있다. 미래를 내다볼 수 있고, 복합적인 문제에서 대안적인 해결책을 모색할 수 있으며, 기존의 결정이나 가치에 의문을 가지고 숙고하며 새로운 일에 도전한다. 이러한 그들의 인지적 능력은 보편적 원리를 토대로 옳고 그름의 도덕적 판단을 내릴 수 있는 도덕적 사고수준의 확장을 가능하게 한다.

### (3) 정서적 특성

청소년기는 아동기에서 성인기로 넘어가는 과도기로, 부모로부터 독립을 요구하면서도 한편으로는 그들에게 의존할 수밖에 없는 감정의 양면성을 가지고 있어서 정서적 혼란과 불안을 겪는 시기이다. 이와 더불어 대인관계의 폭이 넓어지면서 교우

관계, 이성문제, 학업이나 진로문제 등으로 다양한 정서적 혼란을 경험한다. 청소년은 우울감이나 불행감, 외로움을 아동기에 비해 빈번하게 느끼며, 공포나 불안, 죄책감, 분노, 수치심 등의 부정적 정서를 자주 경험한다. 정서조절능력이 우수한 청소년은 학교적응이나 또래관계, 학습전략의 활용 등 일상생활의 다양한 측면에서 우수한 적응수준을 보이지만 그렇지 않은 청소년의 경우에는 학교생활에 적응하는 데 어려움을 겪을 수 있다. 생활 속에서 일어나는 정서적 경험에 어떻게 반응하고, 장기적으로 바람직한 결과를 위해 정서를 적절히 조절할 수 있는가는 삶의 질 전반에 영향을 끼치는 중요한 문제이다(최성환, 최해연, 2014: 834). 정서조절의 실패는 충동적이고 폭력적인 행동으로 이어질 수 있다.

이외에도 청소년은 독립의 욕구로 인해 가정에서 부모와 갈등을 경험하게 되고, 아동에서 성인으로 이동하는 과정에서 자아정체성의 혼란을 겪게 되며, 동년배들과 연대의식을 형성하여 기성세대에 저항하는 사회적 특성을 보인다.

## 2. 청소년기의 발달과업

영아기, 유아기, 아동기와 청소년기를 거쳐 성인에 이르기까지 각 발달단계에는 성공적으로 이루어야 할 구체적 발달과업이 있다. 청소년기는 신체적, 사회적, 인지적으로 성숙해지는 시기이다. Havighurst(1972)는 청소년기에 달성해야 할 생애 과업을 체격의 수용과 신체의 효과적인 사용, 남성 또는 여성으로서의 사회적 역할의 획득, 동년배 이성과의 새롭고 성숙된 관계의 획득, 부모 및 다른 성인으로부터의 정서적 독립 획득, 경제적인 직업의 준비, 혼인 및 가정생활의 준비, 사회적으로 책임 있는 행동의 열망 및 획득, 행동의 지침으로서의 가치체계 및 윤리체계의 획득으로 제시하였다(김봉소, 1989: 283-286 재인용).

청소년기에는 성인의 신장, 체중 및 신체적·성적 특성의 원인이 되는 일련의 급속한 생물학적인 신체변화를 경험하게 된다. 자신이 신체적 매력을 가지지 못했다고 생각을 하면서 열등감을 갖기도 하고, 뛰어난 외모나 능력을 가지고 있는 동료에 대해 부러운 감정을 가지기도 한다. 그러나 이러한 감정을 극복해 나가는 과정을 통해 청소년은 자신의 신체적 특성을 있는 그대로 수용하고 존중하도록 배울 수 있고, 독특한 자신에 대한 정체성을 확립해 나간다.

과거의 전통사회에는 전형적인 남성과 여성의 모습 및 정체성이 있었다. 그러나 오늘날에는 부드러운 여성 같은 남성을 선호하기도 하고, 강한 남성성을 가진 여성을 부러워하기도 한다. 이로 인해 청소년은 성 정체성을 가지는 것이 혼란스러울 수 있다. 그러나 시대가 변하더라도 여성과 남성으로서의 근본적 역할과 성 정체성은 변하지 않는다. 여성과 남성의 신체와 정서, 성격의 차이를 수용하고 자신의 성 역할과 성정체성을 확립할 필요가 있다. 성 정체성의 차이에 대한 이해를 통해 이성과 성숙하고 원만한 관계를 유지할 수 있다. 청소년은 부모가 권위를 내세우려고 하면 반발하고, 성인으로서 독립하도록 지지하면 부모에게 의존하는 경향이 있다. 이는 청소년이 아직 주변인으로서 감정의 양면성을 가지기 때문인데, 이때 부모는 독립적인 존재로서 자녀를 인정하고 생활에서 발생하는 문제에 대해 자율적으로 판단하고 해결할 수 있도록 격려할 필요가 있다.

사회가 복잡해지고 기술적으로 발전하면서 직업의 선택은 많은 사람이 개인적으로 결정하기 어려운 문제가 되었다. 컴퓨터와 인공지능(AI)의 등장과 함께 많은 직업이 급격하게 생겨나고 소멸되기도 한다. 직업에 대한 선호도도 사회변화와 함께 빠르게 변하면서 청소년의 미래 진로에 대한 불안을 가중시키고 있다. 청소년에게 그들의 소질과 재능을 발견하게 하고, 그들이 무엇을 하고 싶어 하며, 무엇을 할 수 있고, 어떤 직업을 가질 수 있는지에 대해 탐색하게 하고, 진로를 안내해 줄 수 있다면 미래에 대한 청소년의 불안감을 줄일 수 있고, 급격하게 생성하는 그들의 에너지를 안정적이고 생산적인 방향으로 이끌 수 있다. 인간은 사회 속에서 자아를 실현할 수 있으며 타인으로부터 받는 인정은 청소년의 사회적 열망을 고취시킨다. 청소년은 성인으로서 정치적 · 종교적 · 사회적 활동에 참여하도록 배워야 하며, 그 속에서 자율적이고 책임감 있는 사회인으로 성장할 수 있다. 사회공동체 속에서 다른 사람들과 상호작용하면서 행동지침으로서 가치와 윤리체계를 획득할 수 있다.

이와 같이 청소년기는 부모로부터의 독립과 자율적으로 자신의 문제를 해결하고 미래를 결정할 수 있는 독립적 존재로서 자신의 위치를 찾아야 하고, 진로의 방향을 결정해야 하며, 자신만의 지속적이고 일관된 자아정체성을 확립할 과업을 가진다. 이 가운데 가장 중요한 것이 자아정체성의 확립이라고 할 수 있다. 왜냐하면 자아정체성의 확립을 토대로 부모로부터의 독립과 진로와 직업의 방향을 결정할 수 있기 때문이다. 자아는 자기 자신에 대한 의식이나 관념을 말하는 것으로, 사고와 감정 그리고 의지 등의 주관자이면서 외부환경에 대처하고 적응하는 역동적 힘이라고 할 수 있다.

또한 감정이나 사고의 변화에도 불구하고 지속성과 동일성을 유지한다. 자아정체성은 이러한 동질성과 연속성이 유지되고 있다는 사실을 자각하는 것으로 주체적 자아와 객체적 자아 간의 조화를 유지한다. Erikson은 건강한 정체성은 선행된 단계들을 거치며 쌓아 온 성공 경험에 기초하여 만들어진다고 보았다(Rich & DeVitis, 1999: 86-88). 청소년기에는 혼란과 정체성 위기가 오기도 하는데, 이러한 위기는 대부분 정상적인 것이고 원만하게 해결될 수 있다. 그러나 이 시기를 잘 넘기지 못했을 때 정체성 혼란과 역할 혼돈이 나타나며, 가출, 범죄, 폭력과 같은 문제가 발생할 수 있다. Erikson은 이 시기를 자아정체성을 이루거나 혹은 이에 실패하는 시기로 보았다.

청소년은 순수한 이상을 가지고 있지만 현실의 자기 모습은 이상과 거리가 멀다. 자기우상화로 모든 것이 자기중심으로 이루어질 것 같지만 자기 뜻대로 되지 않는다. 이 과정에서 그들은 여러 번의 시행착오를 겪으면서 나름대로의 자아상을 가지게 된다. 여러 차례의 시행착오 끝에 조화로운 통합을 이룬다면 건강한 자아정체성 획득에 성공하겠지만, 만약 실패한다면 지나치게 부정적인 자아상을 얻거나 일관되지 못한 정체성의 혼란을 겪게 될 것이다. 부정적이거나 긍정적인 자신의 다양한 측면을 통합해 있는 그대로 자신을 바라볼 수 있다면 자신만이 가지는 일관되고 독특한 자아정체성을 형성할 수 있다.

## 3. 청소년문화

청소년문화는 1900년 Wyneken에 의해서 처음으로 공언되었으며, 1901년 Fischer는 '떠돌아다니는 사람'이라는 청소년운동을 통해 청소년문화를 장려하였다. 청소년문화는 청소년에게 독특하게 존재한다고 생각되는 행동양식이나 사고방식, 가치관, 태도, 옷차림, 언어 등을 통틀어 말하며, 그 사회의 청소년에게서만 발견되는 특수성을 갖는 문화이다. 겉으로 관찰할 수 있는 언어, 복장, 행동 등의 외면적인 것과 정신세계의 방향을 제시해 주는 이념적이고 이상적인 내면문화를 포함한다(송준수 외, 2003: 126).

청소년은 성인의 가치관이나 문화와는 다른 자신들의 가치관을 개인적 수준을 넘어 문화적 자기정체의 형태로 구성한다(최성진 외, 2004: 25). 청소년문화는 어른을 배제시키거나 기성세대의 문화를 부정하므로 세대 간 갈등과 문화의 단절을 초래할 수 있다. 서양에서는 청소년에게 부모로부터 분리된, 독립적이며 자율적인 독특한 존재로서 자신의 존재 근거를 주체적 자기의 구성을 통해 개인적 정체감을 확립할 수 있도록 한다. 그리고 이러한 가정의 자녀관은 사회적 청소년관으로 연결되어 가족구성원으로서의 자녀관을 강조하지 않고 일반 사회구성원으로서의 기본 태도와 사고 및 행위양식을 함양시킨다.

반면에 한국의 가족관은 부모와 자녀가 상호의존적이며 일체적인 특징을 가지고 있다. 전통사회구조에서는 어른의 권위를 형성하는 데 유리한 조건을 갖추고 있었다. 대가족제도는 질서를 중심으로 한 제도로서 어른의 권위를 중심으로 운용되며, 어른은 숙련된 전문인으로 인정받았다. 그러나 최근에는 컴퓨터와 인터넷의 발달로 사회변동이 급속하게 이루어지고 있다. 미디어를 통해 얻게 되는 정보는 더 이상 생활에 필요한 정보를 부모로부터 얻을 필요가 없어지게 만들었다. 컴퓨터와 인터넷의 보편화는 새로운 문명에 익숙하지 않은 어른의 권위를 약화시켰으며, 이것은 상대적으로 청소년에게 자신들이 만들어 가는 문화에 대한 효능감을 가지게 하였다(최성진 외, 2004: 24-25)

청소년문화는 저항적이고 반문화적 특성을 갖는다. 기존의 권위와 질서, 기성세대의 문화에 대해 비판하고, 전통적 가치와 규범에 맞서고 저항하면서 그들만의 새로운 문화를 창조해 나간다. 이러한 청소년의 저항문화는 사회적 갈등과 혼란을 야기하기도 하지만 새로운 문화를 창조하고 사회를 변동·개선하는 원동력이 되기도 한다. 그들은 귀에 이어폰을 꽂고 길거리를 걸어 다니거나, 어울리지 않는 화장을 하거나, 머리를 샛노랗게 물들이거나, 거친 욕을 내뱉으며 억압된 욕구를 밖으로 표출한다. 자기중심적인 청소년은 타인의 감정에 대한 이해가 부족하고 세계에 대한 객관적 시야가 폭넓게 확보되어 있지 못하므로 자신의 부정적 감정과 불안을 약한 상대방에게 전가하거나 때로는 폭력을 행사하기도 한다. 그러나 청소년시기의 비행은 성인의 범죄와 다르므로 학교폭력의 문제를 해결하기 위해서는 폭력의 주체인 청소년의 독특한 문화와 생활을 이해하고 수용할 필요가 있다.

청소년의 문화적 특성은 여덟 가지로 구분될 수 있다(송준수 외, 2003: 128-129). 첫째, 청소년문화는 고발문화이고 비판문화이다. 그들은 기성세대의 주류문화가 가진 모순과 결함을 고발하면서 주류문화의 개조와 변화를 자극한다. 둘째, 청소년문화는 갈등의 문화이다. 세대 간의 갈등, 지역 간의 격차, 그리고 서구적인 것과 전통적인 것과의 차이가 병존하는 상태에서 선택의 어려움과 가치관의 혼란을 겪는다. 셋째, 청소년문화는 자연주의 문화이다. 자연주의란 억압받지 않는 문화이고, 세속적인 질서나 규범으로부터 자유로워지고자 하는 문화이다. 그들의 자연주의는 조작적이고, 인위적인 것을 싫어하며, 형식적이고 획일적인 것을 거부하는 속성을 가지고 있다. 넷째, 청소년문화는 행동문화이다. 청소년은 열정적이며 그 열정은 행동으로 발산된다. 사유보다 행동지향적이다. 다섯째, 청소년문화는 자유의 문화이다. 그들은 자율, 자주, 자각을 존중한다. 간섭을 싫어하고 권위주의에 저항하고 관료주의를 거부한다. 여섯째, 청소년문화는 인간주의를 신봉하는 문화이다. 현대사회의 조직적이고 기계적인 관료조직에 대해 비판하고 인간존중의 문화, 인간 중심의 문화를 지지한다. 일곱째, 청소년문화는 순수지향의 문화이다. 그들은 언제나 새롭기를 원하며 과거보다 미래를 동경하고 변화를 사랑한다. 여덟째, 청소년문화는 이상주의 문화이다. 청소년은 이상과 꿈을 간직하고, 그것을 이룩하기 위해 끊임없이 창조하고 탐색한다.

이러한 청소년문화는 방황하기 쉬운 청소년에게 삶의 길잡이가 되고, 규범을 제시하며, 건전한 가치관을 제공한다. 청소년의 불만과 좌절을 건설적으로 해소시켜 주며, 과거의 무비판적인 통념과 권위에의 불합리한 예속으로부터 해방한다. 성인사회로 진입하기 위한 준비를 제공하고, 청소년의 욕구불만을 해소시켜 준다. 청소년문화에는 욕구를 통제해 주는 규범이 있어, 정당한 방법으로 욕구불만을 해소시켜 주고 이상과 현실의 격차를 줄일 수 있으며, 기성세대의 부조리를 창조적으로 개혁하는 기능을 가지고 있다. 청소년문화를 통해 기성세대는 청소년에 대한 이해를 가지고 그들을 격려할 수 있다(송준수 외, 2003: 128-130). 청소년은 우리 사회의 미래를 짊어지고 나아갈 중요한 자원이다. 그들이 미완성 상태에서 전통문화에 대한 저항의식을 가지고 기성세대의 권위에 도전하지만, 그러한 힘은 한편으로 새로운 문화의 창조와 사회 개혁·발전의 원동력이 된다.

## 4. 청소년문제와 대처방안

### 1) 청소년문제

청소년은 급격한 신체적 변화를 경험하고, 주변인으로서 어떤 세계에도 속하지 않는 어른과 아이의 이중적 정체성 속에서 내면적 갈등을 겪으며, 정서적으로 불안하고, 성호르몬의 분출로 욕구를 통제하기가 어렵다. 또한 가치관을 재구성하고 자아정체성을 확립하는 시기이기 때문에 여러 가지 갈등과 모순, 그리고 생애발달과정에서 많은 문제를 가지게 된다. 그들은 성인으로부터 벗어나고 독립을 요구하면서도 실제로는 성인으로부터 안정을 취하기를 원하며, 성인의 보호와 지지를 필요로 한다. 청소년문제는 청소년이 자기가 소속된 사회규범에 적응하지 못하여 생기는 문제로, 협의와 광의의 청소년문제로 구분하여 정의될 수 있다.

우선 협의의 관점에서 청소년문제는 '영향력 있는 집단에 의해 그 사회의 가치관이 위협을 받고 있다고 판단되고, 그 문제가 다수의 사회구성원에게 영향을 미치며, 모두가 문제의식을 가지고 공동의 노력에 의해 해결될 수 있다는 여론이 형성된 청소년에 관한 사회현상'이라고 할 수 있다. 이 정의는 첫째, 청소년에 의해 이루어지는 문제상황, 둘째, 그 상황은 영향력 있는 집단이 특정한 사회현상이 사회의 가치관을 저해한다고 규정할 때 존재하며, 셋째, 그런 현상은 다수의 사람에게 영향을 미치며, 넷째, 공동의 노력에 의해 해결될 수 있다는 신념이 있을 때라는 의미를 포함하는 정의이다.

광의의 청소년문제는 청소년비행뿐만 아니라 청소년이 가지고 있는 일반적인 문제, 즉 그들의 고민, 갈등, 욕구좌절 등 청소년 전체가 가지는 문제라고 할 수 있다. 따라서 청소년문제는 청소년비행에 한정되는 것이 아니고, 청소년이 자신의 주변에서 일어나고 있는 크고 작은 현상들에 대해서 반응하고 수용하는 과정에서 생기는 감정과 행동 모두 청소년문제가 될 수 있다. 따라서 청소년문제는 폭행, 약물 남용, 성폭력, 금품갈취, 강도 등과 같은 청소년범죄와 가출, 음주, 흡연, 불량교우, 등교거부 등과 같은 청소년비행뿐만 아니라, 그들이 겪고 있는 여러 가지 일상적인 문제, 고민, 가치관 등에 대한 포괄적인 내용이 포함된다(송준수 외, 2003: 130-132).

이러한 청소년의 문제와 비행은 성인의 범죄와 다르게 일관성의 특성을 가지고 있으며, 즉흥적이고 우발적이다. 자아정체성과 가치관의 혼란, 정서적 불안, 성적 호기심, 호르몬의 변화로 인한 공격성의 증대, 미성숙한 판단 등으로 문제가 발생하며, 대부분은 청소년기를 지나면서 안정을 회복하게 된다. 그러나 전통사회와는 달리 일정한 가치체계를 전달하기 힘든 현대사회에서 청소년은 가치관과 자아정체성의 혼란과 위기를 과거보다 더욱 심하게 겪게 된다. 최근에 청소년문제는 저연령화, 조직화, 지능화, 일상화되면서 과거와 달리 결손가정뿐만 아니라 일반적인 가정의 학생들 사이에서도 학교폭력 문제가 확대되고 있다.

청소년문제의 원인으로 가장 많이 논의되는 것은 입시 스트레스, 가정에서의 부적응, 급격한 산업화와 정보화에서 오는 도덕규범의 와해, 세대 차에 의한 가치갈등, 향락·퇴폐 업소의 만연과 같은 사회적 유해환경 등이다(차경수 외, 2010: 219-222).

첫 번째, 청소년문제의 원인은 입시 스트레스이다. 도시의 중산층 가정에서 자녀의 학업성적에 거는 과잉기대와 대학합격을 가문의 명예로 보는 문화적 전통은 청소년에게 힘든 중압감을 가져다주고 있다. 이러한 중압감과 주의의 기대에 못 미치는 자기 자신의 능력부족에 대한 좌절감, 심리적 갈등 등은 가정에서 부모와 자녀 사이에 불화의 원인이 되고 있으며, 가출의 중요한 원인으로 작용한다. 그리고 이것은 청소년을 자살에 대한 유혹과 음주, 흡연, 기타 약물중독으로 몰고 가기도 한다.

가정에서의 부적응도 청소년비행의 원인이 된다. 부모의 이혼, 부모와 자녀 사이의 가치 갈등, 자녀의 학업성적에 대한 부모의 과잉기대, 자녀의 일상생활에 대한 부모의 지나친 간섭과 자녀의 반발, 자녀에 대한 부모의 과잉보호 또는 무관심 등이 가정에서 청소년의 부적응을 낳고 있다. 청소년은 부모와의 갈등, 부모 사이의 불화, 자녀에 대한 부모의 이해 부족, 자녀의 진로에 대한 부모의 일방적 요구 등으로 가출하고 싶은 충동이 커진다고 하고, 부모의 간섭으로부터 자유롭고 자기의 능력과 취미를 바탕으로 자기의 진로를 개척하고 싶은 소망을 가진다.

급격한 산업화와 정보화는 청소년문제를 일으킨다. 산업사회의 문화와 지식정보사회의 문화가 혼재한 물질 중시 풍조 속에서 나타나는 비인간화 현상과 도덕적 가치의 경시현상은 청소년문제를 촉진한다. 저질 외래문화와 산업화와 함께 나타난 물질만능주의의 사회풍조는 청소년을 방황하게 하며, 물질적 욕망과 인명 경시의 풍조가 청소년의 비행을 촉진시킨다. 확고한 도덕규범과 인생관을 형성하지 못하고, 의지가 약한 오늘날의 청소년은 주위의 자극과 충동에 못이겨서 범죄를 저지르기도 한다.

세대 차에 의한 가치갈등도 청소년문제를 야기한다. 기성세대는 대부분 유교적 사회규범과 삼강오륜과 같은 전통적 윤리규범을 중시하는 경우가 많다. 자녀가 부모에게 복종하기를 원하며, 근검절약하면서 성실한 삶의 자세를 가지기를 원한다. 그러나 청소년은 기성세대보다 서양적인 가치관을 더욱 수용하여 자기주장을 직설적으로 표현하며, 독립적이기를 원한다. 이러한 상황에서 청소년은 기성세대와 심한 가치갈등을 느끼며, 가정이나 학교 또는 사회에서 그들과 직접적으로 충돌하기도 한다. 심한 경우에는 무력감을 느끼며 정신적 방황과 약물중독에 빠지고, 때로는 폭력에 호소하기도 한다. 사회적으로 만연된 피시방, 향락 · 퇴폐 업소 등도 청소년의 감각을 자극하여 그들을 비행으로 유혹하는 원인이 된다. 청소년을 위한 건전한 여가시설이 많이 부족한 상황에서 향락 · 퇴폐 업소는 가정과 학교에서 소외되어 있는 청소년에게 탈선과 범죄의 온상 구실을 하고 있다.

최근의 성매매, 성폭행, 집단자살, 살인, 강도, 절도 사건 등이 대부분 향락 · 퇴폐 업소, 피시방과 연관되어 있다. 향락 · 퇴폐 업소는 청소년의 건전한 도덕성을 타락시키고, 정신적으로 병들게 하며, 육체적으로 건강을 해친다. 이와 같이 청소년문제는 부모와 자녀 간의 갈등이나 부모나 교사의 무관심, 도덕적 가치와 규범의 와해, 학업 스트레스와 불량한 교우관계, 그리고 개인적 성격의 결함이나 심리적 문제, 또는 유해한 지역사회의 분위기 때문에 발생하게 된다. 부모와의 친밀한 유대감 형성과 교사와의 신뢰회복, 학교에서의 근본적인 규범 전달과 건전한 지역사회의 분위기 등을 통해 청소년문제의 해결방안이 모색될 수 있다.

### 2) 청소년문제에 대한 대처방안

청소년문제와 비행, 학교폭력 문제를 해결하는 전통적인 대처방안은 법률을 통해 인과응보적으로 처벌하는 것이었다. 그러나 청소년비행은 강제적인 격리와 처벌의 방식으로 감소시키거나 해결할 수 없다. 청소년은 아직 미성숙하고 미완성인 상태이므로 처벌을 통해 그들의 성장 가능성을 막을 수 없으며, 법적 처벌은 비행청소년에게 더 많은 비행을 저지르게 하고, 나아가 성인범죄에 가담할 수 있는 가능성을 높인다. 따라서 최근에는 학교폭력에 대한 회복적 정의를 바탕으로 화해와 신뢰 구축, 상담과 인성교육 등을 중심으로 청소년비행과 학교폭력 문제의 해결방안을 찾으려는 논의가 활발하게 일어나고 있다.

미국에서는 청소년문제를 해결하고 범죄를 예방하기 위하여 학업을 중도에 중단할 가능성이 높은 청소년에 대해서 연구하였고, 그 결과로 감정적 · 행동적 문제, 잦은 결석, 낮은 학업수행능력, 학업관심 부족 등의 문제점을 가진 위기청소년집단이 보고되었다(최병욱, 2016: 514). 그들은 부모의 관리와 감독의 부재, 학업중단, 낮은 학업성취도, 가난, 낮은 지능, 비행친구와의 만남, 실업과 폭력환경에 노출, 거주지의 빈번한 이동, 영양상태 불량 등의 위기요인을 가지고 있다. 위기청소년은 빈곤, 부모의 이혼, 소년소녀가장, 학대, 북한이탈 청소년, 다문화가정자녀 등의 가족적 위기와 학교폭력, 학습부진과 학업중단 등의 교육적 위기, 폭력피해, 범죄, 가출, 성경험, 약물 사용과 남용 등의 개인적 위기상황을 가진다. 그리고 이러한 위기는 어느날 갑자기 나타나는 것이 아니라 연속적인 발달단계의 결과이다(최병욱, 2016: 514-515).

청소년의 위기수준은 5단계로 분류될 수 있다(최병욱, 2016: 515-516). 1단계는 '최저위기' 단계로서 학교와 가정환경, 그리고 타인과의 사회적 관계가 긍정적이며 심리적 스트레스를 거의 가지고 있지 않은 상태를 말한다. 2단계는 '저위기' 단계로서 약간 부족한 사회적 · 경제적 배경과 가정, 학교, 사회관계, 그리고 약간의 스트레스 요인을 가지고 있는 상태이다. 3단계는 '고위기' 단계로서 부정적인 가정과 학교, 사회관계에 놓여 있고, 스트레스 요인이 많으며, 부정적 태도나 감정 등의 개인적 위기 징후가 발견되는 단계이다. 4단계는 '위기행동 입문' 단계로서 청소년이 어떤 한 가지 유형의 문제행동을 시작하는 단계이고, 5단계인 '위기행동' 단계에서 청소년은 단순한 형태의 위기행동에서 다른 범주의 위기행동으로 확대되어 간다. 이와 같이 청소년위기란 어떤 특수한 청소년에게서만 특별하게 나타나는 문제행동이 아니라 정도의 차이는 있지만 누구에게나 일어날 수 있는 문제상황인 것이다. 따라서 가정과 학교, 사회전체가 유기적으로 협력하여 각 위기수준에 따라 적절하게 청소년의 문제에 대처할 필요가 있다.

가정은 청소년의 위기상황을 회복할 수 있게 도와주는 가장 결정적인 역할을 하는 1차집단이다. 청소년은 부모에 대해 객관적으로 평가하기보다는 부모에 대한 부정적인 감정과 의존하려는 양가적인 감정을 동시에 가진다. 부모가 이러한 불안정한 감정을 이해하고 수용해 주면서 자녀에 대한 관심과 독립의 욕구를 인정해 준다면 청소년은 위기상황을 대체로 잘 극복하고 독립된 인격체로 성장할 수 있게 된다. 그러나 여러 가지 위기상황에 노출되고 부모와의 갈등 상황에서 부모로부터 부정당하거나 욕구가 제대로 수용되지 않는다면 관계적 욕구에 집착하거나 독립하지 못함으로써 나타나는 정서적 혼란을 겪게 된다(이시은, 이재창, 2004: 222-223). 따라서 청소년문제와 위기상황을 극복하기 위해서는 우선 가정에서 자녀독립에 대한 인정과 수용, 그리고 올바른 가치와 사회규범의 전달을 통해 미래의 진로에 대한 긍정적 방향을 제시해 줄 필요가 있다.

학교는 청소년이 대부분의 시간을 보내는 장소로서 청소년기 학생의 인격 형성에 큰 영향을 미친다. 대학 입시를 위한 지식의 전달만을 강조할 경우에 학생들은 학교생활에 흥미를 잃고 불량학생과 접촉하거나 불량서클에 가담할 수 있다. 학생은 현실적으로 대부분의 교과내용을 학원에서 미리 학습하거나 인터넷을 통하여 배운다. 이러한 교과에 대한 선행지식을 바탕으로 교과내용을 통합적으로 구조화하고 실제 생활에 적용하여 학생에게 앎과 깨달음의 기쁨을 경험하게 하며, 다양한 활동 프로그램을 개발하여 학생이 자신의 적성을 개발할 수 있는 기회를 제공할 수 있다. 또한 학교 근처의 유해환경을 통제하고 청소년이 참여할 수 있는 복지시설의 확충을 통해 건전한 청소년의 신체적 · 정신적 · 심리적 성장과 안정을 도모할 수 있다.

제3장

# 학교폭력 예방과 인성교육

1. 불확실성 사회와 학교폭력 문제
2. 청소년문제와 학교교육
3. 학교폭력 예방과 인성교육

## 1. 불확실성 사회와 학교폭력 문제

전통사회에서 개인은 제도와 관습, 그리고 문화와 규정된 도덕적 양식의 구속을 통해 비교적 자율적 선택에 따라 불안과 정신적 혼란에서 벗어날 수 있었다. 근대 이후 개인은 자신의 삶을 선택할 수 있는 독립되고 자율적인 존재로 나타나게 되었다. Kant(1960)는 인간을 도덕적 명법(maxim)에 따라 합리적이고 자율적으로 사고할 수 있는 존재로 보고, 교육을 통해 사유의 자율적 인간 본성을 이끌어 내야 한다고 보았다(Kant, 1960: 83-85). 인간은 이성적 존재로서 옳고 그름에 대해 스스로 판단할 수 있는 자율적 도덕성을 지니며, 자신의 행동에 대해서도 제도나 관습, 혹은 기계적 경향성에서 벗어나 스스로 책임을 질 수 있는 주체적 존재이다. 자율적 존재로서의 인간은 외부의 규율과 사회적 권위를 뛰어넘어 스스로 삶의 방향을 결정짓는 주권자이지만, 그 결과에 대한 책임을 홀로 감당해야 하므로 전통사회와 달리 선택의 자유로운 권한 속에서 많은 불안을 경험하게 된다.

과학의 발전을 통한 경제의 기적과 정보의 과잉생산, 그리고 지구촌 현상과 함께 나타나는 후기 현대사회에서의 개인은 미래의 불확실성과 복잡성, 그리고 과잉선택의 가능성 속에서 불안을 경험하고 있다. 표준적 생애과정이 붕괴되면서 개인은 스스로의 삶을 설계해 나가야 한다. 즉, 출생–교육–취업–결혼–은퇴 등 일련의 생애과정에 따라 정립된 근대사회의 보편적인 삶의 양식이 무너지면서 개인은 각자 자신의 삶을 기획 및 실행하며 수정해 가야만 한다. 이는 능동적이고 자율적인 생활방식을 요구하지만 실제로는 매우 불확실하고 불안정한 삶이다.

이러한 불확실성 사회에서 개인은 자유로운 개인을 넘어 위기와 위험을 스스로 해결해야만 하는 불확정적 존재가 된다. 이러한 개인화의 의미는 사회적 생활양식의 해체와 새로운 생활방식의 출현으로 나타난다. 이것은 계급과 계층, 남녀의 성 역할, 가족 등과 같은 산업사회의 생활방식에서의 이탈과 분리의 의미를 포함한다. 개인은 특정 사안과 특정 상황에 따라 일시적으로 만나서 연합하고 해산하며, 특정한 롤모델 없이 각자의 삶을 스스로 생산해 낸다. 지위와 소비지향적인 가치체계의 붕괴, 개인적 성공과 직업적 성공의 동일시 기준의 해체, 가정 내에서의 성별 분업의 약화, 노동과 경제적 보상에 대한 관점의 변화, 개인의 가치지향성의 강화, 개인화된 생활방식과 새로운 대안적 문화의 출현이 가치체계 변형의 원인이 된다(이하준, 2014: 74-77). 가치체계의 변형은 사회조직과 구조를 약화시키고, 그 속에서 불안정한 정체성을 특징으로 하는 청소년은 더욱 심각한 위기 상황에 직면하게 된다. 그리고 이러한 위기 상황에 대한 특별한 사회적 대처방안이 확실하게 마련되지 않는다면 잠재되어 있던 청소년의 폭력성향이 외부로 드러나게 된다.

한국인은 특히 매우 불확실한 위험사회에 노출되어 있다. 세계 최고의 자살률, 저출산율, 이혼율 그리고 높은 실업률 등은 과잉경쟁체제 속에서 오로지 각자의 생존을 위해 스스로 살아남아야 하는 현실을 반영하고 있다. 불안한 현실과 제도적 안전장치의 미흡으로 가정의 붕괴현상이 가속화되고 있으며, 그 속에서 불확정성을 특징으로 하는 청소년의 학교와 사회적응 문제가 심화되고 있다.

청소년문제는 학교 부적응뿐만 아니라 산업화에 따른 가족의 역할과 구조의 변화도 포함한다. 특히 자본주의 사회구조에서 파생되는 가족의 경제적 기초의 불균등한 배분은 경제적 취약계층 청소년의 자아실현의 공간과 기회를 상실시키고, 그들을 방황과 일탈의 위험상황으로 몰고 간다. 합법적 수단을 얻을 수 있는 기회가 하류계층의 청소년에게는 제한되어 있으므로 이에 대한 불만과 충족되지 못한 욕구가 비행과 일탈로 이어지게 되는 것이다(윤석진, 2008: 6-9). 또한 현대사회와 같이 안정된 사회적 장치의 부족은 사회에 대한 유대를 감소시키고 인간에게 내재되어 있는 폭력성향을 증가시킨다.

현대 과학문명의 발달은 인간의 실존문제를 더욱 부각시키고, 정체감의 위기를 가중시킨다. 정체감의 위기는 청소년기에 가장 극적으로 경험하게 되는데, 많은 청소년이 현재 당면한 발달과업을 성공적으로 성취하지 못하고 위기상태에 놓여 있어 음주, 흡연, 학업중단, 비행, 학교폭력이나 자살 등의 다양한 부적응의 문제를 경험하고 있다. 학교 부적응은 개인의 욕구가 학교환경체계와의 관계에서 수용되지 못하거나 만족되지 못하는 상태로서 학교폭력과 밀접한 관련이 있다. 청소년이 학교생활에 적응하지 못하는 경우 학교에 대한 적대감, 공포감, 경쟁에서의 실패감이 누적되어 무단결석, 가출, 중퇴, 폭력, 정서적 장애, 자살 등의 문제에 직면하게 된다(김계정, 2014: 1).

학교폭력을 경험한 학생은 심한 우울 증세를 보이거나 폭력의 두려움 때문에 고민하다가 스스로 목숨을 끊는 경우도 발생하지만, 실제로 가해학생은 폭력행위에 대한 죄의식을 갖지 못하는 경우도 많다. 가해학생의 부모는 대부분 그들 자녀에 대한 부정적인 태도를 가지고 있고, 일관되지 못한 교육을 하고 있으며, 부부갈등으로 인한 가정불화 등의 가정적 문제를 가지고 있다(민경삼, 2014: 38). 심리학자나 상담자는 정서적으로 곤란을 겪으면서 적응문제로 시달리고 있는 청소년을 지칭하는 용어로 위기청소년이란 용어를 사용하는데(김계정, 2014: 2), 현대사회의 불안정한 개인화와 미래에 대한 불확실성은 이러한 위기의 청소년을 폭력의 상황에 노출시키는 원인이 되고 있다.

## 2. 청소년문제와 학교교육

과학과 기술문명의 발달 및 개인을 중심으로 한 사회체계의 변화, 그리고 사회조직체계의 효율성은 인간에게 물질적 풍요로움과 편리함, 다양한 문화로의 경험 확대를 통해 인간의 심리적·내적 자각과 인지능력의 발달을 가져오기도 한다. 하지만 그것은 인간의 고유한 정신적 능력과 옳고 그름을 판단할 수 있는 도덕적 품성에 대한 관심과 노력을 소홀하게 하는 원인이 되기도 한다. 사회변화와 인간의 발전에 대한 의미는 여러 차원에서 논의가 될 수 있지만, 어떠한 과학이나 물질적 발달이 이루어진다고 하더라도 그것이 인간의 인성이나 도덕성과 결부되지 않으면 사회적 균열과 분열을 일으키게 되고, 결국에는 사회 자체가 존속될 수 없다는 것은 누구나 인정하게 되는 사실이다. 특히 정보화와 국제화로 요약되는 현대사회에서 기존 가치체계의 쇠퇴는 가정붕괴와 학교의 기능 약화로 인해 청소년의 불안과 갈등, 그리고 일탈과 비행문제를 심화시킬 수 있다.

현대사회는 정신적 가치보다는 물질적 가치가 우선시되고, 생명을 무시하는 태도가 사회 전반에 걸쳐 흐르고 있다. 타인을 억누르고 지배하려는 권력지향의 치열한 경쟁문화와 전통적 가치의 약화, 그리고 인간 생명을 경시하는 풍조 등은 대부분의 우리에게 바람직하고 옳은 삶이 무엇인지 깊이 생각하지 않고 오로지 단순하고 현세적인 동기에 의해서만 생활하며 쾌락을 얻으려고만 하는 풍조를 낳게 했다. 도덕적 삶이 무엇인지 숙고하지 않고 도덕적 자아와 방향 감각을 상실한 사회에서 청소년은 힘든 일을 적극적으로 헤쳐 나가려는 성향이 부족하게 되고, 자기통제나 절제능력도 약화되고 있으며, 오로지 물질이나 외형적 기준만을 중시하게 된다. 이러한 현실에서 청소년에게 문제가 되고 있는 것은 가출, 자살, 학교폭력 등의 위험 행동들이다.

통계청 · 여성가족부(2012)의 자료에 의하면, 우리나라 중 · 고등학교 재학생 중 학교생활에 만족한다는 응답 비율은 2012년에는 47.2%, 2014년에는 50.2%로 나타나고 있고, 아울러 2016년에는 중 · 고등학교 재학생 중 45.3%만이 교육내용에 대해 만족하고 있는 것으로 나타났다. 우리나라의 어린이와 청소년은 OECD 회원국 가운데 삶의 만족도가 가장 낮은 것으로 나타났다. 「2016 제8차 어린이 · 청소년 행복지수 국제비교 연구」에 의하면, 한국 어린이의 주관적 행복지수는 82점으로 조사 대상인 OECD 회원국 22개국 가운데 최저수준을 보였으며, 어린이나 청소년 5명 중 1명은 자살 충동을 느낀 적이 있었고, 100명 중 5명은 3번 이상 자살 충동을 경험한 '자살 충동 위험집단'에 속한다고 조사되었다(정일환, 2016b: 1). 이러한 한국교육의 문제점과 더불어 학교폭력 문제도 심화되고 있는데, 최근에 나타난 학교폭력의 특징으로는 저연령화, 음성화, 언어폭력과 사이버폭력의 증가 등이다. 2021년에 발표한 교육부의 학교폭력 실태조사 결과에 따르면, 학교폭력 피해 응답률 가운데 언어폭력 41.7%, 집단따돌림 14.5%, 신체폭력 12.4%, 사이버폭력 9.8% 순으로 나타났다(교육부, 2021).

이러한 학교폭력의 문제를 해결하기 위해 여러 가지 정책이 지속적으로 개선 및 마련되고 있다. 2022년에는 학교폭력 사안 내용을 개정하여 피해학생의 신고가 없어도 학교폭력의 징후가 발견되면 교사가 바로 조사할 수 있도록 하였고, 사이버상의 폭력이 추가되었으며, 생활기록부에 기재된 가해학생 조치에 관한 기록 삭제를 까다롭게 하여 가해학생이 학교폭력의 심각성을 깨닫고 폭력에 대한 경각심을 갖도록 하였다(교육부, 2022). 이와 같이 사회 위기와 청소년문제를 해결하기 위해 여러 가지 사회구조와 제도의 문제를 개선하고 해결할 필요가 있지만, 더욱 근본적인 것은 진정한 삶과 가치에 대한 깊이 있는 반성적 노력이 있어야 한다는 것이다. 비행과 탈선, 학교폭력을 포함하는 청소년문제의 원인은 여러 가지로 제시될 수 있는데, 그것은 대체적으로 다음의 네 가지로 요약될 수 있다(차경수 외, 2010: 220-222).

첫째, 학업 스트레스는 학교폭력의 원인이 된다. 학교교육은 잠재능력을 개발하고 인격을 형성한다는 목적과 직업을 얻기 위한 준비 또는 수단으로서 성격을 가지고 있다. 그러나 오늘날 한국의 부모와 학생은 인격형성이나 능력개발보다는 학교교육을 출세를 위한 수단으로 이용하고, 학업성적에 대한 과잉기대는 청소년에게 견디기 힘든 중압감을 가져다주고 있다. 이러한 중압감과 시험결과에 대한 좌절감 그리고 심리적 갈등 등은 가정에서 부모와 자녀 간 불화의 요인이 되고 있으며, 청소년에게는 대화의 단절과 가출의 중요요인으로 작용하고, 갈등이 심화되면 학교폭력으로 이어지게 된다.

둘째, 가정에서의 부적응은 청소년문제를 일으킨다. 청소년기는 부모로부터 독립의 요구가 증가하는 시기이다. 대부분의 청소년은 가족과 함께 지내는 것보다 친구들과 함께 있고 싶어 하고 부모의 권위와 통제에 대해 저항한다. 청소년은 성장하면서 또래집단에 소속되기를 원하고, 그들의 집단규범에 동조하기 때문에 부모와의 갈등과 불화를 경험하게 되는데, 이때 부모의 요구가 일방적이거나 지나친 간섭이 이루어질 경우에 청소년의 위험행동이 증가하게 된다.

셋째, 급격한 산업화와 정보화에서 오는 도덕규범의 와해는 물질 중시 풍조와 비인간화 현상, 도덕적 가치의 경시 현상을 만들어 내고 있다. 또한 가정과 학교에서 명확한 도덕적 가치의 전달 부족은 청소년이 확고한 도덕규범을 내면화하는 것을 실패하게 한다. 이러한 불확실한 도덕감의 형성과 물질 중시 풍조는 청소년을 방황하게 하고, 탈선과 비행을 촉진하는 결과를 야기한다.

넷째, 세대교체에 의한 가치갈등은 청소년의 정체성 혼란을 야기한다. 지금의 기성세대는 대부분 유교적 가치관에서 자녀가 복종하기를 바라고 근면성실한 전통적 윤리규범을 중시한다. 그러나 청소년은 서양의 가치관을 수용하여 자신의 주장을 직설적으로 표현하며, 효도보다는 독립적이 되려고 한다. 이러한 세대 간 가치관 차이는 청소년에게 가정과 학교, 사회에서 방황하게 만들며, 이것이 무력감으로 발전하여 정신적 방황이나 약물중독, 그리고 폭력을 행사하게 만들기도 한다.

이러한 청소년문제의 책임은 일차적으로 가정에 있지만, 가정에서 청소년문제를 해결하기 위한 방안은 그렇게 효율적이지 않다. 청소년은 대부분의 시간을 학교에서 보내며, 혈연과 정서로 연결되어 있는 부모와 자식 간의 애정 관계는 문제를 해결하기 위한 합리적인 방안을 마련하는 데 걸림돌이 될 수 있다. 부모는 자식의 문제를 파악하는 데 객관성을 보장할 수 없으며, 위기의 청소년이 속한 가정의 대부분은 가정 내에서도 이미 가족구성원이 원만하게 해결할 수 없는 많은 문제를 가지고 있기 때문이다. 결국 청소년시기에 겪는 많은 위기와 학교폭력 문제는 청소년이 대부분의 시간을 보내고 있는 학교가 중심이 되어 가정과 지역사회 그리고 정부가 함께 연계하여 해결해야 할 것이다.

학교는 하나의 사회체제로서 구성원들에게 공동의 선을 실현할 수 있도록 교육과정을 조직하고, 과거로부터 내려오는 행동양식이나 가치관, 사회규범 등을 전달함으로써 그들의 의식을 일정한 방향으로 이끌어 사회적 통합에 기여한다. 학교교육의 이러한 기능을 통해 청소년은 자기가 속해 있는 집단의 문화유산을 내면화함으로써 어떻게 행동하고, 무엇을 희망하며, 무엇을 해야 하고, 무엇을 하지 말아야 할지를 결정할 수 있는 능력을 함양하게 된다. 이와 같은 학교의 사회화 기능을 통해 인간행동을 예측하게 됨으로써 사회질서가 유지되고, 모든 구성원이 동의하는 근본적인 규범과 가치관을 통해 안정적인 사회통합을 이룰 수 있다. 결국 학교는 개인이 사회에 적응할 수 있도록 도와주고, 사회통합과 발전에 기여하며, 사회 속에서 존재할 수 있는 갈등을 중재하고 전체 사회의 기능이 원활하게 수행될 수 있도록 도와준다(차경수 외, 2010: 98-99).

학교의 일차적 교육목적은 청소년에게 건전한 자아정체감과 인성을 함양할 수 있는 기회를 마련하고, 이를 통해 사회적응과 진로에 대한 방향을 설정해 주는 것이다. 학교는 도덕적으로 온전한 인격을 기르는 인성교육의 장이며, 이를 통해 사회통합과 발전을 도모한다. 인성교육은 사회를 구성하는 개인에게 건전한 도덕적 신념체계를 갖게 하고, 이를 중심으로 인격적 통합을 이룰 수 있도록 도와주는 것이다. 학교에서의 인성교육은 도덕적 행위를 결정하는 규율 준수에 대한 의식을 갖게 하고, 자신의 감각적 욕구를 주어진 환경과 다른 사람과의 조화를 고려하여 적절히 통제할 수 있는 능력을 갖게 한다. 그리고 공동체에 대한 연대의식과 공통의 도덕감 및 가치관을 형성할 수 있도록 한다. 결국 학교교육은 도덕교육이라고 할 수 있으며, 교사는 아동을 사회에 입문시키는 일차적 역할을 맡게 된다. 사회적 본성을 지닌 인간은 사회를 떠나거나 사회적 영향에서 벗어날 수 없다. 인간은 규범과 제도, 관습의 영향을 직접적으로 받게 된다(황종관, 2001: 97).

학교에서 이루어지고 있는 사회화의 도덕내용은 규범에 따른 구체적인 행동습관을 길러 주는 것으로 구성되어야 한다. 규칙을 지키고, 자기책임을 다하며, 배려하고 협동하는 것과 같은 가치를 담고 있는 이야기나 문학 작품을 통해 도덕성에 대한 공통된 규준을 형성하고 바람직한 것을 동경하도록 하는 마음의 습관을 길러 줄 수 있다. 학교의 도덕교육은 인지적 · 정의적 · 행동적 요소로 구성된다. 인지적 요소는 행동에 대한 사고방식, 규범에 대한 이해와 도덕적 문제에 대한 사고와 판단을 말하며, 정의적 요소는 문제 사태에 반응하는 심리적 대응방식으로서 감정, 정서, 감각, 기분, 태도 등을 포함한다. 그리고 행동적 요소는 도덕적 사고가 일상생활에서 직접적인 행위로 나타나는 것으로, 의지, 노력, 절제, 습관과 같은 것을 포함한다. 이와 관련하여 학교의 도덕교육 내용은 다음과 같이 제시될 수 있다(심성보, 1999: 488-490).

우선, 인지적 요소와 관련하여 도덕교육은 건전한 가치관을 기반으로 하는 도덕성을 향상시켜서 무엇이 옳고 그른지, 무엇이 선하고 악한지에 대한 안목을 길러 주는 가치교육을 해야 한다. 학교의 모든 활동은 실제로 가치가 개입되어 있으므로, 사회적 · 정치적 · 개인적 가치 등을 습득하여 공동의 가치관을 형성할 필요가 있다. 이를 통해 사회규범을 이해하고 가치 있는 행동을 선택할 수 있으며, 학교현장에서 만나게 되는 여러 가지 복잡한 문제를 해결하는 데 있어서 올바른 도덕적 원리와 기준을 가지고 도덕적 판단을 내릴 수 있게 된다. 진정한 인간으로서의 가치가 무엇인지 깨닫게 하고, 감각의 추구에 비해 보다 높은 인성의 함양을 통해 스스로 자부심을 가질 수 있도록 해야 한다.

둘째, 정의적 영역에서 도덕교육은 행복과 관련된다. 인간은 잘못된 행동에 대해 수치심과 죄책감을 가질 수 있고, 이를 극복함으로써 몸과 마음의 평화와 건강을 유지하며, 원만한 대인관계를 통해 삶의 즐거움을 느낄 수 있다. 행복은 자아발견과 함께 이루어질 수 있는데, 이를 위해 학생들이 자기이해를 할 수 있도록 도와주어야 한다. 자신의 취미와 잠재력, 가능성과 장단점을 이해하고, 이를 바탕으로 자아실현의 기회를 가질 수 있을 때 행복에 도달할 수 있다. 인간 본성과 욕망에 대해 이해할 수 있도록 안내해야 하며, 인간의 원초적인 삶의 힘과 동기유발의 근거가 되는 욕망을 이해하고, 욕망의 적절한 통제를 통해 좋은 삶을 살 수 있다는 것에 대해 인지할 수 있도록 도와주어야 한다. 이러한 자기절제와 통제는 긍정적 자아정체성을 바탕으로 한 정서적 안정의 토대 위에서 이루어질 수 있다.

셋째, 행동적 영역에서 도덕교육은 일상의 생활세계와 직접 관계되는 교육으로 이루어져야 한다. 매일의 생활에 대한 도덕적 판단을 할 수 없다면 규범은 그냥 하나의 성과를 내기 위한 도구로 전락할 것이다. 또한 도덕교육은 지행합일(知行合一)의 특성을 지니고 있으므로 앎과 행위를 일치시키는 교육내용으로 구성되어야 한다. 실제 학교에서 다른 사람과의 상호작용을 통해 타인을 이해하고 수용할 수 있는 능력을 형성할 수 있으며, 이를 바탕으로 가정, 지역사회, 국가 등의 공동체에 대한 책임을 자각하고, 동료와 이웃과의 연대감을 형성할 수 있다.

넷째, 총체적인 측면에서 도덕교육은 인간의 궁극적 삶의 목적을 깨달을 수 있도록 해야 한다. 이를 위해 세계에 대한 외적 기준보다는 내적 기준에 관심을 갖도록 유도해야 하고, 자연의 개발과 소유 중심의 가치관에서 벗어나 인간과 자연이 함께 공존하는 교육이 이루어져야 한다. 자연환경의 파괴는 환경오염뿐만 아니라 인간의 마음도 물질 중심으로 흘러가게 만든다. 도덕교육을 통해 자연과 환경, 생명 등의 생태학적 관심을 불러일으킬 수 있어야 한다.

공동체를 구성하여 개인의 사회화에 중요한 기여를 하는 학교는 청소년의 인성을 확립시킬 수 있는 중요한 장소이며, 학생의 개인적 문제상황을 중재하고 통제할 수 있는 권위와 힘을 가지고 있는 중요한 사회화기관이다. 이러한 학교교육의 실질적 목적은 학생들의 올바른 인격 형성을 도와 그들의 사회적 삶에의 적응과 자아실현을 돕고, 이를 통해 사회안정과 통합에 기여하는 것이다. 학교는 청소년의 현재 삶의 대부분을 차지하는 생활 장소이며, 도덕적 행위를 실천하여 인성과 인격을 형성하고 교정할 수 있는 장소이다. 그리고 교사의 모범적인 행동을 통해 이상적인 행동의 모델을 마음에 새길 수 있는 장소이며, 미래의 삶과 행복을 설계하는 데 도움을 줄 수 있는 최적의 기관이다. 이러한 학교의 도덕적 기능의 활성화를 통해 학생들의 탈선과 학교폭력의 문제를 예방할 수 있다.

## 3. 학교폭력 예방과 인성교육

인류의 생성과 함께해 온 폭력행위는 사람들에게 공포와 두려움을 안겨 주고, 정신적 병리현상을 일으켜서 신체적, 정신적, 심리적으로 미완성 상태인 청소년을 죽음의 상황으로까지 몰고 갈 수 있다. 폭력은 어느 곳에서나 발생할 수 있는 것으로, 인간의 원초적인 충동과 욕망이 적절히 통제되지 못하면 문제가 될 수 있는 상황에서 언제나 행사될 수 있는 비정상적인 힘이다. 폭력은 단순히 신체적 · 물리적 폭력만을 말하는 것이 아니라 언어적 · 정신적 · 심리적 폭력까지 포함한다.

학교폭력은 학교와 학교 주변에서 학생 간에 발생하는 비정상적인 물리적 · 정신적 고통을 수반하는 행동으로, 아직 미성숙한 청소년의 현재와 미래의 삶까지 파괴할 수 있다. 특히 청소년기는 심리적 이유기(心理的 離乳期)로서 독립의 욕구가 강해지지만, 실제로 스스로 문제를 해결할 수 있는 능력이 완성되지 못하고, 급격한 신체적 · 심리적 변화로 인해 가정과 학교생활에 여러 가지 적응의 문제를 가져오며, 자신의 의지와 행동에 대한 절제와 통제가 적절히 이루어지지 않는 미확정성과 불완전성을 경험하는 시기이다.

청소년 학교폭력은 학교와 관련하여 발생하는 모든 폭력행위를 의미하며, 오늘날 청소년폭력의 특징은 단순한 탈선의 차원을 넘어 심각한 범죄단계에 이르고 있다. 뿐만 아니라 가치관의 혼란으로 폭력행위에 대한 죄의식을 느끼지 못하며, 일반 청소년에게까지 폭력행위가 발생하고, 단순폭력보다 지속적으로 가해지는 폭력이 증가하고 있다(이재욱, 2012: 12).

이러한 학교폭력의 문제를 해결하고 예방하기 위해서 정책적인 차원에서 여러 가지 대처방안이 마련되어 있지만, 학교폭력의 문제를 근본적으로 해결하기 위해서는 예방적 차원에서의 교육적 장치를 마련하여 실천하는 것이 필요하다. 학교폭력 문제를 실효성 있게 해결하기 위해서는 보다 근본적인 해결방안을 마련할 필요가 있는데, 이는 교육을 통한 의식의 변화와 학생들의 내재적 품성과 올바른 인격을 형성할 수 있는 인성교육의 활성화를 통해 접근할 수 있다.

학교교육은 지식교육과 인성교육의 영역으로 구분될 수 있는데, 학교폭력의 문제를 해결하기 위해서는 학교가 학생들의 올바른 인성의 형성에 교육의 목적을 두고 학생들의 전인적인 성장을 도모할 필요가 있다. 이 과정에서 지식과 인성을 구분하여 단절적이고 이분법적으로 학교폭력의 문제를 해결하기보다는 하나의 연속과정에서 통합적으로 접근할 필요가 있다. Durkheim(1980: 176-178)은 인성과 지식은 별개의 것이 아니라 동일하게 보아야 하는 것으로, 사회적 실재를 객관적으로 실천할 수 있는 것을 인간의 도덕성으로 보았다. 인성교육을 위해 지식과 인성이 별도의 영역으로 취급될 것이 아니라 서로 연계되어 통합적으로 이루어질 때 학생들의 올바른 인격 형성이 이루어질 수 있다는 것이다.

학교의 위기를 근본적으로 해결하기 위해서는 학교 외부에서 대안을 찾기보다는 학교의 본래적 의미를 통해 해결방안을 모색할 필요가 있다. 학교를 의미하는 영어의 'school'은 희랍어의 'schole'에서 유래하였으며, 그것은 여가 혹은 휴식을 의미한다. 이때 schole는 특정한 장소보다는 직관(intuition)이나 관조(contemplation)와 같은 정신적 활동을 가리킨다. 즉, 정신적 활동을 추구하는 특별한 장소로 이해될 수 있다. 정신적 활동이란 Hegel이 말한 '지금-여기', 즉 눈앞에 벌어지고 있는 부분으로서 삶으로부터의 격리와 초월을 의미한다(김승호, 2013: 22). 이것은 학교의 교육과정이 대학입시나 취업 등의 현실적이고 실용적인 요구에 따라 좌우될 것이 아니라 삶의 장기적이고 전체적인 관점에서 교육 목적과 내용, 그리고 방법 등이 결정되어야 한다는 것이다.

삶의 과정에서 만나게 되는 다양한 문제에 대처하고 해결하기 위해서는 세계에 대한 객관적이고 보편적인 안목이 필요하다. 이것이 학교의 근본이념인 schole를 의미하는 것이고, 학교의 본래적 의미의 회복이다. 세계를 직관할 수 있는 보편적 원리에 대한 이해와 지식이 필요하고, 이를 위해 여유와 휴식이 필요하다. 학교의 위기를 극복하기 위해서는 학교를 아이들이 마음껏 뛰어놀고 활동하고 여유 있게 공부에 몰두하면서 발견이나 깨달음의 기쁨을 누릴 수 있는 격려와 초월의 공간으로 만들어 주어야 한다(김승호, 2013: 24). 학교의 본래적 의미와 가치가 회복된다면 학교의 위기를 극복하는 실제적인 방안이 마련될 수 있을 것이다.

인성이란 각 개인이 가지는 사고와 태도 및 행동성을 말하는 것으로, 다른 사람들과 구분되는 지속적이고 일관된 독특한 심리 및 행동양식이다. 인성은 내적 동기나 욕구를 적절히 조절하거나 제한하는 내외적 통제 간의 조정을 나타내는 것으로, 일상생활을 유지하기 위한 개인의 독특한 특성과 습관이라고 할 수 있다. 이러한 인성은 안정적이고 변화하지 않는 지속적인 개인의 내외적 구조와 유동적이고 변화하는 측면 모두를 포함한다(국립특수교육원, 2009).

인성은 선천적으로 가지고 태어나는 각 개인의 고유한 특성과 환경과의 상호작용을 통해 변화될 수 있는 후천적인 특성을 포함한다. 그리고 인성의 개념에는 인간이 가지는 태도와 행동양식뿐만 아니라 여러 가지 문제상황에서 합리적인 근거를 토대로 옳고 그름을 판단할 수 있는 가치판단의 의미도 포함된다. 즉, 인성은 한 개인이 가지고 있는 내외적 특성, 습관, 가치판단까지 포함하는 포괄적인 개념이다. 학교폭력과 청소년시기에 일어나는 여러 가지 일탈과 탈선을 예방하고 방지하기 위해서는 학생들에게 포괄적 측면에서 인성을 형성할 수 있는 다양한 교육 프로그램이 제공되어야 한다.

인성교육은 학생들에게 올바른 인성을 갖게 하고, 그들의 현재 상태를 더 나은 방향으로 변화시키는 것을 목적으로 하기 때문에 가치지향적인 특성을 가지고 있다. 따라서 인성교육은 옳고 그름에 대한 기준을 명확히 할 수 있도록 올바른 덕목을 설정하고, 학생들에게 그것을 실천할 수 있는 많은 기회를 제공하여 바람직한 행동과 가치를 판단할 수 있는 사고능력과 선을 지향하는 마음가짐을 가질 수 있도록 이끌어 주는 것이어야 한다. 그러나 현재 학교에서 진행되고 있는 인성교육은 주로 문제학생 위주의 단편적 · 형식적 · 계도적 차원에서 이루어지고 있어서 실질적으로 학생들의 인성과 행동변화에 바람직한 결과를 가져오지 못하고 있다.

학생들의 바람직한 행동의 변화를 이끌어 내기 위해서는 인성교육의 내용과 방법이 그들의 관심과 흥미를 이끌어 낼 수 있는 것이어야 하며, 그것은 현대사회의 변화와 연계하여 그들이 경험하는 현실세계와의 일치 속에서 이루어질 수 있다. 앞으로의 미래사회는 가치와 문화의 다양성과 개방성이 확대될 것이므로 단순히 교훈적인 덕목의 전달이나 전통적인 가치관이 요구하는 획일적인 가치체계의 습득을 통해서만 인성교육이 이루어진다면 학생들과의 소통이 이루어지기 어려울 뿐만 아니라, 인성교육을 통해 학생들의 폭력행위를 예방하거나 폭력을 통해 야기되는 여러 가지 문제를 효율적으로 해결하기에는 한계가 있을 것이다.

강선보 등(2000: 281-299)은 21세기의 인간은 자신의 삶의 질서를 스스로 형성시켜야 하는 과제를 지니고 있으므로 현대사회에 대한 폭넓은 지식과 전망을 가지고 확장된 세계 안에서 자신의 삶을 의미 있게 정립하고 숙고해야 하며, 이에 따라 행동할 수 있는 인성교육이 실시되어야 한다고 말하면서 21세기 인성교육의 구성 원리를 관계성, 도덕성, 전일성, 영성, 생명성, 창의성, 민주시민성으로 제시하였다. 그 특징은 다음과 같다.

• 상호 관계적 삶을 추구하는 관계성은 나 자신과 타자, 자연, 지구, 우주에 이르기까지 모든 것이 서로 관련이 있고, 연결되어 있음을 통찰하는 것이다. 자신과의 관계를 통해 자기 자신을 올바로 이해할 수 있으며, 이는 곧 타자와 세계를 이해하는 바탕이 된다. 이를 위해 자기탐색 프로그램을 활성화할 수 있고, 자신과 타인과의 대화를 통해 개방적이고 융통성 있는 자아를 형성할 수 있다. 자연과 접촉하고 교감할 수 있는 기회를 부여하여 일시적인 인간과의 관계에서 일어나는

갈등을 넘어 자연이 주는 보편적인 생명의 메시지를 통해 보다 안정적인 인성을 형성할 수 있다.

- 인격적 통합성을 추구하는 도덕성은 인격을 구성하는 포괄적인 덕목들을 내면화하고, 자율성과 합리성과 같은 이성적 능력을 요구하는 덕과 배려, 관계와 같은 감성적인 측면의 덕들을 포함하는 전인적 인격이 형성된 상태를 말한다. 환경적인 부분에 따라 요구되는 덕목이 달라질 수 있지만 한 개인에게 내면화된 인격은 시간과 장소가 변하더라도 일정하게 유지될 수 있는 일관성과 지속성을 가진다. 이를 위해 인성교육을 통해 일시적인 교훈과 덕목의 전달을 넘어 일상생활을 통해 지속적으로 가치 있는 행위를 실천할 기회를 학생들에게 마련해야 한다. 다양한 가치와 덕목을 전달하고, 이를 경험적인 방식으로 자연스럽게 습득할 수 있는 도덕교육 방법이 요구된다.
- 인간의 조화로운 발달을 추구하는 전일성은 인성교육을 통해 인간의 전인적 특성, 즉 이성과 감성, 상상력, 사회성, 심미성, 신체건강과 같은 모든 측면이 조화롭게 발달되어야 한다는 것이다. 이를 위해 우선 자신의 감정에 대해 이해하고 절제할 수 있는 경험을 갖게 하고, 신체운동이나 호흡법을 통해 건강한 몸을 갖게 할 필요가 있다. 건강한 몸에서 건강한 정신이 깃들므로 신체건강의 중요성을 깨닫게 한다. 또한 훌륭한 문학을 접하게 하고, 그 주제와 내용에 대한 토론을 통해 세계에 대한 다양한 이해와 주인공의 삶과 성격을 모델링하여 모범적인 인간상에 대해 숙고하게 한다.
- 초월적인 것을 체험하는 영성은 현세를 뛰어넘는 초월적 관점에서 세계의 질서와 전체 우주와의 관계를 경험하는 것이다. 전체적인 관점에서 인간과 세계, 그리고 세계의 보편성을 이해하게 된다. 사회정의, 사랑, 평등, 민주주의 등의 보편적 원리를 이해하게 하고, 명상을 통해 자신의 깊은 내면의 세계를 경험하게 할 필요가 있다. 이를 통해 학생들의 내적 변화가 가능하며, 영적 존재로서 스스로 소중함을 깨닫고 학교폭력에 대응할 수 있는 힘을 갖게 된다.
- 생명에 대한 존엄성을 추구하는 생명성은 지구의 모든 생명체에 대해 고귀함과 존엄함을 강조하는 것이다. 지나친 경쟁을 기반으로 한 학력사회는 생명의 중요성을 잃어버리게 한다. 바람직한 인성교육은 인간에 대한 이해에 국한되는 것이 아니라 모든 생명체가 서로 의존하고 관계를 맺으며 살아간다는 것의 중요성도

깨닫게 하는 자연친화적인 교육을 통해 이루어진다. 생명 유기체들의 공생관계, 지구온난화문제, 환경오염, 자연고갈 등에 대해 토론해 보는 것은 생명의 소중함을 일깨울 수 있는 좋은 방법이다.

- 실제의 삶에 대한 재창조를 추구하는 창의성은 단순한 지식을 소유하는 것을 넘어 다양한 지식을 통합적으로 이해하고 실제 생활에 적용하여 지식을 새롭게 재창조하는 능력을 말한다. 이를 위해서는 획일적으로 규정된 지식의 전달을 넘어 다양한 주제에 대해 자유롭게 탐색하고 토론할 수 있는 기회를 부여하여 주어진 주제를 스스로 재탐색하고 새롭게 구성할 수 있는 교육이 이루어져야 한다. 실생활에서 일어나는 여러 가지 갈등과 문제상황에 대해 도덕적 기준을 설정하여 다양한 각도에서 해결책을 고민하고 새로운 대안을 찾도록 하는 것이 필요하다.
- 공동체에 참여를 추구하는 민주시민성은 민주주의 사회에서 요구되는 공동의 의사결정 과정에 참여하는 것으로, 공동체 구성원이 자유로운 의사소통과 합의의 과정, 그리고 상호협력을 통해 공동선을 실현해 나가는 과정에서 형성된다. 대화와 토론을 통한 합리적 의사결정 과정에 참여하여 서로 상반되는 의견에 대한 존중의 태도를 기르게 한다. 학교는 학생들이 참여하는 공공기관으로 민주시민성을 기를 수 있는 최적의 장소이다. 학교의 운영체제를 민주적 방식으로 운영하고, 교실에서 교사와 학생 간에 수직적 관계보다는 수평적 인격관계가 유지되도록 하여 학교에서 민주적 절차방식에 대해 경험하고 집단구성원으로서의 책임감을 갖게 한다.

이와 같은 방법을 통해 인성교육은 다차원적이고 통합적인 차원에서 이루어져야 하지만, 현실적인 측면에서 이것은 그렇게 쉬운 일이 아니다. 따라서 비록 한 개인이 어떠한 측면에서 부족하더라도 인간 자체에 대한 존중의 마음을 갖도록 해야 한다. 인간에 대한 이해뿐만 아니라 자연과 세계와의 관계, 그리고 생명에 대한 소중함을 이해하고 실천할 수 있는 기회를 부여해야 한다. 전인적 발달과 함께 인간적인 실수와 결함에 대해서도 인정할 수 있는 관대함이 필요하다.

학교에서 일어나는 폭력은 법과 제도적 차원에서 가해학생을 처벌하는 것만으로는 해결할 수 있는 문제가 아니다. 그것은 단기적, 단편적으로 학교폭력을 줄일 수 있는 방안이 되기도 하지만, 장기적, 지속적으로 학교폭력 문제를 해결하기 위해서는 생명에 대한 존엄성과 인간에게 선천적으로 내재되어 있는 선험적 본성에 대해 이해하고 존중할 수 있는 의식과 태도에 있어서 근본적인 변화가 일어나게 해야 한다. 다른 사람에 대한 예의와 배려의 태도를 기르게 하고, 폭력행위로 인해 일어날 수 있는 여러 가지 문제를 개인적 · 사회적 측면에서, 그리고 현재와 미래까지 이어질 수 있는 심각한 결과에 대해 예측하고 자기 자신의 폭력적 성향과 행동을 조절 및 통제할 수 있는 인간의 잠재된 능력을 이끌어 낼 수 있어야 한다. 이러한 학교폭력 문제의 해결과 예방은 바람직한 품성을 내면화하여 올바른 태도와 행위를 실천할 수 있도록 하는 인성교육 차원에서의 지속적인 노력을 통해 이루어질 수 있다.

제4장

# 철학적 관점에서의 인성교육

1. 인성교육의 개념과 학교폭력
2. 인성교육의 도덕적 원리와 덕목
3. 철학적 인성교육이론

## 1. 인성교육의 개념과 학교폭력

인성의 개념은 인간의 본성, 성품, 성격, 인간됨 등으로 다양하게 정의될 수 있지만, 대부분의 개념에는 인간으로서 갖추어야 할 자질 혹은 품성의 의미가 내포되어 있다. 교육의 본래적 의미는 인간을 바람직한 방향으로 이끌어 주는 것으로, 가르친다는 것은 도덕성을 전제로 한다. 이는 단순히 행위의 규범을 전달하는 것을 의미하는 것이 아니라 교사와 학생 간의 인격적인 관계를 통해 바람직한 가치에 대해 이해하고 내면화할 수 있도록 돕고, 옳고 그름을 판단할 수 있는 사고능력을 키우는 것을 의미한다. 인성교육은 인간으로서 지녀야 할 바람직한 품성을 갖추고, 올바른 삶의 태도를 길러 다른 사람과의 관계 속에서 원만하게 소통하게 하고 사회에 잘 적응할 수 있도록 도와주는 것이다.

2015년에 시행된「인성교육진흥법」에서는 인성교육을 '자신의 내면을 바르고 건전하게 가꾸고 타인, 공동체, 자연과 더불어 살아가는 데 필요한 인간다운 성품과 역량을 기르는 것을 목적으로 하는 교육'으로 정의되어 있다(「인성교육진흥법」 제2조 제1항). 이와 같은 정의에서 확인할 수 있는 것은 인성교육의 핵심은 도덕적 인간을 기르는 데 있다는 점이다. 인성교육은 도덕성을 전제로 하기 때문에 도덕성에 대한 올바른 탐구가 이루어지지 않는다면 인성교육에 대한 올바른 방향과 교육내용 그리고 교육방법을 설정할 수가 없다. 그것은 모든 인성교육 프로그램과 방법의 방향은 도덕성의 본질을 어떻게 설정하는가에 따라 달라지기 때문이다. 도덕에 관한 본질을 탐구하는 것은 철학적 영역에 속하는 것으로, 도덕이란 일상생활에서의 선과 악을 구별하는 문제, 또는 이와 관련하여 우리에게 도덕적 행동을 하도록 요구하는 행위의 일반적 규범과 관련된 문제로 이해할 수 있다(Reiner, 1964: 25).

인성교육의 내용과 방법에 대한 범위와 교육과정을 조직하기 위한 기반으로서 교육방향을 설정하는 접근방법은 두 가지 영역으로 나누어 볼 수 있다. 첫째는 인간본성에 대한 과학적 규명을 통해 인성을 객관적으로 기술하려는 가치중립적인 접근방법이고, 둘째는 인간의 내재적·본래적 모습을 탐구하려는 접근방법이다. 이는 인성의 본질을 도덕성에 두고 교육의 목적을 바람직한 인격의 형성에 두고자 하는 가치규범적인 방법이다. 전자가 심리적·사회학적 측면에서 논의되는 것이라면, 후자는 윤리적 · 철학적 영역에서 인성교육에 접근하는 방법이라고 할 수 있다.

심리적 특성과 사회화를 기반으로 인성교육을 구축하여 학교폭력 문제와 사회 일탈의 문제를 해결하려는 차원에서 논의되는 이론적 근거는 정신분석학과 행동주의 이론 그리고 인지주의이론이다. 정신분석학에서 인간의 본성은 쾌락을 추구하려는 것으로 정의된다. 이러한 쾌락의 본능은 일차적이고 근본적인 인간의 욕망에 해당되는 것으로, 인성교육의 목적은 쾌락적이고 일차적인 욕망을 사회적 요구에 맞도록 잘 조절할 수 있는 내적인 힘을 길러 주는 것이다. 즉, 인간의 본능적인 충동의 힘을 사회의 기대와 규범에 맞추어 행동할 수 있도록 사회화시키는 것이다.

행동주의 심리학에서도 정신분석학과 마찬가지로 인간의 본성을 쾌락을 추구하고 고통을 회피하려는 것으로 보고, 어떤 환경과 경험이 주어졌느냐에 따라 경험적으로 인성이 형성되는 것으로 본다. 도덕이란 인간의 내면에서 결정되는 것이 아니라 외부로부터 주어지는 전통과 관습, 규범 등에 따라 결정되는 것이며, 인성교육은 인간을 사회적 요구와 기대, 규범에 일치하도록 사고와 행동을 훈련하여서 사회에 잘 적응하면서 살아가도록 길들이는 것이다. 인지주의이론에서는 도덕성의 발달을 인지발달을 통해 이루어지는 것으로 보고, 인간 내부의 인지구조와 환경과의 상호작용을 통해 인지구조의 확장과 발달을 이루는 것이 인성교육의 목적이 된다.

이와 같이 인성교육에 대한 심리적 · 사회학적 접근방법은 인간을 현실적 · 과학적 방법으로 설명하고 있지만, 기계적이고 동물적인 인간의 속성을 넘어 본래적인 인간 본성에 대한 규명을 하기에는 한계를 지닌다. 인간이 인간답다는 것은 인간만이 가지는 본질적인 측면이 있다는 것이며, 이는 인간이 선험적으로 바람직한 가치를 추구한다는 것이다. 따라서 인성교육은 인간이 지녀야 할 바람직한 품성을 내면적으로 이해하고 실천해 갈 수 있도록 도와주는 가치교육, 즉 인격교육을 목적으로 해야 한다. 이것은 인성교육에 대한 가치규범적 측면으로, 이는 윤리적 · 철학적 탐구를 통해 이해될 수 있다.

윤리적 · 철학적 영역에서 인성교육은 의무나 규칙을 강조하는 의무론적 윤리학, 목적과 행위의 결과를 강조하는 목적론적 윤리학, 그리고 인격을 강조하는 덕 윤리학으로 구분된다. 의무론적 윤리학은 도덕적으로 옳은 행위에 대한 절대 선이 존재하고, 인간의 가치는 그러한 도덕원리와 규칙을 판단하고 결정하는 사고능력에 따라 주어지는 것으로 본다. 따라서 인성교육은 스스로 옳고 그름을 판단할 수 있는 자율적

능력을 길러 주는 것이다. 의무란 도덕적 당위의 개념으로, 상황과 조건이 자신의 이익에 불리하게 전개된다고 하더라도 인간으로서의 본래적 의무를 다해야 한다는 강제성의 의미를 담고 있다(Reiner, 1999: 223). 여기에서 인간의 본래적 의무란 인간의 타고난 선험적 본성을 의미하는 것으로, Kant에게 있어서 그것은 스스로의 사고와 판단에 따른 선택과 오로지 옳다는 이유에서 그것을 선택하려는 선을 실천하려는 의지를 말한다.

도덕적 요구는 하나의 절대적 요구로서 그 자체에 의미와 의무를 스스로 지니고 있는 본래적인 것이다(Reiner, 1999: 204-205). 따라서 어떤 상황과 환경적 조건이 도덕적 실천에 영향을 주지 않는다. Kant는 도덕적 의무를 정언명령(定言命令, categorical imperative)으로 표현했는데, 이것은 어떠한 조건에 처한다고 하더라도 인간이 마땅히 따라야 하는 당위적 명령을 가리킨다. 비록 이것이 외부적 강제성을 띠는 것은 아니더라도 인간이 인간답기 위해서는 스스로 지켜야 할 강력한 내적 규제를 실천에 옮겨야 한다는 것이다. 이러한 정언명령과 구별되는 것으로 가언명령(假言命令, hypothetical imperative)이 있는데, 이것은 어떤 조건이 주어진다면 그것에 필요한 행동을 하겠다는 명령이다. 즉, 어떤 목적을 성취하기 위해서 행동을 선택하겠다는 것이다. 이러한 가언명령에는 처벌이나 보상에 따라 행동의 선택이 달라질 수 있으므로 진정한 의미에서의 도덕적 당위 의무로 보기 어렵다. 의무론적 윤리학은 선의지를 중심으로 자율적 가치판단의 중요성을 말하려는 것으로, 이것은 가치갈등과 문제상황에서 가치에 대해 여러 측면에서 성찰함으로써 가치의 문제를 분명히 하고자 하는 가치명료화 방법과 정의를 중심으로 한 Kohlberg의 도덕적 추론 중심의 인성교육 방법으로 발전하였다.

목적론적 윤리학은 도덕적 가치를 인간의 의무보다는 행동의 목적과 결과에 두고 있다. 이때 목적이란 인간행동의 궁극적 동기를 말하는 것으로, 최고선으로서의 행복을 말한다. 행복에 이르고자 하는 노력이 인간의 모든 행동을 결정해 주는 궁극적인 동기가 된다는 것이다(Reiner, 1999: 86). 도덕의 근거로서 행복론의 근원은 Aristoteles이다. 그는 최고선은 행복이고, 행복은 인간의 모든 행동에 대한 궁극적인 목적이 된다고 하였다. 그에게 있어서 행복의 본질은 자기 자신 안에 내재되어 있는 소질과 탁월성을 완성하는 것이며, 행복 그 자체로 우리의 모든 노력에 만족을 주는 것, 즉 자족적인 어떤 것이다. 행복을 위하여 또 다른 어떤 것도 필요로 하지 않고 오로지 그 자체로 인생을 바람직하게 하는 것이다(Reiner, 1999: 91-92). 행복론에 따르면 인성교육이란 자신이 가지고 있는 적성과 소질을 깨닫고 그것을 갈고닦아 탁월성을 발휘하여 인생을 가치 있는 것으로 이끌어 주는 것이 된다.

그러나 이러한 행복은 개인적인 행복을 추구하는 데에서 만족하는 것이 아니다. 다른 사람의 행복 추구를 고려할 때 참된 덕에 이르게 된다. 개인적 행복 추구의 경향성을 넘어 공공의 행복, 즉 사회적 행복주의를 주창한 이론가는 Bacon이다. 그는 공동체의 선을 가치와 의미에서 다른 어떤 것보다도 우월한 것으로 표현했다(Reiner, 1999: 271-272).

Hume은 도덕적 판단의 기준을 가장 넓은 범위에서 사회를 위하여 유용한지를 고려하는 것으로 설정하였다. 이때 유용성(utility)이란 사회 전체의 행복을 위하여 기여하게 되는 어떤 것으로 이해된다. 이러한 사회적 행복주의는 이후에 공리주의의 이론적 배경이 되는데, 공리주의는 사회적 유용성에 의해 어떤 행동에 대하여 도덕적 판단을 내릴 것을 강조하고, 도덕적 가치의 기준으로 인간행동 방식과 특성에 관한 외적인 결과를 중요시한다. 그리고 이러한 가치판단에 있어서 유용성의 원리는 Bentham에 의해서 '최대 다수의 최대 행복'으로 구체화된다. 그러나 Bentham은 대부분의 사람은 자신의 행복을 추구하기 위해 다른 사람의 이익과 자신의 이익 사이의 관계를 올바르게 이해할 수 있는 이해력이나 정신력, 도덕적인 감수성을 충분히 가지고 있지 않기 때문에 도덕적 선의 실현을 위해서는 법의 도움을 받아야 한다고 말한다(Reiner, 1999: 275-277). 그리고 이러한 공리주의에 있어서 도덕적 행위는 보편적 이익을 고려해야 하는데, 그것은 대개 공중의 이익으로 표현된다. 그러나 이러한 공리주의는 인격적 특성에 대한 고려보다는 행동의 유용성과 결과만을 중요시하여 도덕의 본질적 요소인 내재적 가치를 소홀히 하고, 도덕교육을 행복이라는 목표에 도달하기 위한 수단으로 전락시킬 위험을 가지고 있다(Reiner, 1999: 283-284).

앞서 제시한 의무론적 윤리학과 목적론적 윤리학 그리고 공리주의는 자율적 판단을 강조하는 개인주의적 · 상대주의적 경향성을 가지고 있다. 개인의 자유로운 판단을 강조하는 자유주의 교육은 현대사회의 물질중심적 가치관과 뒤섞이면서 도덕적 타락을 가져오는 데 기여하였다. 도덕성에 대한 개별적 접근방법은 부분적인 인성을 이해하는 데 도움을 주지만 도덕성과 인성의 본래적 의미를 간과하게 한다(심성보, 1999: 317). 이러한 의무론적 윤리학과 목적론적 윤리학 같은 규범윤리학의 한계점에 대한 대안으로 나타난 것이 덕 윤리학이다. 기존의 개인적 판단을 강조하는 윤리가 옳은 행위가 무엇인지를 탐구한다면, 덕 윤리는 덕 있는 행위자는 어떤 사람인가에 대해 탐색한다. 왜냐하면 옳은 행위는 덕스러운 행동에서 나온다고 생각하기 때문이다(서민철, 2012: 217).

이러한 덕 윤리는 인성의 통합성을 시도한다. 왜냐하면 덕 있는 행위는 도덕적 이해와 지식이라는 인지적 영역뿐만 아니라 도덕적 정서와 행동 및 습관이 함께할 때 형성되어 나타나는 것이기 때문이다. 덕 윤리학에서 선이란 의무론적 윤리학에서의 주장처럼 도덕적 규칙이나 원리를 판단하고 결정하거나 공리주의의 좋은 결과를 낳는, 즉 유용성을 근거로 가치판단을 할 수 있는 능력이 아니다. 행위자 자신의 올바른 인격과 이를 바탕으로 실제의 삶 속에서 옳은 행위를 할 수 있는가와 관련된다. 의무론적 윤리와 공리주의가 도덕적 원칙을 이해하면 도덕적 행위가 나타난다고 보는 반면, 덕 윤리에서는 도덕적 이해뿐만 아니라 도덕적 정서와 습관적 행위까지 포함한 덕을 갖출 때 도덕적 행위를 실천할 수 있다고 본다.

덕 윤리에서의 덕은 인성교육에서 좋은 인성에 속하는 것이고, 이것은 도덕에 관한 지식, 행동 및 정서, 그리고 성향과 기질을 포함할 뿐만 아니라 그것의 지속성을 요구하는 습관화를 통해 함양될 수 있다(서민철, 2012: 217-220). 덕 윤리에서는 공리주의와 마찬가지로 좋은 인성은 인간의 행복에 기여한다고 본다. 그러나 덕 윤리에서의 행복은 공리주의에서의 쾌락의 결과를 기준으로 가치판단을 하고자 하는 결과론적이 아니라 올바른 인격을 갖추기 위해서 필요한 덕목을 내면화하고 실천하는 과정에서 얻을 수 있다. 덕 윤리는 행복을 위해 필요한 인성적 자질들을 덕목으로 보고, 이러한 덕목을 습관화하여 옳은 행위를 하는 것을 도덕적 행위로 보고 있다(서민철, 2012: 229). 따라서 인성교육을 위해서는 올바른 덕목을 선정하여 그것이 청소년의 내면에 체득될 수 있도록 지속적으로 훈련시킬 필요가 있다.

Aristoteles에 따르면, 덕은 훈련과 습관을 통해 습득될 수 있다. 선한 사람이란 태어날 때부터 주어지는 것이 아니라 올바른 성품과 옳은 행위를 하기 위한 부단한 노력을 통해 얻어지는 결과이다. 물론 습관적인 행동을 육성한다는 것이 자율적인 판단의 능력을 배제한다는 것은 아니다. Aristoteles에게 있어서 습관이란 옳은 행동을 실천하기 위해 끊임없이 이성을 통해 자신의 욕망과 감정을 통제하여 자율적으로 최고선을 향해 지속적으로 나아가려는 경향성을 습득하는 것을 말한다. 생활 속에서 끊임없이 자극되는 욕망과 감정에 좌우되지 않고 옳은 행위를 하기 위해서는 단순히 아는 것을 넘어 계속해서 선한 행동을 실천하고 습관화함으로써 가능해진다. 인성교육은 인간에게 내재되어 있는 욕망이나 감정을 이성을 통해 잘 통제하도록 습관화해서 사회에서 자신의 탁월성을 발휘하고, 타인과의 조화로운 관계에서 선한 행동을 실천할 수 있도록 이끌어 내는 가치 있는 작용이다.

인성교육의 강조는 미국에서 학교에서의 가치교육이 부재함으로써 청소년비행의 문제가 심각하다는 인식에서 나왔다. 그리고 우리나라에서는 1990년대 중후반에 주지주의(主知主義) 교육으로 인한 사회문제의 심각성에 대한 반성에서 시작되었다. 그리고 학교폭력과 Kohlberg의 판단력 중심의 도덕교육과 개인주의적 가치관의 증가 현상으로 인한 가치관의 혼란과 도덕성의 부재에 대한 도덕적 정서와 태도교육의 필요성에서 인성교육이 출발하였다(서민철, 2012: 236). 이 시기의 인성교육은 덕 윤리학과 관계되면서 인격교육의 형태로 나타났다. 덕은 어느 정도 확실하게 개인에게 내면화된 상태를 말하기 때문에 인간의 인격이나 품성과 관련된다. 인격교육은 덕을 함양하여 인격을 형성하는 것으로 볼 수 있다(강선보 외, 2008b: 202).

인격교육은 인성의 통합적 이해로 설명될 수 있다. 인성의 통합적 이해란 인지적 · 정서적 · 행동적 차원을 기반으로 총체적 인간상을 설정하여 인성교육에 대한 통합적 접근을 시도하는 것을 말한다. 인격교육에서 인지적 요소는 어떤 문제상황에 직면했을 때 올바른 행동방향을 판단할 수 있는 도덕적 능력을 말한다. 도덕적으로 옳고 그름을 안다는 것은 도덕의 의미를 이해하고, 도덕적 문제상황에서 가치들이 요구하는 것이 무엇인지를 알며, 균형 있는 관점으로 구체적 상황에서 합당한 가치를 의사결정할 수 있는 능력을 말한다.

정의적 측면은 인지적으로 무엇이 옳은 것인지 알고는 있지만 도덕적 행동으로까지 연결하는 데 어려움을 겪을 경우에 연결해 주는 역할을 한다. 옳은 것을 알고 있더라도 느낌이 없으면 행동할 수 없다. 옳은 것을 행하려는 의무감을 느끼고, 부도덕한 행위에 대해 수치심과 죄책감을 느끼며, 타인의 고통을 함께할 수 있는 공감적 태도가 필요하다. 인격교육의 행동적 요소는 도덕적 행동을 실천에 옮기도록 하는 의지와 관련된다. 의지는 알고, 느끼는 것을 행동으로 옮길 수 있도록 하는 추진력이다. 의지력을 갖기 위해서는 도덕적 습관을 몸에 익혀야 하고, 도덕적 습관은 문제상황에서 도덕적으로 옳은 행위를 지속할 수 있는 내적인 성향을 말한다(심성보, 1999: 331-335).

인격교육의 핵심은 올바른 인격의 형성과 관계한다. 올바른 인격은 도덕적으로 옳고 그름이 무엇인지를 알고, 느끼며, 그것을 실천에 옮기려는 강한 의지의 습관화로 형성될 수 있다. 그리고 이러한 인격은 개인적 생활을 통해서만 나타나는 것이 아니라 다른 사람과의 관계와 공동체 속에서 요구되는 인간의 근본적 성품이라고 할 수 있다(이택휘, 유병열, 2000: 38). 인성교육은 전인적 인간을 육성할 수 있는 통합교육을 통해 이루어질 수 있다. 이것은 교육철학적 논의에서 언급되는 의무론적 윤리와 목적론적 윤리, 그리고 덕 윤리에서의 도덕적 요청을 포함한다. 상황에 따라 올바른 판단을 내릴 수 있는 도덕적 추론능력과 이를 실천할 수 있는 실천의지, 그리고 타인의 감정에 공감할 수 있는 정서적 영역이 함께 발달될 수 있어야 한다. 이를 위해서 학생들이 학교에서 제공하는 도덕적 상황과 프로그램에 참여할 수 있게 하고, 다양한 관점을 가진 사람들과 함께 토론을 통해 상호작용할 수 있는 기회를 부여하며, 올바른 인성교육을 활성화할 수 있는 건전한 인성교육 프로그램을 개발 및 보급하여 도덕성을 체험하고 실천할 수 있는 환경을 마련할 필요가 있다.

좋은 인성 습득을 위한 인성교육의 핵심을 차지하는 인격교육은 전인적 인간의 영역을 포함하는 통합교육을 통해 이루어질 수 있으며, 도덕적 추론능력의 발달뿐만 아니라 도덕성에 대한 지적 이해능력이 실천에 옮겨질 수 있도록 덕목을 통해 구체화될 때 학생들의 좋은 인성함양에 도움을 줄 수 있다. 이를 위해 도덕적 행위가 내면화될 수 있도록 학생들에게 학교와 지역사회에서 제공하는 구체적인 도덕적 상황에 참여하게 하고, 공동체의 구성원과 함께 대화와 토론을 통해 가치를 명료화할 수 있는 기회를 부여하며, 장기적인 안목에서 인격교육을 활성화할 수 있는 인성교육 프로그램을 개발하여 전체 학교생활을 통해 덕목을 경험하고 실천할 수 있는 환경이 마련되어야 한다.

## 2. 인성교육의 도덕적 원리와 덕목

철학적 · 가치규범적 인성교육은 도덕적 생활에 필요한 원리와 규칙을 근거로 가치판단의 중요성을 말하는 규칙윤리학과 도덕적 태도 및 능력, 실천의지 등을 강조하는 덕 윤리학적 측면에서 논의된다. 규칙윤리학의 영역에 포함되는 의무론적 윤리에서 도덕적 선은 선험적이고 본래적이다. 이는 인간임이 되게 하는 필요조건이 되고,

공리주의에서 선의 조건은 좋은 결과를 가져오는 것이다. 이를 위해 옳은 행동의 준거가 되는 원리와 규칙을 판단하고 결정하는 능력, 즉 도덕원리를 근거로 도덕적으로 사고하고 추론하는 도덕적 판단능력을 기르는 것이 인성교육의 목적이 된다.

이러한 규칙윤리학의 관점에서 도덕성은 바람직한 덕의 실천과 행동의 연습을 통해 습득되는 것이 아니라, 도덕적 문제상황에서 보편적인 도덕적 원리를 판단할 수 있는 기회를 학생들에게 자주 부여하여 도덕적 문제를 해결할 수 있는 자율적 선택의 권한이 부여됨으로써 형성된다. 따라서 규칙윤리에서 도덕적 원리는 실제 생활에서의 행동에 적용될 수 있는 구체적 덕목과는 거리가 멀다. 왜냐하면 생활세계에서의 경험은 가변적이고 상대적이므로 구체적인 덕목의 체득은 오히려 가변적 환경에서의 적응을 어렵게 할 수 있기 때문이다.

그보다는 오히려 모든 상황과 환경에 적용될 수 있는 보편적 도덕원리를 이해하고 도덕판단에 적용할 수 있는 근거를 마련하는 것이 중요하다. 도덕적 요청에서 Kant가 불러온 '오로지 옳다는 이유에서 행동하라'는 행위의 준칙이 되는 선의지, 공리주의에서 행동의 결정에 요구되는 유용성, Plato의 이상적 사회의 실현으로 나타나는 정의와 Aristoteles의 최고선과 관련되는 행복 등이 규칙윤리학의 도덕적 원리가 된다. 이러한 보편적인 도덕적 원리들은 학교에서 일어날 수 있는 여러 가지 문제상황에 대한 해결방안을 모색하는 과정에서 토론의 주제가 될 수 있으며, 학생들의 가치판단을 명료화할 수 있는 방향을 제공해 준다.

그러나 최근에 인성교육의 경향은 규칙에 대한 판단만으로 실제 생활에서 일어나는 많은 혼란과 갈등의 문제를 해결할 수 없다고 보고, 도덕교육을 통해 어려운 문제상황에서도 흔들리지 않고 유지될 수 있는 도덕적 품성을 기르는 방향으로 나아가고 있다. 가치관과 정체성이 완전히 형성되지 못하고 미완성 상태인 청소년에게 도덕성에 대한 명확한 전달과 도덕적 행위를 습관화할 수 있는 반복된 경험 없이 스스로 어려운 도덕적 문제를 판단하고 해결하라고 하는 것은 오히려 그들에게 가치혼란과 정서적 불안을 야기하는 결과를 가져올 수 있다.

규칙윤리학에서 강조하는 가치판단의 문제는 서로 대립되는 도덕적 원리 사이에서 어떤 원리가 더 중요한지 결정을 내리기가 어렵고, 도덕적 판단을 내리는 당사자 간에 도덕적 가치 선택에 대한 불일치가 일어날 경우에 도덕적 상황에서 일어나는 갈등의 문제를 해결하기가 어려워진다. 도덕적으로 훌륭한 판단을 내리더라도 실제로 경험하게 되는 생활 속에서의 행동은 결국 한 사람이 오랫동안 체득해 온 품성과 인격의 정도에 따라 이루어진다.

따라서 덕 윤리에서는 도덕적 행위에 있어서 인간의 품성과 됨됨이, 그리고 인격 형성에 바탕이 되는 도덕적 덕목의 습득을 강조한다. 규칙윤리와 덕 윤리는 도덕성과 도덕적 행위가 무엇인가 하는 것에서 관점의 차이가 있지만, 두 이론 모두 도덕적 판단과 행위에 있어서 그것을 지탱시켜 줄 도덕적 덕목과 보편적인 도덕적 원리를 설정하는 것이 윤리학의 주요 역할이라는 점에는 동의한다. 다만, 그것이 시간과 공간을 초월하는 보편성을 띠는가, 혹은 지역적 상황과 시대적 여건을 고려해서 상대적으로 규정되는가 하는 문제가 남는다.

고대부터 가치판단의 기준이 되는 도덕원리와 인간 행위의 규준이 되는 덕목에 대한 탐구는 윤리학의 핵심이 되어 왔다. Homer의 '서사시'에 나타나는 영웅담에서는 용기, 우애, 자부심, 지혜와 같은 것이 덕목이고, Socrates와 Plato, Aristoteles의 철학자 시기에는 지혜, 용기, 절제, 정의가 덕목으로 규정되었다. 중세시대의 기독교에서는 믿음, 소망, 사랑이, 그리고 근대 자본주의 시대에는 진실성, 검소, 근면, 성실함, 절제, 정의, 겸손 등이 덕목으로 설정되었다(하수연, 2015: 233).

특히 서양윤리학의 뿌리가 되는 Plato은 이상적 인간이 소유할 덕목으로서 지혜, 용기, 절제, 정의를 제시하는데, 이것은 인간에 대한 존재론적 이해에서 출발한다. 그는 인간의 정신을 이성, 정념, 욕망으로 나누어 이성의 덕을 지혜, 정념의 덕을 용기, 욕망을 통제하는 덕을 절제로 본다. 이 모든 것이 제대로 실현된 상태가 정의이다. 그리고 이러한 덕은 모든 인간에게 보편적으로 적용되는 것으로, 개인과 사회에 4개의 덕이 발현될 때 선의 이데아가 실현될 수 있다고 보았다. 그리고 이러한 덕은 모두 선의 이데아에서 나오므로 인격의 통합을 이룬다. 즉, 하나의 덕을 갖춘 사람은 나머지 다른 덕도 함께 갖추고 있다고 보았다. 정의의 덕을 가지고 있는 사람은 자기절제와 용기, 그리고 여러 가지 도덕적 상황에서 올바른 것을 선택하고 결정할 수 있는 지혜의 덕을 함께 가지고 있다는 것이다(하수연, 2015: 231).

바람직한 인격을 기르는 데 필요한 덕은 개인적인 덕과 사회적인 덕, 그리고 국가와 인류애와 관련된 덕으로 구분될 수 있다(이택휘, 유병열, 2000: 103-126).

첫째, 개인적인 덕에는 자기존중의 덕과 자기절제의 덕, 그리고 자기계발의 덕이 포함된다. 자기존중의 덕이란 자기 자신을 가치 있는 존재라고 믿고 스스로 존중하며 적극적으로 자기의 발전을 위해 노력하는 도덕적 품성이고, 자기절제의 덕이란 자신의 욕망을 통제하는 것으로서 자신의 의지와 상관없이 기계적으로 일어나는 감정적 상태에 대해 흔들리지 않는 마음의 평정 상태를 유지하는 것을 말한다. 자기계발의 덕은 자신의 적성과 소질, 능력을 바로 알아 이를 잘 계발하며 자신의 설계된 미래 모습의 실현을 위해 인내심 있게 진로를 모색해 나가는 덕성을 말하는데, 이를 위해서는 자신이 추구하여 나아갈 도덕적 이상을 설정하는 것이 필요하다.

둘째, 사회적인 덕에는 가정에서의 효도와 가정애의 덕과 사회공동체 생활에 필요한 타인에 대한 배려와 존중의 덕, 그리고 공동선과 연대성을 추구하는 덕으로 구성된다. 이때 공동선이란 공동체의 존재 이유와 목적이 되는 것으로서 현실적으로는 한 개인이나 특정 집단보다는 전체로서 공동체 구성원 모두에게 이로움이 되는 것, 공동체 구성은 전체의 행복과 복지에 도움이 되는 것, 공동체 구성원 모두를 위한 공익 등을 뜻한다. 그리고 연대성이란 공동체 구성원이 상호 결합하여 서로가 의존적으로 연결되어 있으므로 함께 결속을 추구해 나가는 것을 의미한다.

셋째, 국가와 인류애와 관련된 덕에는 애국애족의 덕을 기르고, 인류애와 세계평화를 추구하는 덕성이 포함된다. 애국애족심은 자기가 속한 정치공동체로서의 국가와 민족을 사랑하고 그것의 존속과 발전에 헌신하고자 하는 마음가짐을 말하며, 이는 인류애와 세계평화를 추구하는 덕성과 연결되어 국가와 민족, 인종의 차이를 넘어 모든 인류를 사랑하고 세계 각국의 공존 및 공영과 평화를 추구하는 자세를 갖는 것을 말한다(이택휘, 유병열, 2000: 103-126).

인성교육을 통해 학생들이 바람직한 가치와 덕목을 내면화하고 이를 실천할 수 있는 경험이 반복적으로 주어질 때, 가정과 학교에서 발생하는 여러 가지 위기상황과 폭력문제에 대처할 수 있는 힘을 가질 수 있다. 바람직한 덕목의 설정은 인성교육의 방향을 설정하는 데 주요 기반이 되며, 학생들의 정체성 혼란을 극복하는 데 중요한 지렛대 역할을 할 수 있다. 또한 가치문제를 탐구하고, 실제 문제상황에서 도덕적 기준을 제시하고자 하는 철학적 도덕원리의 탐색 근거로서 작용하는 덕목의 설정은 인성의 의미를 명확하게 규정하게 하고, 인성교육의 방향을 설정할 때 도움을 준다. 이와 같이 바람직한 가치와 덕목은 시간과 공간에 따라, 그리고 학자의 이론적 기반에 따라 다르게 설정될 수 있지만, 실질적 인성교육의 효과를 가져오는 데 선행되어야 할 인성교육의 주요 탐구영역이 된다.

# 3. 철학적 인성교육이론

현대사회의 도덕적 가치의 상실과 가정, 학교에서의 명확한 덕목 전달의 실패, 그리고 확고한 도덕규범을 내면화할 수 있는 기회의 축소는 학교에서의 청소년일탈과 폭력현상의 문제를 심화시킨다. 학교폭력 문제는 인성에 대한 철학적 성찰이 요구됨에도 불구하고 학교폭력에 대한 대처방안은 주로 사실적이고 객관적인 자료에만 근거하여 추진되었다.

인성교육을 통해 학교폭력의 문제를 실질적으로 해결하기 위해서는 이에 대한 보다 근본적인 접근이 이루어져야 한다. 인성과 인성교육의 명확한 정의의 분석이 필요하고, 교육사상적 접근을 통해 본질적인 측면에서 인간의 본성을 파악하고, 이를 근거로 학교폭력 문제의 해결방안을 탐색해야 한다. 여기서는 교육사상가의 인간과 교육에 대한 이론적 기반을 통해 인성교육을 기술한다. 우선, 서양의 고대 철학자인 Socrates와 Plato 그리고 Aristoteles의 이론을 통해 인간 본성과 최고선에 대해 이해하고, Kant의 이론을 통해 인간본성과 도덕성에 대한 서양의 근대적 관점에 대해 살펴본다. 그리고 Dewey와 Kohlberg의 이론을 중심으로 현대의 도덕적 가치와 인성교육의 방법에 대해 기술한다.

## 1) 무지의 자각으로서 도덕: Socrates

Socrates는 서양철학의 사상적 기반을 마련하는 데 큰 역할을 담당했지만, 직접적으로 남긴 저작이 없으므로 제자들이 남긴 기록과 그의 언행을 통해 주요 사상이 전해지고 있다. 아테네 조각가인 아버지와 산파인 어머니 사이에서 태어난 Socrates는 "너 자신을 알라."라는 말을 토대로 인간 스스로 무지에 대한 자각과 대화와 문답을 통한 진리의 내면적 탐구를 강조했다. 그 당시 소피스트(sophist)들은 지식의 근원을 인간의 경험과 감각에서 찾았고, 보편적 가치에 대해 회의적이며, 진리에 대해 주관적 · 상대적 입장을 취하여 사회적 혼란과 불안을 야기하였다. 이러한 사회현상에 대해 비판하면서 Socrates는 지식과 가치는 감각에서 파생되는 것이 아니라 선험적이고 절대적이며 보편타당성을 지니는 것으로, 인간의 이성에 의해 본래적인 보편적 진리를 깨달을 수 있다고 믿었다.

그는 지식은 덕이며, 덕은 곧 지식이라고 하고, 진실로 알게 되면 악을 행하지 않는다고 하면서 모든 악덕은 불충분한 지식과 이해에서 오는 것이고, 참된 진리의 깨달음은 덕과 행복의 원천이라고 하였다. 보편적인 참된 지식을 깨닫게 되면 올바르게 행동하게 되는데, 이때 지식은 단순히 무엇인가를 아는 것이 아니라 도덕적 실천으로 이어질 수 있는 참된 깨달음을 통해 얻게 되는 실천적 지식을 말한다. 그는 덕과 앎을 동일시하였으며 최고의 선을 찾기 위해서는 먼저 참된 덕이 무엇인지를 알아야 한다. 이를 위해서는 우선 대화와 문답을 통해 독단적인 잘못된 지식을 비판하고 제거하여 보편적인 진리에 도달할 수 있어야 한다고 말했다.

이러한 덕을 위한 지식을 획득하는 교육방법으로 Socrates는 반어법(反語法)과 산파법(産婆法)을 제시하였다. 반어법은 무지에 대한 자각으로부터 진리의 깨달음이 시작된다는 것으로, 상대방에게 대화와 문답을 통해 스스로 무지함을 깨닫도록 하는 방법이다. 처음에는 무의식적 무지에서 의식적 무지에 이르게 되고, 더 깊은 질문과 대화를 통해 합리적인 진리에 도달하게 된다. 이때 개인이 가지게 되는 기존의 진리에 대한 불확실과 회의는 자신을 진정으로 깨닫기 위한 출발점이 된다.

산파법은 교사가 학생에게 내재되어 있는 진리를 찾을 수 있도록 도와주는 방법으로, Socrates는 인식은 상기(想起)의 문제로 인간은 본래적으로 진리의 씨앗을 내재하고 있다고 보았다. 교육이란 외부에 의한 작용이 아니라 모든 사람이 자기 자신 안에 들어 있는 보편적 진리의 싹을 끌어낼 수 있도록 도와주는 것이다. 그에게 있어서 덕은 선에 관한 지식으로서 도덕적 인간의 형성이 교육의 목적이었다. 교육은 이러한 도덕적 인간으로 거듭날 수 있도록 학생들의 정신적 활동을 자극하여 자신의 무지를 깨닫고 보편적 진리로 향할 수 있도록 이끌어 주는 것이다.

학교에서 학생들의 일탈과 폭력의 문제는 자신에게 내재되어 있는 본래적 인간으로서의 가치를 잃어버리고 감각과 경험에서 비롯되는 잘못된 가치관의 형성과 불필요한 물질적 욕망의 무절제에서 나타나게 된다. 이를 해결하기 위해서는 대화를 통해 자신의 비정상적인 행동의 원인을 깨닫게 하고(무지의 자각, 반어법), 자신 속에 실제로 내재되어 있는 참된 존재로서의 자아를 스스로 찾을 수 있도록(산파법) 도와주어야 한다. 참된 삶과 바람직한 행동의 출발은 자기 자신의 무지에 대한 자각과 본래적 존재로서의 인간 본성을 깨달음으로써 시작된다.

## 2) 이데아의 실현으로서 도덕: Plato

Socrates의 제자인 Plato은 그의 스승의 사상을 이어받아 객관적 관념론을 창시하였다. 그의 관념론은 이데아론을 바탕으로 하는데, 이데아는 비물질적이면서 초월적인 절대적 참 실재이다. Plato에게 교육의 목적은 도덕적 인간을 기르는 것이었다. 도덕적 인간은 이데아를 실현할 수 있는 존재로서 이는 이성의 힘을 길러 욕망과 기개를 통제하여 이상적인 상태에 도달함으로써 얻어지는 것이다.

Plato은 세계를 현상계와 이데아계로 나누었는데, 현상계는 가시적 세계이자 감각과 경험을 통해서 확인할 수 있는 물질세계이다. 물질은 근본적인 실재가 아니라 이데아의 반영이며, 이데아를 표현하는 매개체에 불과하다. 시간과 공간을 생성하는 세계는 물질세계에 속하므로 참된 실재가 아니다. 하지만 이데아는 영혼의 세계로 사물의 원형이며 기원이 되고, 사물의 논리적 근거이며, 사물의 존재 이유가 된다. 이데아만이 참된 실체이므로 최고선에 대한 근거가 된다. 따라서 이데아는 본래적인 세계로, 가치와 당위의 세계이다. 이러한 이데아 세계는 본래적이므로 감각과 경험을 통해 확인되는 것이 아니라 영혼의 작용인 이성을 통해 확인될 수 있다. 따라서 도덕적 인간은 감각에 따라 행동하는 것이 아니라 세계의 본질을 깨닫고 이를 실천하기 위해 이성을 통해 절제와 통제를 할 수 있는 인간이다.

Plato은 인간의 정신을 욕망, 기개(용기), 이성(지혜)으로 나눈다. 욕망은 자신의 욕구를 충족시키려는 것으로, 맹목적이므로 스스로 절제될 수 없다. 따라서 인간이 욕망의 지배하에 있게 되면 인간성은 내적으로 분열 상태에 빠지게 되고, 지나칠 경우에는 혼란과 무질서 상태에 놓이게 된다. Plato에게 욕망의 절제란 무조건적으로 욕망을 억누르는 것이 아니라 욕망 가운데 어떤 것은 만족시키고, 어떤 것은 억제하여 상황에 따라 적절하게 조절하는 것을 의미한다. 이를 위해서 인간의 본래적 본성인 이성에 대한 작용이 필요하다. 기개는 야망, 용기, 활기와 같은 것으로 이성의 역할을 도와주게 되지만 지나치면 권력을 추구하게 된다. 따라서 욕망과 마찬가지로 이성의 통제를 받을 필요가 있다. 이성은 영혼의 작용으로, 알고자 하는 성질을 갖는다. 선을 지시하고 진리를 추구하게 하는 것으로, 이데아계를 인식하게 하는 역할을 담당한다. 이성을 통한 이데아의 실현으로 인간은 참된 행복을 찾게 되고 도덕적으로 완성된다.

이러한 Plato의 인간관은 그의 도덕론과 관련되는데, 욕망, 기개, 이성의 세 영혼의 관계와 활동을 통해 선과 악이 발생한다. 비이성적인 욕망과 기개가 이성과 충돌하여 갈등을 일으킬 때 이성이 나머지 두 영혼을 지배할 수 있으면 선이 실현되지만 그렇지 못하고 이성이 굴복하게 되면 악이 발생한다. 결국 Plato의 도덕은 이성이 욕망과 기개를 통제해서 조화를 이룰 때 덕을 실천하게 된다는 것이다. 즉, 이성에 의해 욕망이 적절히 통제될 때 절제의 덕이 실현되고, 기개가 스스로 분수를 앎으로써 용기의 덕으로 나타날 수 있으며, 절제와 이성의 덕이 욕망이나 기개의 영향권에서 벗어나 스스로 특성을 유지할 때 지혜의 덕이 실현된다. 그리고 영혼의 각 부분이 조화를 이루면 이상적인 정의의 덕이 실현될 수 있다.

인간의 폭력행위는 감각적 경험과 자극에서 생성되는 욕망의 작용을 이데아 형상인 이성이 통제와 절제를 하지 못함으로써 영혼과 육체적인 조화가 깨져서 일어나게 된다. 따라서 폭력문제를 근본적으로 해결하기 위해서는 학생을 자발적으로 이성에 복종하게 하여 과도한 욕망을 절제할 수 있도록 도와주는 방안을 찾는 것에서 출발할 필요가 있다. 인성교육은 인간을 도덕적 존재가 되도록 하는 것으로서 이는 이성을 통해 욕망과 감정을 조절하고 통제할 수 있도록 이끄는 것이다.

### 3) 도덕적 습관화를 통한 중용의 실천: Aristoteles

Aristoteles는 Plato이 세운 아카데미아에서 20년 동안 토론과 강의를 통해 Plato의 여러 이론을 경험하며 그의 사상적 토대를 마련하였다. 그러나 Plato이 감각적 세계를 떠나 존재하는 독립 세계로서 이데아를 주장한 데 반해, Aristoteles는 감각적 세계를 초월한 이데아의 세계를 현실과 분리된 독립 세계로 보지 않고, 눈앞에 보이는 현실 세계의 모습이 참다운 실재라고 보았다. 모든 사물은 질료(質料)와 형상(刑象)으로 구분되어 있다. 이때 질료란 형상이 될 가능성을 지닌 재료이고, 형상이란 현재의 모양이 그대로 존재하게 되는 현실상태이다. 이러한 사물들은 모두 유기적으로 연결되어 있어서 어떤 목적을 향해 나아가게 된다. 그는 인간에게만 있는 고유한 능력을 사유능력, 즉 이성으로 보고, 이성을 사용할 때에만 참된 인간이 될 수 있다고 하였다.

Aristoteles는 『니코마코스 윤리학』에서 선의 본질은 행복이라고 하였다. 행복은 인간의 본질적인 특성이 완전히 발휘된 상태를 말하며, 인간의 본질은 이성을 사용하는 데 있다. 그는 명예나 권력, 재산과 쾌락을 통해 행복을 얻을 수 있는 것이 아니라 덕을 통해 실현될 수 있다고 믿었다. 인간의 영혼은 영양과 생식의 기능을 담당하는 식물영혼과 감각을 통한 욕망의 기능을 담당하는 동물영혼, 그리고 사유의 기능을 담당하는 이성적 영혼으로 구분된다. 이때 행복은 모든 생물이 자기의 본래적 기능을 다할 때 달성될 수 있다. 식물은 영양을 섭취하고 생식기능을 다할 때, 동물은 감각적인 운동기능을 발휘할 수 있을 때, 그리고 인간은 인간 본성인 이성의 능력을 발휘할 때 최고선인 행복에 도달할 수 있다.

이성적 영혼은 사물의 원형과 본질을 알 수 있는 상태로, 영원한 진리와 결합되어 있다. 그리고 이러한 영원한 이성적 영혼이 비이성적인 낮은 영혼을 통제함으로써 도덕적인 인간이 되는 것이고, 이를 통해 인간의 행복이 실현될 수 있다. 즉, 덕은 행복을 추구하는 것이며 행복은 이성이 실현된 상태이다. 이러한 이성의 덕이 실현된 상태를 중용(mesotes)이라 한다. 중용은 사려 깊은 행동에서 나오는 것으로, 문제를 해결하기 위하여 심사숙고를 통해 여러 가지 가능성 가운데 최선의 것을 선택하는 것을 말한다.

그는 이성의 기능을 지적 기능과 도덕적 기능으로 나누었다. 지적 기능은 앎과 관련된 것으로 덕을 행하기 위해서는 우선 심사숙고하여 도덕적 행위가 무엇인지를 알고 지혜롭게 올바른 행위를 선택하는 것을 말한다. 그리고 도덕적 행위란 선을 아는 것만으로는 부족하고 선한 행동을 계속적인 반복을 통해서 습관으로 형성해야 완전한 덕의 실현을 이룰 수 있다는 것이다. 즉, 도덕적 선이란 도덕적 행위의 반복을 통한 습관의 결과로 형성된다. 그리고 인간행동은 여러 가지 감정과 욕망의 지배를 받기 쉬우므로 덕의 실천은 이러한 욕망을 조절하고 절제할 수 있어야 한다. 이것이 이성의 역할이며, 이를 통해 중용이 실현된다.

중용은 가장 최선의 상태를 말하는 것으로, 이성적인 판단과 심사숙고를 통한 행동에서 실현된다. 이때 도덕적 행동을 위해서는 습관과 훈련 등의 교육적 기능이 필요하다. Aristoteles에게 있어서 교육이란 도덕적 인간의 형성이다. 그리고 교육을 통해 전달해야 하는 것은 보편적이고 궁극적인 목적과 관련된 지식이어야 한다. 따라서 도덕적 인간이 되기 위해서는 교육을 통해 근원적인 것과 관련된 지식의 습득과 좋은 습관의 형성, 그리고 이성을 통해 사려 깊은 선택을 할 수 있는 힘을 기르는 것이다. 즉, 교육의 목적은 이성에 의해 도덕적 행위를 실천하는 것이며, 이때 행복을 실현할 수 있다고 보았다.

그러나 도덕적 행위는 처음부터 저절로 이루어지는 것이 아니라 부단한 노력을 통해 얻을 수 있다. 처음에는 신체적 발달이 이루어지고 그다음에는 습관의 형성이, 그리고 마지막으로 이성의 단련이 이루어진다. 학생들의 부적절하고 무분별한 행동의 수정은 단기간의 대화나 교육 프로그램을 통해 얻을 수 있는 것이 아니다. 잘못된 행동을 바로잡고 진정한 자신의 모습을 되찾아 행복에 이르기 위해서는 오랜 시간 동안 신체 단련을 통한 극기와 올바른 행동의 반복적 실천을 통한 도덕적 행위의 습관화, 그리고 욕망을 적절히 조절하고 통제하여 상황에 따라 올바른 가치와 알맞은 행동을 선택할 수 있는 이성적 작용의 내면화가 필요하다.

### 4) 도덕법칙에 따른 자율성: Kant

인간의 본유관념인 이성의 중요성을 강조하는 합리론과 경험을 통한 지식 획득을 주장하는 경험론을 비판하고 종합적인 관점을 취한 Kant는 인식의 능력과 형식은 선험적으로 가지고 태어나지만 인식의 내용은 경험을 통해서 얻을 수 있으므로 인간은 경험을 통해 사물의 내용을 받아들이게 된다고 보았다. 그에게 있어서 인식능력은 시공간에서의 경험을 통해 수동적, 감성적으로 인식되는 직관과 능동적·자발적 개념을 통해 사고를 가능하게 하는 틀인 범주를 포함한다. 사고는 경험을 바탕으로 이루어질 때 구체적 내용으로 채워질 수 있다. 그러나 자발적인 노력과 행동을 통해 이루어지는 적극적 사고능력이 경험으로만 인식이 된다면 형식을 통하지 않기 때문에 맹목적일 수밖에 없다. 즉, 인식에 도달하기 위해서는 경험을 통해 주어진 사실을 개념과 형식으로 수용할 수 있도록 자발적이고 능동적인 지성의 노력이 있어야 한다는 것이다.

Kant는 교육의 목적이 도덕성을 완성하는 데 있다고 하였다. 도덕은 인간의 의무이며, 본래적인 인간의 본성이다. 도덕적 행위란 결과와 의도에 관계없이 절대적 선의지에 기반한 도덕법칙을 따르는 것이다. 선의지는 모든 행위를 판단하는 기준이 되는 것으로, 옳은 행동을 오로지 옳다는 이유에서 항상 선택하고자 하는 의지를 말한다. 그것은 개인적 욕구와 경향성에 앞서서 항상 도덕법칙에 따른 자율적 판단에 따라 행위를 하고자 하는 의무적 의지를 말한다. 이러한 보편적이며 실천적인 도덕법칙을 존중하고 행동으로 옮길 때 인간은 참다운 인간이 될 수 있다.

이러한 도덕법칙의 근원은 이성을 통해 도출될 수 있는 것으로서 도덕성은 쾌락이나 행복을 통해 얻을 수 없으며, 오로지 이성의 명령에 자발적으로 복종함으로써 획득된다. 인간행동과 사회적 삶에 있어서 최고의 도덕법칙은 정언명령으로서 이는 도덕원리의 세 가지 측면을 포함한다. 즉, 그것은 '네 의지의 준칙이 항상 동시에 보편적 법칙이 될 수 있도록 행위하라'는 자율적인 보편적 법칙, '너 자신과 타인의 인격에 있어서 인간을 단순히 수단으로서 사용하지 말고 동시에 목적으로 사용하도록 행위하라'는 인간 존엄성에 대한 존중의 법칙, 그리고 '너의 준칙을 통하여 항상 보편적인 목적이 되는 왕국의 입법가로서 행위하라'는 도덕 공동체를 위한 입법의 법칙으로 구성된다(이택휘, 유병열, 2000: 146). Kant는 도덕성이란 외부에서 주어진 규율이나 관습, 법 등과 같은 규율을 따라 행동하는 것이 아니라 오로지 선의지와 도덕법칙을 준거로, 이성의 작용에 의한 자율적 판단과 결정에 따라서 형성되는 것이라고 밝혔다. 따라서 인성교육의 목적은 도덕법칙에 따라 사고할 수 있는 이성과 선의지를 근거로 자율적으로 선택한 인간의 의무를 실천하는 자율적이고 합리적인 인성을 길러 내는 데 있다.

그는 교육적 작용을 동물성을 억제하는 훈련과 생활에 필요한 기초능력을 기르는 교화, 사회화의 방향으로 이끌어 내는 문화화, 도덕적 정조를 도야하는 선으로 이끄는 도덕화로 구분하고, 교육의 최종임무를 도덕화에 두었다. 이를 위한 교육방법으로 양육과 교수 그리고 훈육을 제시하였다. 양육은 Rousseau처럼 소극적 방법에 의한 것이 아니라 인위적인 요소를 가해서 자연적 발육이 방해받지 않도록 하는 것, 즉 부모가 아이들의 생활을 잘 보살핌으로써 그들의 자연적 성장이 이루어지도록 하는 것이다. 교수는 Socrates의 문답법을 통해 이성을 도야하여 지식의 개발에 힘쓰도록 하는 것이며, 훈육은 인간의 감각적 욕망을 억제하고 동물적 성향을 배제하여 실천이성의 절대명령에 따르는, 즉 의무를 수행할 수 있도록 성품을 길러 주는 것이다(최정웅, 조용태, 1996: 163-164).

Kant는 훈육과 관련하여 도덕적 훈련의 중요성을 강조한다. 도덕적 훈련은 자연적 훈련의 시기와 같이 교육의 초기 단계부터 이루어져야 하며, 아동이 어릴 때부터 악덕을 싫어하는 것을 배우는 것이 필요하다고 하였다. 그는 초기 발달단계의 아동은 순종하는 태도와 자발적으로 복종하는 법을 배워야 하며, 그런 다음 아동후기에 스스로 사고하고 행동할 수 있도록 자유를 부여할 필요가 있다고 보았다. 그러나 이

때에도 여전히 도덕법칙을 준수할 것을 명령하였다. 즉, 그는 인간이 일찍부터 이성의 명령에 복종하여 행위하도록 습관이 들여져야 함을 강조하였다(이택휘, 유병열, 2000: 151).

청소년기는 불확정적이고 불안의 감성이 증폭되는 시기이지만 논리적 · 이성적 사고가 발달하며, 자율적 독립의 의지가 강하게 나타난다. 이때 학교에서 일어나는 문제상황에 대해 스스로 적극적이고 자발적으로 대처하여 문제를 해결함으로써 자기 자신과 타인, 그리고 문제상황에 대한 객관적 · 사실적 지식을 얻을 수 있다. 오성의 범주화를 통해 문제상황에 대한 인식이 가능하고, 이성과 직관을 통해 도덕적 행동을 판단하여 실천할 수 있으며, 이를 통해 여러 가지 문제를 해결하는 데 필요한 보편적 도덕원리를 획득할 수 있다.

학교폭력의 문제는 학생 스스로에게 선험적으로 내재되어 있는 선한 본성을 인지하지 못하는 상태에서 발생하는 것이다. 인간은 누구에게나 진리를 인식하고, 잠재된 선을 추구하고자 하는 성향과 합목적적 아름다움을 지향하는 마음을 가지고 있다. 이러한 선한 본성이 밖으로 드러나도록 적절한 훈육과 대화를 통한 교육적 작용이 이루어져야 한다.

### 5) 지성의 활용을 통한 성장으로서 도덕: Dewey

미국의 대표적인 교육철학자인 Dewey는 세계와 지식은 고정된 것이 아니고 계속해서 변화하고 진보한다는 Hegel 철학과 유용성을 바탕으로 하는 실용주의, 그리고 생물 유기체의 환경에의 적응과 진화를 강조하는 진화론을 기반으로 하여 그의 철학적 입장을 정립하였다. 그에게 있어서 진정한 교육은 끊임없는 '경험의 재구성'으로, 학생들을 경험에 참여시킴으로써 완성된다. 가치는 인간의 욕구와 습관적 경향성이 예견된 결과를 고려하여 올바른 판단을 할 수 있는 지성적 능력을 발휘할 때 일어난다. 즉, 가치는 행위의 동기로서 욕구와 관심을 들 수 있고, 또한 행위의 결과를 고려한 선택으로 볼 수 있다. 지식이란 생활에 도움을 주는 수단으로 이용될 때 가치 있는 것이 되며, 절대적인 것이 아니라 환경과 사회가 변화함에 따라 계속해서 변화하고 진화되어 나간다. 도덕은 그 자체로서 가치를 담고 있는 것이 아니라 도덕적 행위를 통해 자신과 사회를 바람직한 방향으로 발전시킬 수 있을 때 가치 있는 것이 된다.

Dewey는 인간의 본성을 충동, 습관, 지성의 세 가지 개념으로 설명하였다. 충동은 인간행위의 일차적이고 근원적인 추진력이고, 습관은 경험을 통해 습득된 이차적인 것으로 일정한 방식으로 행위를 하게 되는 지속적인 경향성이다. 지성은 유기체가 환경과 상호작용하면서 형성된 것으로서 가장 효율적으로 환경에 적응할 수 있게 하는 특성을 지닌다. 주어진 환경의 자극을 통해 일어나는 원초적인 충동의 힘과 지속적인 습관의 경향성이 서로 부딪혀 충돌할 때, 지성은 둘 사이를 조정하여 가장 합리적인 방법으로 판단하고 행위할 수 있게 하는 지적 경향성이다.

이러한 세 가지 영역의 인간 본성이 어떻게 상호작용하는가에 따라 인간의 인성이 달라지게 된다(조용태, 2002: 151). 이때 조정의 역할을 하는 것이 지성의 역할인데, 지성을 구체적으로 표현하면 반성적 사고로 요약될 수 있다. 즉, 인성은 문제를 해결하는 과정에서 발생되는 지성과 관련되는 것으로서 지성을 발달시키고 행위에 대해 좋은 결과를 가져오기 위해서는 반성적 사고를 습관화할 필요가 있다. 반성적 사고는 문제 사실을 확인하는 문제제기, 문제 핵심을 파악하는 문제이해, 해결의 아이디어를 만드는 가설, 가설의 결과를 예측하고 해결책을 개발하는 추론, 계획을 실천하고 효과를 확인하는 실행의 다섯 단계를 거친다(이진남, 2015: 46).

학교현장에서 일어나는 학교폭력의 상황은 생활하면서 겪게 되는 문제상황 중 하나이다. 폭력상황을 객관적으로 인식하고 이를 해결하기 위해 가설을 세워서 검증하는 과정을 거친다면 개인의 지성을 발달시킬 뿐만 아니라 이후에 발생하는 새로운 문제상황에 대처할 수 있는 효율적인 사고능력을 갖게 하는 계기가 될 수 있다. 이때 문제란 시초상태(initial state)와 목표상태(desired goal state) 사이의 장애물 때문에 거리가 발생하는 것을 말한다. 시초상태는 현재의 상태이고, 목표상태는 우리가 바라는 이상적인 상태이다. 그리고 문제해결은 장애물을 극복하고 적절한 통로를 찾아 시초상태에서 목표상태로 이동해 가면서 이들 사이의 거리가 없어지는 과정을 말한다(이진남, 2015: 36). 생활하면서 발생되는 문제를 인식하고 해결하는 과정은 보다 나은 상태로의 성장을 위한 연속적 과정이 된다.

인성교육이란 어떤 고정적인 행동 준칙을 따르기만 하는 것이 아니라 과학적 · 비판적 지성을 바탕으로 가치와 규범을 올바르게 판단하고 그것을 실천하는 습관을 기르는 것, 도덕적 문제해결과 합리적 의사결정에 필요한 기능과 절차를 습득하는 것, 그리고 사회규칙의 준수와 함께 그것을 새롭게 수립하고 개선할 수 있는 지적 관점과 능력을 기르는 것을 포함한다. 따라서 인성교육은 어떤 행동을 하도록 하기 위해 외부의 영향력을 통해 일정한 모습을 만드는 것이 아니라 문제해결의 의지적 능력과 사고방식, 과학적 탐구방법, 도덕적 판단능력, 민주적 의사결정력, 그리고 도덕적 감정과 열정 및 바람직한 행동습관을 기르는 것이다(이택휘, 유병열, 2000: 173).

삶을 살아간다는 것은 문제상황의 연속이고, 주변의 환경과 지식은 고정되어 있는 것이 아니라 끊임없이 변화하고 발전한다. 학생들의 폭력행위는 학교에서 일어나는 대표적인 문제상황으로서 이를 해결하고 합리적인 대처방안을 세울 수 있다면 오히려 성장의 기회가 될 수 있다. 학교폭력이 가져오는 수많은 부정적 결과에 대한 경험을 통해 폭력행위를 객관적으로 인식하게 되고, 이를 해결하는 과정에서 깨닫게 되는 자신에 대한 믿음과 자기효능감을 바탕으로 다양한 문제를 효율적으로 해결할 수 있는 지성을 발달시킬 수 있다.

### 6) 도덕적 사고 수준의 확장: Kohlberg

모든 인간에게 동일하게 내재되어 있는 보편적 도덕원리와 사고, 판단능력을 강조하는 Socrates와 Plato의 도덕이론을 바탕으로 Kohlberg는 보편적 윤리학을 확립했다. 그는 정의를 바탕으로 모든 문화에 동일하게 적용되는 보편적인 도덕발달단계를 설정하였고, 딜레마 상황을 이용하여 아동의 도덕적 수준을 높이는 방향으로 도덕교육의 목적을 규정하였다. 그의 도덕발달이론은 Piaget의 인지발달이론과 Kant와 Rawls의 보편적인 원리 중심의 도덕이론을 종합하여 정립된 것이다.

그는 Piaget의 인지발달이론을 근거로 아동이 도덕적 딜레마 상황에 처했을 때 어떤 논리를 근거로 문제를 해결하는지 면밀하게 관찰하였고, 이를 통해 전인습적 수준, 인습적 수준, 후인습적 수준의 세 가지 도덕적 사고 수준을 제시하였다. 전인습적 수준은 외부의 보상이나 처벌에 근거해서 도덕적 판단을 하는 수준으로, 1단계인 타율적 도덕단계와 2단계의 개인주의적 도덕단계로 나뉜다. 인습적 수준은 타인이나 관습 등의 외부적 요인에 의해 도덕규범을 내면화하는 단계로서, 3단계의 대인 간 기대 단계와 4단계의 사회체계 도덕단계로 구분된다.

후인습적 수준은 외부에서 부여되는 도덕규범의 모델 없이 도덕적 가치가 완전히 내면화된 단계로, 이 수준은 5단계인 개인의 권리 및 사회계약단계와 6단계인 보편적 윤리 원칙의 단계로 이루어진다. 정의란 평등과 상호 호혜성의 개념에 근거한 모든 상황에서 언제나 모든 사람이 채택하는 보편적 도덕원리로서, 행동규칙인 덕목과는 다르다. 즉, '거짓말하지 말라' '살인하지 말라'와 같이 구체적인 도덕규칙들이 아니라 시간과 공간을 초월해서 모든 사람이 도덕적 선택을 할 때, 그 근거로서 작용되는 행위의 보편적 선택 규준인 것이다. 사람이 누구인가에 상관없이 그들의 요구를 공평하게 취급해야 한다는 것으로, 도덕원리는 행위의 규칙이 아니라 행위의 이유가 된다. 정의를 기준으로 행동한다는 것은 타인에 대한 존경을 가지고 행동한다는 것을 의미하는 것으로, 타인을 수단이 아닌 무조건적 가치를 지닌 목적론적 존재로 대우해야 한다는 것이다.

과거의 전통사회보다 다양하고 복잡해진 현대사회에서는 몇 가지 도덕원칙만으로 생활에서 발생하는 여러 가지 문제를 해결하기는 어렵다. 최선의 가치 중에서 어떤 것을 포기해야 하거나 나쁜 상황들 속에서 어떤 것을 선택해야만 하는 딜레마 상황에 빠지게 될 수 있다. 학교에서 발생하는 여러 가지 문제에서도 마찬가지인 상황이 발생한다. 학교폭력 문제를 해결하기 위해 주요 덕목들을 주입하고 습관화의 명목으로 반복된 실천만을 강요한다면, 강압적인 분위기의 반동현상으로 학생들의 반발을 야기할 수 있고, 반대로 가치의 문제를 스스로의 자율적 선택에만 맡긴다면 가치의 혼란과 정서적 불안감을 야기할 수 있다. 이러한 여러 가지 딜레마 상황에서 최선의 가치와 행동을 선택하기 위해서 Kohlberg는 개인의 합리적 추론능력을 발달시킬 것을 요구하였다. 추론능력은 보편적인 도덕원리를 바탕으로 여러 가지 상황에서 일어날 수 있는 문제를 해결하기 위해 대안을 선택하는 방식이다. 학교에서 일어나는 폭력의 문제를 해결하기 위한 방편으로 학생들에게 폭력의 딜레마 상황을 제시하고, 토론을 거치는 과정을 통해 보편적 도덕원리에 대한 이해와 사고 수준의 확장을 도모하는 것은 학교폭력 문제를 해결할 수 있는 합리적 방안이 될 수 있다.

제5장

# 학교폭력 예방과 인성교육 프로그램

1. 학교폭력 예방을 위한 인성교육
2. 학교폭력 예방을 위한 인성교육 프로그램

## 1. 학교폭력 예방을 위한 인성교육

학교폭력에 시달리던 학생이 잇달아 자살을 하면서 교육계뿐만 아니라 전 사회적으로 심각한 위기의식을 느끼고 있다(교육과학기술부, 2012a, 2012b; 정창우, 2012). 학교폭력을 당하는 학생의 이야기를 들어 보면(문용린 외, 2006; 청소년폭력예방재단, 2008) 그 상처와 아픔은 이루 말할 수 없을 정도로 크며, 일부 학생은 그 고통을 견디지 못하고 자살에까지 이르고 있다. 따라서 학교폭력 문제는 반드시 척결되어야 할 과제이다. 학교폭력을 근절하는 것은 우리 모두의 간절한 바람이지만 이를 척결하는 것이 결코 쉽지 않다. 매 정부마다 학교폭력의 심각성을 인식하고 다양한 정책과 해결책을 내놓았으나(곽영길, 2007; 김창군, 임계령, 2010) 제대로 실효를 거둔 것은 찾기 어렵다. 그 결과 학교폭력은 여전히 계속되고 있으며 오히려 그 심각성이 더해 가고 있다.

교육과학기술부에서는 인성교육을 강화하는 차원에서 국가수준 교육과정을 제2012-14호(2017. 7. 9.)로 수정하여 고시하였다. 이에 따라 2012 개정 교육과정의 총론에는 교육과정 구성 방향, 학교급별 교육목표, 학교급별 공통사항에 인성요소가 체계적으로 반영되었다. 그리고 도덕, 국어, 사회과 초등학교 교육과정에 인성교육 관련 내용을 추가하고, 프로젝트형 수업을 통하여 인성교육의 실천을 강조하였다. 이에 2015년에는 「인성교육진흥법」의 제정으로 이어졌다. 「인성교육진흥법」은 인성교육을 실천하는 중심 기관으로서 학교의 위상을 재정립하고, 학교에서의 인성교육을 활성화하기 위한 다각도의 노력을 지원하는 것을 목적으로 하였다.

### 1) 인성교육의 의미

청소년기는 신체적, 심리적으로 급격한 변화를 겪는 시기로 인생의 어느 시기보다 많은 심리적 갈등과 혼란을 경험하게 된다. 더욱이 우리나라 청소년은 부모의 과도한 교육열, 치열한 입시경쟁, 미래 자신의 진로문제 등으로 상당히 힘든 시기를 보내고 있다. 이러한 사회풍토 속에서는 친구들과의 관계도 인격적인 만남이기보다는 경쟁과 질시의 관계를 더 많이 경험하게 한다. 따라서 협동적이기보다는 이기심을, 정신적인 가치 추구보다는 물질적인 풍요로움을 더 추구하는 경향이다. 또한 급격한 산업화와 도시화로 인해서 인간성 상실과 상대적으로 가정과 학교교육의 기능 약화, 질이 낮은 대중문화와 매스컴의 팽창, 그로 인한 청소년의 비행이 증가하고 있다. 따라서 가정, 학교, 사회는 청소년의 심신을 건전하게 단련시켜서 올바른 인간성을 갖추고, 전인적인 인간으로 성장해 가도록 끊임없는 배려로 이들을 지도해 나가야 하며, 청소년에게 단편적인 지식보다는 성숙한 인격을 형성하도록 하는 데 주력하여야 한다.

학교뿐만 아니라 우리 사회의 문제가 된 학교폭력 예방을 위해서는 무엇보다 인성교육에 초점을 두어야 함을 공통적으로 제안하고 있다. 인성은 인간이 지니는 본성, 품성, 개성, 인간됨, 성격, 전인성, 도덕성, 도덕적 인격 등 다양한 의미로 사용되고 있다. 인성은 영어 'personality'는 연극에서 배우가 썼던 가면을 의미하는 라틴어 'persona'에서 유래한 것으로(Lewis, 1992: 107), 개인이 사회 속에서 일관성 있게 드러내는 개인 특유의 정서, 사고, 의지 등을 포함하는 행동양식을 의미하며, 희랍어에서 유래한 'character'는 개인의 독특한 특징, 성격 등을 의미한다.

교육현장에서 인성교육의 개념은 1995년 5·31 교육개혁 추진 이후 학교교육에서 '인성교육'이 통용되고 있는 바, 교육개혁위원회에서는 인성교육을 도덕성, 사회성, 정서 등을 포괄하는 말로 사용하고 있으며, 구체적으로 예절과 질서, 공동체의식, 인권존중 등을 가르치는 교육으로 예시되고 있다(교육개혁위원회, 1998). 교육과학기술부(2012b)에서 고시한 초·중등 교육과정에서 추구하는 인간상은 '문화적 소양과 다원적 가치에 대한 이해'를 바탕으로 세계와 소통하는 시민으로서 배려와 나눔의 정신으로 공동체 발전에 '참여하는 사람'으로 제시하고, 도덕과 교육과정에 제시된 인성 관련 주요 영역으로 존중, 책임, 정의, 배려 등을 들었다. 인성교육은 기존의 인지적으로 편중된 교육상황에서는 별로 다루지 않았던 정의적 측면 및 인간의 본성과 관련한 것으로 학습자로 하여금 건강한 전인적인 민주시민으로 성장하고 생래적인 본성을 실현함으로써 보다 풍부하고 자유로운 삶을 살 수 있도록 하기 위한 교육적 경험을 제공해 주는 것이라고 할 수 있다(조연순 외, 2001).

2015년에 제정된 「인성교육진흥법」에서 인성교육이란 "자신의 내면을 바르고 건전하게 가꾸고 타인, 공동체, 자연과 더불어 살아가는 데 필요한 인간다운 성품과 역량을 기르는 것을 목적으로 하는 교육이다."라고 정의 내렸다. 결국 인성교육은 전인적인 인간교육을 위해 필수적인 과정이다. 학교는 극심한 경쟁사회에 적응하여 살아갈 수 있도록 지식 획득을 강조하는 교육이 중심이 되고, 이러한 문제를 해결할 수 있는 기본생활습관, 도덕성의 함양, 자신의 충동을 조절하는 능력, 그리고 갈등해결방법 등에 관한 체계적인 교육은 부족한 실정이다. 이에 학교폭력 예방교육을 인성교육과 연계시킴으로써 학교폭력 발생을 줄여 나가고 학생들의 협동성, 결속감을 증대시킬 수 있는 교과 외 활동을 강화할 필요가 있다. 또한 예방교육 실시방법에 있어서도 다양한 매체의 활용과 체험형 인성교육 프로그램을 실시하는 것이 효과적일 것이다. 체험활동을 통한 인성교육을 실시하기 위해서는 학교, 교사, 학생과 학부모, 지역사회 관계자의 긴밀한 협조가 이루어져야 할 것이다. 그러나 무엇보다 우선해야 할 것은 앞서 기술한 바와 같이, 교사 스스로 인성교육의 중요성을 지각하고 도덕의식을 고취하여 이를 실천하고자 하는 의지가 가장 중요하다.

## 2) 학교폭력 예방을 위한 인성교육의 필요성

오늘날 학교폭력을 비롯한 청소년의 비행행동은 우리나라만의 문제가 아니라 세계의 대부분 국가가 직면한 청소년문제이며, 사회문제라고 할 수 있다. 현재 우리 사회는 이기주의, 인간경시 풍조, 가족해체, 청소년의 학교폭력 등 여러 가지 문제에 직면해 있다. 이러한 문제를 해결하기 위해서는 학교 인성교육을 강화해야 할 필요가 있다는 점에서 사회구성원 대부분이 동의하고 있고 이는 2015년에 「인성교육진흥법」의 제정으로 이어졌다. 「인성교육진흥법」은 기존의 인성교육에 대한 다양한 접근을 통합하여 하나의 공유된 이해를 도출하고, 그것의 토대를 둔 국가 및 지방자치단체의 지원을 핵심으로 한다. 이와 같이 학교 인성교육에 대한 사회적 요구가 높아짐에 따라 학교 인성교육을 위한 방안에 대한 다양한 논의가 이루어지고 있다(김하연, 2016). 청소년을 위한 인성교육은 단순히 교육적 차원을 넘어 21세기 세계화 시대의 국가경쟁력 제고에 필요한 부분으로 부각되고 있다.

긍정심리학(positive psychology)[1]의 관점에서도 학교폭력 예방을 위해 학생들의

1) 긍정심리학은 인간의 긍정적인 심리적 측면을 과학적으로 연구하고, 인간의 행복과 성장을 지원하는 심리학의 한 분야이다.

심리적 안녕과 행복한 삶을 증진하기 위해 다양한 개입이 이루어지고 있다. 특히 자신의 성격을 찾고 아울러 자신의 일과 사랑과 놀이, 우정 등에서 자신의 강점을 자주 사용할 수 있는 실제적인 방법을 찾도록 조력하는 것은 공격성, 폭력성과 같은 외면화된 문제행동의 감소, 심리적인 장애나 정신적인 외상으로부터 성공적인 회복을 가져오게 할 수 있다. 정신건강 문제를 예방하고 또래관계를 포함하여 평생에 걸쳐서 중요한 영향을 끼치는 건강한 관계 형성의 기회를 증진시킬 수 있다(Park & Peterson, 2008; Park, Peterson, & Seligman, 2004; 김광수, 2013 재인용).

최근에는 자기주도성[2], 관용, 타문화 이해 및 세계 시민성과 같은 인성의 특성은 무한한 경쟁과 협력을 요구하는 글로벌 시대에 청소년들에게 필요한 인성 등의 덕목으로 강조되고 있다. 특히 Licona는 바람직한 인성교육의 구성요소로 다음과 같이 제시하였다. 인성은 도덕적 각성, 도덕적 가치를 아는 일, 관점 갖기, 도덕적 추론, 의사결정, 자기인식 등의 도덕적 지식과 양심, 자기존중, 감정이입, 선한 일에 대한 사랑, 자기통제 등의 도덕적 느낌, 그리고 능력, 의지, 습관 등의 도덕적 행위로 구성된다(권동택 외, 2012: 6-11). 이처럼 인간은 왜 도덕적이며 윤리적인 삶을 살아야 하는가? 일상생활을 하면서 수없이 우리 자신에게 던지는 질문이면서도 우리는 이 질문에 한마디로 대답하기가 어렵다. 그 이유는 이 질문에는 '우리의 삶에서 과연 도덕적인 것은 무엇이며, 윤리적인 삶이 어떻게 사는 것인가?'와 같은 도덕적 · 윤리적인 삶에 대한 근원적인 반성이 내포되어 있기 때문이다. 우리 생활의 방향을 결정짓는 근본은 대부분 윤리와 가치에 관한 문제이며, 윤리는 인간이 인간다운 삶을 살아가는 데 필수이다.

윤리(ethics)란 원래 관습을 의미하는 희랍어의 'ethos'[3]에서 온 말로, 사회발전과 번영을 위해 요구되는 바람직한 행동규범이 관습으로 정착된 것을 의미한다(정석용 외, 2011). 윤리는 인간이 따르지 않으면 안 되는 근본원리로, 인간의 가치 있는 삶과 인간의 자유에 의해 실현되는 일상적인 도덕행위와 도덕적 본질에 관한 것이다. 인간은 타인과 더불어 살아가는 사회에서 자신의 삶을 실현하고자 노력한다. 이러한 과정에서 타인과의 관계에서 이해관계가 상충될 수밖에 없으며, 사회구성원은 상충

2) 자기주도성이란 무엇이든 자기 스스로 알아서 하려는 태도와 습관을 말한다.
3) ethos는 사회집단이나 민족 등을 특징짓는 기풍이나 관습을 뜻한다.

되는 이해관계를 해결하기 위해서 윤리학이 필요한 것이다. 특히 현대사회는 세속화, 과학화, 도시화 등을 포함하는 현상들이 팽배하여 인간이해에 많은 도전을 받고 있다. 이러한 긴장과 혼란 속에서 전통적인 인간이해와 삶에 대한 본질을 잃어 가고 있으며, 세속화되어 가는 사회와의 갈등이 심하다(정진석, 1995). 이러한 사회적 위기를 극복하기 위해서는 윤리의 본질에 대한 인식이 필요하다.

윤리학의 기본 전제는 인간은 이성적 존재라는 사실이다. 즉, 인간은 타고날 때부터 옳고 그름을 구분할 수 있는 양심을 가지고 있다. 이성과 양심에 따라서 도덕적 행위를 하는 것이 인간이 다른 생명체와 근본적으로 다른 점이다. 그러나 문제는 과연 무엇이 옳고 그른 것인가의 기준을 제시하는 것이다. 왜냐하면 인간은 자신의 이익을 추구하기 위하여 다양한 입장을 취하기 때문에 그 갈등을 조정하기 위하여 일정한 도덕적 기준에 합의하는 것이 필요하다(김경동, 2010: 18-20). 학교폭력도 학생 간의 사소한 행동을 발단으로 갈등이 야기되어 나타나기도 한다. 그러므로 학생들에게 갈등을 해결하기 위해 타인과 협력할 수 있는 태도, 자신의 분노를 조절할 수 있는 능력 등 갈등을 효율적으로 해결할 수 있는 윤리교육과 인성교육이 필요하다. 그리하여 학생 각자도 사회구성원의 일원으로서 우리 사회가 지향하는 도덕적 규범과 윤리의식을 내면화하여 하나의 공동체 속에서 도덕적 행위를 실천할 수 있도록 노력해 나아가야 할 것이다.

학교폭력은 학생 개인뿐만 아니라 가정과 사회에 지울 수 없는 상처를 남기게 된다. 정부는 '학교폭력 근절 종합대책'으로 학교폭력 예방을 위해 복수담임제, 학교폭력 은폐교사 중징계, 그리고 단체활동을 통한 인성함양을 위한 체육수업 시간 50% 확대 등의 방안을 제시하였다. 그러나 이러한 종합대책만으로 만성적으로 이루어진 학교폭력을 근절하기는 역부족으로 느낀 정부는 2012년 '학교폭력 근절 종합대책'의 후속조치로 학교폭력 근절을 위해 2012년도 창의 · 인성교육을 중심으로 보다 확대 및 추진하고 있다.

제1장에서 소개한 바와 같이, '학교폭력 근절 7대 실천정책'에는 사소한 괴롭힘도 범죄라는 인식하에 학교폭력에 철저히 대응하는 네 가지 직접대책과 학교, 가정, 사회가 함께하는 인성교육을 위한 세 가지의 근본대책으로 구성하였다. 직접대책에는 학교장과 교사의 역할 및 책임강화, 신고-조사체계 개선 및 가해 · 피해 학생에 대한 조치강화, 또래활동 등 예방교육의 확대, 학부모교육 확대 및 학부모의 책무성 강

화 등이며, 근본대책으로는 교육전반에 걸친 인성교육의 실천, 가정과 지역사회의 역할 강화, 게임·인터넷 중독 등 유해요인 대책 등이다. 그러나 이러한 예방대책의 시행에도 불구하고 학교폭력으로 인한 피해학생의 잇따른 자살 사건은 학교폭력의 위험성이 얼마나 심각한지를 보여 준다. 이처럼 학교폭력의 근절을 위한 많은 노력에도 불구하고 학교폭력은 줄지 않고 끊임없이 일어나고 있어 학교, 가정, 지역사회에 위협을 주고 있다. 따라서 학교교육은 학생들에게 단편적인 지식 전수보다는 성숙한 인격을 형성하도록 하는 데 주력해야 할 것이다.

### 3) 「인성교육진흥법」

학교폭력이 또 다시 한국사회의 심각한 문제로 대두된 계기는 2011년 대구에서 중학생이 지속된 학교폭력에 시달리다가 자살한 사건으로 인해서이다. 이 사건으로 교육계뿐만 아니라 우리 사회는 엄청난 충격을 받았고, 이제 더 이상 근본대책이 마련되지 않으면 안 되겠다는 위기의식이 전 사회로 퍼져나가게 되면서 급기야 대통령을 비롯한 범정부 차원에서 '학교폭력 근절 종합대책'의 첫 과제로 교육전반에 걸친 인성교육의 실천을 제시하였다. 이는 학교는 물론이고 가정에서부터 교육부, 사회적 대책, 법적·행정적 측면에서 수행되어야 하는 과업과 방안 등을 제시하여 학교에서의 인성교육 및 전 사회적 인성교육을 강조하게 되었다. 이를 위해 전 사회적·국가적인 접근이 필요하며 학교와 가정, 사회공동체 등에서의 인성교육 기능을 강화하는 법적·제도적 토대를 요청하는 공감대가 형성되었던 것이다. 이러한 관심과 절박함으로 2014년 12월에 국회를 통과해 2015년 1월 20일에 「인성교육진흥법」이 제정되었다. 「인성교육진흥법」은 인성교육을 의무로 규정한 법으로, 건전하고 올바른 인성을 갖춘 시민을 육성하여 국가사회의 발전에 이바지함을 목적으로 규정하였다.

인성과 인성교육에 대한 여러 학자의 견해는 두 가지 관점으로 구분할 수 있다. 첫째는 인간의 '내면적 본성'의 회복이나 계발, 그리고 핵심방법으로 '깨달음'에 초점을 맞춘 '개인적인 차원'의 관점이다. 이 관점은 인성을 인간의 타고난 혹은 내재된 본성으로 규정하고 이러한 본성을 온전히 계발하기 위한 노력을 인성교육으로 본다. 인성교육에 대한 두 번째 관점은 다른 존재와의 관계성과 후천적 교육의 중요성에 초점을 맞춘 사회적인 차원의 관점이다. 특히 자기 자신이나 다른 존재와의 관계성을 통해 인성을 형성해 나갈 수 있다고 보고, 이성적 · 합리적 측면보다는 정의적 · 행동적 측면을 강조한다(구본만, 2015).

초록우산 어린이재단[4]에서 개발한 인성교육 프로그램의 시범교육을 받은 초등학교 저학년과 고학년을 대상으로 인성요소를 내재화하였는지 그 효과성을 검증하였다. 통제집단 사전사후 조사 및 설계를 이용하여 비교 · 검증한 결과, 초록우산 인성교육(12회기)을 이수한 집단이 아무런 교육을 받지 않는 집단보다 통계적으로 유의미하게 초록우산 인성척도(Green Umbrella Character Scale: GUCS)가 높은 것으로 나타났다. 즉, 인성교육을 받은 아이들이 인성요소를 내재화하고 바른 인성을 함양하는 것으로 나타났다(초록우산재단, 2014).

「인성교육진흥법」에서 규정하고 있는 자신의 내면을 바르고 건전하게 가꾸는 것은 인성교육에 대한 첫 번째 관점인 내재적 본성과 깨달음의 중요성 등 개인적인 차원을 함축한 표현으로 볼 수 있다. 이 정의는 인간은 본성상 자기완성의 가능성을 지닌 존재임을 드러내며, 이성과 자유의지를 가진 인간은 자신의 본성을 올바로 깨닫고 주체적으로 자기완성을 향해 나아갈 수 있는 존재로 보는 것이다.

타인, 공동체, 자연과 더불어 살아가는 데 필요한 인간다운 성품과 역량을 기르는 것은 두 번째 관점인 관계성과 후천적 교육의 중요성 등 사회적 차원을 함축하는 표현이라고 할 수 있다. 이와 같이 「인성교육진흥법」은 개인적 · 사회적 차원의 관점을 통합적으로 기르는 것을 목적으로 제시하였다.

「인성교육진흥법」에서는 인성교육의 기본방향을 ① 가정과 학교, 사회에서 모두 장려되고, ② 인간의 전인적 발달을 고려해 장기적 차원에서 계획되어야 하며, ③ 다양한 사회적 기반을 활용해 전국적으로 시행되어야 한다는 세 가지를 규정하고 있다. 인성교육과 관련된 구체적인 사항은 기본방향에 따라 수립하도록 하고 있다. 교육부에서는 「인성교육진흥법」에 따라 '인성교육 종합계획'을 5년마다 수립하고 있다. 종합계획에는 인성교육의 목표나 계획, 홍보, 재원조달, 관리방안, 핵심가치와 덕목 등이 포함된다. 교육감은 종합계획에 따라 해당 지방자치단체의 연도별 인성교육 시행계획을 수립해 교육부장관에게 통보한다. 교육부장관과 교육감은 종합계획이나

4) 초록우산 어린이재단은 1948년에 설립되었으며, 한국전쟁 이후 고아 구호사업을 시작으로 현재에 이르기까지 국내외 아동복지 사업을 실시하고 기관이다.

시행계획을 수립할 때 공청회를 열어 시민과 전문가에게 의견을 듣고 타당할 경우에 계획에 반영해야 한다.

「인성교육진흥법」에서는 인성교육 관련 심의를 위해 인성교육진흥위원회를 둘 것을 규정하고 있다. 인성교육진흥위원회가 심의하는 사항에는 인성교육정책의 추진 방향이나 종합계획 수립 관련 사항, 인성교육 실적 점검 및 평가, 인성교육 지원 협력이나 조정에 관한 사항 등이다. 위원회는 위원장을 포함해 20명 이내의 위원으로 구성한다. 위원은 교육부차관과 문화체육관광부차관, 보건복지부차관, 여성가족부차관, 국회의장이 추천하는 사람 3명, 즉 인성교육에 관해 학식이나 경험이 풍부한 사람 중에서 교육부장관이 임명하되 공무원이 아닌 사람이 과반수가 되게 구성해야 한다. 위원장은 위원 중에서 공무원이 아닌 사람이 맡는다.

교육부장관과 교육감은 1년마다 인성교육 활동에 대한 평가를 시행한다. 교사는 인성교육 관련 연수를 일정 시간 이수해야 하며, 사범대학이나 교육대학 등 교원양성기관 역시 인성교육 과목을 필수로 개설해 운영해야 한다. 「인성교육진흥법」의 목적과 내용은 다음과 같다.

### (1) 「인성교육진흥법」의 목적과 내용

#### ① 「인성교육진흥법의 목적」

「대한민국헌법」에 따른 인간으로서의 존엄과 가치를 보장하고, 「교육기본법」에 따른 교육이념을 바탕으로 건전하고 올바른 인성을 갖춘 국민을 육성하여 국가사회의 발전에 이바지함을 목적으로 한다.

#### ② 「인성교육진흥법」에서 의미하는 인성교육의 정의와 내용

- '인성교육'이란 자신의 내면을 바르고 건전하게 가꾸고 타인, 공동체, 자연과 더불어 살아가는 데 필요한 인간다운 성품과 역량을 기르는 것을 목적으로 하는 교육을 말한다.
- '핵심가치 · 덕목'이란 인성교육의 목표가 되는 것으로 예(禮), 효(孝), 정직, 책임, 존중, 배려, 소통, 협동 등의 마음가짐이나 사람됨과 관련되는 핵심적인 가치 또는 덕목을 말한다.
- '핵심 역량'이란 핵심가치 · 덕목을 적극적이고 능동적으로 실천 또는 실행하는

데 필요한 지식과 공감 및 소통하는 의사소통능력이나 갈등해결능력 등이 통합된 능력을 말한다.

「인성교육진흥법」의 핵심가치·덕목을 구체적으로 설명하면 다음과 같다.

- 예(禮): 예의를 표현하는 절차와 방법을 알고 다른 사람에게 공손하고 친절한 행동을 할 수 있다.
- 효(孝): 부모님과 웃어른을 공경하며, 화목하게 지내기 위해서 어떻게 해야 하는지를 알고 실천할 수 있다.
- 정직: 거짓이 없는 진실한 삶이란 무엇이며, 어떻게 하면 정직한 삶을 살 수 있는지를 알고 실천할 수 있다.
- 책임: 맡은 역할에 최선을 다하며, 자신의 행위에 책임을 지는 것이 왜 중요한지를 알고 실천할 수 있다.
- 존중: 자신에 대한 자긍심을 가지고 타인의 개성과 다양성을 인정하며 존중할 수 있다.
- 배려: 주변 사람들에게 관심과 애정을 갖고 서로 공감대를 형성하는 것이 중요함을 알고 실천할 수 있다.
- 소통: 생각이나 뜻이 서로 통하는 소통의 중요성을 알고, 의사소통능력을 기르고 실천할 수 있다.
- 협동: 여러 사람이 함께 생활하면서 힘과 뜻을 모으며 조화롭게 살아가는 것의 중요성을 알고 실천할 수 있다.

### (2) 「인성교육진흥법」의 한계점

최근에 급격히 늘어나는 사회병리현상과 도덕적·윤리적 문제, 학교폭력 등의 청소년의 문제행동으로 인해 학교 인성교육을 강화할 필요가 있다는 점에서 사회구성원 대부분이 동의하고 있고, 이는 「인성교육진흥법」의 제정으로 이루어졌다. 그러나 모두가 「인성교육진흥법」의 제정에 찬성하는 관점만 있는 것이 아니다. 인성교육에 관련하여 비판적 관점에서 접근하는 주장들도 대두되었다. 이러한 주장들은 다양한 형태로 제시되고 있는데, 다음과 같은 유형으로 범주화할 수 있다(김현수, 2017).

첫째, 「인성교육진흥법」 자체가 타당하지 않다는 것이다. 이는 인성교육을 법안으로 제정하여 접근하고자 하는 것은 적합하지 않다는 관점에서 근거한다. 이는 「인성교육진흥법」의 입법 취지인 사회문제의 심각성의 원인은 인성교육의 부재가 아닌 사회체제 또는 사회환경 등에 있으며, 기존의 교육과정과 교과교육의 활용을 통해 학교교육의 목표로서 인성교육을 충분히 실현할 수 있다는 것이다. 또한 「인성교육진흥법」의 제정과정이 정치적 절충과 경제적 관점을 반영하여 추진된 부분이 있으며, 「인성교육진흥법」이 청소년을 일방적이고 수동적인 교화의 대상으로 삼아 체제순종적 인재를 양성하는 도구로 전락할 우려가 있다는 것이다.

둘째, 「인성교육진흥법」의 내용과 구성이 적합하지 않다는 것이다. 이는 「인성교육진흥법」의 취지 자체에는 기본적으로 동의하지만, 이것이 담아내고 있는 내용과 구성에 보완할 점이 많다는 관점에 근거한다. 이러한 주장의 대표적 사례로 「인성교육진흥법」이 규정한 8대 핵심 인성가치와 역량이 21세기의 '글로벌 민주시민성'과는 거리가 있다는 것이다. 또한 「인성교육진흥법」이 학생들에게 비판적 사고를 가르치는 대신에 특정 가치를 주입할 위험성이 있다는 측면에서 비판하고 있다.

셋째, 「인성교육진흥법」 및 관련한 하위 법령내용들이 실제 학교현장에서 실천하기 어렵다는 것이다. 이는 「인성교육진흥법」의 취지 및 내용에 대체적으로 긍정하지만, 실행과정에서 여러 가지 어려움이 있기 때문에 실질적인 효과성을 담보하기 어렵다는 것이다. 이러한 주장의 대표적인 사례로 현재 「인성교육진흥법 시행령」 제14조 제3항에서 연간 4시간 이상으로 설정하고 있는 교원연수 이수기준이 충분하지 않고 대입전형과 인성교육이 왜곡된 형태로 연결될 경우 면접 학원에서 인성교육 특강이 개설되는 등 사교육이 팽배할 수 있다는 것이다. 아울러 인성교육 강사양성과 관련된 민간자격증 사업이 교육현장을 혼란시킬 우려가 있다. 그러나 이와 같은 「인성교육진흥법」의 비판적인 관점도 「인성교육진흥법」 자체에 대한 무조건적인 반대이기보다는 많은 이의 공감과 지지로 제정된 「인성교육진흥법」이 올바른 방향으로 나아가야 한다는 우려에서 제기되는 것으로 볼 수 있다. 따라서 「인성교육진흥법」의 목적을 달성하기 위해서는 학교현장 구성원의 이에 대한 인식과 적극적인 실천행위가 수반되어야 할 것이다.

### (3) 「인성교육진흥법」의 내실화 방안

「인성교육진흥법」은 인성교육을 실천하는 중심 기관으로서 학교의 위상을 재정립하고, 학교 인성교육을 활성화하기 위한 다각도의 노력을 지원하는 것을 목적으로 하고 있다. 따라서 학교 인성교육 활성화를 위한 교사들의 요구내용을 제시하면 다음과 같다(김하연, 2016: 29-30).

첫째, 인성교육을 위해서 교사에게 요구되는 자질 및 역할이다. 일반적으로 교육철학 및 신념, 인성 및 책임감, 교수학습방법 및 평가 등을 포함한 인성교육 지도역량, 교육주체와의 상호작용 및 관계능력으로 제시될 수 있다(정창우 외, 2016: 14). 교사들이 인성교육을 실행하기 위한 자질을 갖추기 위해 교사교육 및 교육지원이 요구되는지, 교사의 역할과 자질이 학교 인성교육에 어떠한 위상을 갖는지에 대한 교사들의 인식을 조사할 필요가 있다.

둘째, 학교 인성교육의 실행영역이다. 학교 인성교육의 영역에는 형식적 교육과정과 잠재적 교육과정이 복합적으로 작용하는데, 크게 교과 교육과정, 범교과 교육과정, 생활지도, 교실 및 학교공동체의 풍토가 그것이다. 교사의 의도에 따라 인성교육이 실행되기도 하지만, 교사 개인의 노력과 역량을 넘어선 공동체의 문화적 · 구조적 영향력이 학생들의 인성발달에 상당한 영향력을 미치기도 한다. 따라서 인성교육을 활성화하기 위한 교사의 요구를 분석하기 위해서는 학교 교육과정을 수행함에 있어서 필요한 교육과 지원이 무엇인지를 포함할 필요가 있다.

셋째, 학교 인성교육에 영향을 미치는 주체이다. 학교 인성교육을 직접 실행하는 주체는 교사이지만 학교교육을 둘러싼 다양한 교육주체가 존재한다. 학교교육의 주체에는 학생, 학부모, 행정가, 교육지원청 등이 포함된다. 실제 교사의 인성교육에 대한 신념과 의지가 학생, 학부모, 학교장 등의 동의와 지지 부족, 교육기관의 지원 미흡으로 인해 무력화되기도 한다. 따라서 학교 인성교육을 활성화하기 위해서는 교사의 인성교육 실행을 둘러싼 교육주체들의 영향력 및 그들과의 관계에 있어 교사가 갖는 요구를 분석할 필요가 있다.

넷째, 교사교육과정 및 내용이다. 교사교육과정은 크게 예비교사 양성과정에서 이루어지는 직전교육과 현직교사를 대상으로 하는 현직교육으로 구분된다. 직전교육과정의 경우에는 전공 학문의 내용지식을 주로 다루는 반면, 현직교육과정의 경우 교과 혹은 생활지도 방법과 관련한 실제적인 내용을 주로 다룬다. 김하연(2016)은 현직

초·중·고 교사 295명을 대상으로 학교 인성교육의 활성화를 위한 교사의 요구를 연구하였는데, 그 결과를 제시하면 〈표 5-1〉 및 〈표 5-2〉와 같다.

〈표 5-1〉 **인성교육의 활성화를 위해 필요한 교사교육 내용**

| 구분 | 비율(%) |
|---|---|
| 인성교육에 대한 이론적 이해 | 7.8 |
| 학생 및 학부모와의 소통기술 | 27.0 |
| 각 교과수업을 통한 인성교육 방법 | 20.3 |
| 다양한 교수-학습방법 혹은 프로그램 | 12.4 |
| 교사의 책임감 및 모범의 중요성 인식 | 20.4 |
| 인성교육을 위한 제반 자원의 활용방법 | 12.0 |
| 기타 | 0.1 |
| 전체 | 100 |

출처: 김하연(2016: 33).

〈표 5-2〉 **학교 인성교육의 활성화를 위해 가장 필요한 교육 지원**

| 구분 | 비율(%) |
|---|---|
| 사범대 및 교육대의 교육과정 변화 | 14.0 |
| 직접 활용할 수 있는 프로그램 제공 | 35.7 |
| 인성교육자로서 교사의 책임감 및 윤리의식 제고 | 17.8 |
| 학생과의 원만한 관계를 유지 및 도모하는 각종 지원 | 19.5 |
| 교사 간 조언을 주고받을 수 있는 네트워킹 체제 구축 | 12.4 |
| 기타 | 0.6 |
| 전체 | 100 |

출처: 김하연(2016: 34).

한편, 학교폭력 예방교육은 다양한 방법으로 이루어질 수 있다. 학교폭력 예방프로그램은 학교폭력이 발생하기 전에 문제가 발생할 가능성을 찾아서 문제가 발생하지 않게 하거나 더 심각해지지 않게 하는 것을 목적으로 한다. 한국의 학교폭력 예방프로그램은 학교폭력에 대한 개념과 대처방법에 대한 정보를 제공하고, 학교폭력 예방을 위한 인성교육의 내용으로 구성되어 있다. 학교폭력 예방을 위해 인성교육에 대한 교사의 요구분석 결과, '직접 활용할 수 있는 프로그램 제공'이 가장 높게 나타났으며, '학생과의 원만한 관계를 유지 및 도모하는 각종 지원' '인성교육자로서 교사의 책임감 및 윤리의식 제고' '사범대 및 교육대의 교육과정 변화' '교사 간 조언을 주고받을 수 있는 네트워킹 체제 구축'의 순으로 선호도가 나타났다.

학교 인성교육의 효과를 결정하는 핵심요소는 무엇인가에 대한 교사들의 응답은 〈표 5-3〉에 나타난 것처럼, '교사의 신념과 의지'가 30.4%로 가장 높게 나타났으며, 다음으로 '교실 및 학교의 도덕적 풍토'가 24.8%, '교사의 인격적 모범' 22.8%, '효과적인 프로그램' 9.5%의 순으로 나타났다. 이와 같이 인성교육의 활성화를 위해서는 무엇보다도 교사의 신념과 의지가 가장 중요하지만 학교현장에서의 정착을 위해서는 교사가 실행할 수 있는 양질의 인성교육 프로그램의 개발 및 보급이 이루어져야 한다.

〈표 5-3〉 **학교 인성교육의 효과를 결정하는 핵심 요소**

| 구분 | 비율(%) |
|---|---|
| 효과적인 프로그램 | 9.5 |
| 교사의 인격적 모범 | 22.8 |
| 교사의 신념과 의지 | 30.4 |
| 학교장의 관심과 지원 | 6.6 |
| 교실 및 학교의 도덕적 풍토 | 24.8 |
| 인성교육 관련 교과의 수업 내용 | 5.6 |
| 무응답 | 0.3 |
| 전체 | 100 |

출처: 김하연(2016: 36).

또한 교육부(2016)에서 학교폭력 예방 및 지도와 관련한 현직 교사교육에서 아동 대상의 성폭력 예방교육 내용이 성범죄의 개념과 실태, 성범죄자 취업제한 제도, 성범죄 신고의무제도 등 이론적 · 지식적 내용 중심으로 구성되어서 있어서 학교폭력 관련 교원 교육에 있어 교사의 경험적 · 심리적 · 성격적 측면의 중요성을 강조하면서도 현실에서는 이를 반영하지 못하는 교재 구성 및 교육이 진행되고 있다는 해석이 가능하다(고진희, 2009; 김광수, 2013; 김정남, 2013). 학교폭력이 실효성을 거두기 위해서는 다양한 내용과 교육 프로그램이 선행되어야 할 것이다. 현재 국내에서 이루어지고 있는 학교폭력 예방 프로그램은 다음과 같다.

## 2. 학교폭력 예방을 위한 인성교육 프로그램

### 1) 한국의 인성교육 프로그램의 내용과 설명

정부는 핵심 교육정책의 하나로 2012년도부터 학교폭력 근절을 위한 창의 · 인성 교육을 확대 및 추진하였다. 관계부처합동으로 발표한 '제3차(2015~2019년) 학교폭력 예방 및 대책 기본계획'에 따르면, 행복하고 안전한 학교를 만들기 위해 학교폭력 및 학생 위험 제로 환경 조성을 목표로 5대 분야 16개 추진 과제를 제시하였다. 5대 분야에는 인성교육중심 학교폭력 예방 강화, 학교폭력 대응 안전인프라 확충, 공정한 사안 처리 및 학교 역량 강화, 피해학생 보호 · 치유 및 가해학생 선도, 전 사회적 대응체제 구축 등이 포함되어 있다. 그리고 인성교육중심의 학교폭력 예방 추진과제는 인성함양을 위한 학교폭력 사전 예방, 또래활동을 통한 건전한 학교문화 조성, 체험 중심 학교폭력 예방활동 강화, 폭력 유형 및 추세에 따른 대응 강화 등 네 가지이다(관계부처합동, 2016). 현재 한국에서 실행되고 있는 학교폭력 예방 프로그램을 소개하면 다음과 같다.

〈표 5-4〉 **학교폭력 관련 프로그램 구성요소**

| 프로그램명 | 핵심 구성요소 | 회기 | 목적 | 대상 | 개발기관 |
|---|---|---|---|---|---|
| 시우보우 프로그램 | 이타행동, 대인관계, 의사소통, 인권과 평화의식, 폭력문화, 집단따돌림 | 10회기 | 예방 | 초~고 | 서울대학교 발달심리연구실 |
| 청소년 무지개 프로그램 | 마음의 힘, 관심과 사랑, 친구상담, 학교갈등 통찰, 희망 가꾸기, 선배체험나누기 | 10회기 | 예방 치유 | 초~고 | 청소년보호위원회 |
| 내가 바로 지킴이 | 학교폭력 ○× 퀴즈, 예방나무, 으랏차차, 무비오케, 예방교육 강의 등 | 10회기 | 예방 | 초~고 | 청소년폭력예방재단 |
| HELP-ING 프로그램 | 학교폭력 인식, 중재자 역할, 학교폭력 법률과 대처요령 | 8회기 | 예방 | 초~중 | 서울대학교 발달심리연구실 |
| 작은 힘으로 시작해 봐! | 폭력개념, 폭력 트라이앵글(가해자, 피해자, 방관자), 대처행동에 대한 이해 | 10회기 | 예방 | 초 | 사회정신건강연구소 |

| | | | | | |
|---|---|---|---|---|---|
| KEDI 학교폭력 예방 프로그램 | 공감, 관점채택, 사회적 문제해결, 의사소통, 안전하고 즐거운 학교 | 10회기 | 예방 | 초 | 한국교육개발원 |
| 한 번 더 생각해 봐 | 학교폭력의 개념 이해, 학교폭력 가해자 · 피해자 · 방관자 이해, 대처활동 | 16회기 | 예방 | 초~고 | 사회정신건강연구 |
| 폭력 및 왕따 예방교육 프로그램 | 사회인지적 기술 | 4회기 | 예방 | 초~고 | 청소년보호위원회 |
| 품성계발 프로그램 (멋진우리) | 정직, 배려, 책임감, 자기조절의 덕목 중심 인성교육 | 6회기 | 예방 | 초 | 한국청소년상담원 |
| 배려증진 프로그램 | 조망능력, 공감, 몰입, 동기전환, 타인배려 | 13회기 | 예방 | 초 | 한국청소년상담원 |
| 친한 친구 프로그램 | 친구 사귀는 방법, 장점 찾기 | 10회기 | 예방 | 초~고 | 서울시교육청 |
| 학급에서의 집단따돌림 예방 프로그램 | 친밀감 형성, 의사소통기술, 대인관계기술, 자기개방, 공동체의식 | 4~6회기 | 예방 | 초~고 | 한국교육학술정보원 |

출처: 이병환 외(2014: 160).

### (1) 어울림 프로그램

학교폭력 실태분석을 통해 확인된 것처럼, 학교폭력은 학생 간의 사소한 오해로 발생하기도 한다. 이 프로그램은 학생들이 자신을 이해하고, 타인과 더불어 살아가는 공동체의식을 가질 수 있도록 2013년에 교육부와 관계부처가 합동으로 개발한 프로그램이다.

학교폭력 예방을 위한 어울림 프로그램은 학교폭력 인식 및 대처와 더불어 학생의 자기이해, 공감, 의사소통, 자존감 향상 등의 내용으로 이루어지는 맞춤형 학교폭력 예방을 위한 인성교육 프로그램이다.

교육부는 어울림 프로그램을 정규 교과과정에 반영하여 교과수업, 창의적 재량활동 등을 활용하여 외부 전문가와 전문상담교사, 그리고 일반교사가 서로 협력하여 프로그램을 운영하고 있다. 어울림 프로그램의 적용 대상은 학생뿐만 아니라 교직원과 학부모로 확대되어 운영되고 있다.

학생 대상 어울림 프로그램은 미술활동, 놀이치료 등 다양한 프로그램을 적용함으로써 학생들의 자기이해 및 타인이해, 분노조절, 공감 등 내적 성장을 목적으로 하는 집단 프로그램이다. 이 절에서는 초등학교 고학년을 대상으로 하는 어울림 프로그램(자기이해, 공감, 의사소통 등) 중 공감능력 향상을 위한 프로그램을 소개하면 〈표 5-5〉와 같다.

초등학교 고학년을 위한 공감 프로그램의 목표는 다음과 같다.

- 친사회적 정서표현 방식을 인지하고 실천한다.
- 정서인식과 표현의 범위를 나에서 시작하여 타인으로 확장하여 통합한다.
- 또래괴롭힘 상황에서 정서적 공감과 인지적 공감을 균형 있게 교육하여 학급의 잠재적인 방어자를 길러 낸다.
- 공감의 중요성을 학급구성원 모두가 인식하여 학급분위기를 자발적으로 형성해 나간다.

〈표 5-5〉 **어울림 프로그램(초등학교 고학년용)**

| 영역 | 차시 | 프로그램명 | 학습목표 | 내용 및 방법 |
|---|---|---|---|---|
| 공감 | 1 | 다양한 모양의 마음 | 감정의 다양한 종류를 알고 표현하기 | • 감정단어 종류 이야기<br>• 감정단어 마인드맵 만들기<br>• 내 마음의 감정 카드 |
| | 2 | 내 마음을 보여 주기 | 괴롭힘 상황 속 역할에 따른 나의 감정 표현하기 | • 힘든 상황에 있는 친구를 볼 때 나의 마음 표현하기<br>• 괴롭힘 상황 속의 사람들 마음 이해하기 |
| | 3 | 친구의 마음 알아보기 | 관점조망을 통해 타인의 감정을 인지하고 자신의 감정 표현하기 | • 내가 준 상처 때문에 친구가 느꼈을 마음을 알아보기<br>• 자신이 상처 받은 일에 대해 같이 이야기하고 나누기 |
| | 4 | 내 마음속에 하얀 늑대 키우기 | 공감을 통해 자신과 타인의 정서 통합하기 | • 힘든 친구에 대한 나의 마음 표현하기<br>• 내 마음속의 두 마리 늑대 |

출처: 한국교육개발원(2014: 6).

### (2) 초록우산 어린이재단 인성교육 프로그램

우리나라의 대표적 아동복지센터 중의 하나인 '초록우산 어린이재단'에서는 아동이 꿈을 키우며 행복을 가꾸어 갈 수 있는 기반 마련의 일환으로서 아동 스스로 건강한 인성을 키울 수 있는 역량 강화를 위해 2013년에 아동 인성교육 프로그램을 개발하였다. 이 재단은 아동이 함양해야 할 인성의 구성요소로서 나, 너, 이웃, 지구촌 등의 네 가지 대상에 따라 기쁨, 감사, 성실, 존중, 약속, 어울림, 용기, 정직, 협동, 사랑, 배려, 나눔이라는 열두 가지의 인성요소를 선정하였으며, 말하기, 이야기 들려주기, 대화하기, 연습하기 등의 기법을 활용한 교육 프로그램을 개발하였다(초록우산 어린이재단 아동복지연구소, 2014).

초록우산 어린이재단 인성교육의 목적과 구성요소는 다음과 같다.

- 목적: 아동이 초록우산 인성교육 프로그램의 각 요소를 내재화하고 실천함으로써 올바른 인성을 가진 건강하고 행복한 아동으로 성장하도록 돕는다.
- 구성요소: 초록우산 인성교육 프로그램은 '나'에 대한 인성요소를 기초로 '너'와 '이웃'에 대한 인성요소를 키운 뒤 '지구촌'으로 확장하여 범세계적인 인성요소를 내재화하고 실천하는 것을 내포한다. 생태체계적 관점을 토대로 발전시켰으며, 각 인성요소를 실천함에 있어서도 '나'를 비롯하여 '나'를 둘러싼 모든 환경체계 안에서 실천할 수 있도록 방향을 제시한다. 초록우산 어린이재단에서 강조하는 인성의 열두 가지 구성요소는 〈표 5-6〉과 같다.

〈표 5-6〉 **초록우산 어린이재단: 인성의 열두 가지 구성요소**

| 범주 | 대상 | 구성요소 | 관계 요소 |
|---|---|---|---|
| 뿌리 | 나 | 존재 자체의 '기쁨' | 즐거움, 유머 감각, 명랑함, 자기이해 |
| | | 무조건 '감사' | 온정성, 감성적 의사소통 |
| | | 내 안의 힘을 키우는 '성실' | 자기통제, 자기조절, 끈기, 인내, 책임, 절제 |
| 줄기 | 너 | 나와 다름 '존중' | 효도, 예절, 경청, 공감, 자기 · 타인, 생명 존중 |
| | | 서로에 대한 믿음 '약속' | 신중, 법 준수 |
| | | 행복 만드는 '어울림' | 사회성, 시민정신, 소통 |
| 가지 | 이웃 | 단호한 '용기' | 단호함, 호연지기, 용감, 용맹 |
| | | 믿을 수 있는 사회 '정직' | 도덕성, 정의, 진실, 자조 |
| | | 한 방향의 '힘' | 협력, 시민정신, 충성, 책임 |

| | | | |
|---|---|---|---|
| 열매 | 지구촌 | 생명체에 대한 '사랑' | 인간애, 사랑할 · 사랑 받을 능력 |
| | | 모두를 위한 '배려' | 친절, 공감, 역지사지 |
| | | 행동의 열매 '나눔' | 공정, 평등 |

출처: 초록우산 어린이재단(www.childfund.or.kr).

초록우산 어린이재단의 인성교육 프로그램 원칙은 다음과 같다(www.childfund.or.kr).

첫째, 교육을 받는 아동 중심이다. 인성교육을 받는 아동이 중심이 되도록 강사는 경청하고, 피드백하는 것이 요구된다. 전달자의 지식이나 평소 생각을 이야기하는 것은 주의해야 하며, 교육을 받는 이의 생각과 경험, 반응, 실천 방향 등에 초점을 맞추는 것이 필요하다.

둘째, 일방적인 전달이 아닌 상호작용을 통해 참여를 보장한다. 초록우산 인성교육 프로그램에서 중요시하는 것은 일방적으로 지식을 전달하거나 과제를 검토하여 프로그램을 진행하는 것이 아니다. 함께 생각하고 이야기하고 실천으로 옮기는 것을 반복하면서 성장하는 것을 지향한다.

셋째, 더불어 성장하려는 욕구를 갖는다. 교육 제공자와 수혜자가 함께 더불어 성장하려는 궁극적인 자세가 뒷받침되어야 한다. 어제보다 나은 '나' '너' '이웃' '지구촌'을 만들어 더불어 행복하게 살고자 하는 데 취지가 있다.

넷째, 교육을 받는 아동의 발달에 대한 잠재적 성장 가능성을 믿는다. 아동은 발달해 가는 과정에 있으며, 지금 모습이 어떠하든지 어른들의 노력 여하에 따라 앞으로 더 발전할 수 있는 무한한 잠재력을 가진 존재라는 것을 믿고 격려함으로써 아동이 긍정적인 자기 이미지를 만들어 가도록 도와야 한다.

### (3) 한국청소년상담복지개발원의 품성계발 프로그램

품성계발 프로그램은 개인생활영역 덕목으로서 정직과 자기조절, 사회생활영역 덕목으로서 배려를 특히 강조하고 있다. 주로 초등학생에게 초점을 맞추어 자기조절 강화 프로그램과 학교폭력 예방을 위한 배려증진 강화 프로그램을 제공하고 있다. 프로그램의 특징으로는 훈련을 받은 교사가 프로그램을 운영할 수 있도록 집단지도, 집단토론 형태로 구성되어 있다.

학교폭력을 예방하고 근절하기 위해서는 청소년 대상의 인성교육 활동을 통하여 학교생활에 잘 적응하고 성숙한 인격을 형성하도록 하여야 한다. 학교폭력 예방을 위한 인성교육은 학교교육만으로는 부족하다. 학교가 중심이 되어 교사, 학생, 학부모, 지역사회가 협력하여 학교폭력을 예방하고 대응할 수 있는 장기적이고 체계적인 인성교육의 내용과 방법에 대한 근본적인 대책을 수립하여야 한다. 그 인성교육의 핵심적인 내용은 학생 모두가 교육과 삶을 성공시키기에 필요한 자기인식과 자기관리능력을 함양하고, 사회인식과 대인관계기술을 향상하며, 학교 등 공동체에서 의사결정기능과 책임성을 길러 상호 존중하면서 공동체 생활을 할 수 있도록 하는 것이다.

품성계발 프로그램은 정직, 배려 및 자기통제 등과 같은 도덕적 덕목을 내면화하고, 또래들과 다양한 활동 및 나눔을 통해 청소년 스스로 자기만족과 성취감을 느끼고 자존감을 향상시킬 수 있도록 돕는 자기계발 프로그램이다. 한국청소년상담복지개발원에서 제시하고 있는 품성계발 프로그램 내용을 소개하면 〈표 5-7〉과 같다(www.kyci.or.kr).

〈표 5-7〉 **학교폭력 예방을 위한 배려증진 프로그램**

| 구분 | 제목 |
|---|---|
| 1회기 | 이제 우리 함께해요 |
| 2회기 | 다르다고 틀린 것은 아니에요 |
| 3회기 | 배려맨 1 |
| 4회기 | 관점 안경 |
| 5회기 | 춤추는 거울 |
| 6회기 | 끼리끼리 공놀이 |
| 7회기 | 5-NO-YES! |
| 8회기 | 잠깐-참-그럼-좋아! |
| 9회기 | 알아 줘서 고마워! |
| 10회기 | 이상한 무궁화 꽃이 피었습니다 |
| 11회기 | 배려맨 2 |
| 12회기 | I'm a movie star |
| 13회기 | 배려맨 3 |
| 14회기 | 마음 나눔 시상식 |

출처: 한국청소년상담복지개발원(www.kyci.or.kr).

### (4) 자기성장 집단상담 프로그램

학교폭력 예방을 위한 집단상담 프로그램의 목적은 학생들로 하여금 보다 성숙한 인간이 되도록 도우려는 것이다. 즉, 자신을 현실적으로 이해하고, 자신을 있는 그대로 수용하며, 남에게 있는 그대로의 나를 개방시킴으로써 자신의 말과 행동에 책임을 질 수 있고, 우호적인 인간관계를 발전시킬 수 있는 인간으로서의 성장을 가져오는 데 있다.

청소년기는 신체적, 심리적으로 많은 변화를 경험하며, 이러한 변화 속에서 자신의 자아정체감을 확립하기 위해 고뇌하고 방황하며 갈등을 겪게 된다. 청소년기에 올바른 자아정체감을 확립하지 못하면 학교와 사회에 적응하지 못함은 물론이고, 삶의 목표마저 상실하게 된다. 이러한 문제는 비행 등의 일탈문제, 정서 및 성격 장애, 정신질환 등의 심각한 문제를 일으키며, 학교폭력, 가출, 범죄, 심지어 자살에 이르는 청소년의 사회문제를 일으키게 된다.

오늘날 청소년에게 있어서 가장 중요한 발달과업 중의 하나는 자신의 정체감 혹은 주체성 확립이다. 따라서 그들은 스스로에게 인격적 실존의 의미에 대하여 심각한 물음을 묻고 있다. 즉, 그들은 '나는 누구인가?' '나는 무엇을 가치 있다고 보는가?' 등과 같은 물음에 자신 있는 확답을 얻지 못할 때 자신의 삶에 어떤 구조와 조직을 설정할 수 없게 될 뿐만 아니라 그들에게 직면해 오는 사건이나 경험에 개인적 의미를 부여할 수도 없게 된다(이형득, 2003). 그렇게 될 때 스스로 목표달성을 위하여 적절한 경험을 할 수도 없으며, 자신의 행동에 방향제시와 일관성을 부여해주는 가치체계도 발달시킬 수 없게 된다.

Powell(1969)에 따르면 성숙한 인간은 자신의 신체적 조건과 심리적 경험을 그대로 인정하고 수용한다고 하였다. 이처럼 성숙한 인간이 되기 위한 자기이해 학습은 자신의 경험을 진실하게 탐색하고 성찰하는 과정을 통해서 이루어진다. 그럼에도 불구하고 우리의 교육적 현실은 지식정보와 같은 인지 학습에는 많은 시간을 할애하고 있지만 이들의 당면문제인 자기발견과 자아확립에 대해서는 외면하고 있다. 그 결과 이들은 수학의 공식이나 저명한 학자의 이론에 관해서는 시험지에 옮겨 쓸 수 있을 정도로 암기해 내지만 '나는 현재 무엇을 느끼고 생각하며 행동하고 있는지, 왜 그렇게 하고 있으며, 그런 행동이 나 스스로에게나 다른 사람들에게 어떤 영향을 미치고 있는지' 등에 대해서는 상당히 무지하게 되고 만다. 이와 같은 가정하에 지식이나

〈표 5-8〉 **자기성장 집단상담 프로그램**

| 회기 | 회기 주제 | 목표 | 회기 진행내용 및 순서 |
|---|---|---|---|
| 1 | 프로그램에 대한 오리엔테이션 자기소개 및 별칭 짓기 | • 별칭 짓기 및 집단원 간의 소개를 통해 친밀감을 형성한다.<br>• 개인상담 목표를 정한다. | • 프로그램에 대한 설명과 집단상담 활동 시 유의하여야 할 사항에 대해 설명<br>• 별칭 짓기, 집단구성원 간의 소개하기<br>• 프로그램을 통하여 이루고자 하는 개인 목표 설정<br>• 집단활동을 하면서 느낀 점과 학습한 점에 대해 나누기 |
| 2 | 나는 누구인가? | 자기 자신에 대하여 구체적으로 기술해 보고 집단구성원 앞에서 자신을 이해, 수용, 개방하는 학습 경험을 한다. | • 활동지를 나누어 주고 '나는 어떤 사람인가' 에 대해 각자 작성을 한 후에 집단구성원 앞에서 발표<br>• 집단활동을 하면서 느낀 점과 학습한 점에 대해 나누기 |
| 3 | 신뢰감 형성하기 | 신뢰감을 형성함으로써 사적인 정보를 교환하고, 보다 자유로운 상호작용을 촉진한다. | • 인간관계에서 신뢰감의 중요성에 대해 설명<br>• 뒤로 넘어지기 활동, 평소 자신의 대인관계 패턴에 대해 토론<br>• 집단활동을 하면서 느낀 점과 학습한 점에 대해 나누기 |
| 4 | 가치관 명료화하기 | 자신의 행동이나 전체 생활에 영향을 미치는 주요한 가치관 몇 가지를 확인해 본다. | • 가치란 무엇이며, 가치관의 중요성에 대해 설명<br>• 가치관 경매 활동지를 나누어 줌. 가치관 경매하기<br>• 집단활동을 하면서 느낀 점과 학습한 점에 대해 나누기 |
| 5 | 자기 노출하기 | 자신의 사실들을 남에게 내어 보이는 행동을 통하여 내면의 자유와 참만남의 경험을 하도록 한다. | • 인간관계 속에서 자기노출의 중요성과 자기노출을 할 때 유의할 점에 대해 설명<br>• 자기노출 활동지를 작성하기<br>• 집단활동을 하면서 느낀 점과 학습한 점에 대해 나누기 |
| 6 | 자신의 장단점 파악하기 | 집단구성원 간에 장단점을 솔직하게 지적해 줌으로써 자기성장에 도움을 준다. | • MBTI 검사에 대한 설명 및 실시<br>• 검사 결과를 토대로 각자 유형에 대해 이해하기<br>• 집단활동을 하면서 느낀 점과 학습한 점에 대해 나누기 |
| 7 | 피드백 주고받기 | 타인에게 자신의 모습이 어떻게 보이는지에 대한 기회를 가지며, 바람직한 피드백의 방법을 학습한다. | • 자신이 보는 자기의 모습과 타인에게 비춰지는 나의 모습은 어떤 것인지를 경험하기<br>• 집단활동을 하면서 느낀 점과 학습한 점에 대해 나누기 |
| 8 | 마무리 | 본 프로그램의 활동을 토대로 자기 자신을 정리해 본다. | • 본 프로그램을 통해서 변화된 자신의 모습 찾기<br>• 개인의 목표를 어느 정도 성취했는지를 평가하기<br>• 본 프로그램을 통해서 느낀 점과 학습한 점에 대해 나누기 |

출처: 이형득(1998)의 자기성장 집단상담 프로그램의 내용을 재구성함.

정보와 같은 인지적 학습에 앞서 자기 자신을 성찰해 봄으로써 주체가 된 자아를 먼저 확립 및 성장시킬 수 있도록 학생들을 돕기 위하여 자기성장 집단상담 프로그램을 실시하고 있다(이형득, 1998). 즉, 이 프로그램은, 첫째, 참여자들로 하여금 자신을 현실적으로 이해하고, 둘째, 자신을 있는 그대로 수용하며, 셋째, 남에게 있는 그대로의 나를 개방함으로써 자신의 말과 행동에 책임을 질 수 있고 생산적인 인간관계를 발전시킬 수 있는 인간으로서의 성장을 돕고자 한다.

자기성장 집단상담 프로그램은 학생들의 전인적 발달을 돕는 것을 목표로 한다. 학생 간의 피드백을 통하여 학생들은 자기 자신과 타인을 이해하는 기회를 가지게 되며, 자신을 수용하는 경험을 하게 된다. 궁극적으로는 자신에 대한 확신감을 가지게 됨에 따라 친구들과 보다 개방된 자세로 인간관계를 형성할 수 있을 것이다. 긍정적이고 개방적인 인간관계의 경험은 한 인간으로 성장 및 발달하는 데 많은 도움을 줄 것이다.

### 2) 종합

앞에서 제시한 바와 같이, 정부와 민간단체 모두가 학교폭력의 심각성과 위험성에 대해 공감하고, 학생들의 기본적 도덕성의 회복과 인성교육 중시에 대한 사회적 요구를 반영한 다양한 인성교육 프로그램이 개발 및 실시되고 있다. 이들 인성교육 프로그램의 내용은 자기이해, 자제, 정직, 배려 등의 기본 덕목의 습득과 올바른 품성 함양에 초점을 두고 있다. 그러나 어떤 프로그램은 특정 덕목만을 강조하는 내용으로 구성되어 있어서 학생들의 특성과 요구에 부합하기에는 부족한 면이 없지 않다.

제1장에서 제시된 바와 같이 학교폭력대책심의위원회에서 다루어진 심의 건수가 증가되고 있으며, 학교폭력 실태조사에서 초등학생의 피해 응답률이 다른 학교급에 비하여 높게 나타나고 있어(교육부, 2016b) 초등학교 학교폭력 현상에 우려가 증가되고 있다. 따라서 학교폭력 예방을 위한 인성교육 프로그램도 초등학생을 대상으로 하는 일반 프로그램보다는 초등학생의 개인별 특성이나 발달적 특성에 적합한 프로그램을 개발하는 것이 필요하리라고 본다.

초등학생의 시기는 개인차가 있겠지만 일반적으로 사춘기가 시작되는 시기이고, 또래집단과의 관계가 심화 및 확대되는 시기이므로 학교폭력의 양상과 대응방법이 중 · 고등학생과는 다를 수가 있다. 또한 중 · 고등학교 시기에는 자신의 자아를 발견하고 자신의 정체성을 찾기 위한 강한 내면적인 욕구를 가지고 있다. 인성교육 활동의 성공여부는 학생들에게 교육적이면서도 이들의 요구나 필요를 충족시켜 줄 수 있는 프로그램을 기획 및 운영하는 데 달려 있다고 할 수 있다. 따라서 이러한 학교급별에 따른 발달적 특성과 학생들의 개인적인 요구를 반영한 프로그램을 개발 및 실시하는 것이 필요하리라고 본다. 이러한 요구를 반영한 인성교육 프로그램을 개발하기 위한 구체적인 방향을 제시하면 다음과 같다.

첫째, 학교폭력의 문제는 자신의 감정, 사고, 행동을 조화롭고 적절하게 다루지 못함으로써 발생하는 경우가 많다. 따라서 학생들에게 자기 및 타인과의 만남의 경험을 통해 인간관계 능력을 증진시키고 친사회적 행동을 향상시킬 수 있는 프로그램을 개발하여야 할 것이다. 이러한 프로그램은 학생 자신의 요구를 이해하고 부정적인 생각이나 행동을 각성하고 수용하며, 바람직한 행동이나 느낌을 탐색하도록 도움을 줄 것이다.

둘째, 학생 간의 관계를 회복하고 친밀감을 형성하기 위해서 또래상담자의 활동을 적극적으로 활용할 수 있는 집단상담 프로그램을 개발하는 것도 필요할 것이다. 또래상담자의 경우에 학생들의 심적 상태를 같은 수준에서 이해하고 수용하며, 보다 손쉽게 관계를 형성하기 때문에 집단상담 프로그램의 효과가 증대될 수 있을 것이다.

끝으로, 학교폭력은 단시간에 개선되기 어렵다는 것을 인식하고, 가정, 학교, 지역사회의 지속적인 관심과 정부의 재정적인 지원과 함께 다양한 프로그램 개발 및 운영이 수반될 때 효과를 거둘 수 있을 것이다. 학교폭력 예방 프로그램도 학교마다 일률적, 형식적으로 운영하기보다는 각 학생의 특성과 학교 상황에 적합하게 실시되어야 할 것이다.

제6장

# 학교폭력 예방 및 대응체제

# 1. 학교폭력 예방과 대책을 위한 대응체제

## 1) 학교폭력 예방과 대책을 위한 입법

1990년대 초부터 학교폭력과 관련된 사건들이 언론을 통해 자주 접하면서 학교폭력은 우리 사회에서 중요한 사안으로 부각되고 있다. 초기에 학교폭력에 대한 심각성을 인식하고 이를 해결하고자 하는 노력을 기울이기 시작한 것은 '학교폭력대책국민협의회' '청소년폭력예방재단' '밝은 청소년지원센터' 등 정부가 아닌 시민단체(Non-Governmental Organization: NGO)에 의해서였다. 시민단체들은 학교폭력의 심각성을 보다 널리 확산하기 위해 다양한 활동과 접근방법을 통해 학교폭력의 원인과 해결방안을 모색하면서 정부의 정책 마련을 요청하였다. 그 결과, 1995년 당시 정부에서는 '학교폭력 근절 종합대책'을 마련하고 경찰에서는 '학교전담경찰관' 제도를, 검찰에서는 '자녀안심하고 학교보내기 운동'을 실시하였다.

민간 차원에서 청소년폭력예방재단을 중심으로 학부모단체, 교직원단체 등 20여 개의 시민단체가 지속적인 회의를 거친 결과, 2001년에 '학교폭력대책에 관한 입법시민연대'를 구성하였으며, 이에 당시 교육부와 청소년위원회가 참여하여 의원입법을 추진하게 되었다. 당시에 추진하던 법률안이 '학교폭력 방지에 관한 특별법'으로서 시민단체안과 시민 35만여 명의 서명을 모아 국회 교육위원회에 제출하게 되었으며 교육부에서도 2001년 5월에 학교폭력예방법 제정을 위한 공청회를 열어 학교폭력예방법의 필요성에 대한 의견의 일치를 보게 되었다(문영희, 강동욱, 2015: 99-100).

'학교폭력대책에 관한 입법시민연대'를 결성한 지 약 21개월여 만인 2003년 12월에 「학교폭력예방 및 대책에 관한 법률」이 제정되어 2004년 1월 공포되었다. 공포 6개월 후부터 시행된 이 법은 정부 차원에서 학교폭력 예방 및 대책을 위한 전담기구의 설치와 이를 위한 다양한 제도적 틀을 마련하고, 아울러 학교폭력을 사전에 예방하기 위한 규정을 비롯한 피해학생의 보호와 가해학생의 선도라는 주요 규정을 담아 발표하게 되었다(김난주, 2013).

이 법은 '학교폭력의 예방과 대책에 관하여 필요한 사항을 규정함으로써 피해학생의 보호, 가해학생의 선도, 교육 및 피해학생과 가해학생 간의 분쟁 조정을 통하여 학생의 인권을 보호하고 학생을 건전한 사회구성원으로 육성함'을 목적으로 하였으며, 20조의 전문과 부칙으로 구성되었다. 이후 법 적용에 있어 미흡하거나 학교폭력 양상에 대한 대응으로 지속적으로 수정 및 보완되고 있다. 「학교폭력예방 및 대책에 관한 법률」의 제정 및 개정된 주요 내용은 〈표 6-1〉과 같다.

〈표 6-1〉「학교폭력예방 및 대책에 관한 법률」의 주요 개정과정 내용

| | 조항 | 주요 내용 |
|---|---|---|
| 2008. 03. 14. | 제2조 | 학생폭력의 개념에 상해, 감금, 약취·유인, 명예훼손·모욕, 공갈, 강요, 성폭력, 정보통신망을 이용한 음란·폭력 정보를 포함하여 구체화함 |
| | 제21조 신설 | 학교폭력 가해학생 및 피해학생 관련 자료 비밀누설을 금지함 |
| | 제8조 제3항 | 학교폭력자치위원회의 위원으로 생활지도 경력이 10년 이상인 교원, 의사의 자격이 있는 자, 학교운영위원회 활동 및 청소년보호활동 경험이 풍부한 학부모를 참여시킴 |
| | 제14조 제3항, 제5항 | 학교의 장은 학교폭력 문제를 담당하는 전담기구를 구성하고, 행정적·재정적 지원을 할 수 있도록 함 |
| | 제16조 제5항 | 피해자의 치료비용을 가해학생의 보호자가 부담하지 않을 경우에 학교안전공제회 또는 시·도교육청이 부담하고 구상권을 행사할 수 있도록 함 |
| | 제17조 제8항 | 학교폭력자치위원회는 가해학생이 특별교육을 이수해야 할 경우에 해당 학생의 보호자도 함께 교육을 받을 수 있도록 함 |
| 2009. 05. 08. | 제2조 제5항, 제11조 제8항, 제16조 제2항 | 장애인 전문상담가의 상담 또는 장애인 전문치료기관의 요양을 가능하게 하고, 교육감은 장애학생에 대한 학교폭력 근절을 위한 인식 개선 대책을 강구하여야 함 |
| | 제14조 제5항 | 피해학생은 피해 사실 확인을 위해 전담기구에 조사를 요구할 수 있음 |
| | 제16조의2 | 피해장애학생이 장애인 전문상담가와의 상담 또는 장애인 전문치료기관에의 요양조치를 요청할 수 있음 |
| | 제17조 제1항 제2호 | 피해학생에 대한 보복 행위를 금지함 |
| | 제20조 제2항, 제3항 | 학교폭력상담 긴급전화 설치, 학교폭력 신고접수 기관으로 하여금 해당 학교장에게 통보를 의무화함 |
| | 제20조의2 | 학교폭력 신고 및 상담을 위해 긴급전화를 설치하도록 함 |

| | | |
|---|---|---|
| 2011. 05. 19. | 제13조 | 자치위원회 구성: 전체 위원의 과반수를 학부모 대표로 위촉. 회의 소집 사유를 규정함 |
| | 제15조 | 학교폭력 예방교육 홍보물을 연 1회 이상 제작하여 학부모에게 배포함 |
| | 제21조 제3항 | 회의록 공개(피해학생, 가해학생 및 그 보호자가 열람 혹은 복사를 요구할 경우) 시 학생, 가족, 위원의 개인정보 관련 사항을 제외함 |
| 2012. 01. 26. | 제2조 | 학교폭력의 개념에 강제 심부름 포함함. 따돌림에 대한 개념을 규정함 |
| | 제6조 제3항 | 교육부장관은 교육청의 학교폭력 예방 및 대책과 성과 평가 및 공표 |
| | 제8조 제3항 | 기획위원회 위촉 대상에 학교폭력 문제에 따른 상담 또는 심리전문가를 포함해야 함 |
| | 제10조 | 상담, 치료 및 교육을 담당할 상담, 치료, 교육기관을 지정하도록 하고, 인터넷 홈페이지 게시 및 학부모에게 홍보하도록 함 |
| | 제11조 제7항 | 교육감은 학교폭력 실태 및 대책에 관한 사항을 보고하고 공표해야 함 |
| | 제13조 | 재적위원 4분의 1 이상 요구 시 자치위원회를 소집하도록 함 |
| | 제14조 | 성폭력 등 특수한 경우 전문기관에 조사를 의뢰할 수 있음 |
| | 제15조 제1항, 제4항 | 학생 대상의 학교폭력 예방교육에 학교폭력 개념과 실태, 대처방안을 포함하도록 함. 교육장은 학생, 교직원 대상의 학교폭력 예방교육 프로그램의 구성과 운용 계획을 학부모가 쉽게 확인할 수 있도록 인터넷 홈페이지에 게시하고, 그 외 다양한 방법으로 학부모에게 홍보하도록 함 |
| | 제16조 | 학교의 장 또는 피해학생의 보호자는 필요한 경우에는 「학교 안전사고 예방 및 보상에 관한 법률」 제34조에 따라 공제급여를 학교안전공제회에 직접 청구할 수 있음 |
| | 제17조 | 가해학생이 다른 학교로 전학을 간 이후에는 전학 전 피해학생의 소속 학교로 다시 전학 올 수 없도록 함 |
| | 제17조의2 | 재심청구를 할 수 있도록 함 |
| | 제20조 | 학교폭력 예비 음모를 알게 된 경우에 교원은 학부모에게 알리도록 함 |

| | | |
|---|---|---|
| 2012. 03. 21. | 제2조 | 사이버따돌림에 대한 정의 |
| | 제4조 | 국가 및 지방자치단체의 행정 · 재정 지원 의무 |
| | 제7조 | 학교폭력대책위원회를 국무총리 소속으로 함 |
| | 제8조 | 대책위원을 20명 이내로 구성(기존 15인 이내)함 |
| | 제10조의2 | 학교폭력대책지역협의회의 설치 및 운영 |
| | 제11조 | 교육감은 연 2회 이상 학교폭력 실태조사 실시해야 함. 학교폭력 전문 기관 설치 및 운영하도록 함 |
| | 제11조의2 | 학교폭력 조사 상담 수행 |
| | 제11조의3 | 관계 기관의 협조 요청 |
| | 제13조 | 자치위원회의 소집 요건에 가해학생이 협박 또는 보복한 사실을 신고받거나 보고받은 경우를 추가함 |
| | 제15조 | 학부모에 대한 학교폭력 예방 및 대책 교육을 학기별로 1회 이상 실시하도록 함 |
| | 20조의3(신설) | 정보통신망에 의한 학교폭력 |
| | 20조의4(신설) | 정보통신망을 이용한 지원[학교 또는 학생(학부모 포함)]. 정보통신설비 구입 및 이용비용 지원 |
| | 20조의5(신설) | 학생보호인력 배치 |
| | 20조의6(신설) | 영상정보처리기기의 통합 관제 |
| | 제22조 | 자치위원회 교육이수 조치에 불응한 보호자에게 과태료 300만 원 이하 부과 |
| 2013. 07. 30. | 제20조의2(신설) | 학생보호인력의 요건(결격 사유 등) |
| 2015. 12. 22. | 제11조 | 교육감은 연 2회 이상 학교폭력 실태조사 실시 결과를 공표 |
| 2016. 05. 29. | 제22조 | 비밀 누설 시 벌금 기존 300만 원 이하 → 1년 이하 징역 또는 1천만 원 이하 벌금 |
| 2017. 04. 18. | 제16조 | 피해학생에 대해서도 학내외 전문가에 의한 심리상담이 가능하도록 하여 피해학생에 대한 보호 조치를 보다 강화함 |
| 2017.11.28. | 제20조의6 | 학교와 경찰의 공동 대응을 통한 학교폭력 예방 및 근절을 위하여 학교폭력 업무 등을 전담하는 경찰관을 운영 |
| | 제17조의2 | 재심청구 기간을 '조치를 받은 날부터 15일 이내 또는 그 조치가 있음을 알게 된 날부터 10일 이내'로 명확히 함 |
| | 제20조의7 | 지방자치단체의 영상정보처리기기의 통합 관제 |
| | 제23조 | 학교폭력 가해학생 보호자 특별교육 이수 조치를 따르지 아니한 보호자에게 부과하는 과태료의 징수 주체를 교육감으로 규정함 |

| | | |
|---|---|---|
| 2019. 08. 20. | 제7조 | 학교폭력대책자치위원회(단위학교 설치 5명, 10인 구성)를 교육지원청에 학교폭력심의위원회로 명칭을 변경하여 설치. 10명 이상 50명 이내로 구성(50% 이상 학부모). 경미한 학교폭력의 경우 학교의 장이 자체적으로 해결할 수 있도록 하는 한편, 현재 학교폭력대책지역위원회와 시·도학생징계조정위원회로 이원화되어 있는 피해학생과 가해학생에 대한 재심기구를 행정심판위원회로 일원 |
| 2020. 12. 22. | 제13조 | 심의위원회는 심의과정에서 전문가의 의견을 청취할 수 있고, 피해학생이 상담 및 치료를 받은 경우에 전문가의 의견을 청취할 수 있음. 피해학생 또는 그 보호자의 요청이 있는 경우에는 반드시 의견을 청취하도록 함 |
| | 제16조 | 학교장은 학교폭력 발생 시 가해자(학생, 교사)와 분리하도록 함 |
| | 제16조의2 | 피해장애학생의 경우 특수교육 전문가, 장애인 전문가의 의견을 청취하도록 하고, 장애인 전문 상담가, 장애인 전문 치료기관의 요양 조치를 학교의 장에게 요청할 수 있게 함 |

출처: 국회법률정보시스템(http://likms.assembly.go.kr/law)을 활용하여 각 시기별 법 개정 내용을 토대로 작성함. 상위법 개정으로 인한 자구 수정은 제외하였음.

「학교폭력예방 및 대책에 관한 법률」의 개정과정을 통해서 본 학교폭력 예방정책의 흐름을 살펴보면, 첫째, 학교폭력의 개념이 확대되고 있다. 학교폭력의 개념이 초기에 2004년 법제정 당시에는 거시적으로 '학교 내외에서 학생 간에 발생한 폭행, 협박, 따돌림 등에 의하여 신체 · 정신 · 재산상의 피해를 수반하는 행위'로 정의되었으나, 2017년 11월 개정에서는 '학교 내외에서 학생을 대상으로 발생한 상해, 폭행, 감금, 협박, 약취 · 유인, 명예훼손 · 모욕, 공갈, 강요 · 강제적인 심부름 및 성폭력, 따돌림, 사이버따돌림, 정보통신망을 이용한 음란 · 폭력 정보 등에 의하여 신체 · 정신 · 재산상의 피해를 수반하는 행위'로 구체화되었다. 아울러, 개념상에 혼돈을 줄 수 있는 따돌림, 사이버따돌림에 대한 규정을 추가하고 있다. 이는 학교폭력에 대한 개념 규정이 변화하기보다는 특정 가해행동이 나타날 때마다 주기적으로 그에 대한 대응의 필요성과 구체적인 가해 및 피해 행위를 명확히 함으로써 집행이나 법 해석 시 나타날 수 있는 문제를 보완하였다고 볼 수 있다.

둘째, 학생에 대한 보호 방안을 보다 강화하고 있다. 피해학생 및 신고 · 고발 학생에 대한 접촉, 협박 및 보복 행위의 금지, 피해학생에 대한 치료 지원, 신속한 치료비

지원(학교안전공제회 또는 시·도교육청이 부담하고 후에 구상권을 행사) 및 재심청구권 보장, 학교전담경찰관, 영상정보처리기기의 통합 관제, 가해학생 전학 이후 피해학생 소속교로 전학을 제한하는 점이나 관련 사항에 대한 개인정보(피해자, 가해자, 신고자 등) 보호에 대해서는 벌금과 징역이 보다 높게 책정되고 있다. 이는 학교폭력 대처과정에서 발생하는 다양한 현황과 문제점을 반영한 것으로, 학교폭력이라는 특수한 상황과 정부의 개인정보 보호 강화 기조가 반영된 것으로 볼 수 있다.

셋째, 가해학생에 대해 여전히 처벌과 치료적 접근이 병행되고 있다. 처벌은 서면사과에서 가장 중징계인 퇴학, 특별교육 미이수 시 벌금 부과, 학교폭력 관련 사항을 학교생활기록부에 기록(교육부 훈령)하도록 되어 있다. 아울러, 가해학생에 대한 심리상담을 포함한 특별교육 프로그램 이수, 가해학생 보호자에 대한 특별 프로그램 이수 등을 병행하고 있다.

넷째, 학교폭력 예방 및 대책을 학교 차원뿐만 아니라 국가 차원에서 접근하고자 하였다. 학교폭력 예방 및 대응을 해당 가정이나 학교의 문제로 국한하는 것이 아니라 국가적인 차원으로 접근하고 있다. 학교폭력대책심의위원회를 교육부 소속에서 국무총리 소속으로 격상시켜서 학교폭력 대응에 대해 국가적 차원에서 적극 개입하고 있다. 또한 학교폭력에 대한 실태를 정기적으로 조사 및 평가하고 공표하도록 하여 책무성을 부여하고 있으며, 중앙정부, 광역자치단체, 기초자치단체, 단위학교의 책임을 명확히 규정하여 학교폭력에 대응하는 체계를 갖추었다.

## 2) 국가 수준의 학교폭력 예방 및 대책 기본계획

### (1) 제1차 학교폭력 예방 및 대책 기본계획(2005~2009년)

정부는 「학교폭력예방 및 대책에 관한 법률」 제6조에 근거하여 '제1차 학교폭력 예방 및 대책 기본계획(2005~2009년)'을 수립하였다. 이는 기존의 단기적 대책과 차별화되는 학교폭력 예방 및 근절을 위한 중장기 종합대책으로서 정부, 지역사회, 학교 등과 정부부처 간의 공동 추진계획이라는 데 큰 의의가 있었다(교육부, 2005). 제1차 학교폭력 예방 및 대책 기본계획을 통해 '5년 내 학교폭력의 25% 경감을 통한 안전하고 즐거운 교육환경 조성 및 전인적 성장 도모'라는 목표를 설정하였으며, 전략 방향에 따라 다섯 가지의 주요 추진과제를 설정하여 그에 따른 세부 추진과제를 추진하였다. 그 내용은 〈표 6-2〉와 같다.

'학교폭력 예방 및 대책 기본계획'은 5개 영역, 46개 과제를 토대로 학교폭력의 예방과 근절을 위해 실천하게 되었다. 5개 영역은 범정부 차원의 학교폭력 예방 및 근절 지원 추진체제 구축, 성폭력을 포함한 학교폭력의 예방을 위해 학생, 교원, 학부모 등을 대상으로 한 지속적인 교육 실시, 교원 연수 강화 및 학교폭력 예방 및 근절 우수교원

〈표 6-2〉 **제1차 학교폭력 예방 및 대책 기본계획(2005~2009년)의 주요 과제 및 추진 내용**

| 과제 | 추진내용 |
|---|---|
| 학교폭력 예방 및 근절 지원 추진체 운영 활성화 | 범정부 차원의 학교폭력대책위원회 구성 |
| | 지역단위 학교폭력근절추진협의체 운영 활성화 |
| | 시·도교육청별 학교폭력대책 전담부서 설치·운영 |
| | 학교별 학교폭력대책자치위원회 구성·운영 |
| | 경찰 주관 학교폭력대책반 운영 내실화 |
| | 지역사회 내 폭력예방 협력망 운영 |
| 학교폭력 예방 및 근절을 위한 교육 및 지원 강화 | 학교폭력 예방교육 강화 |
| | 학교폭력 피해 신고 및 상담의 활성화 |
| | 다양한 전문가를 활용한 예방교육 및 상담의 입체적 지원 |
| | 학교폭력 예방 시범학교 운영 및 우수 사례 발굴·보급 |
| | 학교폭력 실태조사 실시 |
| | 추진 상황 평가의 내실화 |
| 교원의 학생 생활지도 전문 능력 제고 | 교원 및 예비교원 대상 연수 강화 |
| | 학교폭력 예방·근절 우수교원 및 관련 업무 담당자에 대한 우대 |
| 피해자 보호 및 가해자 선도 강화 | 피해학생 치료·재활 지원 |
| | 가해학생에 대한 선도 프로그램 운영 다양화 |
| 범정부 차원의 사회적 분위기 조성 | 학생의 인권·자율·책임 중시 풍토 조성 |
| | 학교·학생 공동 주관 자율활동 활성화 |
| | 온·오프라인상의 유해환경 집중 모니터링 및 지도·단속 |
| | 학교 내외의 학생 보호 활동 강화 |
| | 계도·공모전 등 전개 |
| | 청소년·학생 복지 지원 |
| | 대안교육 확대·내실화 |

출처: 문용린 외(2006: 37-40).

에 대한 인센티브 제공을 통하여 전 교원의 상담 및 생활지도 요원화 지향, 피해학생의 보호와 가해학생에 대한 선도 강화 등으로 학교폭력의 재발 요인 방지 및 피해학생의 인권 보호, 끝으로 제반 대책의 실효성 제고를 위한 범정부 차원의 사회적 분위기를 조성하고자 하였다. 그리고 학교폭력은 발생 이후 가해학생 및 피해학생, 그리고 관련 학교와 학부모 모두에게 고통과 피해를 주는 만큼 예방활동에 주안점을 두었다.

우선, 모든 학교에 상담실 설치 및 자격증을 소지한 전문상담교사 배치, 학교폭력 책임교사의 선임 및 승진가산점 등 인센티브 부여, 다양한 전문가에 의한 실질적인 예방교육 등을 강화하도록 하였다. 또한 지역교육청에 전문상담교사를 배치하여 학교–청소년상담원–지역사회복지관–자원상담센터 등과 유기적인 연계 체제를 구축하고자 하였다. 또한 사이버 상담 체계를 갖추어 학교–가정–지역사회가 상호 연계된 상담 체계를 형성 및 운영하고자 하였다. 학교폭력 예방의 날 연 2회(3월, 9월) 지정 운영, 2009년까지 청소년상담실 234개, 청소년쉼터 40개, 청소년드롭인센터 30개로 확대, 학교폭력 자진신고 및 피해신고 기간 운영(매년 3~4월), 온 · 오프라인상의 유해환경 집중 모니터링 및 지도 · 단속, 명예경찰소년단 운영, 청소년 유해업소 및 사이버 유해환경 정화 강화, 영상물 심의 강화, 학교 내외의 안전구역화(Safety Zone) 추진, 학교전담경찰관 활동 강화, 청소년 상담 · 선도 시설 설치 확대, 청소년 폭력 예방을 위한 미디어 공모전 등의 실시를 주요내용으로 하였다(교육부, 2005).

### (2) 제2차 학교폭력 예방 및 대책 기본계획(2010~2014년)

'제1차 학교폭력 예방 및 대책 기본계획'이 추진됨으로써 학교폭력 예방, 신고, 대처의 기본 인프라가 구축되어 학생들의 학교폭력 피해 경험률이 다소 낮아지는 성과를 거두었으나, 학교폭력의 저연령화 · 집단화와 더불어 따돌림이 증가하고 다양한 유형의 강요에 의한 괴롭힘(예: 빵셔틀) 등 새로운 유형의 괴롭힘이 증가하는 것으로 나타났다. 이에 '제2차 학교폭력 예방 및 대책 기본계획(2010~2014년)'에서는 학교폭력 예방인프라 확충과 유치원 · 초등학교 단계에서의 조기 맞춤형 예방교육 강화를 통해 학교폭력을 사전에 차단하고, 가해 · 피해 학생을 위한 지역단위 전문 진단–상담–선도 시스템 구축과 학교와 지역의 책무성 강화를 통해 학교폭력의 안전도를 높이는 데 중점을 두었다.

우선, 6개의 주요 과제로 ① 학교폭력 안전인프라 확충, ② 맞춤형 예방교육 강화,

③ 단위학교의 대응능력 및 책무성 제고, ④ 가해학생 선도 · 피해학생 치유 시스템 질 제고, ⑤ 존중과 배려의 학교문화 조성, ⑥ 지역사회와 함께하는 학교안전망 구축을 선정하고 그에 따른 22개의 내용을 제시하였다(교육부 보도자료, 2010. 1. 14). 구체적인 내용은 〈표 6-3〉과 같다.

〈표 6-3〉 **제2차 학교폭력 예방 및 대책 기본계획(2010~2014년)의 주요 과제 및 추진 내용**

| 영역 | 추진 과제 | 주요 내용 |
|---|---|---|
| 학교폭력 안전인프라 확충 | 학생보호 인프라 확충 | 학생보호인력 확대 배치 |
| | | 학교 내 CCTV 설치 확대 |
| | | 등하교 안심알리미 서비스 실시 |
| | | 학교 주변 아동보호구역 지정 확대 |
| | 조기 발견 및 신고체제 강화 | 단위학교 신고 시스템 다양화 |
| | | 학원 등의 학교폭력 신고 의무화 |
| | | 학교폭력 신고 · 상담 센터 설치 · 운영 |
| | | 국가 차원의 긴급전화 간 연계망 구축 |
| | | 학교폭력 자진신고 및 피해신고 기간 운영 |
| | 지역사회 연계망 구축 | 학교 간 생활지도 연계 · 협력지도체제 강화 |
| | | 아동안전지킴이의 집 운영 확대 |
| | | 지역사회 연계 · 협력망 구축 |
| 맞춤형 예방교육 강화 | 학교급별 맞춤형 예방교육 | 유치원 및 초등학교 단계 조기예방교육 실시 |
| | | 초 · 중 · 고별 맞춤형 예방교육 실시 |
| | | 맞춤형 예방교육 지원 강화 |
| | 전 교원의 대응 역량 강화 | 학교 관리자 · 생활지도 담당자 연수 강화 |
| | | 담임교사의 대응 역량 제고 |
| | | 교원 대상 사이버 연수 과정 운영 |
| | | 학교폭력 유공 교원 인센티브 강화 |
| | 학교폭력 추세에 맞춘 선제 대응 | 따돌림 및 괴롭힘 사전 차단 강화 |
| | | 다문화가정 및 장애학생 보호체제 마련 |
| | | 성인지적 폭력예방교육 도입 |
| | | 정보통신 건전 이용 교육 확대 |
| | 가정의 예방 기능 강화 | 학부모회를 활용한 학교폭력 예방교육 실시 |
| | | 찾아가는 학부모교육 실시 |
| | | 학교폭력 예방 및 대처 매뉴얼(가정용) 보급 |

| | | |
|---|---|---|
| 단위학교의 대응능력 및 책무성 제고 | 학교폭력대책자치위원회 활성화 | '굿바이! 학교폭력!' 문화 운영 전개 |
| | | 학교폭력대책자치위원회 심의 활성화 |
| | | 가해학생 선도 · 교육 조치 강화 |
| | 학교상담망 확충 | 단위학교 전문상담교사 배치 |
| | | Wee 클래스 확대 및 내실화 |
| | | 전문상담순회교사 위기 개입 기능 강화 |
| | | 학생상담자원봉사제 활용 활성화 |
| | | 학교와 외부 전문기관과의 연계망 구축 |
| | 학교폭력대책 자치위원회 심의 · 조정 역량 강화 | 학교폭력대책자치위원회 심의 · 조정 역량 강화 |
| | | 학교폭력대책자치위원회 외부 전문가 위촉 확대 |
| | | 학교폭력대책자치위원회 분쟁 조정 지원 강화 |
| | 정보공시 상세화 등 단위학교 책무성 제고 | 학교폭력 정보공시 상세화 |
| | | 정기 학교폭력 안전도 조사 실시 |
| | | 학교폭력대책 추진점검단 조직 · 운영 |
| | | 상시 평가체제 도입 |
| 가해학생 선도 · 피해학생 치유 시스템 질 제고 | 전문 진단 · 상담 시스템 구축 | Wee 센터 중개 기능 강화 |
| | | CYS-Net을 통한 연계체제 마련 |
| | 고위험 가해학생 통합적 위기관리 | 고위험 가해학생 전문 진단 · 상담 의무화 |
| | | 고위험군 학생 관리체제 강화 |
| | | 고위험 가해학생 학부모 특별교육 정착 |
| | | 소년범 범죄자에 대한 선도체제 강화 |
| | 피해학생 보호 · 지원체제 구축 | 학교폭력 피해학생 지원 네트워크 구축 |
| | | 지역단위 학교폭력 SOS지원단 운영 |
| | | 학교폭력 피해학생 가족 지원 프로그램 운영 확대 |
| | | 사회적 배려 대상자 자녀 치료비 우선 지원 |
| | | 성폭력 피해학생 지원체제 강화 |
| | 선도 · 치유기관 확충과 특성화 | Wee 센터, Wee 스쿨 확대 |
| | | 대안교육위탁기관 확대 및 특성화 |
| | | 피해학생 보호 및 치유기관 확충 |
| | | 대안학교 설립 확대 |

| | | |
|---|---|---|
| | | 생활평점제 확대 운영 |
| | 규칙과 질서 존중 학교시스템 구축 | 학교자치법정 확대 운영 |
| | | 학생징계조치 다양화 |
| | | 준법교육 강화 |
| | | 배려심 증진을 통한 학교폭력 예방 |
| | 배려와 나눔의 인성교육 강화 | 체험 중심의 인성교육 강화 |
| 존중과 배려의 학교문화 조성 | | 학생봉사활동 내실화 |
| | | 교사의 언어폭력이 없는 교직문화 조성 |
| | 언어폭력 없는 학교문화 조성 | 칭찬문화 운동 전개 |
| | | 언어폭력 자정 운동 전개 |
| | | 선플 운동 전개 |
| | | 또래상담 운영 확대 |
| | 또래상담 기능 강화 | 명예 경찰 소년단 운영 내실화 |
| | | 학생자치활동 활성화 |
| | | 학교폭력대책지역위원회 활성화 |
| | 지역단위 대응역량 강화 | 학교폭력근절추진협의체 실무기능 강화 |
| | | 중앙컨설팅팀 운영 |
| 지역사회와 함께하는 학교안전망 구축 | 범사회적 폭력근절 문화 | 범사회적 폭력추방 운동 전개 |
| | | 학교폭력 추방 계도 및 홍보 강화 |
| | | 청소년 유해업소 등 정화 |
| | 청소년 유해환경 정화 | 사이버 유해환경 모니터링 및 단속 강화 |
| | | 유해인터넷 차단 S/W 보급 확대 |

출처: 교육부 보도자료(2010.1.13.)의 내용을 재구성함.

### (3) 제3차 학교폭력 예방 및 대책 기본계획(2015~2019년)

정부의 지속적인 노력으로 학교폭력 피해 응답률 감소 등의 가시적 성과가 나타난 것으로 평가되었으나, 학교폭력 피해학생은 여전히 심각한 우울, 불안, 보복성 폭력 등의 후유증으로 학업을 포기하거나, 잘못된 선택에 이르는 등의 폐해가 따르고, 가해학생이 향후 사회적 범죄로 귀결되는 악순환의 고리가 형성되어 안전한 사회 구현의 저해요인으로 작용하고 있다. 안전한 학교 교육활동과 문화를 조성하고, 학교폭력 문제의 근원적 해소를 위한 지속적인 정책적 노력의 필요성을 인식하여 '제3차 학교폭력 예방 및 대책 기본계획(2015~2019년)'이 수립되었다.

'제2차 학교폭력 예방 및 대책 기본계획'의 집행을 통해 학교폭력 안전인프라의 질적 제고, 학부모, 교원 등 학교구성원이 참여하는 예방교육의 필요성, 학교폭력 신고 후 조치에 대한 문제, 가정과 사회의 공동 노력을 통한 폭력문화 개선의 필요성을 인식한 바, 제3차 계획에서는 또래 중심의 건강한 학교문화 조성, 학교폭력 안전인프라의 기능을 고도화하고 학생 안전구역의 지속적 확대, 사안 신고체계의 다양화 및 사안 처리의 공정성 확보, 피해·가해 학생에 대한 회복적 관점의 관계 회복 지원 강화, 가정의 역할 및 교육 기능 회복, 가정과 학교, 지역사회가 함께하는 학교폭력 대응체제 구축에 초점을 두었다. 구제적인 내용은 〈표 6-4〉와 같다.

**〈표 6-4〉 제3차 학교폭력 예방 및 대책 기본계획(2015~2019년)의 주요 과제 및 추진 내용**

| 영 역 | 추진 과제 | 주요 내용 |
|---|---|---|
| 인성교육 중심 학교폭력 예방 강화 | 인성 함양을 통한 학교폭력 사전 예방 | • 학생 발달단계를 고려한 생명존중의식 함양교육 |
| | | • 배려심 증진 등 체험 중심의 인성교육 강화 |
| | | • 교과 교육과정 내 학교폭력 예방교육 체계화 |
| | 또래활동을 통한 건전한 학교문화 조성 | • 학생 공동체의식을 높일 수 있는 또래활동 운영 지원 |
| | | • 단위학교의 자율적이고 다양한 예방활동 강화 |
| | 체험 중심 학교폭력 예방활동 강화 | • 우수 학교폭력 예방 프로그램 확산 |
| | | • 학생이 직접 참여하는 예방활동 활성화 |
| | 폭력 유형 및 추세에 따른 대응 강화 | • 언어폭력 맞춤형 예방활동 지원 |
| | | • 사이버폭력 맞춤형 예방활동 강화 |
| | | • 따돌림 등 정서적 폭력에 대한 대응 강화 |
| 학교폭력 대응 안전인프라 확충 | 학교폭력 위해요인 지속적 해소 | • 학교에 범죄예방환경설계(CPTED)[1] 적용 확대 |
| | | • 학교 영상정보처리기기(CCTV) 통합 지원체계 구축 |
| | | • 외부 출입자 통제를 위한 시설 설치 및 운영 |
| | 학생보호인력 확충 | • 학교전담경찰관[2] 배치 및 운영 내실화 |
| | | • 학교보안관[3], 배움터지킴이[4] 이 등 학생보호인력 운영 확대 및 내실화 |
| | 학교 밖 안전관리 강화 | • 학생안전지역 확대 및 순찰 강화 |
| | | • 학생에게 유해한 환경 관리 강화 |
| | | • 위험한 순간에 도움을 받을 수 있는 학생안전서비스 보급 확대 |

| | | |
|---|---|---|
| 공정한 사안 처리 및 학교 역량 강화 | 학교폭력 조기 감지·신고 체계 강화 | • 학교폭력 조기 감지체계 구축 |
| | | • 117 학교폭력 신고 및 학교별 익명신고 운영 활성화 |
| | | • 학교폭력 관련 다양한 정보 제공 및 이용 활성화 |
| | 사안 처리의 공정성 확보 | • 학교폭력대책자치위원회 객관성·공정성 및 효율성 제고 |
| | | • 학교폭력 사안 은폐·축소 시 엄중 조치 등 책무성 강화 |
| | 학교의 학교폭력 대응 역량 강화 | • 모든 교원의 학교폭력 대응 역량 강화 |
| | | • 학교폭력 유공 교원 인센티브 확대 |
| 피해학생 보호·치유 및 가해학생 선도 | 피해학생 보호 및 치유 지원 내실화 | • 학교폭력 피해학생 종합 지원체계 구축 |
| | | • 학교폭력 피해학생 즉시 보호 및 지원 강화 |
| | | • 유관기관 연계를 통한 통합지원 강화 |
| | 가해학생 맞춤형 교육 및 선도 강화 | • 학교폭력 가해학생 지원체계 구축 |
| | | • 가해 유형·수준에 따른 맞춤형 대응 강화 |
| | 관계 회복을 위한 프로그램 강화 | • 학교폭력 피해학생과 가해학생의 화해 프로그램 운영 |
| | | • 분쟁 조정 및 관계 치유 프로그램 활성화 |
| 전 사회적 대응체제 구축 | 가정의 역할 및 교육 기능 강화 | • 학교폭력 예방을 위한 가정의 역할 강화 |
| | | • 학교폭력 예방을 위한 가정의 교육 기능 강화 |
| | 지역사회 역할 및 책무성 강화 | • 지역의 학교폭력 예방 역할 및 책무성 제고 |
| | | • 학교폭력 정보 공시 및 평가로 책무성 강화 |
| | | • 지역사회의 자율규제활동 강화 |
| | 대국민 인식 제고 및 전 사회적 대응 체계 구축 | • 폭력문화 해소를 위한 전 사회적 대응체계 구축 |
| | | • 범국민 학교폭력 예방 및 근절 공동 캠페인 추진 |

출처: 관계부처합동(2016: 220-222).

---

1) 범죄예방환경설계(Criminal Prevention Through Enviromental Design: CPTED)란 환경설계를 통해 범죄를 사전에 예방하는 선진국형 범죄 예방 기법이다.

2) 학교전담경찰관은 각 경찰서 단위에 1~2명 이상의 학교전담경찰관을 배치하여 학교폭력과 관련한 업무에만 전념하도록 하는 제도를 뜻한다.

3) 학교보안관은 국공립 초등학교의 학교폭력 예방을 위한 일을 하는 전담 보안 인력으로 학교폭력, 납치, 유괴 등 예방활동, 외부인 출입 관리·통제 및 출입대장 등록 및 출입증 교부, 학생 등하교 지도 및 취약 시간대에 교내외 취약지역 순회지도, 학교폭력 관련 학생 및 부적응 학생 선도, 전문심리상담사 연계, 학생지도 보조업무를 담당한다.

4) 배움터지킴이는 초·중·고·기타 학교에서 생활지도 관련 교사의 학교폭력 예방활동 및 학교안전 활동을 돕는 인력으로 자원봉사자로 구성된다.

### (4) 제4차 학교폭력 예방 및 대책 기본계획(2020~2024년)

'제3차 학교폭력 예방 및 대책 기본계획'에서 학교폭력 예방교육을 확산하고 학생의 안전 및 상담 · 지원 기반을 확충하여 학교폭력 예방과 대응을 위한 제반여건을 강화하는 데 초점을 두고 시행한 결과, 학교폭력에 대한 신고비율이 증가하고 물리적 유형의 학교폭력 비중이 감소하는 성과가 있는 것으로 파악되었다.

'제4차 학교폭력 예방 및 대책 기본계획(2020~2024년)'에서는 '존중과 배려를 바탕으로 한 학교문화 조성, 학교의 신뢰 제고, 가정과 사회의 역할 강화'를 목표로 5대 영역(학교공동체 역량 제고를 통한 학교폭력 예방 강화, 학교폭력에 대한 공정하고 교육적인 대응 강화, 피해학생 보호 및 치유 시스템 강화, 가해학생 교육 및 선도 강화, 전 사회적 학교폭력예방 및 대응생태계 구축), 14개 추진과제를 제시하였다. 구체적인 내용은 〈표 6–5〉와 같다.

〈표 6–5〉 **제4차 학교폭력 예방 및 대책 기본계획(2020~2024년)의 주요 내용**

| 영 역 | 추진 과제 | 주요 내용 |
|---|---|---|
| 학교공동체 역량 제고를 통한 학교폭력 예방 강화 | 학교 · 학급 단위의 학교폭력 예방 교육 내실화 | • 교육과정과 학교폭력 예방교육 연계를 확대하고 참여형 · 체험형 예방활동을 내실화하는 등 학급 · 학생 중심의 학교폭력 예방교육 강화 |
| | | • 교과수업 중 활용할 수 있는 수업지도안, 학생 활동지 등 교육 자료 개발 · 보급 및 활용 연수 |
| | 학생 참여 · 체험 중심의 학교폭력 예방활동 확대 | • 영상 콘텐츠, 웹툰 제작 등 체험활동 중심 학교폭력 예방 동아리 운영<br>–'찾아가는 학교폭력 예방활동 지원사업' '한국인터넷드림단' 등 |
| | | • '또래상담', 학교폭력 역할극을 통해 경각심을 제고하는 '청소년 경찰학교' 등 학생 참여형 · 예방형 예방활동 내실화<br>–또래상담 : 2020년부터 또래상담자(학생) 양성 시 다문화학생 이해교육 포함<br>–청소년 경찰학교 : 2020년부터 경찰학교 교육 편성 시 사이버폭력 예방 교육 중점 편성 |
| | 학교폭력 유형 · 추세 대응 예방활동 강화 | • 2019 개정 누리과정, 초등 학년군별(초1~2/초3~4/초5~6) 예방교육 프로그램('어울림')을 통해 학교폭력 예방을 위한 유아 · 초등학생의 사회 · 정서 역량 함양<br>※ 초등 학년군별 '어울림' 운영학교 : (2019) 2,418개교 → (2020) 모든 초등학교 |
| | | • 학생이 직접 참여하는 예방활동 활성화 |
| | 전 사회적 협력을 통한 학교폭력 예방문화 조성 | • 사이버폭력 예방교육('사이버 어울림') 프로그램 확산, 민관협력 캠페인 등을 통한 전 사회적 사이버폭력 예방문화 조성<br>–매년 '아름다운 인터넷 세상 주간(국민 참여 사이버폭력 예방 캠페인)' 운영<br>–'사이버 어울림' 운영학교: (2019) 4,506개교 → (2020) 모든 초 · 중 · 고 |

| | | |
|---|---|---|
| | | • 학생의 인터넷 윤리 함양 및 디지털 리터러시 역량 강화를 위한 교육 실시<br>–부모–자녀 동반 '밥상머리 인터넷 윤리교육', 게임 이용 시 언어폭력 예방 등을 위한 '올바른 게임 이용 교육' 실시 |
| | | • 장애공감문화 확산 교육 자료, 다문화 감수성을 반영한 '어울림' 프로그램 개발 · 보급 등 장애학생 및 다문화학생 대상 학교폭력 예방 강화 추진<br>–(2019) 초 · 중학생용 자료 개발 → (2020) 고등학생용 자료 개발 → (2021) 유치원생용 자료 개발 |
| | 학교폭력 조기 감지 및 대응체계 강화 | • 117 학교폭력 신고 · 상담 센터 상담사의 역량강화(연 200명 연수), 학교폭력 업무 담당 교사와 학교전담경찰관 간 정보공유 활성화를 통한 피해 신고 접수 시 신속한 대응 강화 |
| | | • 시 · 도교육청 협력을 통한 단위학교 대상 '학교장 자체 해결제' 운영 컨설팅, '학교장 자체 해결제' 우수 사례집 발간 등 제도의 현장 안착 지원<br>※ 피해학생이나 보호자가 학교폭력대책자치위원회 개최를 원하지 않고 법률상 일정 요건을 모두 만족하는 학교폭력의 경우 학교의 장이 교육적으로 해결 |
| 학교폭력에 대한 공정하고 교육적인 대응 강화 | 학교의 교육적 해결역량 제고 | • '학교장 자체 해결' 과정에서 학생 간 관계회복을 위한 학교급별 · 폭력 유형별 '관계 회복 프로그램'[5] 개발 · 보급 및 교원 대상 연수 실시<br>※ (~2020. 3.) 프로그램 개발 → (2020. 3.~) 교원 대상 프로그램 활용 안내 연수(연 약 200명) |
| | | • 교육연수원, Wee 클래스 · 센터 등을 활용하여 학교폭력 발생 초기부터 사안 처리 이후까지의 담임교사의 학생상담 역량을 제고하기 위한 연수 추진 |
| | | • 단위학교의 학교폭력 사안 조사 전문성 강화를 위한 교원대상 법률자문, 전담기구 학부모 구성원의 전문성 강화 연수 실시 |
| | 사안 처리의 공정성 · 전문성 확보 | • 교육지원청 학교폭력대책심의위원회[6]의 사안 처리 전문성 제고를 위한 학교폭력대책심의위원회 운영 매뉴얼'(가칭) 개발 · 보급 및 심의위원회 위원 전문성 강화 연수 실시<br>※ (~2020. 1.) 매뉴얼 개발 → (2020. 2.~) 심의위원회 위원 전문성 강화 연수 |
| | | • 피해 발생 초기 피해학생 상황별 맞춤형 보호 · 지원 모델(안) 개발 · 보급 |
| 피해학생 보호 및 치유 시스템 강화 | 피해학생 맞춤형 보호 · 지원체계 강화 | • 지역 여건 및 피해학생 상황에 맞는 전담지원기관[가정형 Wee, 통학형 · 기숙형 보호기관 등] 확대 · 내실화<br>※ 피해학생 지원기관 수(목표): (2019)48개소 → (2020)52개소 → (2022)56개소 → (2024)60개소 |
| | | • 범죄피해자지원센터 중심으로 중대한 학교폭력 피해학생 및 보호자 대상 치료비, 생계비 등 원스톱 지원을 실시하고, Wee 센터나 청소년상담복지센터 등을 통해 찾아가는 가족 동반 상담을 운영하는 등 피해학생 및 보호자 동반 지원 강화 |

5) 피해학생 동의를 전제로 피해 · 가해 학생이 상호 감정을 이해하도록 돕는 프로그램을 뜻한다.

6) 「학교폭력예방 및 대책에 관한 법률」의 개정(2019. 8.)에 따라, 2020. 3. 1.부터 교육지원청에 설치되어 현행 단위학교 학교폭력대책자치위원회의 학교폭력 심의 기능을 대체한다.

| | | |
|---|---|---|
| | 사후 지원 강화 및 학교 안팎 협력체계 구축 | • '학교폭력 사안 처리 가이드북'을 통해 피해학생 보호 조치 시 피해학생 지원기관 정보를 반드시 포함하도록 안내 |
| | | • 피해학생 지원 기관 이용 만족도 조사 및 환류체계 구축<br>※ (~2021) 지원 기관 유형별 이용 만족도 조사 도구 개발 → (2022~) 만족도 조사 실시 |
| | | • 단위학교–'청소년 안전망' 연계를 통한 피해상담 사례회의 진행 등 기관 간 협업 강화 |
| 가해학생 교육 및 선도 강화 | 가해학생 교육 · 선도 내실화 | • 「소년법」 적용 사건 수준의 학교폭력 발생 시 신속한 가해학생 선도 및 피해학생과의 분리를 위한 '우범소년 송치제도' 적극 활용<br>※ 법원 소년부 심리 대상이 되는 학교폭력의 경우, 경찰서장이 해당 사안을 직접 관할법원에 소년보호 사건으로 접수시키는 제도 |
| | | • 학교급 · 가해 유형 맞춤형 가해학생 '특별교육 프로그램'을 개발 · 보급하여 가해학생 조치의 재발 방지 효과 제고<br>※ (~2020.3.) 프로그램 개발 → (2020.3.~) 특별교육기관 대상 프로그램 활용안내 연수(연 약 200명) |
| | | • 가해학생 특별교육 운영기관 평가 등 특별교육기관 질 관리 추진<br>※ (2020) 기관 운영 가이드라인 개발 · 보급 → (2021~) 운영기관 평가 및 환류 |
| | 중대한 학교폭력 가해학생에 대한 엄정 대처 | • '학생전담 보호관찰관'[7] '학교폭력 분야 전문수사관'[8] 등 신규 전문인력 운영 |
| | | • 중대 가해행위를 한 경우 초범도 구속수사하도록 하고 형사 미성년자 및 촉법소년의 연령 하향(14세 미만 → 13세 미만)을 위한 법령개정 추진 |
| 전 사회적 학교폭력 예방 및 대응 생태계 구축 | 가정의 교육적 역할 강화 | • 학부모 대상 예방교육 수강 활성화를 위한 교육이수 인센티브 부여<br>※ (2020) 교육이수 증빙체계 구축 → (2021~) 국립중앙박물관, 국립현대미술관 무료 입장 제공 |
| | 지역사회의 역할 및 책무성 강화<br>전 사회적 대응체계 강화 및 대국민 인식 제고 | • '청소년 안전망팀'[9] 구축을 통한 지역단위 학교폭력 예방 강화<br>※ (2020) 9개 지방자치단체 선도사업 운영 → (2021~) 단계적 확대 추진 |

출처: 관계부처합동(2020: 11-40).

7) 「소년법」상 보호관찰 처분을 받은 청소년 중 초 · 중 · 고 학생을 전담하는 보호관찰관을 뜻한다.

8) 전문성 강화를 위해 일정 자격 요건을 갖춘 경찰을 전문수사관으로 인증하는 제도로, '19년에 '학교폭력' 분야가 신설되어 점차 인원 수를 확대할 예정이다.

9) 위기청소년 지원을 위한 지역 내 자원을 발굴 · 연계하고 고위기청소년 지원을 총괄한다.

# 2. 학교폭력 관리 지원체제

## 1) 중앙거버넌스: 학교폭력대책위원회

학교폭력대책위원회는 국무총리 소속 학교폭력 예방 및 대책에 관한 정책 총괄 기구이다. 2012년에 법률 개정을 통해 기존의 교육부 소속에서 국무총리 소속으로 격상되었다. 학교폭력대책위원회는 위원장 2인을 포함하여 20명 이내의 위원으로 구성된다. 위원의 임기는 2년으로 하되, 1차에 한하여 연임이 가능하다. 위원장은 학교폭력 대책에 관한 전문지식과 경험이 풍부한 전문가 중에서 대통령이 위촉하는 사람 1인과 국무총리가 공동으로 맡게 된다. 위원회의 심의사항과 위원으로 참여할 수 있는 자의 요건은 다음과 같다(「학교폭력예방 및 대책에 관한 법률」 제8조).

- 심의사항
  - 학교폭력의 예방 및 대책에 관한 기본계획의 수립 및 시행에 대한 평가
  - 학교폭력과 관련하여 관계 중앙행정기관 및 지방자치단체의 장이 요청하는 사항
  - 학교폭력과 관련하여 교육청, 학교폭력대책지역위원회, 학교폭력대책지역협의회, 학교폭력대책심의위원회, 전문단체 및 전문가가 요청하는 사항
- 위원의 자격
  - 당연직 위원: 기획재정부장관, 교육부장관, 과학기술정보통신부장관, 법무부장관, 행정안전부장관, 문화체육관광부장관, 보건복지부장관, 여성가족부장관, 방송통신위원회 위원장, 경찰청장
  - 학교폭력 대책에 관한 전문지식과 경험이 풍부한 전문가 중에서 당연직 위원이 각각 1명씩 추천하는 사람
  - 관계 중앙행정기관에 소속된 3급 공무원 또는 고위공무원단에 속하는 공무원으로서 청소년 또는 의료 관련 업무를 담당하는 사람
  - 대학이나 공인된 연구기관에서 조교수 이상 또는 이에 상당한 직위에 있거나 있었던 사람으로서 학교폭력 문제 및 이에 따른 상담 또는 심리에 관하여 전문

지식이 있는 사람
–판사 · 검사 · 변호사
–전문단체에서 청소년보호활동을 5년 이상 전문적으로 담당한 사람
–의사의 자격이 있는 사람
–학교운영위원회 활동 및 청소년보호활동 경험이 풍부한 학부모

한편, 학교폭력대책위원회에 상정할 안건을 미리 검토하는 등 안건 심의를 지원하고 위원회가 위임한 안건을 심의하기 위하여 대책위원회에 학교폭력대책실무위원을 두게 되는데, 학교폭력대책실무위원회의 구성은 위원장(교육부차관)을 포함하여 12명 이내로 기획재정부, 교육부, 과학기술정보통신부, 법무부, 행정안전부, 문화체육관광부, 보건복지부, 여성가족부, 국무조정실 및 방송통신위원회의 고위공무원단에 속하는 공무원과 경찰청의 치안감 또는 경무관 중에서 소속 기관의 장이 지명하는 사람 각 1명이 된다.

## 2) 광역단위 거버넌스: 학교폭력대책지역위원회

지역(시 · 도)의 학교폭력 문제를 해결하기 위하여 학교폭력대책지역위원회를 두도록 규정하고 있다. 운영 및 활동에 대해 광역자치단체의 장은 시 · 도의 교육감과 협의하도록 하고 있으며, 이의 효율적 운영을 위해 실무위원회를 두고 있다.

학교폭력대책지역위원회의 구성을 살펴보면 위원장은 광역자치단체의 부단체장이 되고, 위원장 1인을 포함한 11인 이내의 위원으로 이루어지며, 임기는 2년이다(전임위원의 사임으로 위촉된 자는 전임위원 임기의 잔여 기간으로 한다). 학교폭력대책지역위원회의 위원은 학식과 경험이 풍부하고 청소년보호에 투철한 사명감이 있는 사람으로서 다음 각 호의 어느 하나에 해당하는 사람 중에서 광역단체장이 교육감과 협의하여 임명하거나 위촉한다(「학교폭력예방 및 대책에 관한 법률」 제8조, 「학교폭력예방 및 대책에 관한 법률 시행령」 제5조).

• 해당 시 · 도의 청소년보호 업무 담당 국장 및 시 · 도교육청 생활지도 담당 국장
• 해당 시 · 도 의회 의원 또는 교육위원회 위원

- 해당 시 · 도 경찰청 소속 경찰공무원
- 학생생활지도 경력이 5년 이상인 교원
- 판사 · 검사 · 변호사
- 「고등교육법」 제2조에 따른 학교의 조교수 이상 또는 청소년 관련 연구기관에서 이에 상당하는 직위에 재직하고 있거나 재직하였던 사람으로서 학교폭력 문제에 대한 전문지식이 있는 사람
- 청소년 선도 및 보호 단체에서 청소년보호활동을 5년 이상 전문적으로 담당한 사람
- 「초 · 중등교육법」 제31조 제1항에 따른 학교운영위원회의 위원 또는 「학교폭력예방 및 대책에 관한 법률」 제12조 제1항에 따른 학교폭력대책심의위원회 위원으로 활동하고 있거나 활동한 경험이 있는 학부모
- 그 밖에 학교폭력 예방 및 청소년보호에 대한 지식과 경험이 있는 사람

학교폭력대책지역위원회는 기본계획에 따라 지역의 학교폭력 예방대책을 매년 수립하고, 해당 지역에서 발생한 학교폭력에 대하여 교육감 및 시 · 도 경찰청장에게 관련 자료를 요청할 수 있으며, 교육감이 학교폭력 피해학생 및 가해학생에 대한 상담 · 치료 및 교육을 담당할 상담 · 치료 · 교육 기관을 지정하는 경우에 지역위원회의 의견을 듣도록 하고 있다(「학교폭력예방 및 대책에 관한 법률」 제10조).

### 3) 기초자치단위 거버넌스: 학교폭력대책지역협의회

시 · 군 · 구 단위에서 학교폭력 예방대책을 수립하고 기관별 추진계획 및 상호 협력 · 지원 방안 등을 협의하기 위하여 시 · 군 · 구에 학교폭력대책지역협의회를 둔다. 협의회의 구성은 위원장 1명을 포함한 20명 내외의 위원으로 구성한다(「학교폭력예방 및 대책에 관한 법률」 제10조의2).

### 4) 교육행정 거버넌스: 학교폭력대책심의위원회

학교폭력의 예방 및 대책에 관련된 사항을 심의하기 위해 교육지원청에 학교폭력

대책심의위원회를 둔다. 기존의 단위학교에 학교폭력대책위원회를 두고 학교 내 학교폭력 관련 사항을 심의하도록 하였으나, 위원회 과반을 구성하고 있는 학부모위원의 전문성 부족, 심의 건수 증가로 인한 업무부담 등을 고려하여 교육지원청으로 이관하였다.

전체 위원의 3분의 1 이상을 학부모로 구성하도록 하고, 심의위원회 구성에 있어 대통령령으로 정하는 사유가 있는 경우에는 교육감 보고를 거쳐 둘 이상의 교육지원청이 공동으로 심의위원회를 구성할 수 있다.

학교폭력 가해학생과 피해학생이 각각 다른 학교에 재학 중인 경우에는 교육감의 보고를 거쳐 둘 이상의 교육지원청이 공동으로 심의위원회를 구성하게 된다. 심의위원회는 10~50명 이내로 구성하되, 전체위원의 3분의 1 이상을 해당 교육지원청 관할 구역 내 학교에 소속된 학생의 학부모로 위촉하여야 한다. 심의위원회의 위원장은 위원 중에서 교육장이 임명하거나 위촉하는 사람이 된다. 심의위원회는 해당 지역에서 발생한 학교폭력에 대하여 조사할 수 있고, 학교의 장 및 관할 경찰서장에게 관련 자료를 요청할 수 있다.

위원회의 주요 심의사항은 다음과 같다(「학교폭력예방 및 대책에 관한 법률」 제12조, 「학교폭력예방 및 대책에 관한 법률」 시행령 제8조).

- 심의사항
  - 학교폭력의 예방 및 대책
  - 피해학생의 보호
  - 가해학생에 대한 교육, 선도 및 징계
  - 피해학생과 가해학생 간의 분쟁 조정
  - 그 밖에 대통령령으로 정하는 사항

### 5) 단위학교의 거버넌스: 학교폭력 전담기구

단위학교의 학교폭력 예방교육의 실시 의무는 학교의 장에게 있으며, 학교폭력 예방 프로그램은 '학교폭력 전담기구'에서 구성 및 실시한다(「학교폭력예방 및 대책에 관한 법률」 제14조 제5항). 학생, 교직원, 보호자를 대상으로 학기별로 1회 이상(연 2회 이상, 내용에 따라 함께 교육할 수 있음) 실시하도록 정하고 있다.

학교폭력의 경우에 학교의 장은 학교폭력 사건을 자체적으로 해결할 수 있다. 이 경우에 학교의 장은 지체 없이 이를 심의위원회에 보고하여야 한다. 이 경우 피해학생과 그 보호자의 심의위원회 개최 요구 의사의 서면 확인, 학교폭력의 경중에 대한 전담기구(교감, 전문상담교사, 보건교사 및 책임교사, 학부모로 구성) 구성의 서면 확인 및 학교장의 자체 해결 부의 여부에 대한 심의절차를 거쳐야 한다(「학교폭력예방 및 대책에 관한 법률」 제13조의2).

전담기구는 교감, 전문상담교사, 보건교사 및 책임교사(학교폭력 문제를 담당하는 교사), 학부모(전담기구 구성원의 3분의 1 이상) 등으로 구성된다(「학교폭력예방 및 대책에 관한 법률」 제14조 제3항). 학부모의 경우 학교운영위원회에서 추천한 사람 중 학교장이 위촉한다.

전담기구는 학교폭력에 대한 실태조사와 학교폭력 예방 프로그램을 구성하고 실시하며, 학교의 장 및 심의위원회의 요구가 있는 때에는 학교폭력에 관련된 조사결과 등 활동결과를 보고하여야 한다. 성폭력 등 특수한 학교폭력 사건에 대한 실태조사의 전문성을 확보하기 위하여 필요한 경우 전문기관에 그 실태조사를 의뢰할 수 있다. 이 경우 그 의뢰는 심의위원회 위원장의 심의를 거쳐 학교의 장 명의로 하여야 한다(「학교폭력예방 및 대책에 관한 법률」 제13조, 「학교폭력예방 및 대책에 관한 법률」 제13조의2; 교육부, 이화여자대학교 학교폭력예방연구소, 2023).

- 단위학교 학교폭력 전담기구 역할
  - 학교 내 사안 접수 및 보호자 통보
  - 교육(지원)청 보고
  - 학교폭력 사안 조사
  - 사안 조사 결과 보고
  - 학교장 자체 해결 부의 여부 심의
  - 졸업 전 가해학생 조치사항 삭제 심의
  - 집중보호 또는 관찰 대상 학생에 대한 생활지도
  - 학교폭력 실태조사

# 3. 학교폭력 대응조치[10)]

## 1) 학교폭력 대응조치 절차

단위학교에서 학교폭력이 발생했을 경우에 이에 대한 대응조치 절차를 제시하면 다음과 같다.

### (1) 초기대응

학교폭력이 신고 또는 인지되면 학교폭력 사안에 대한 처리가 시작된다. 사안이 통보 및 접수되면 즉시 접수대장에 기록한다. 인지(신고, 상담 등)한 사안은 모두 기재하여 보관한다(은폐, 축소 의혹의 기준이 되므로 반드시 신고접수 대장에 기재). 접수 사실을 신고자에게 통보하고, 학교의 장에게 보고하면 담임교사에게 통보된다.

가해학생과 피해학생을 분리(최장 7일)한 후, 보호자에게 통보한다. 다른 학교와 관련된 경우 해당 학교에 통보, 관련 학생의 부모 등 보호자에게 사실 그대로 신고 접수 내용 등 현재의 조치 사항, 향후 처리 절차 등을 전화 통화, 문자 전송 등의 방법으로 신속히 통보해야 하며, 인지 후 48시간 이내에 교육지원청에 보고된다.

### (2) 긴급 조치 및 사안 조사

피해학생에 대한 긴급 보호 및 가해학생에 대한 긴급 선도 조치가 이루어져야 한다. 피해학생의 보호를 위하여 학교의 장이 긴급하다고 인정하거나, 피해학생이 긴급 보호를 요청한 경우에는 학교의 장이 결정한다. 피해학생을 긴급 보호 조치 시 심의위원회에 즉시 보고하여야 하며, 이 경우에는 반드시 피해학생 보호자의 동의를 받아야 한다.

학교의 장이 가행학생에 대한 긴급조치가 필요하다고 인정하는 경우에는 긴급 조치(서면사과, 접촉, 협박, 보복 행위 금지, 학교에서의 봉사, 특별교육 이수 또는 심리치료,

10) 교육부, 이화여자대학교 학교폭력예방연구소(2023)의 학교폭력 사안 가이드북, 「학교폭력예방 및 대책에 관한 법률」 「학교폭력예방 및 대책에 관한 법률 시행령」의 내용을 토대로 하였음.

출석 정지)를 결정한다. 이 경우에는 심의위원회에 즉시 보고한 후 추인을 받아야 하며, 가해학생과 그 보호자에게 통지되어야 한다. 2명 이상이 고의적, 지속적으로 폭력을 행사한 경우, 전치 2주 이상의 상해를 입힌 경우, 신고, 진술, 자료 제공 등에 대한 보복의 목적으로 폭력을 행사한 경우, 학교의 장이 피해학생을 가해학생으로부터 긴급하게 보호할 필요가 있다고 인정하는 경우에는 긴급 조치로서 출석을 정지할 수 있다. 이 경우에는 보호자의 의견을 청취하여야 하나 보호자가 따르지 않는 경우 의견 청취 없이 출석 정지를 시킬 수 있다. 이 경우에도 심의위원회의 추인을 받아야 한다.

학교폭력 전담기구는 사안 조사 및 기록을 유지하여야 한다. 사안 조사 시 행위의 고의성, 지속성, 피해의 심각성, 행위자의 반성 정도, 선도 가능성, 보호자의 화해 정도 등을 확인할 수 있는 내용으로 조사해야 하며, 담임 및 관련 교사 등과 상호 협력하여 최대한 육하원칙(누가, 언제, 어디서, 무엇을, 어떻게, 왜)에 맞게 조사해야 한다. 최초로 인지한 교사의 진술서 확보, 현장 확인 사항 등 신속한 자료수집이 필수이며, 구두 면담 등으로 사실을 정리 및 확인한 후 그 내용을 자필로 작성하도록 지도한다. 진술서에 작성 일시 및 작성자 서명을 반드시 기재하여야 한다. 모든 사안 조사 자료에 대한 비밀을 유지하여야 하며, 결과보고서는 학교의 장으로부터 결재를 받은 후에 심의위원회에 보고하여야 한다.

피해학생에게 신체 · 정신 · 재산상의 피해가 있다고 볼 객관적인 증거가 없고 즉시 잘못을 인정하여 상호 간에 화해가 이루어진 경우, 제3자가 신고한 사안에 대한 사안 조사 결과 오인 신고였던 경우, 학교폭력 의심 사안(담임교사 관찰로 인한 학교폭력 징후 발견 등)에 대한 사안 조사 결과 학교폭력이 아닌 경우는 담임교사 혹은 학교의 장이 자체 해결할 수 있다. 그러나 이 경우에도 피해학생이나 부모가 심의위원회 개최를 요청할 경우에는 심의위원회를 개최해야 한다.

사안 조사 결과를 전담기구의 자체 해결 통보 또는 심의위원회 개최 사실 등 향후 처리 절차 등을 면담, 구두, 전화, 메시지, 우편 등 상황에 맞는 안내방법을 활용하여 피해학생과 부모에게 안내하여야 한다. 사안 처리 상황 설명 시 진술서 등 관련 자료는 직접적인 공개 대상이 아니다. 단, 본인 자녀의 진술서는 공개가 가능하다.

### (3) 전담기구 심의(객관적 요건 충족 여부)

학교폭력 사태를 인지한 경우에는 지체 없이 전담기구 또는 소속 교원으로 하여금 가해 및 피해 사실 여부를 확인하고, 전담기구로 하여금 학교장의 자체 해결 부의 여부를 심의한다.

학교폭력 전담기구의 자체 해결 부의 여부 심의에 따라 (「학교폭력예방 및 대책에 관한 법률」 제13조의2) 단위학교 내의 경미[11]하고 피해학생 및 그 보호자가 심의위원회의 개최를 원하지 않는 경우, 학교의 장이 자체적으로 해결할 수 있도록 하고 있으며, 필요한 경우에는 피해 · 가해 학생 및 그 보호자 간의 관계 회복을 위한 프로그램을 운영할 수 있다. 자체 해결 요구조건에 충족되지 않을 경우에는 학교폭력대책심의위원회를 개최하여 피해 및 가해 사실 내용에 관하여 종합적으로 정리해서 학교의 장 및 심의위원회에 보고하여야 한다.

### (4) 심의위원회 처분의 통보 및 이행

학교폭력대책심의위원회의 개최 예정 통보를 심의위원회 위원 및 관련 학생(보호자)에게 서면(등기우편)으로 발송한다. 당사자가 의견 진술 기회를 포기한 경우 의견 청취를 하지 않을 수 있으며, 서면 진술로 대체가 가능하다. 진행상황에 대해 교육(지원)청에 2차 보고를 한다.

심의위원회는 피해학생 보호 조치 및 가해학생 선도 조치를 결정 및 통보한다. 피해학생, 가해학생 모두에게 문서의 형태로 전달하며, 재심 등 불복 절차를 안내하여야 한다. 가해학생에게 전학 조치와 여러 조치가 함께 부과된 경우, 학교의 장은 7일 이내에 교육감 또는 교육장에게 전학할 학교의 배정을 요청해야 한다. 전학 외 나머지 조치는 전학 간 학교에서 이행된다. 가해학생에 대한 조치별 세부 기준은 〈표 6-6〉과 같다.

---

11) 여기서 말하는 '경미'의 기준은 다음과 같다.
(1) 2주 이상의 신체적 · 정신적 치료가 필요한 진단서를 발급받지 않은 경우
(2) 재산상 피해가 없거나 즉각 복구된 경우
(3) 학교폭력이 지속적이지 않은 경우
(4) 학교폭력에 대한 신고, 진술, 자료 제공 등에 대한 보복 행위가 아닌 경우

〈표 6-6〉 **학교폭력 가해학생 조치별 적용 세부 기준**

| | | | | | 기본 판단요소 | | | | | 부가적 판단요소 | |
|---|---|---|---|---|---|---|---|---|---|---|---|
| | | | | | 학교폭력의 심각성 | 학교폭력의 지속성 | 학교폭력의 고의성 | 가해학생의 반성 정도 | 화해 정도 | 해당 조치로 인한 가해학생의 선도 가능성 | 피해학생이 장애학생인지 여부 |
| | 판정 점수 | | | 4점 | 매우 높음 | 매우 높음 | 매우 높음 | 없음 | 없음 | 해당 점수에 따른 조치에도 불구하고 가해학생의 선도 가능성을 고려하여 「학교폭력예방 및 대책에 관한 법률 시행령」 제14조 제5항에 따라 학교폭력대책심의위원회 출석위원 과반수의 찬성으로 가해학생에 대한 조치를 가중 또는 경감할 수 있음 | 피해학생이 장애학생인 경우에는 가해학생에 대한 조치를 가중할 수 있음 |
| | | | | 3점 | 높음 | 높음 | 높음 | 낮음 | 낮음 | | |
| | | | | 2점 | 보통 | 보통 | 보통 | 보통 | 보통 | | |
| | | | | 1점 | 낮음 | 낮음 | 낮음 | 높음 | 높음 | | |
| | | | | 0점 | 없음 | 없음 | 없음 | 매우 높음 | 매우 높음 | | |
| 가해 학생에 대한 조치 | 교내 선도 | | 1호 | 피해학생에 대한 서면 사과 | 1~3점 | | | | | | |
| | | | 2호 | 피해학생 및 신고·고발학생에 대한 접촉, 협박 및 보복 행위의 금지 | 피해학생 보호에 필요하다고 심의위원회가 의결할 경우 | | | | | | |
| | | | 3호 | 학교에서의 봉사 | 4~6점 | | | | | | |
| | 외부 기관 연계 선도 | | 4호 | 사회봉사 | 7~9점 | | | | | | |
| | | | 5호 | 학내외 전문가에 의한 특별교육 이수 또는 심리치료 | 가해학생 선도에 필요하다고 심의위원회가 의결할 경우 | | | | | | |
| | 교육 환경 변화 | 교내 | 6호 | 출석 정지 | 10~12점 | | | | | | |
| | | | 7호 | 학급 교체 | 13~15점 | | | | | | |
| | | 교외 | 8호 | 전학 | 16~20점 | | | | | | |
| | | | 9호 | 퇴학 처분 | 16~20점 | | | | | | |

해당 조치로 인한 가해학생의 선도 가능성을 판단할 시 해당 학교급(초·중·고)내에서 학교폭력 재발 여부를 고려할 수 있음.

출처: 교육부, 이화여자대학교 학교폭력예방연구소(2023: 145). 학교폭력 사안 가이드북.

### (5) 재심 · 행정심판 신청(이의 신청)

① 피해학생

- 재심
  - 조치를 받은 날로부터 15일 이내 또는 조치가 있음을 안 날로부터 10일 이내에 학교폭력대책지역위원회에 신청
- 행정심판
  - 재심 결정 통보를 받은 날로부터 60일 이내에 중앙행정심판위원회(국민권익위원회)에 청구
  - 재심청구 없이 행정심판을 청구하는 경우에는 처분이 있음을 알게 된 날로부터 90일 이내에 청구 가능. 단, 180일이 지나면 청구 불가(「행정심판법」 제27조 제1항)
  - 사립학교 재학생은 행정심판 청구가 불가하나 재심 결정에 대해서는 행정심판 청구가 가능

② 가해학생

- 재심
  - 8호 또는 9호 조치를 받은 경우에만 재심청구 가능
  - 조치를 받은 날로부터 15일 이내 또는 조치가 있음을 안 날로부터 10일 이내에 교육청(학생징계조정위원회)에 재심청구
  - 1호~7호 조치를 받은 경우에는 재심청구 불가
- 행정심판
  - 1호~7호 조치를 받은 경우에 행정심판 청구가능
  - 처분이 있음을 알게 된 날부터 90일 이내에 행정심판 청구(「행정심판법」 제27조 제1항)
  - 재심 결정 통보를 받은 날로부터 60일 이내에 행정심판위원회(교육청)에 청구

※ 재심청구 시 심의위원회 조치의 집행 유보

앞에서 기술한 학교폭력 발생 시 대응절차의 흐름을 제시하면 [그림 6-1]과 같다.

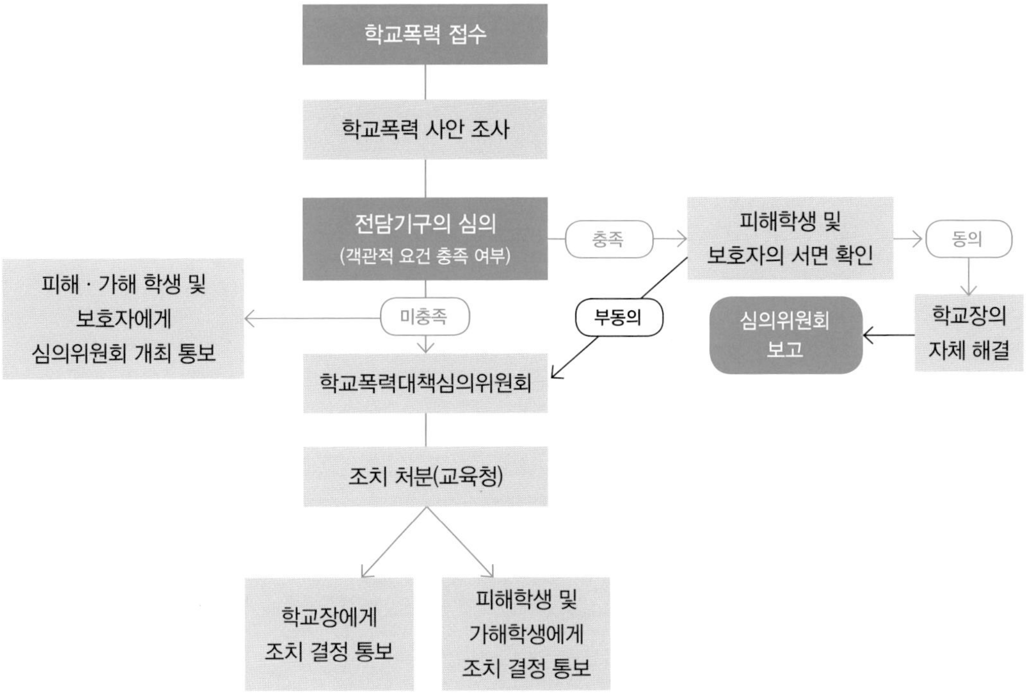


[그림 6-1] **학교폭력 발생 시 대응 흐름도**

출처: 교육부, 이화여자대학교 학교폭력예방연구소(2023: 46). 학교폭력 사안 가이드북.

제 7 장

# 스마트폰 중독과 학교폭력 예방

1. 스마트폰 중독 개념과 관련 연구
2. 스마트폰 중독과 학교폭력
3. 스마트폰 중독과 사이버폭력 예방사례

# 1. 스마트폰 중독 개념과 관련 연구

## 1) 스마트폰 중독 개념

스마트폰 중독 개념은 일반적으로 스마트폰 사용에 지나치게 몰입하고, 스마트폰 사용을 자신이 스스로 제어할 수 없는 상태를 말한다. 이로 인해 학교생활, 가정생활 및 일상생활에서 부적응을 일으키는 문제들이 발생하는 상태를 말한다(한국정보화진흥원, 2011). 그러나 스마트폰 중독 연구는 오랜 시간 동안 축적되지 않았으므로 스마트폰 중독의 개념과 특징을 이해하기 위해서는 행동과 정신적 중독에 포함되어 있는 인터넷 중독의 개념을 참고하는 것이 필요하다(김영은, 2013; 이민석, 2011; 조미희, 2013). 즉, 스마트폰은 휴대폰과 인터넷 기능을 함께 사용할 수 있으며 인터넷 사용이 가능하다는 점에서 인터넷 중독과 공통성을 지닌다고 볼 수 있다. 그러므로 지금까지 스마트 미디어 중독 관련 연구들은 인터넷 중독의 원인을 근거로 스마트폰 중독을 개념화하였다(김동일 외, 2012; 강희양, 박창호, 2012).

스마트폰 중독과 인터넷 중독의 공통적 특성은 금단, 내성, 일상생활 장애이다. 여기서 금단현상이란 스마트폰을 과다하게 사용하여 스마트폰이 옆에 없으면 불안하고 초조함을 느끼는 것이다. 내성은 스마트폰을 점점 더 많이 사용하게 되면서 이전보다 더 많이 사용해야 만족감을 느끼고, 후에 더 많이 사용해도 이에 대한 만족감이 없게 되는 현상이다. 일상생활 장애는 스마트폰을 많이 사용함으로써 가정, 학교, 직장 등에서 생활의 문제를 일으키는 상태로, 수업 시간 중에 스마트폰 사용으로 인해 지적을 받거나 일상 업무 및 학업에 집중이 어려워지는 문제가 발생하는 것이다(한국정보화진흥원, 2011). 스마트폰 과다 사용은 전자파 노출과 이로 인한 뇌세포 손상, 시력저하, 거북목증후군, 손목터널증후군 등 신체에 직접적인 영향을 주어 건강을 해칠 수 있으며, 강박 증세, 우울, 불안, 수면장애 등과 같은 정신병리적 문제와 게임 및 음악 다운로드, 유료 애플리케이션 이용 등의 경제적 문제로 인해 부모와의 갈등, 이로 인한 가족과의 관계 악화, 학교 교사와의 충돌, 일탈행동, 친구 관계 형성에 대한 어려움 등 다양한 문제가 나타나고 있다(김혜주, 2012).

무엇보다 스마트폰 기기 자체가 휴대하기에 간편하고, 시간과 공간의 제한 없이 손안에서 원하는 모든 정보를 검색할 수 있고, 다양한 앱을 통해 오락을 즐길 수 있는 장점과 편리함을 갖추고 있어서 스마트폰 중독성이 강화될 가능성이 크다. 또한 의사소통에 있어서 인터넷을 이용하기보다는 스마트폰 사용을 선호하는 이용자가 증가하고 있음을 볼 때 스마트폰이 가지는 대인관계 특성, 편리성을 통한 접속 증가, 접근성 증대를 통한 중독 가능성, 다양한 애플리케이션과 콘텐츠 등이 인터넷 중독과는 차별성을 갖고 있음을 볼 수 있다. 이러한 부분에서 스마트폰은 개인의 욕구에 기반한 가장 개인화된 매체라고 할 수 있고, 스마트폰이 가지고 있는 편리성과 접근의 용이성, 만족감, 개인성 등의 특징이 바로 의존 및 중독이라는 부정적인 결과로 이어질 수 있다는 것이다(양일영, 이수영, 2011). 특히 신체적, 정신적, 정서적으로 민감한 시기에 놓여있는 청소년에게는 스마트폰 과다 사용으로 인해 신체적 · 정신적 · 정서적 성장과 발달에 부정적인 영향을 미친다는 점이다.

거북목증후군, 손목터널증후군, 머리 아픔, 어지럼증, 구부정한 자세, 신체활동에 의욕이 없는 모습 등의 불균형적인 신체적 변화를 보이고, 스마트폰 과다 사용으로 인한 수면부족은 우울, 집중력 저하, 학업 의욕의 상실 등으로 나타나고 있다. 또한 스마트폰 사용 강제 제한과 과다 사용으로 인한 분노, 증오, 폭행, 폭언 등의 공격성도 나타나고 있으며(신성철, 백석기, 2013, 2014; 이충효, 2015; 조미정, 2015), SNS를 통한 따돌림, 언어폭력, 괴롭힘, 거짓 소문 퍼뜨리기 등의 문제 등도 나타나고 있다.

또한 스마트폰을 과다 사용할 경우에 금단현상과 강박 증세, 우울, 불안, 수면장애 등과 같은 정신병리적 문제를 일으킬 수 있고, 게임 및 음악 다운로드, 유로 애플리케이션 이용 등으로 인한 과다한 요금으로 경제적 문제를 유발하여 부모와의 갈등이 잦고, 학업에 집중할 수 없을 뿐 아니라 학교 교사와의 충돌, 일탈행동으로 친구 관계 형성에 문제를 보이는 등의 문제가 나타나고 있다(김희민, 2015; 류근숙, 2015; 이지은, 2014). 이처럼 청소년의 스마트폰 사용은 긍정적인 친분관계를 유지시켜 주는 역할도 있지만, 과다 사용하여 중독으로 갈 경우에 왕따, 폭력, 욕설, 따돌림, 괴롭힘 등의 문제행동의 원인이 되기도 한다. 가상준, 김강민, 임재형(2013)의 연구에 의하면, 스마트폰 과다 사용(SNS를 중심으로)에 의한 학교폭력의 심각성에 대해 남자는 56%, 여자는 73%가 심각하다고 보고하였다. 한편, 스마트폰 중독과 관련된 선행연구들을 살펴보면 다음과 같다.

## 2) 스마트폰 관련 연구

### (1) 스마트폰 이용 및 중독 실태 연구

스마트폰을 가장 많이 사용하는 연령대가 청소년으로 나타나 청소년을 대상으로 한 스마트폰 이용 및 중독 실태 연구들을 찾아볼 수 있다. 김소연(2013)의 연구에서는 중학생의 스마트폰 사용 실태를 조사한 결과, 스마트폰을 사용하고 있는 학생이 사용하고 있지 않은 학생보다 약 4배 이상 많은 것으로 전체의 80.9%가 스마트폰을 사용하는 것으로 나타났다. 스마트폰의 사용 동기는 '최근 유행이기 때문에' '정보 검색을 위해서'라는 답이 많았고, 스마트폰의 장점에 대해서는 '친구들과 친해지기 위해서'라는 응답이 가장 많은 것으로 나타났다.

허지혜(2013)의 연구에서는 청소년의 스마트폰 하루 사용시간이 1~3시간으로 가장 많았고, 스마트폰 사용기간은 평균 1년 정도로 최근 1~2년 동안에 청소년의 스마트폰 사용이 많아진 것으로 나타났다. 그리고 스마트폰으로 주로 사용하는 기능은 SNS 기능으로 카카오톡, X(트위터), 카카오스토리, 페이스북과 같은 앱을 사용한다는 답이 가장 많은 것으로 나타났다. 또한 학교에서는 전체의 92.8%가 스마트폰을 사용하지 않고 보관한다는 응답이 가장 높게 조사되었다.

김혜주(2012)의 연구에서는 스마트폰 사용시간이 길수록 남성보다는 여성이, 연령이 높을수록 초등학생보다는 중고생이 중독의 정도가 심한 것으로 나타났다. 신은수(2014)의 연구에서는 고위험 사용자군의 경우 스마트폰을 5시간 이상 사용한다는 답이 60%로 가장 많았고, 고위험 사용자군의 스마트폰 중독 정도에 대한 꾸중 경험의 결과는 '꾸중을 자주 듣는다'라는 응답이 64%로 가장 많았으며, 잠재적 위험 사용자군은 '몇 번 있다.'라는 답이 60%로 나타났다. 이미경(2014)의 연구에서는 고위험 사용자군, 잠재적 사용 위험자군, 일반 사용자군 모두에서 높게 나타난 특성을 정리해 보면 성별은 여학생, 학년은 초등학교 6학년, 가족형태는 핵가족, 부모님의 경제활동은 모두 일함에서 나타났다. 학교 성적에서는 고위험 사용자군과 잠재적 위험 사용자군에서 학교 성적이 낮다고 응답한 학생이 많았고, 스마트폰으로 가장 많이 사용하는 기능은 게임 오락, 카카오톡, X(트위터) 등의 SNS 서비스로 나타났다.

### (2) 스마트폰 중독의 원인을 밝히는 연구

스마트폰 중독의 원인을 밝히는 선행연구를 살펴보면, 박훈미(2013)는 청소년의 스마트폰 중독에 영향을 미치는 요인으로 개인요인, 가정요인, 친구요인으로 선정하여 조사하였다. 이러한 요인들 중 개인요인으로는 스트레스, 역기능 인지, 가정요인으로는 부모자녀 의사소통, 친구요인으로는 또래압력이 스마트폰 중독의 원인에 영향을 준다고 하였다.

양영하(2013)의 연구에서는 부모와의 관계와 가정생활에 만족도가 높을수록 청소년의 스마트폰 중독은 낮은 것으로 조사되었으며, 학교수업 적응이 높을수록 청소년의 스마트폰 중독은 낮아졌고, 학교 친구 적응이 높을수록 스마트폰 중독이 높아지는 것으로 나타났다. 또한 청소년의 스마트폰 중독에 있어서 남녀별로 유의미한 차이가 있는 것으로 나타났는데, 남학생보다 여학생의 중독 현상이 더욱 강한 것으로 나타났다. 허지혜(2013)의 연구에서는 청소년의 친구관계와 자아존중감이 스마트폰 중독에 영향을 미치는 요인임을 밝혔는데, 자아존중감이 낮을수록 자기통제와 조절이 어려우며, 그 결과 스마트폰 사용 또한 조절하기 힘들어져서 중독으로 이어진다고 하였다. 또한 남학생보다 여학생이, 스마트폰 사용시간이 길수록, 부모님의 잔소리와 같은 간섭이 심할수록 중독 수준이 높아진다고 볼 수 있다.

### (3) 스마트폰 중독의 영향과 관련된 연구

스마트폰 중독의 영향과 관련된 선행연구로, 장로(2013)는 스마트폰 중독이 수면습관에 미치는 영향을 살펴보았다. 스마트폰 중독으로 인한 금단증상이 많아질수록 올바르지 못한 수면 습관도 증가한다고 하였고, 스마트폰 중독으로 인해 일상생활의 장애가 발생할수록 시력감퇴가 증가한다고 하였다. 청소년기는 가장 왕성한 신체 발달기로서 올바른 인터넷 게임 이용 및 스마트폰 이용 습관을 갖지 못한다면 성인기, 노년기의 건강에까지 악영향을 미칠 수 있다고 보았다. 따라서 청소년에게 바람직한 스마트폰 이용을 유도하기 위한 예방교육을 실시하고, 청소년의 능동적인 스마트폰 이용을 위한 가정 및 학교 차원의 지속적인 관심과 교육의 필요성을 말하고 있다.

엄수현(2013)의 연구에서는 스마트폰 사용으로 인한 신체적 이상 증상을 경험한 사람들은 문자 데이터 사용량이나 사용시간이 비경험자에 비해 영향을 더 받는 것으로 나타나 문자 데이터 사용량과 사용시간이 신체적 이상 징후를 발생시키는 데 크게 연관이 있는 것으로 나타났다. 청소년의 경우에 수업 시간에는 스마트폰을 사용하지 못하게 하고 있으나, 하교 후나 방학 중에는 스마트폰 사용시간이 증가하여 스마트폰 사용으로 인한 신체의 피로감을 호소하는 경우가 많다고 하였다.

금창민, 김동일(2013)의 연구에서는 중·고등학생의 성별에 따른 스마트폰 중독 경향성의 수준이 정신건강에 미치는 영향을 분석하였는데, 정신건강문제, 즉 우울, 불안, 충동, 공격성이 스마트폰 사용수준이 높을수록 증가하는 것으로 나타났다.

김소연(2013)의 연구에서는 스마트폰 사용 여부가 중학생이 지각하는 소외감을 높이는 요인으로, 특히 SNS의 사용시간이 길수록 무력감이 높았고, SNS 중독수준이 높을수록 지각하는 소외감이 높은 것으로 나타났다. 김한나(2014)의 연구에서는 스마트폰 중독수준에 따른 대인관계문제의 차이에 대해 검증했다. 스마트폰 중독수준이 높은 고위험 사용자 집단이 일반 사용자 집단보다 더 심한 대인관계 문제를 보였고, 스마트폰 사용유형에 따른 대인관계 문제 차이를 검증한 결과, 오락추구형 사용유형 집단이 관계추구형 사용유형 집단보다 대인관계 문제가 더 높은 것으로 나타났다.

### (4) 스마트폰 과다 사용으로 인한 부정적 영향

최남순(2013)은 초등학생의 스마트폰 중독과 관련된 변인에서 스마트폰 중독이 청소년들의 다양한 정신건강에 부정적인 영향을 미치고 있음을 보고하였고, 이선종(2013)은 스마트폰 중독의 위험요인 탐색 및 모형검증에서 스마트폰 중독과 불안장애가 깊은 연관이 있음을 보고하였으며, 이러한 불안장애는 공격성에 영향을 줄 수 있음을 밝혔다. 또한 박수빈(2013)은 중학생의 스마트폰 중독이 학교생활 적응 및 정신건강에 미치는 영향에서 청소년의 스마트폰 중독이 학교생활에 부정적 영향을 미치고 있으며, 나아가 청소년의 자아통제성을 약하게 만들어서 충동성 조절에 영향을 줄 수 있음을 보고하였으며, 김병년(2013)은 청소년의 스마트폰 중독이 사회성 발달에 미치는 영향에서 스마트폰 중독에 빠진 청소년은 또래관계에서 타협이나 조정 대신에 폭력과 욕설 등을 통해 관계를 어렵게 하고 있다고 보고하였다. 그리고 금창민(2013)은 중·고등학생의 스마트폰 '중독 경향성(proneness)'과 정신건강문제에 관한 연구에서 스마트폰 중독과 폭력성 간에 깊은 상관성이 있음을 밝혔으며, 박진욱(2013)은 스마트폰 중독이 그에게 미치는 영향에 관한 연구에서 청소년의 스마트폰 중독이 그들의 다양한 부적응에 영향을 미치고 있음을 보고하였다.

정은다(2013)는 초등학생의 스마트폰 과다 사용과 충동성 및 사회성 간의 관계에서 스마트폰 과다 사용과 충동성 간에는 정적 상관이 있고, 사회성 간에는 부적 상관이 있어 스마트폰 과다 사용이 초등학생의 충동성을 높이고 사회성은 감소시킴을 보고하였으며, 홍지혜(2013)는 초등학생의 스마트폰 사용 정도가 정신건강과 사회성에 미치는 영향에 관한 연구에서 스마트폰 사용의 정도가 높은 초등학생 일수록 정신건강에 부정적 영향을 미치며, 사회성 또한 매우 떨어지는 것으로 보고하였다. 신성철, 백석기(2013)는 청소년의 스마트폰 중독이 공격성에 미치는 영향에 대한 연구에서 청소년의 스마트폰 중독이 공격성에 유의미한 영향을 미치는 것으로 보고하였고, 신성철, 백석기(2014)은 초등학생의 스마트폰 중독이 학교생활 적응과 공격성에 미치는 영향에 대한 적응유연성의 조절 효과 연구에서 스마트폰 중독과 학교생활 적응과 적응유연성 간에는 통계적으로 유의미한 부적 상관이 있는 것으로 나타났으며, 스마트폰 중독과 공격성 간에는 통계적으로 유의미한 정적 상관이 있는 것으로 보고하였다.

이처럼 청소년의 스마트폰 중독은 청소년에게 다양한 문제를 낳고 있는 실정이다. 특히 초기 청소년이라고 할 수 있는 초등학교 고학년의 스마트폰 중독문제는 향후 후기 청소년뿐만 아니라 성인이 되었을 때에도 부정적인 영향을 줄 수 있어 매우 위험하다고 할 수 있다. 따라서 초등학교 고학년의 스마트폰 중독에 대한 심층적인 연구와 학교폭력과 깊은 연관이 있는 공격성에 대한 연구가 매우 필요한 상황이다. 그러나 지금까지 이루어진 스마트폰 중독에 관한 대부분의 연구가 후기 청소년을 대상으로 하고 있고, 관련 변인도 스마트폰 중독과 정신건강 혹은 사회성, 학교생활적응 등과 같은 연구가 대부분이어서 초등학교 고학년의 스마트폰 중독과 관련한 공격성의 연구가 거의 이루어지지 않고 있는 실정이다.

종합하면 아직 스마트폰 중독이라는 개념이나 정의에 대해 많은 시간 동안 축적된 연구가 충분하지 않기 때문에 '중독'이라고 정의하기에는 여전히 많은 논의가 되고 있는 실정이다. 스마트폰의 습관적 행동은 존재하나 아직 문제적 사용을 언급하기에는 어렵다는 연구(Oulasvirta et al., 2012) 등을 살펴볼 때, '스마트폰 중독'이라는 개념을 사용하는 것을 신중할 필요는 있겠지만 사회적으로 많은 문제가 나타나므로(윤미애, 2013) 스마트폰 중독과 관련된 연구는 지속적으로 이루어져야 할 것이다. 특히 코로나19로 인해 스마트폰을 통한 다양한 형태의 거래가 증가함으로써 자연스럽게 '중독'의 상태까지 이어지고 있다. 현재 스마트폰 과다 사용으로 인해 나타나는 심각한 문제는 대인관계나 건강, 일상생활에서의 문제 발생과 함께 스마트폰을 통해 접하는 것들이 익숙해져서 불법적인 거래가 더 이상 불법적이지 않게 여겨져 쉽게 접근하게 된다는 것이다.

### 3) 스마트폰 중독 현황

스마트폰은 현재 우리의 삶 속에 매우 깊이 관련되어 있는 기기 중에 하나로 꼽히고 있다. 스마트폰에 맞춰 둔 알람 소리로 아침을 맞이하고, 하루를 마감할 때에도 어김없이 스마트폰을 통해 일정을 확인하는 사람이 많아졌다. 더군다나 친구와 이야기를 하거나 가족과 함께 있을 때에도, 차를 타거나 혼자 있을 때에도 늘 스마트폰은 우리의 삶 속에 함께하고 있다. 이제는 스마트폰 앱을 통해 물건을 주문하고 결제하거나 현금과 신용카드가 없어도 스마트폰 하나로도 결제가 가능한 시스템까지 등장하여 스마트폰 중심의 삶이 점점 빠른 속도로 팽창되고 있다 해도 과언이 아니다. 이렇듯 일상생활에 편리함을 가져다주는 스마트폰은 인터넷 기술의 발달에 따른 기능의 다양성과 편의성으로 사용이 급격히 증가됨에 따라 과의존에 따른 사회적 부작용의 위험성도 함께 증가하고 있다.

정보통신정책연구원(Korea Information Society Development Institut, 2013)에서 발간한 「스마트폰 보유 및 이용 행태 변화: 2012년과 2013년 비교」를 보면 스마트폰을 한 대 이상 보유한 응답자의 비율은 2012년의 49.3%에서 2013년에는 66.2%로 크게 증가했고, 스마트폰의 보급 확대는 특히 LTE 스마트폰을 중심으로 이루어져서 2012년에는 11.5%에 불과하던 LTE 스마트폰의 점유율이 37.2%로 크게 증가했다. 또한 미래창조과학부(2016)에서 조사한 스마트폰 가입자 수는 44,482,411명으로, 2011년의 스마트폰 보급률에 대비해서 4년간 43.9%로 증가하였고, 2015년 4월말 기준으로 스마트폰을 보유한 청소년은 초등학생 49%, 중학생 85%, 고등학생 84%로 나타났다.

시간과 장소에 구애받지 않고 편리하게 사용할 수 있는 스마트폰은 이렇게 보편화되고 있고 사용하는 연령대도 점점 낮아지고 있다. 스마트폰을 갖고 있지 않으면 왠지 불안하고 허전해지는 상태와 수시로 화면을 들여다보며 스마트폰을 확인하는 상태, 즉 스마트폰에 대한 의존적 행동도 늘어나고 이에 따른 스마트폰 중독에도 낮은 연령대까지 쉽게 노출(황상민, 2001; 정여주, 2004; 김미숙, 2011)되고 있어 스마트폰 사용에 대한 부작용이 심각하게 대두되고 있다.

[그림 7-1]과 [그림 7-2]를 살펴보면 스마트폰 과의존 상태는 연도별, 대상별로 상승하고 있고, 유아동에서는 지속적으로 가장 높은 위험군에 속해 있다. 특히 사용자의 연령대가 점점 낮아지고 있다는 점을 볼 때, 스마트폰 중독문제는 개인뿐만 아니라 가정문제, 나아가 미래의 사회문제에까지 영향을 끼칠 수 있다(김혜주, 2012)고 생각되기에 이에 대해 단기적이 아닌 장기적으로 바라보며 대처해야 될 부분이라고 여긴다. 그러나 스마트폰 중독에 관한 연구는 최근에 들어 진행되고 있으므로 아직까지 스마트폰 중독 개념에 관한 축적된 연구와 스마트폰 중독 예방을 위한 체계적인 연구 및 이에 대한 실천이 필요한 실정이다. 이와 더불어 태어날 때부터 디지털기기의 환경 속에서 성장하는 세대들에게 스마트폰 과다 사용을 막기 위해 무조건 통제하는 것은 스마트폰 중독문제를 해결하기에 역부족이다. 스마트폰 과다 사용과 문제적 사용을 놓고 중독으로 바라보며 비판적으로 제기하고 통제하기보다는 디지털 미디어를 활발하게 사용하고 있는 세대들, 그것에 익숙해져 있는 세대들의 특성에 맞추어 스마트폰 과다 사용에 대한 자기조절능력을 길러야 할 것이다.

스마트폰 중독 예방교육은 어떻게 하면 스마트폰을 건강하게 사용할 수 있을지에 대해 초점을 맞추어서 체계적으로 접근하는 연구가 필요하고, 이에 대해 지속적으로 교육하고 관리할 수 있도록 지원할 수 있는 방안 또한 모색되어야 한다고 판단된다. 무엇보다도 학교에서 많은 시간을 보내고 있는 청소년에게 적합한 스마트폰 중독에 관한 예방교육과 건전하게 사용할 수 있는 예방교육, 학교에서 지속적으로 지도하고 관리하는 예방교육이 이루어져야 하고, 장기적으로 실천할 수 있는 교육이 필요하다.

스마트폰은 이제 우리 생활에서 없어서는 안 될 기기 중에 하나로 꼽히고 있다. 이른바 디지털 환경 속에서 태어난 디지털 네이티브 세대들에게는 스마트폰을 통해 또 다른 문화를 형성하고 있다. 하지만 한편으로는 스마트폰 과다 사용으로 인해 질병 증상이 나타나고 폭력적인 게임과 유해한 환경 등에 더 쉽게 노출되고 있다. 이제 이들에게 있어 스마트폰 중독 예방교육은 단기간의 일회성 교육이 아닌 장기간의 실천적인 교육방법으로 시도해야 한다는 것이다.

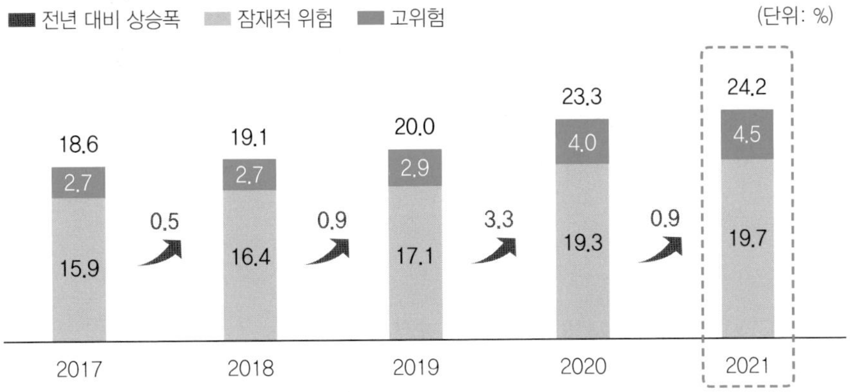


[그림 7-1] **연도별 스마트폰 과의존 위험군 현황**

출처: 2021 스마트폰 과의존 실태조사(2021).

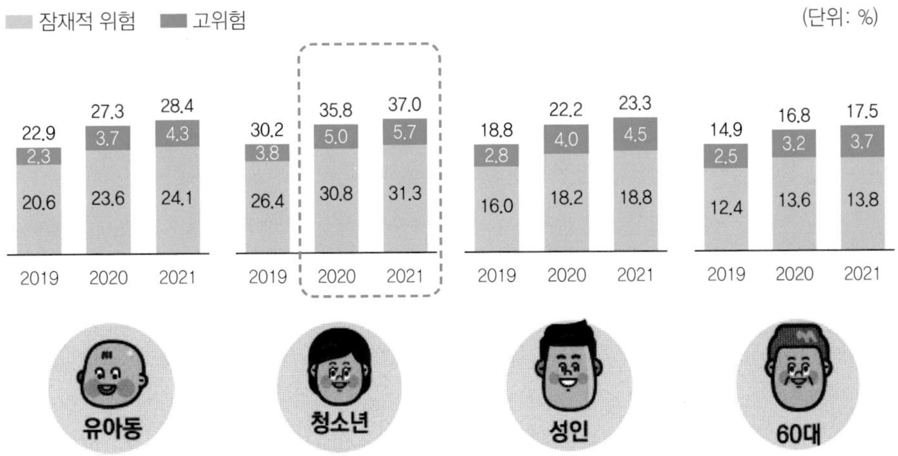


[그림 7-2] **연도별 · 대상별 스마트폰 과의존 위험군 현황**

출처: 2021 스마트폰 과의존 실태조사(2021).

## 2. 스마트폰 중독과 학교폭력

### 1) 사이버폭력

청소년의 스마트폰 사용이 증가하고 보편화되면서 시공간을 초월한 사이버폭력이 증가하고 있다. 〈표 7-1〉의 최근 사이버 공간에서 발생하고 있는 예시 상황을 살펴보면, 사이버폭력은 학교라는 현실 공간의 학교폭력이 학교 밖 공간까지 이루어지는 학교폭력의 연계되고 복합된 형태라고 볼 수 있다. 특히 〈표 7-2〉에서 보는 바와 같이, 카카오톡, 페이스북, SNS를 이용하여 카따, 카톡감옥 등으로 헛소문 퍼뜨리기, 악성댓글 달기, 악성 문자를 보내거나 단체 대화방을 통해 특정인에게 단체로 협박하고 욕설하고 게임 셔틀로 게임 아이템을 상납하는 등 다양한 형태의 사이버폭력이 행해지고 있다.

〈표 7-1〉 **최근 사이버 공간에서 발생하고 있는 예시 상황**

| | |
|---|---|
| 저격 | • 개인이 SNS상에서 피해 대상에게 게시글이나 댓글로 비난하는 행위 |
| 패드립 | • '패륜+드립' 혹은 '패밀리+드립'의 합성어로 엄마, 아빠, 할머니, 할아버지, 혹은 그 외 가족 친지를 농담의 소재로 삼아 모욕하는 행위 |
| 불법촬영(유포) | • 카메라나 그 밖에 이와 유사한 기능을 갖춘 기계장치를 이용하여 동의 없이 상대방을 촬영하거나 이를 동의 없이 유포하는 행위 |
| 지인능욕 | • 온라인상에 게시된 사진(예: 나체 사진)에 지인의 얼굴을 합성한 사진을 인터넷에 게시하고 신상정보와 함께 유포하는 행위 |
| 디지털 그루밍 | • 온라인 채팅, 모바일 메신저, SNS를 통해 아동·청소년에게 접근하여 피해자를 유인하고 길들여 성 착취 행위를 용이하게 하고 피해 폭로를 막는 행위 |
| 몸캠 피싱 | • 온라인상에서 서로 몸을 보여 주면서 화상 대화(몸캠)하도록 유도하여 음란 사진이나 동영상을 보여 주거나, 상대방에게도 음란 사진이나 동영상을 찍게 해 이를 유포하겠다고 협박하는 행위 |
| 떼카 | • 단체 대화방에서 한 사람을 초대하여 단체로 욕을 하며 괴롭히는 행위 |
| 방폭 | • 피해학생을 단체 대화방에 초대해 놓고 모두가 다 퇴장하여 온라인상에서 왕따를 시키는 행위 |
| 카톡감옥(카톡감금) | • 여러 명의 학생이 한 학생을 단체 대화방에 지속적으로 초대(대화방을 나가면 다시 초대)하여 나가지 못하게 가두어 괴롭히는 행위 |
| 멤놀 | • 멤버놀이의 줄임말로 좋아하는 연예인으로 가장해 인터넷 공간에서 역할놀이를 하다가 역할놀이를 제대로 하지 못하는 한 명을 몰아서 비방하고 따돌리는 행위 |
| 랜선팸(젠리팸/단펨/단톡/틱톡크루) | • '랜선팸'은 온라인에서 취향에 맞는 친구들과 관계를 맺고 유대를 쌓는다는 의미로 '팸'에 소속되고 싶어 하는 친구에게 하기 싫은 것을 강요하거나 부당한 일을 시키는 행위<br>• '젠리팸'은 위치 공유 서비스 '젠리앱'의 친구 맺기 기능이고, '단펨'은 단체 페이스북 메신저, '단톡'은 카카오톡 단체 대화방, '틱톡크루'는 크루원을 모집하는 기능 |

| | |
|---|---|
| 부계 | • SNS나 게임 등에서 부계정을 만들어 타인의 허락 없이 사진 등을 게시하고 친구들을 따돌리는 행위 |
| 용돈벌이 | • 타인의 카카오톡 계정과 전화번호 등 개인정보를 강제로 갈취하여 이 정보를 타인에게 넘겨 이득을 취하려는 행위 |
| 와이파이셔틀 | • 핫스팟 연결을 강요하여 공짜로 인터넷 데이터를 이용하는 행위 |
| 게임부주 | • 타인의 계정을 사용하여 레벨을 올려 주거나 아이템을 얻어 주거나 하는 사람을 의미하거나, 이를 악용하여 부당한 요구(금품 요구, 협박)를 하는 행위 |
| 인증놀이 | • 수치스럽거나 하기 싫은 행동을 하도록 강요하여 인증하도록 하는 행위 |

출처: 한국교육개발원(2022).

〈표 7-2〉 **SNS 사용 현황**

| | |
|---|---|
| 페이스북 | • 인맥을 기반으로 한 네트워크를 형성하고 사회적 유대관계를 쌓기 위해 활동하며 '좋아요' '친구추천' '태그' 기능이 있다.<br>• 태그기능을 통해 지목하거나, 익명이지만 내용을 통해 알 수 있도록 하여 집단으로 한 사람을 공격하는 경우나, 익명성이 보장되므로 타인에 대한 위협과 협박이 발생할 수 있다. |
| X(트위터) | • 정보의 공유 및 확산이 중심이 되는 SNS로 글자의 제한이 이는 것이 특징이다.<br>• 우울계, 자해계, 자살계, 일탈계 등 '~계'라고 불리는 군집이 있다. 각 군집에 속한 학생들이 자해행위와 관련된 자극적인 사진을 올리고 일탈행위를 부추기는 등의 부작용이 나타날 수 있으므로 동조 경향이 높은 연령대의 주의가 필요하다. |
| 카카오톡 | • 가장 많이 쓰는 메신저 서비스 중 하나로 개인 및 단체 채팅기능과 사진, 파일 등의 전송이 주된 기능이다.<br>• 카카오톡 채팅을 이용하여 사이버폭력이 일어나고 있으며, '떼카'와 '카톡감옥' '방폭' 등이 있다.<br>• 카카오톡 오픈채팅방은 불특정 다수와의 만남이 가능한 채팅기능으로, 사이버상에서의 만남이 오프라인의 만남으로 이어져 사이버 스토킹, 성폭력 등의 문제가 발생할 수 있다. 카카오톡 계정을 이용하여 명예훼손, 신상정보 유출 등의 사이버폭력이 일어나기도 하는데 도용한 계정으로 로그인한 후 당사자를 비방하기 위한 행위를 하거나 사진을 합성하는 등의 문제를 일으킬 수 있다. |
| ASK | • 가입 후 로그인하고 익명으로 사용자에게 질문 글을 남기거나 질문을 받을 수 있다. 자신의 계정을 페이스북과 X(트위터)에 연동하고 계정 주소를 남겨 질문을 받을 수 있게 한다.<br>• ASK앱으로 남기는 질문 중에는 인격모독, 인신공격, 성적인 발언이 있고, 익명이기 때문에 당사자에 대한 비난과 욕설을 댓글로 남기는 경우가 발생할 수 있다. |

| | |
|---|---|
| 디스코드 | • '게이머 전용 SNS'로 만든 플랫폼으로 음성, 채팅, 화상회의 기능이 있다.<br>• 봇과 서버라고 불리는 채널을 운영할 수 있고, 지인 혹은 불특정 다수와 채팅을 할 수 있는 기능이 있어 이를 통한 사이버폭력이 발생할 수 있다. 게임을 하던 중 친구들에 대한 뒷담화와 패드립 등으로 사이버폭력 신고가 들어오는 경우가 있으며, 녹음 기능을 통해 그 상황을 녹음하여 문제가 되는 경우도 있다. 'n번방 사건'에 이용되었던 텔레그램의 '박사방' 이용자들이 디스코드로 넘어오면서 성착취 관련 게시물이 무분별하게 퍼지게 되었고, 클릭을 통해 영상물을 받을 수 있고 범죄에 노출될 수 있는 위험이 있다. |

출처: 한국교육개발원(2022).

사이버폭력이라는 용어에 대한 정의, 범위는 아직 명확히 정립되지 않았으나, 「학교폭력예방 및 대책에 관한 법률」에서의 사이버폭력은 '사이버따돌림'과 유사한 개념으로 '인터넷, 휴대전화 등 정보통신기기를 이용하여 학생들이 특정 학생을 대상으로 지속적, 반복적으로 심리적 공격을 가하거나, 특정 학생과 관련된 개인정보 또는 허위사실을 유포하여 상대방이 고통을 느끼도록 하는 모든 행위'(제2조 제1의3항)로 정의하고 있다. 황창근(2009)에 따르면 정부 등 공공기관에서는 사이버폭력을 '정보통신망을 통해 부호, 문헌, 음향, 화상 또는 영상을 이용하여 타인의 사생활 침해 또는 명예훼손 등의 권리를 침해하는 행위'로 규정하고 있다. 또한 김경은, 윤혜미(2012)의 연구에 따르면, '상대방에게 정신적 · 심리적 피해를 유발할 수 있는 가상공간에서의 욕설, 비난, 위협, 유언비어, 따돌림, 괴롭힘 등과 같은 행위'라고 보고 있다.

이러한 내용들을 종합해 볼 때, 사이버폭력은 사이버 공간에서 컴퓨터 등 정보통신기기를 활용하여 타인에게 주로 글, 이미지, 음성 등으로 적대적인 표현 및 태도를 고의적이고 반복적으로 행하여 정신적, 물질적으로 피해를 입히는 범죄 행위라고 할 수 있다.

## 2) 사이버폭력의 유형

사이버폭력의 유형에 관한 연구가 다양하게 수행되어 온 가운데 행위와 내용에 따라 구분하고 있다. 이와 관련해 Willard(2007)는 욕설(flaming), 사이버 모욕(harassment), 명예훼손(denigration), 위장(impersonation), 폭로(outing), 협잡(trickery), 배제(exclusive)와 사이버 스토킹(cyberstalking)으로 분류한 것을 기본으로 많은 연구를 하였다(최숙영, 2014). 국내에서 사이버폭력의 유형은 사이버 언어폭력부터 사이버 강요, 사이버 성범죄까지 범위가 매우 넓다. 교육부의 '함께 실천하는 사이버폭력 예방'(2022)과 한국교육개발원의 '사이버폭력 예방 및 대처방안 가이드라인'(2022)에서 사이버폭력의 유형은 사이버 명예훼손 · 모욕, 사이버 스토킹, 사이버 성폭력, 사이버 따돌림, 사이버 강요 · 갈취, 사이버 언어폭력, 사이버 영상 유포 등으로 분류하였다(〈표 7-3〉 참조).

〈표 7-3〉 **사이버폭력의 유형과 내용**

| 유형 | 내용 |
|---|---|
| 사이버 명예훼손 · 모욕 | • 사이버 공간에서 상대방을 비하할 목적으로 사실 또는 거짓을 말하여 상대방의 명예를 떨어뜨리거나 훼손하는 내용의 글을 인터넷, SNS 등으로 퍼뜨리는 인격을 침해하는 행위<br>• 모욕적인 내용의 글을 인터넷, SNS 등으로 퍼뜨리는 행위 |
| 사이버 스토킹 | • 사이버 공간에서 원하지 않는 문자, 사신, 동영상을 반복적으로 보내 상대방에게 공포심이나 불안감을 주는 모든 행위 |
| 사이버 성폭력 | • 사이버 성희롱, 사이버 스토킹, 사이버 음란물 유통 등 정보통신기기를 이용하여 괴롭히는 행위<br>• 성적 수치심을 주거나 위협하는 내용, 조롱하는 글, 그림, 동영상 등을 정보통신망을 통해 유포하는 행위 |
| 사이버따돌림 | • 사이버 공간에서 특정 상대를 대화에 참여하지 못하게 하거나 채팅방에서 퇴장하지 못하게 하는 모든 행위<br>• 떼카(다굴), 카톡감옥, 방폭, 멤놀 등 사이버 공간을 활용하여 따돌림하는 행위 |
| 사이버 강요 · 갈취 | • 속칭 와이파이셔틀, 게임 대행 등 의사에 반하는 행동을 강요하는 행위(강제적 심부름). 게임부주, 강요 등 정보통신기기를 이용하여 괴롭히는 행위<br>• 사이버머니, 금품갈취형으로 사이버 상의 갈취 형태의 괴롭힘 |
| 사이버 언어폭력 | • 채팅방, 게시판 등 사이버 공간에서 문자, 사진, 동영상 등으로 비방글, 악성댓글, 욕설 등을 올리는 행위 |
| 사이버 영상 유포 | • 정보통신망을 이용하여 상대방의 동의 없이 개인의 사생활과 관련된 특정 신체부위나 각종 유해성 사진, 영상 등을 전송 · 유포하여 괴롭히는 행위 |

출처: 교육부(2022)와 한국교육개발원(2022)의 문헌을 바탕으로 재구성하였음.

한국지능정보사회진흥원(2022)의 '2022년 사이버폭력 실태조사'에서는 [그림 7-5]와 같이 사이버폭력의 유형을 사이버 언어폭력, 사이버 명예훼손, 사이버 스토킹, 사이버 성폭력, 신상정보 유출, 사이버따돌림, 사이버 갈취, 사이버 강요 등으로 구분하여 조사하였다. [그림 7-3]에서 살펴보면, 청소년과 성인의 경우 가해경험과 피해 경험이 가장 높은 유형은 사이버 언어폭력으로 나타났다.

한국인터넷진흥원(2015)의 '사이버폭력 실태조사 보고서'에 따르면 사이버폭력은 학년이 올라갈수록 증가하는 추세로 나타났다. 초·중·고 학생 중 온라인 폭력 피해경험자는 17.2%, 가해경험자는 17.5%로 나타났고, 가해경험이 있는 초등학생은 10.1%였다. 중학교와 고등학교로 진학한 뒤에는 20.5%와 24.3%까지 증가한 것으로 보고되었다. 또한 피해경험도 전체 학생 중 초등학교 14.6%, 중학교 18.5%, 고등학교 28.6%로 증가하였다.

이러한 사이버폭력의 가해자 대부분은 장난으로 여기는 경우가 많아 심각하게 받아들이지 않는다는 점이다. 이승현, 강지현 등(2015)의 「청소년 사이버폭력의 유형 분석 및 대응방안 연구」에 따르면, "잘못했다고 생각하지 않는다"고 응답한 사이버폭력 가해학생 중 초등학생은 "재미로 해서, 상대방이 원인 제공을 해서 내 잘못이 아니

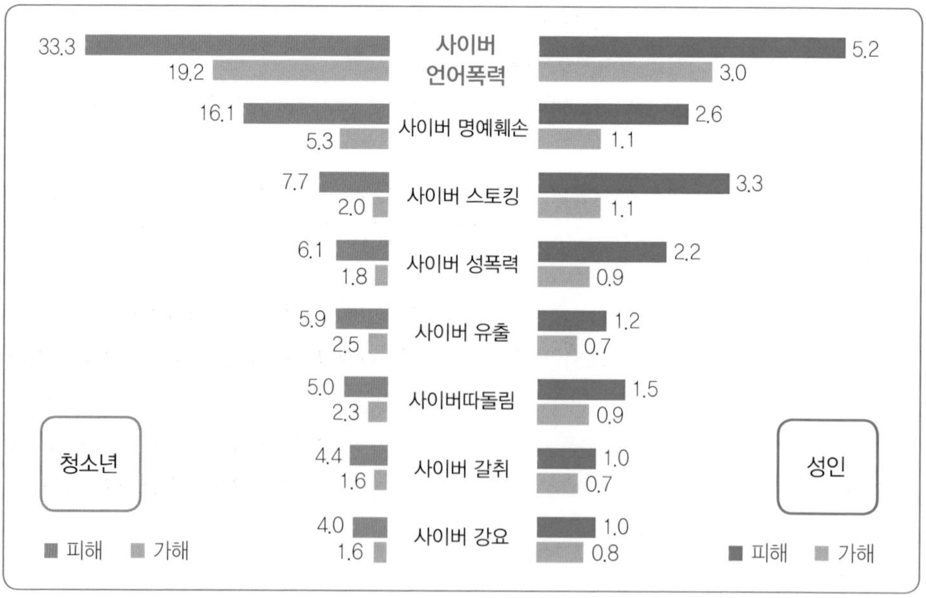


[그림 7-3] 2022년 사이버폭력 실태조사

출처: 한국지능정보사회진흥원(2022).

다"라고 27%가 답하였고, 같은 대답을 한 중학생은 39.9%, 고등학생은 49.5%로 답한 것으로 나타나 학교급이 올라갈수록 증가한 것으로 보고되었다.

청소년의 사이버폭력은 '가상공간에서 현실로, 현실에서 가상공간으로 이어지는 형태'(이유미, 2011)로 학교폭력이 사이버폭력으로 연결되거나 사이버폭력이 현실상의 학교폭력으로 오고 가고 있음에도 성인의 사이버폭력과는 다르게 현실과 사이버공간의 경계가 확실치 않아서 청소년의 사이버폭력에 관한 처벌 시 폭력의 고의성이 약하다는 점에서 처벌하기 힘든 부분이 있다는 것이다([그림 7-4] 참조). 또한 사이버폭력 가해학생의 문제는 폭력에 대해 무뎌진다는 것이다. 가해경험이 쌓일수록 폭력에 대해 무감각해지고 죄책감도 둔감해진다.

사이버폭력의 피해는 외관상으로 드러나지 않고 장기간 동안 진행된 후에 파악되고 있어서 피해학생의 피해를 단기간에 알아내어 해결한다는 것은 쉽지 않다. 또한 심적으로 약한 청소년이라는 점에서 사이버폭력은 정신건강의 위험과 피해에 심각한 문제를 일으키고 있다.

최근 사이버폭력의 현황은 개인화된 다양한 스마트폰 및 스마트기기의 보급 및 확대로 가해학생의 연령이 점점 낮아지고 있고, 사이버폭력 또한 폭력의 일종인 범죄라는 사실을 인지하지 못하고 단순한 놀이로의 인식과 무분별한 사용으로 새로운 학교폭력의 양상을 보이고 있다.

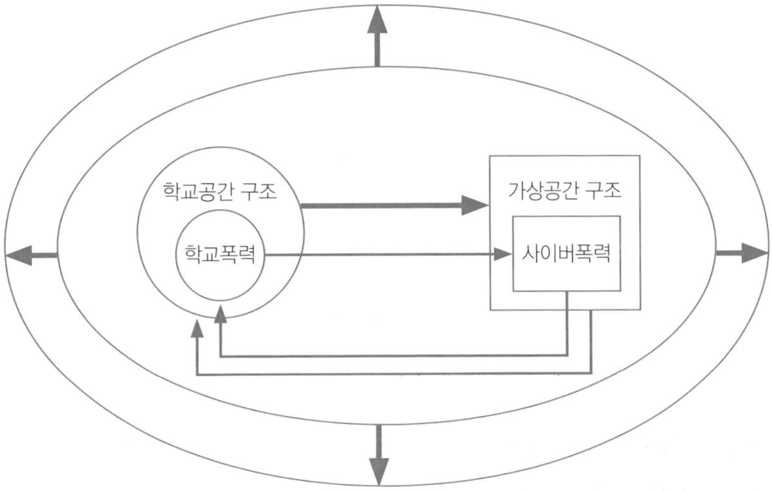


[그림 7-4] **학교폭력의 확대 도식화**

출처: 정한호(2012).

한국인터넷진흥원(2013)에서 발표한 인터넷 윤리문화 실태조사에 따르면, [그림 7–5]과 같이 저연령으로 갈수록 악성댓글, 허위 사실 · 미확인 정보 유포 등의 사이버폭력행위를 한 경험이 높게 나타나고 있음을 볼 수 있다.

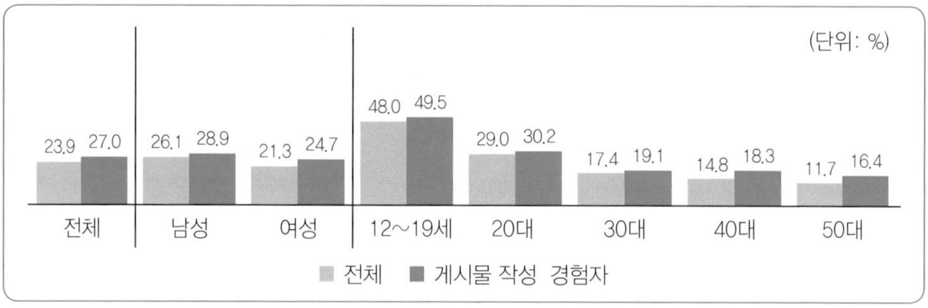


[그림 7–5] **국내 인터넷 이용자의 성 · 연령별 악성댓글(악플) 작성 경험**
출처: 한국인터넷진흥원(2013).

특히 초등학생의 경우에는 사이버폭력행위를 하는 이유에 대해 대부분 감정적이고, 즉홍적인 대답이 많이 나타나고 있음을 볼 수 있다. [그림 7–6]에서처럼, 초등학생 47.5%는 '재미나 호기심 때문에' 라고 답하여 악성댓글 작성이 어린 학생들에게는 하나의 '놀이'로 인식되고 있는 것으로 보인다.

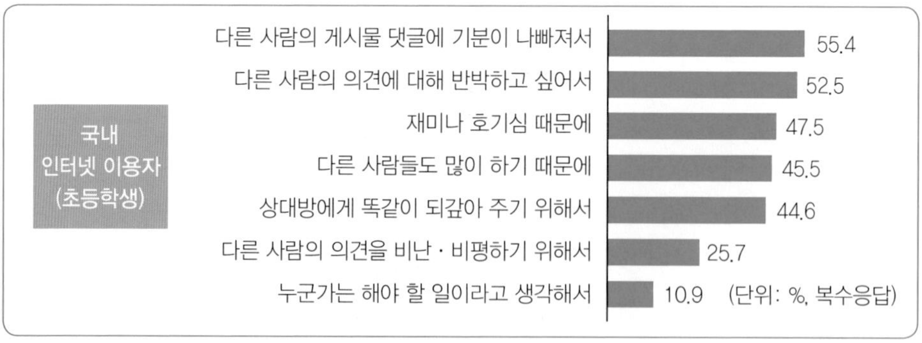


[그림 7–6] **악성댓글 작성 이유: 악성댓글 작성 경험자**
출처: 한국인터넷진흥원(2011).

이러한 초등학생의 사이버폭력의 '놀이' 인식은 [그림 7–7]와 [그림 7–8]에서 보는 바와 같이 허위 사실 · 미확인 정보 유포, 신상털기 참여 이유에 대한 질문에 각각 69.2%, 83.2%가 '재미나 호기심 때문에'라는 응답에서도 나타나고 있음을 알 수 있다.

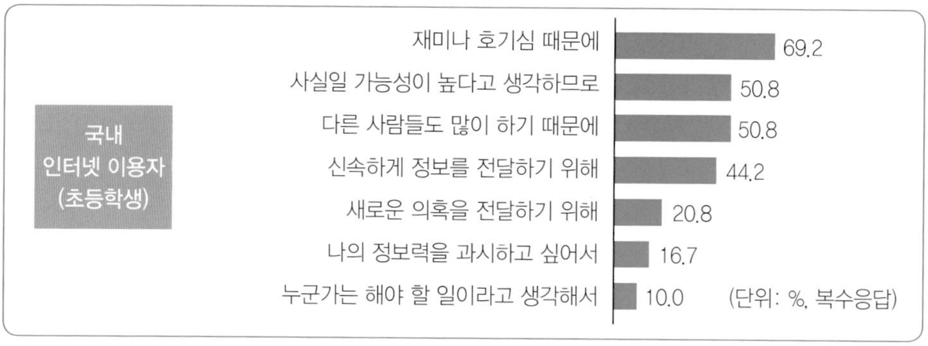


[그림 7-7] **허위 사실 · 미확인 정보 유포 이유: 허위 사실 · 미확인 정보 유포 경험자**

출처: 한국인터넷진흥원(2011).

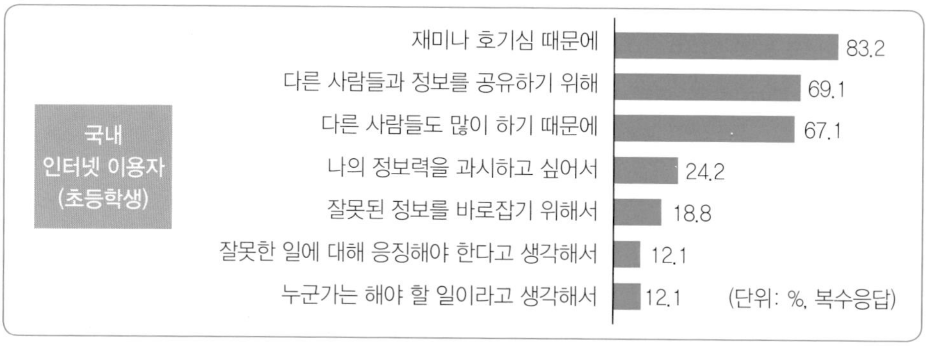


[그림 7-8] **신상털기 참여 이유: 신상털기 참여 경험자**

출처: 한국인터넷진흥원(2011).

## 3) 사이버 불링과 특징

'사이버폭력(cyber violence)'이라는 용어와 관련하여 국내에서는 '사이버 불링(cyberbullying)' '사이버따돌림' 등의 다양한 용어를 사용하고 있다. '사이버 불링'은 '사이버폭력'과 동일한 개념으로 사용하고 있다. 사이버 불링은 보통 인터넷 서비스 아이디를 도용하여 거짓 정보 올리기, 문자로 루머 퍼뜨리기, 성 정체성 폭로하기(아웃팅), 휴대전화로 음해 문자 보내기, 온라인에 거짓 소문 퍼뜨리기 등으로 행해지고 있고, 언어폭력(악성댓글), 따돌림, 왕따, 괴롭힘(헛소문 퍼뜨리기, 악성 문자), 위협 및 협박, 금품갈취(사이버머니, 아이템, ID), 동영상 촬영 유포 등이 사이버 불링에 해당된다. 그러나 '사이버 불링'에서 '불링'이라는 용어는 우리나라에서 정확한 개념이 다소 모호한 상태이므로 집단따돌림이나 집단괴롭힘, 왕따, 구박, 이지메(苛め, イジメ), 폭력 등의 용어로 사용되고 있고, 주로 약자를 괴롭힌다는 의미로 표현되고 있다.

이와 달리 독일에서는 불링(bullying)과 모빙(mobbing)이라는 용어를 구분하여 사용하는데, 불링은 학교에서의 괴롭힘을 언급할 때 사용하고 있고, 모빙은 직장에서의 괴롭힘으로 표현되고 있다. 미국에서는 '사이버 불링'이라는 용어만 사용하여 "이메일이나 채팅룸, SNS를 이용하여 친구들을 괴롭히는 행위"로 표현하고 있다.

Willard(2007)에 따르면, "피해자의 거부 의사에도 불구하고 협박 메시지를 이메일이나 문자로 보내거나 다양한 디지털 매체를 활용해서 누군가를 정신적, 심리적으로 괴롭히는 행위"라고 말했다. 김은경(2012)은 '사이버 불링'이란 개념을 그대로 사용하면서 "청소년이 컴퓨터나 휴대전화 등의 정보화기기를 매개로 온라인상에서의 커뮤니케이션 활동 중 남에게 해를 끼치기 위한 의도적인 목적으로 욕설, 모욕적인 글이나 이미지를 통해 허위 정보나 소문을 퍼뜨리기 등 일회적 행위뿐 아니라 지속적인 행위를 포함하는 개념"으로 정의하였다. 조희정(2012)의 연구에 따르면, 사이버 불링은 익명성, 상시성, 신속성, 확산성, 시각적 충격 등의 특징을 가지고 있다.

### (1) 익명성

휴대전화, 이메일, SNS 등은 사용자 추적이 어렵기 때문에 사이버 불링은 누가 괴롭히는지 알기가 어렵다. 더구나 외부로 드러날 수 있는 인터넷 카페나 홈페이지, 블로그 등에 비해 스마트폰 메신저에서의 따돌림을 알아내기는 현실적으로 매우 어렵다. 또한 가해자와 피해자가 명확하게 구분되는 것이 아니라, 대부분은 가해자이면서 다른 경우에 피해자가 되는 등 복합적인 상황이 발생한다. [그림 7-9]의 한국지능정보사회진흥원(2022)의 '2022년 사이버폭력 실태조사'를 살펴보면, 피해자가 가해자가 되고 가해자가 피해자가 되는 악순환이 발생하고 있다는 것을 볼 수 있다.

### (2) 상시성

과거에는 누가 괴롭히는지 분명했으며, 밖에서 괴롭힘을 당하더라도 집에서는 안전하게 지낼 수 있었다. 그러나 사이버 불링은 집에 돌아온 이후에도 이메일, 휴대전화, SNS를 통해 24시간 진행된다는 점에서 그 피해가 크다고 할 수 있다. 대표적인 왕따 대응책 중에 하나로 가해자가 피해 먼 곳으로 이사 가는 방법은 사이버 불링의 대책이 되기는 어렵다. 십대들의 경우에 디지털기기 없이 생활하는 것은 사실상 불가능하기 때문이다.

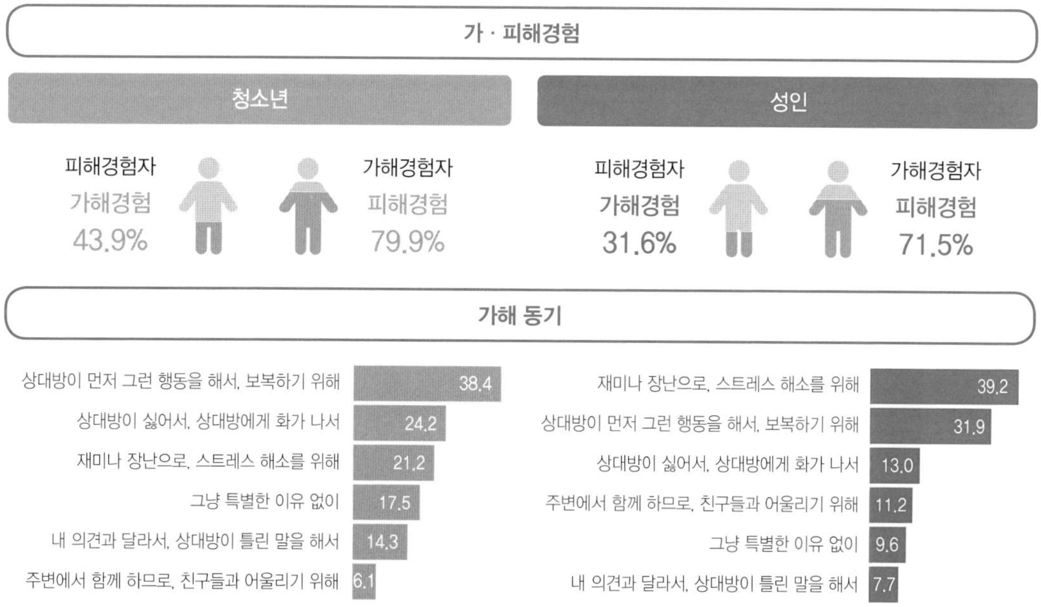


[그림 7-9] **피해자가 가해자가 되고, 가해자가 피해자가 되는 악순환의 발생**

출처: 한국지능정보사회진흥원(2022).

### (3) 신속성

온라인에서는 시공간의 제약없이 사이버 불링을 하는 것이 가능하며, 매우 신속하게 확산될 수 있다. 인터넷이나 메신저와 연결되어 있을 경우에는 누구든지 마음만 먹으면 괴롭힐 대상에게 즉시 가해할 수 있기 때문이다.

### (4) 확산성

사이버 불링이 확산되는 범위는 매우 광범위하다. 온라인상에 일단 한 번 게시된 욕설과 비방은 수많은 사람이 동시에 보고 퍼나를 수 있기 때문에 광범위하게 확산되며, 완전한 삭제도 어려우므로 피해자가 받는 고통도 그만큼 더 크고 깊을 수 있다.

### (5) 시각적 충격

사이버 불링은 녹화, 녹음 등 디지털기기의 다양한 기능 때문에 시각적 충격을 동반할 수 있다. 과거의 낙서, 편지, 사진과 달리 생생한 동영상에 의한 충격이 피해자의 피해의식을 한층 더 심화시킬 수 있다.

# 3. 스마트폰 중독과 사이버폭력 예방사례

## 1) 스마트폰 중독, 지능정보서비스 과의존 예방교육

국내에서는 '스마트폰 · 인터넷 바른 사용 지원 종합계획(2016~2018)'을 발표하고 관계부처별 특성에 맞게 영역을 분담한다. 미래창조과학부에서는 총괄조정 및 예방교육, 문화체육관광부는 게임 역기능 대응, 여성가족부는 청소년 고위험군 중심으로 지원을 하고 있고, 17개 시 · 도는 거점 상담센터 운영 등 지역단위로 사업을 추진하였다([그림 7-10] 참조).

이를 통해 영유아 및 고령층 등 스마트폰 사용 연령층의 확대로 생애주기별(영유아, 청소년, 성인, 고령층)로 세분화된 예방정책을 각 부처별로 추진하고 있음을 알 수 있다. 특히 영유아는 부모 인식 개선, 고령층은 ICT 교육과 연계 등 계층별로 특성을 고려하였고, 청소년은 예방교육 효과성 제고를 위해 토론 등 현장 체험 위주의 체험

[그림 7-10] 스마트폰 · 인터넷 바른 사용 지원 종합계획(안)(2016~2018)

출처: 관계부처합동(2016).

형 예방교육을 강화하였다(〈표 7-4〉 참조).

〈표 7-4〉 **스마트폰 중독 예방교육 생애주기별 프로그램 추진 내용**

| 관계부처 | 대상 | 내용 |
| --- | --- | --- |
| 교육부, 문화체육관광부 | 초 · 중 · 고 | ◈ 건강한 인터넷 및 게임 이용 문화교육 활성화<br>• 인터넷 문화교육: 건강한 인터넷 문화 조성을 위한 정보통신윤리 교육 강화(연 400명)<br>• 교사 · 전문상담(교)사 대상의 사이버폭력 예방 및 건전한 인터넷 · 게임 문화 조성을 위한 직무 연수 운영<br>• 게임 이용 문화교육: 아동 및 청소년 대상의 게임 이용 문화교육 확대(게임물관리위원회 추진)<br>• 게임 이용자의 실태 파악을 통해 교육 전문화 추진, 수도권 전역으로 수혜 지역 확대 예정(2016년 3,500명)<br>※ 희망 학교에 한하여 학부모교육 확대 |
| 법무부 | 청소년 | ◈ 사이버범죄 등 청소년 수강명령 대상자 교육<br>• 청소년 수강명령 교육: 사이버범죄 관련 수강명령 대상에서 청소년 수강명령 대상자로 예방교육 확대(연 1,800명)<br>• 사이버범죄 관련 수강명령 부과자 대상 교육을 청소년 수강명령 대상자 전체로 확대 추진<br>※ 비행청소년의 인터넷 과의존(중독) 예방 프로그램 강화 |
| 미래창조과학부, 방송통신위원회 | 유아동 및 초등학생과 학부모, 해당 교원 | ◈ 영유아 예방 및 부모교육(디지털 페어런팅) 확대<br>• 어린이집, 유치원 등 스마트폰 중독 과의존 예방 및 인터넷 윤리 교육<br>• 예방교육: 유아 연령에 따른 예방교육을 실시하고, 발달단계 따라 스토리텔링, 퍼즐놀이 등 교육방법을 차별화한 예방교육 과정 운영(연 60,000명)<br>※ 스토리텔링(이야기), 퍼즐놀이, 동화, 신체놀이 등 유아 발달특성 고려<br>• 인터넷 윤리교육: 올바른 인터넷 이용 습관 형성을 위해 유 · 아동 및 초등학생과 학부모, 해당 교원을 대상으로 인터넷 윤리교육 및 홍보 실시(연 70,000명)-유아동 대상 인형극 공연(450개 유치원) 및 인터넷윤리체험관[1], 한국인터넷드림단[2] 등 체험형 교육 운영 |

1) 사이버폭력 예방교육용 게임 체험, 선플 달기 등을 운영(서울, 부산 , 광주 등 3곳)한다.
2) 초등학교 300개교 대상 인터넷 윤리 자율 실천 활동 동아리이다.

### (1) 지능정보서비스 과의존

제4차 산업혁명이라는 새로운 시대를 맞이하면서 2020년 6월 9일 국회에서는 규제체제를 정비하여 「국가정보화 기본법」을 「지능정보화 기본법」으로 개정하였다. '인터넷 및 스마트폰'이라는 용어도 '지능정보서비스'라는 용어로 변경되었고, '중독'이라는 단어의 부정적인 이미지를 없애기 위해 '과의존'이라는 단어로 바뀌면서 '인터넷 · 스마트폰 중독'은 '지능정보서비스 과의존'이라는 용어로 변경되었다.

「지능정보화 기본법」에서는 다음의 내용과 같이 예방교육 실시 및 결과 보고 의무가 새롭게 생겼다.

> 전년도에 실시한 같은 조 제1항에 따른 지능정보서비스 과의존의 예방 및 해소를 위한 교육(이하 "지능정보서비스 과의존 관련 교육"이라 한다)의 결과를 같은 조 제2항에 따라 매년 4월 30일까지 과학기술정보통신부장관에게 제출하거나 「교육관련기관의 정보공개에 관한 특례법」 제5조 또는 제5조의2에 따라 공시하는 방법으로 제출해야 한다(「지능정보화 기본법」 제50조 제2항).

### (2) 지능정보서비스 예방교육

지능정보서비스 과의존과 관련한 예방교육은 법에 의거하여 의무적으로 실시하는 법정의무교육이며, [그림 7-11]에서와 같이 영유아, 초 · 중 · 고등학교(특수학교, 각종 학교 등)는 의무교육 대상이다. 그 외에 교직원 및 보육교사는 자율적으로 교육 수강이 가능하다. 이수 기준은 70% 이상 되어야 하며, 전문강사에 의한 교육, 내부 교원 혹은 직원 등에 의한 교육, 온라인 교육과 그 밖에 교육 효과를 예상할 수 있는 지능정보서비스 과의존 예방교육을 실시한다. 예방교육 이수 기준 미충족, 예방교육 실시 결과 미제출, 결과 허위 제출 등 교육 부실 인정 기준 중 하나라도 해당되는 경우에는 교육 대상 기관의 관리자에게 특별교육을 받게 된다.

> 「지능정보화 기본법」 제54조(지능정보서비스 과의존 관련 교육), 「지능정보화 기본법 시행령」 제50조(지능정보서비스 과의존 관련 교육의 실시)에 의거하여 법정 의무교육 실시, 과학기술정보통신부는 「지능정보화 기본법 시행규칙」 제11조(지능정보서비스 과의존 관련 교육의 점검 등)에 의거하여 교육을 실시하고 결과를 매년 점검해야 한다.

<table>
<tr><th>구분</th><th>대상</th><th>횟수</th><th>이수 기준*</th><th>교육방법</th></tr>
<tr><td>어린이집</td><td>영유아</td><td>연 1회 이상</td><td rowspan="3">이수율<br>70% 이상</td><td rowspan="3">전문강사에 의한 교육, 내부교원 · 직원 등에 의한 교육, 온라인교육, 그 밖에 교육 효과를 예상할 수 있는 지능정보서비스 과의존 예방교육</td></tr>
<tr><td>유치원</td><td>유아</td><td>연 1회 이상</td></tr>
<tr><td>초 · 중 · 고등학교</td><td>학생</td><td>반기별 1회 이상</td></tr>
</table>

*이수율(%) = (교육 참여 인원/교육 대상 인원)×100

※ 영아(3세 미만)의 경우 직접 교육이 사실상 어려우므로 가이드라인 · 실천가이드 등을 보호자에게 교부하여 지도 방법을 안내하면 교육 이수 기준을 충족한 것으로 인정

[그림 7-11] **지능정보서비스 과의존 예방교육 대상과 이수 기준, 교육방법**

출처: 서울특별시교육청 교육연구정보원(2023).

## 2) 학교급별 맞춤형 학교폭력 예방교육의 실시

'제3차 학교폭력 예방 및 대책 기본계획(2015~2019년)'에 근거해서 〈표 7-5〉와 같이 학교급별 맞춤형 학교폭력 예방교육이 확대 실시되고 있다.

〈표 7-5〉 **제3차 학교폭력 예방 및 대책 기본계획(2015~2019년)**

| 구분 | 세부 내용 |
|---|---|
| 조기 예방교육 (유치원 및 초등학교) | • 유치원 기본교육과정 운영의 내실화<br>• 가정친화적 인성교육 강화로 유아 발달단계에 기초한 학교폭력 예방교육을 실시<br>• 초등학교 학년 단계별 예방프로그램을 운영<br>• 학교폭력 가해 · 피해 예측 학생에 대한 예방상담 강화 |
| 맞춤형 예방교육 (초 · 중 · 고) | • 매년 3월과 9월 셋째 주를 학교폭력 관련 프로젝트 주간으로 정해 다양한 프로그램 운영<br>• 학교폭력의 이해, 예방 및 대처능력 등을 학교급과 발달단계를 고려해서 학급단위로 운영<br>• 단위학교의 학교폭력 발생 특성을 고려한 맞춤형 예방교육 병행<br>• 집단따돌림 예방교육 및 상담 강화<br>• 강요에 의한 휴대전화 대여, 심부름 등 다양한 괴롭힘에 대한 예방교육 강화<br>• 다문화가정 및 장애학생 예방교육 강화<br>• 성인지적 통합인권교육 실시<br>• 사이버 청정학교 및 인터넷 미디어 교실 운영 |

출처: 교육부 외 정부부처(2014)의 문헌을 바탕으로 작성함.

교육부 등 정부부처에서는 이와 같은 맞춤형 예방교육을 지원하기 위해 맞춤형 학교폭력 예방교육 자료를 개발 및 보급하고 있으며, 학교급별 학생을 대상으로 준법 강연과 범죄예방교실 등을 진행하고, 학교급별 맞춤형 학교폭력 예방교육을 실시하고 있다.

### 3) 학교폭력 관련 전문기관과의 연계 교육

「학교폭력예방 및 대책에 관한 법률」 제15조 제3항에 따라 학교의 장은 학교폭력 예방교육 프로그램의 구성 및 그 운용 등을 전담기구와 협의하여 전문단체 또는 전문가에게 위탁할 수 있다. 학교폭력 예방교육 프로그램들은 교육청, 청소년폭력예방재단, 한국교육개발원 등을 비롯한 다양한 단체에서 개발해서 보급하고 있다. 이 프로그램들은 멀티미디어 시청, 개인상담, 집단상담, 미술치료, 역할놀이, 봉사체험 등 그 구성이 매우 다양해서 상황에 맞는 교육이 가능하다는 특징이 있고, 각 학교, 학교폭력 관련 전문기관 등에서 진행하고 있다. 그리고 온라인과 스마트폰을 통해서도 학교폭력 예방교육을 받을 수 있는 사이버 교육을 실시한다. 그중 대표적인 프로그램을 소개하면 〈표 7-6〉과 같다.

〈표 7-6〉 **온라인과 스마트폰을 통한 학교폭력 예방교육 프로그램**

| 구분 | 프로그램 | 프로그램 특징 | 이용방법 |
|---|---|---|---|
| 온라인 | 솔리언 또래상담 프로그램 | 청소년이 뽑은 고민 상담 대상 1순위인 '또래 친구'를 통한 현장상담 프로그램 | 한국청소년상담복지개발원 (www.kyci.or.kr 또는 www.cyber1388.kr) |
| 스마트폰 애플리케이션 | 굿바이! 학교폭력 | 스마트폰 어플을 이용한 학교폭력 예방 및 상담 | 구글 플레이 스토어 또는 애플 앱스토어에서 다운 |

### 4) 사이버폭력 예방교육 프로그램(사이버어울림)

교육부와 시 · 도 교육청이 공동으로 개발한 사이버폭력 예방교육 어울림 프로그램은 모든 학교 또는 학급에서 교과수업이나 창의적 체험활동 시간 등을 활용하여 예방교육을 할 수 있도록 사이버폭력에 대한 인식 변화와 태도를 함양할 수 있는 8개 역량

중심의 기본 프로그램(24종)과 사이버폭력 예방 역량을 연계한 교과 연계 프로그램(16종)으로 구성되어 있다([그림 7-12] 참조). 사이버어울림 프로그램은 학교폭력예방교육지원센터 누리집(https://www.stopbullying.re.kr)과 도란도란학교폭력예방교육누리집(https://doran.edunet.net)을 통해 자료를 받아 수업 시간에 활용할 수 있다.

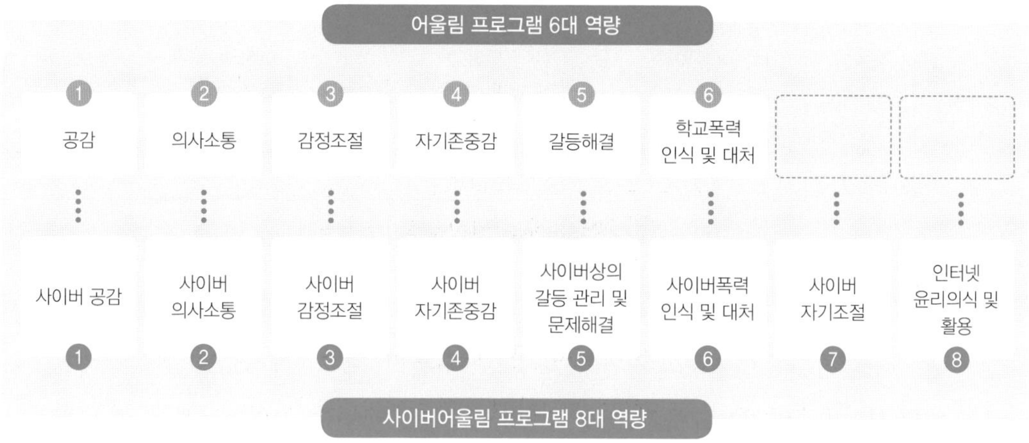


<table>
<tr><th colspan="2">구분</th><th>기본 프로그램</th><th>심층 프로그램</th><th>교과연계 프로그램</th></tr>
<tr><td colspan="2">목적</td><td>일반 학생을 대상으로 기본적 수준의 예방교육</td><td>학교폭력 가·피해 우려가 높은 관심군 학생 대상 예방 교육</td><td>교과 교육과정과 연계한 학교폭력 예방교육</td></tr>
<tr><td rowspan="3">어울림 프로그램</td><td>프로그램 구성</td><td>6대 역량</td><td>4대 문제유형</td><td>교과목 중심<br>• 중학교<br>-국어, 도덕, 사회<br>-영어 I, 기술·가정, 체육<br>• 고등학교<br>-국어, 통합사회<br>-영어 I, 기술·가정, 체육</td></tr>
<tr><td>학교급 체계</td><td>• 초등학교<br>-1~2학년군<br>-3~4학년군<br>-5~6학년군<br>• 중학교<br>• 고등학교</td><td>• 초등학교<br>저학년(초저)<br>고학년(초고)<br>• 중학교<br>• 고등학교</td><td>• 중학교<br>• 고등학교</td></tr>
<tr><td>차시</td><td>각 3차시(총 90차시)</td><td>각 2차시(총 32차시)</td><td>각 1~5차시(총307차시)</td></tr>
</table>

| | | | | 교과목 중심 |
|---|---|---|---|---|
| 사이버 어울림 프로그램 | 프로그램 구성 | 8대 역량 | 6대 문제 유형 | • 중학교<br>–국어, 도덕, 사회<br>–영어, 기술 · 가정, 체육<br>• 고등학교<br>–국어, 윤리, 통합사회<br>–영어, 기술 · 가정, 체육 |
| | 학교급 체계 | • 초등학교<br>저학년(초저)<br>고학년(초고)<br>• 중등(중학교 · 고등학교) | • 초등학교<br>• 중등(중학교 · 고등학교) | 중학교<br>고등학교 |
| | 차시 | 각 2~3차시(총 71차시) | 각 2~3차시(총 32차시) | 각 1~5차시(총 266차시) |

[그림 7-12] **학교폭력 예방교육 어울림 프로그램**

출처: 한국청소년정책연구원 학교폭력예방교육지원센터(2022).

이와 더불어 법무부와 경찰청, 방송통신위원회, 교육부에서도 학교폭력 예방교육 및 사이버폭력 예방교육을 함께 실시하면서 관련된 연수, 수업자료 등을 제공하고 있다(〈표 7-7〉 참조).

〈표 7-7〉 **사이버폭력 예방교육 관련 기관 및 프로그램**

| 연번 | 주무부처 | 운영기관 | 프로그램명 | 내용 | QR코드 |
|---|---|---|---|---|---|
| 1 | 법무부 | 꿈키움센터 | 학교폭력 예방교육 | 학교폭력 예방교육 및 사이버폭력 예방교육 | |
| 2 | | 준법지원센터 | 찾아가는 법교육 | 실생활에 필요한 법률 지식 전달, 법 관련 직업 소개 | |
| 3 | | 법사랑 사이버랜드 | 모두가 행복한 교실 | 교육부 인증 우수 인성교육 프로그램 8종 | |
| 4 | 경찰청 | 경찰청 · 교육부 공동 운영 | 청소년 유스폴넷 | 체험형 예방교육 | |
| 5 | | 사이버수사국 | 예방교육 | 온라인 게임 중독 및 사기, 인터넷 사기, 명예훼손 및 모욕, 사이버 학교폭력, 개인정보 보호, 인터넷 도박 등 예방교육 | |

| | | | | |
|---|---|---|---|---|
| 6 | | 푸른나무 재단 | 학교폭력 예방교육 | 사이버폭력 예방을 위한 사이버 에티켓 피해자의 마음 공감하기 |
| 7 | 방송통신 위원회 | 한국지능정보 사회진흥원 (스마트쉼센터) | 인터넷 · 스마트폰 레몬교실 | 인터넷 · 스마트폰 과의존의 이해, 실태, 예방, 탈출법 등의 예방교육을 실시 및 지원 |
| 8 | 교육부 | 교육학술정보원 (에듀넷 티클리어) | 사이버폭력 예방교육 | 사이버폭력 예방교육과 관련된 수업자료와 연수 및 관련 자료 제공 |
| 9 | | 한국청소년 정책연구원 (학교폭력예방 교육지원센터) | 사이버 어울림 프로그램 | 초등 저학년 · 고학년, 중 · 고등학생을 대상으로 기본 사이버 어울림 프로그램, 심층 사이버 어울림 프로그램으로 구성 |
| 10 | 방송통신 위원회 | 한국지능정보 사회진흥원 (아름다운 인터넷 세상) | 사이버폭력 예방 체험형 교구교육 (초 · 중등) | - 가상의 1인 방송국에서 사이버폭력 사례 해결(초등)<br>- 사이버폭력 사건 모의 법정(중등) |
| | | | 전문강사 파견교육 | 사이버폭력 사례 및 디지털 시민의식 함양 |
| | | | 사이버폭력 예방공연교육 | 사이버폭력 예방 및 올바른 인터넷 활용 |

출처: 한국교육개발원(2022).

## 5) 사이버폭력에 대한 국내의 대응방안

국내의 사이버폭력에 대한 대응방안을 살펴보면, 교육부, 여성가족부, 법무부, 미래창조과학부, 방송통신위원회 등에서 다음의 〈표 7-8〉과 같이 사이버폭력 근절을 위한 다양한 정책을 펼치고 있다. 먼저, 교육부에서는 2012년「학교폭력예방 및 대책에 관한 법률」에 따라 '사이버따돌림'에 대한 근거 규정을 마련해 두고 2014년부터 사이버폭력 예방 및 정보통신윤리교육 활성화 사업을 통해 교원 역량 강화, 예방교육 콘텐츠 보급 등을 위한 노력을 하고 있다. 여성가족부에서는 인터넷 · 스마트폰 중독 예방 및 해소를 위한 사업에 중점을 두고 청소년 사이버폭력에 대한 대응 정책을 펼치고 있다. 특히 '인터넷 치유학교'와 '인터넷 · 스마트폰 중독 청소년 가족치유캠프'를 통해 전문상담, 사후상담과 부모교육 등 인터넷과 스마트폰 이외에 다양한 대안활동을 체험하게 하고 있다. 법무부에서는 청소년 사이버폭력 대응을 위해 '청소년꿈키움센터'를 증설하고, 학생자치법정을 확대 및 운영하고 있다. 또한 올바른 인터넷 이용법과 사이버범죄 예방을 위해 사이버범죄 유형에 따른 피해 구제방법을 사례 중심으로 해설한 '아뿔싸 알면서도 속는 사이버범죄', 사이버범죄로부터 자녀를 보호하는 데 도움을 주는 '엄마는 보디가드' 책자를 발간해서 보급하고 있다.

미래창조과학부에서는 청소년의 사이버폭력 문제를 '인터넷과 스마트폰에 기반한 중독'의 관점에서 보고 한국지능정보사회진흥원과 함께 전국 15개 지역에 '인터넷중독대응센터(스마트쉼센터)'를 설치해서 운영하고 있다. 방송통신위원회에서는 인터넷상 유해 정보 차단을 위해 '인터넷 윤리교실'과 PC · 스마트폰 유해 정보 필터링 S/W를 개발해서 보급하고 있다. 또한 '그린i-Net'을 개발해서 청소년 유해 정보 등급표시 서비스를 제공하고 유해 정보 필터링 지원시스템을 구축하였으며, 인터넷 정보 이용시간 관리 지원서비스와 사이버권리 침해 예방교육 홍보 프로그램을 제공하고 있으며, '그린i-Net' 홈페이지를 통해 청소년 유해 정보 신고와 안전망 개선 제안을 상시로 운영하는 등 청소년의 올바른 방송통신 정보 이용 환경 조성을 위해 노력하고 있다.

〈표 7-8〉 **각 부처별 사이버폭력 대응방안**

| 관계부처 | 대응방안 내용 |
|---|---|
| 교육부 | • 경찰청과 협력하여 학교전담경찰관의 즉시 개입 가능. 사용자가 설정해 둔 긴급전화번호로 전화 또는 문자를 발송하는 서비스인 '굿바이 학교폭력' 애플리케이션을 개발하여 학교폭력 예방교육 자료를 탑재해 두고 있음<br>• '상다미쌤'[3]을 통해 온라인 상담을 진행<br>• '스마트미디어 청정학교'[4]를 운영<br>• 사이버폭력예방거점 Wee 센터를 운영 및 지원, 상담 인력을 배치하기 위한 노력<br>• 사이버폭력 예방 및 정보통신윤리 온라인 콘텐츠 개발 및 교원 직무연수를 위해 노력. 2014년 교원 대상 원격연수 콘텐츠와 학부모 대상 예방교육 콘텐츠를 개발. 사이버폭력 예방 및 정보통신윤리 교원연수 추진<br>• 인터넷 유해 정보 차단 및 예방을 위한 소프트웨어를 보급. 스마트폰 · PC용 유해 정보 차단 소프트웨어인 '모바일가디언' 개발해서 보급 |

3) 상다미쌤은 2012년 8월 27일 다음에서 개발하고 교육과학기술부, 국민은행, 열린의사회가 지원하여 만들어진 애플리케이션으로, 다음의 마이피플에서 상다미쌤과 친구를 맺으면 스마트폰 또는 PC에서 익명으로 전문상담사와 대화할 수 있고, 상담 결과에 따라 병원 치료 및 멘토링 서비스를 지원하는 시스템이다.

4) 스마트미디어 청정학교란 청소년의 인터넷 · 스마트미디어 중독을 예방하고, 교내에 건강한 이용문화를 정착

| | |
|---|---|
| 여성가족부 | • 사이버폭력 상담 및 치유 지원을 위한 '인터넷 치유학교(인터넷RESCUE스쿨)[5]'를 운영<br>• '인터넷 · 스마트폰 중독 청소년 가족치유캠프'를 운영. 청소년을 대상으로 건강한 인터넷과 스마트폰 사용에 관한 인식 개선 교육을 실시하고, 부모교육을 통해 인터넷과 스마트폰 문제와 관련한 청소년의 이해 및 지도방법을 습득. 지역 중심의 캠프 운영을 통해 인터넷과 스마트폰 이외 다양한 대안활동을 체험할 수 있음<br>• 사이버전문심리상담센터인 '청소년사이버상담센터[6](e끌림, Cyber1388)'를 운영 |
| 법무부 | • 청소년꿈키움센터[7]를 증설하고, 사이버폭력 가해학생과 보호자를 대상으로 심리상담, 법교육 등 특별교육을 실시. 일반 학생, 학부모, 교사를 대상으로 사이버폭력 예방교육 실시<br>• 학생자치법정[8] 운영을 확대 및 내실화<br>• 사이버 법질서 관련 법교육 강화. 인터넷 중독, 사이버 명예훼손, 사이버 성희롱 등으로 구성된 법교육 강의 프로그램을 전국 학교에 보급. 법교육 시범학교 및 방과후 법교육 강좌에서 사이버 범죄 예방 강의를 실시. 사이버 질서 관련 UCC, 사진, 포스터 공모전을 개최<br>• 사이버 범죄자에 대한 보호관찰을 강화 |
| 미래창조과학부 | • 한국지능정보사회진흥원과 함께 전국 15개 지역에 '인터넷중독대응센터[9](스마트쉼센터)'를 설치 및 운영<br>• 중독 예방 실천 강화를 위해 범국가적 차원의 '건강한 스마트폰 문화운동'을 추진 |
| 방송통신위원회 | • 건전한 인터넷 문화 조성을 위해 '인터넷 윤리교실'을 운영. 한국인터넷진흥원과 함께 초등학생을 대상으로 건전한 인터넷 문화교육을 제공<br>• PC · 스마트폰 유해 정보 필터링 S/W를 개발해서 보급. '그린i-Net'을 개발해서 청소년 유해 정보 등급 표시 서비스를 제공하고 유해 정보 필터링 지원시스템을 구축<br>• 권리 피해 구제를 위해 '1377 원스톱인터넷피해구제센터'를 운영. 권리침해정보 심의, 분쟁 조정, 법률상담 등을 통해 사이버 공간에서 권리를 침해받은 이용자들의 피해를 신속하게 구제받을 수 있도록 돕고 있음 |

시키기 위해 학생, 학부모, 교사, 관련 전문가가 협력하여 다양하고 창의적인 스마트미디어 프로그램을 실천하는 학교를 말한다.

5) 인터넷 치유학교는 여성가족부가 주최하고 한국청소년상담복지개발원이 주관하는 인터넷 중독 기숙형 치료캠프이다.

6) 청소년 사이버상담센터는 여성가족부에서 주관하고 한국청소년상담복지개발원에서 위탁 운영하고 있는 청소년 대상 전문심리상담센터이다.

7) 청소년꿈키움센터에서는 사이버폭력에 대하여 가족의 관심과 지도가 중요하다고 보아 가족 단위의 치유 및 교육 프로그램인 소나기캠프 등을 운영한다.

8) 학생자치법정은 판사팀, 변호사팀, 검사팀, 서기팀, 배심원팀, 피고인 등으로 구성하여 학생들이 학교에서 발생하는 사이버폭력 사건을 토대로 직접 시나리오를 쓰고 모의재판에 참여할 수 있음.

9) 인터넷중독대응센터는 전 국민을 대상으로 체계적이고 종합적인 도움을 주기 위해 생애주기별 인터넷 · 스마트미디어 중독 예방교육, 개인 · 집단 대상 전화 · 온라인 상담, 치료연계 및 캠페인 사업 등을 시행하고 있음.

2020년 학교폭력 실태조사 결과, 학교폭력 유형 중 사이버폭력의 비중이 증가하였고 신종 사이버폭력으로 인한 피해 사례도 증가하고 있는 추세를 고려하여 2021년 교육부에서는 사이버폭력의 예방과 대응 강화를 위한 법제 정비, 학생 예방교육의 활성화, 교원역량 제고, 피해·가해 학생 조치 강화 등 현장 중심의 과제를 수정 및 보완하여 추진하였다.

아울러 사이버폭력 피해학생에 대한 지원 강화를 위해 사이버폭력 발생 초기의 증거를 확보한 후에 피해학생과 보호자 대상의 피해 관련 정보의 차단 및 삭제, 피해 구제 절차 상담·안내 및 신속 처리를 지원하는 인터넷 피해구제 전담기구의 신설을 검토하고 있다. 또한 범죄행위에 해당하는 사이버폭력 피해 관련 정보를 성 관련 불법촬영물 등에 준해 삭제하는 것을 지원할 수 있도록 제도를 개선해서 추진하였다. 그리고 가해학생과 보호자 대상 특별교육에 처벌내용, 인터넷 윤리, 정보화기기 사용지도 등의 내용이 포함되도록 표준교육안을 마련하였고 보복 금지 확대로 사이버 공간상에서의 2차 가해방지를 위해 가해학생 접촉·협박·보복 행위 금지 조치에 정보통신망 이용 행위도 포함되도록 법률 개정[10]을 추진하였다.

학교현장에서의 사이버폭력 예방과 대응 강화 방안으로 교원의 역량을 높이기 위해 사이버폭력 연수표준안을 마련하고, 교원연수에는 사이버폭력 피해학생 초기 상담 지원, 사이버폭력 예방 및 대응 상담 역량 강화를 위해 Wee 클래스 전문상담(교)사 연수를 실시하고 '사이버 아웃리치' 상담사가 온라인 게시글 모니터링(인터넷 카페, 블로그, SNS 등) 후에 위기 학생 대상 메신저 상담 진행 및 연계를 지원하였다. 또한 Wee 센터별로 사이버폭력 피해학생 사례관리자 지정 및 상담, 병원 치료, 법률상담 등 연계 지원을 실시하였다.

정부에서는 피해 사례가 증가하고 있는 사이버폭력을 막기 위해 2022년 '학교폭력 예방대책 계획안'을 발표하고 코로나19 상황에 맞는 원격·비대면 지원을 강화하였다. 체험형·놀이형 학교폭력 예방교육에 참여할 수 있도록 메타버스 플랫폼을 활용한 예방교육을 개발하고 학생 화상상담 서비스를 확대 실시하여 비대면 상담이 활성화되도록 하였으며, 교원 원격상담 역량을 강화하기 위한 연수 프로그램도 제공하였

---

10) 「학교폭력예방 및 대책에 관한 법률」 제17조(가해학생에 대한 조치) 제1항 제2호(피해학생 및 신고·고발 학생에 대한 접촉, 협박 및 보복 행위의 금지)

다. 또한 사이버 공간에서 이루어지는 2차 가해를 막기 위한 조치로 가해학생이 SNS 등을 이용해서 피해학생에게 접근하지 못하도록 「학교폭력예방 및 대책에 관한 법률」을 개정하였고, 학교 내 체육시설에 CCTV 설치를 지속적으로 확대하였으며, 피해학생 정서 지원을 위한 멘토링 사업을 진행하였다.

제8장

# 외국의 스마트폰 중독과 학교폭력 예방대책

1. 미국
2. 프랑스
3. 캐나다
4. 스마트폰 중독과 학교폭력 예방대책

## 1. 미국

미국에서 많은 학생이 스마트폰에 중독된 것을 우려하고 있지만 연방 또는 주 교육부 차원의 스마트폰 중독 예방대책은 찾아볼 수 없었다. 오히려 학생의 약물 또는 마약 중독에 대한 문제가 심각하게 인식되어 이들을 치료하기 위한 대책은 쉽게 찾아볼 수 있었다. 이처럼 스마트폰 중독에 대한 정부 차원의 문제의식 또는 예방대책이 부족한 이유는 학생의 스마트폰 중독 현상을 예방 또는 치료할 책무가 보호자에게 있는 것으로 보고 스마트폰 중독 예방 및 치료와 관련된 프로그램은 민간교육단체에서 보호자를 대상으로 진행하고 있다. 또한 학생의 중독 현상이 다른 학생에게 심각하게 피해를 주어 학교 운영에 어려움을 겪게 되는 학교 차원의 문제가 아니므로 정부가 제도적으로 대책을 마련하지 않고 있다는 것이다.

이에 반해 사이버폭력에 관해서는 사이버 불링을 예방하고 해결하기 위한 정책에 초점을 맞추고 있고, 이와 관련된 법률이 제정되었거나 제정되고 있는 상황이다. 미국에서는 학교 내뿐만 아니라 학교 밖에서도 사이버폭력에 대한 많은 피해가 발생하고 있어서 학교와 행정기관이 학생의 개인정보를 보호하는 책무가 학교기관에 있다는 내용이 주를 이루고 있다. 그러나 사이버폭력에 관한 법률의 적용 범위가 공립학교를 중심으로 이루어지고 있으므로 제한적이라고 할 수 있다. 대다수의 국가에서 사이버 불링이 사회적으로 문제가 되고 있기는 하지만, 법제화하는 과정이 쉽지 않고, 아직까지는 사이버 불링 문제를 일반적인 불링의 한 형태로 파악하고 있기 때문이다. 그러나 미국은 사이버 불링에 대해 법제화를 하는 주가 점차 늘어나고 있는 추세이다. 미국의 주별 사이버 불링 규정의 특징을 살펴보면 다음과 같다.

- 규제의 범위를 교내에서 발생하는 사이버 불링으로 제한
- 사이버 불링 행위가 학교가 소유하고 있는 전자통신기기를 사용하는 경우로 한정
- 피해의 정도를 규정
- 보호의 대상은 학생과 교직원
- 전자통신기기의 종류를 구체화
- 공립학교와 사립학교 모두가 규제 대상

• 사이버 불링에 대한 신고 의무
• 신고한 사람에 대해서는 신고 도중에 발생하는 위반 사항 면책
• 학교직원들에게 사이버 불링에 대한 교육 의무화
• 형벌 규정

미국의 연방보건복지국에서는 불링과 사이버 불링에 특화된 홈페이지를 제공하고 있다. 해당 홈페이지에서는 불링과 사이버 불링이 무엇인지에 대해서 알려 주고(WHAT IS BULLYING, CYBERBULLYING), 불링이나 사이버 불링을 당하는 아동의 증상이나 위험요소, 효과 등에 대한 자료를 제공해 주며(WHO IS AT RISK), 불링과 사이버 불링을 예방하는 방법(PREVENT BULLYING), 불링과 사이버 불링에 대해서 대응하는 방법(RESPOND TO BULLYING)과 불링과 사이버 불링을 당할 경우에 도움을 청할 수 있는 기관 등의 연락처(GET HELP NOW) 등을 제공해 주고 있다. 특히 'Stopbullying.gov'라는 정부 차원의 웹페이지([그림 8-1] 참조)를 통해 학부모, 교사, 지역사회, 십대 청소년, 어린이 등의 따돌림 현상에 대해 이해하고, 이를 예방하며 해결할 수 있는 방안에 대한 다양한 자료를 제공하고 있다. 사이버 불링에 대한 개념을 설명하고, 예방대책, 따돌림 보고시스템과 함께 7~10세, 11~13세, 14~17세, 학부

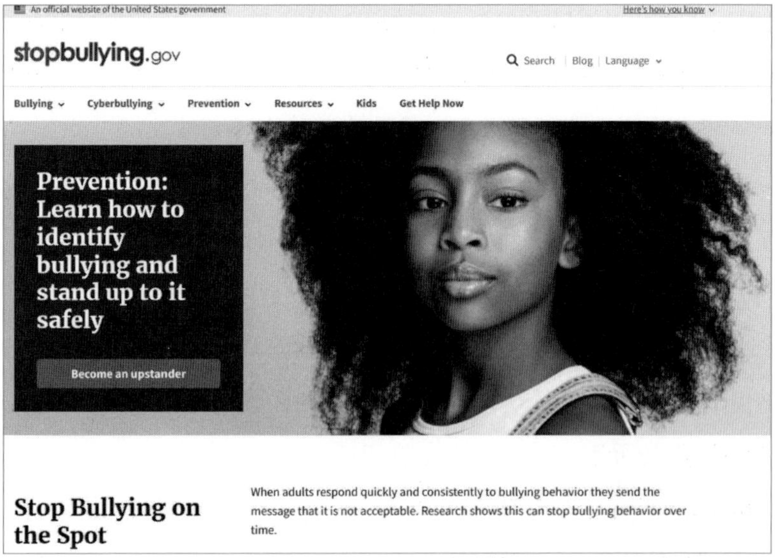


[그림 8-1] stopbullying 홈페이지

자료 출처: www.stopbullying.gov

모 및 보호자, 교육자, 법집행자를 위한 구분된 정보를 제공하고, 사이버 불링에 대응할 수 있는 도구를 제공하고 있다. 각 학교에는 사이버 불링 관련 교칙의 예시를 제공하고 있으며, 어떻게 학부모와 학생이 교칙을 만들고 문화를 바꾸는 과정에 참여할 수 있는지에 대한 가이드를 제공하고 있다. 또한 'stopbullying.gov'에는 따돌림 예방과 관련하여 학교의 따돌림 관련 환경을 측정할 수 있는 평가도구가 제공되고 있고, 증거 기반의 학교차원 훈련 프로그램을 소개하고 있다.

다음으로, Wired Safety는 1995년에 자원봉사자들에 의해 설립되었는데, 세계에서 가장 오래되고 가장 큰 온라인 안전, 교육 및 도움을 주는 단체이다([그림 8-2] 참조). 이 단체는 다양한 연령대의 네티즌을 대상으로 일대일 도움(one-to-one), 다양한 정보와 교육 등을 제공하고 있다. 사이버폭력에 대한 정보 제공이나 활동 대상을 세분화하고 명확히하여 그 대상이 필요로 하는 정보와 활동을 제공해 주는데, 특히 다양한 자원봉사자를 통해서 운영이 되고 있기 때문에 수동적이지 않고 보다 적극적이고 활발하게 운영이 되고 있다. 이에 대해 청소년 사이버폭력 문제의 대응에 있어 가장 중요한 것은 행정적인 대응보다는 자발적이고 적극적으로 참여할 수 있는 단체가 담당하는 것이 중요하다는 것을 보여 주고 있다.

[그림 8-2] Wired Safety 홈페이지

출처: http://stopcyberbullying.org/

## 2. 프랑스

프랑스에서 학생의 스마트폰 보급률은 최근 몇 년간 급증하고 있다는 특징을 보이지만 정부의 주도하에 스마트폰 중독을 예방하는 교육정책은 특별히 시행되고 있는 것이 없다. 학생의 스마트폰 사용으로 인한 건강과 관련된 문제점은 사회적으로 제기되고 있으나, 아직 정부 차원에서 가시적인 예방책을 마련하고 있지는 않다. 오히려 학생의 건강문제와 관련된 중독 예방교육과 정책은 알코올, 담배, 마약류에 관한 내용으로 중심이 되고 있고, 관계부처 등과 함께 약물중독 및 여러 중독문제를 예방하기 위한 캠페인을 2013년부터 2017년까지 5년간 진행하였다. 이로 인해 정부는 10~18세 청소년의 중독 문제에 관한 취약성을 연구하고, 알코올, 담배, 마약류, 게임, 인터넷, 인터넷 도박에 대한 중독의 위험성을 알리는 정책을 시행하고 있다.

한편, 프랑스에서 학생 사이버 윤리교육 현황은 전체적인 미디어교육의 틀 안에서 학생들이 윤리적으로 스마트폰 및 인터넷을 이용하는 것에 관한 교육으로 이루어진다. 미디어교육은 정보화 커뮤니케이션 사회에서 책임감 있고, 적극적이며, 민주적인 사이버 시민으로 교육시키는 것을 목표로 하고 있다. 교육의 주된 내용은 미디어에 대한 비판적이고 윤리적이며 자율적인 사용과 이해가 이루어지도록 하는 것이다. 사이버교육 및 디지털 미디어교육을 포함한 미디어교육은 다른 교과목들과 통합적으로 이루어지고 있고, 기초 필수교육으로 이루어지고 있다. 특히 사이버교육, 디지털 미디어교육은 2015년부터 미디어교육의 틀 안에서도 더욱 강화되었다.

## 3. 캐나다

캐나다의 학생 사이버 윤리는 '사이버 왕따(cyber-bullying, 이하 사이버 불링)' 현상으로 인하여 학생의 잇따른 자살이 사회문제로 대두되면서 연방정부 수준에서 관련 법안을 제정하고 있다. 사이버 불링에 따른 학생 자살 사건의 재발 방지를 위해 보다 강력한 수준의 정부대책을 시민들은 요구하고 있는 상황이며, 이에 따라 연방정부는 2013년 11월에 '온라인 범죄로부터 국민을 보호하기 위한 법안(Protecting

Canadians from Online Crime Bill)'을 발의하였다. 이 법안은 온라인상의 모든 폭력 및 왕따 행위를 금지하는 조항으로 구성되어 있고, 이에 대해 구체적으로 살펴보면 ① 사생활과 관련된 영상을 당사자의 동의 없이 온라인에 유포하는 모든 행위 금지, ② 범죄 행위가 의심되는 경우에 컴퓨터, 스마트폰 등 개인 소지품 압수 조치 등이 명시되어 있다. 일각에서는 사생활 침해를 우려하여 반대를 제기하였지만, 2015년 3월에 이 법안은 정식으로 시행되었다.

캐나다의 사이버 윤리에 관한 교육은 다양한 수준에서 이루어지고 있으며, 연방정부 차원의 교육활동 및 프로그램은 다음과 같다.

① Healthy Canadians SNS 페이지

Healthy Canadians의 SNS 페이지를 통해 왕따 및 사이버 불링에 관한 정보 및 예방방법 등을 제공하고 있다([그림 8-3] 참조).

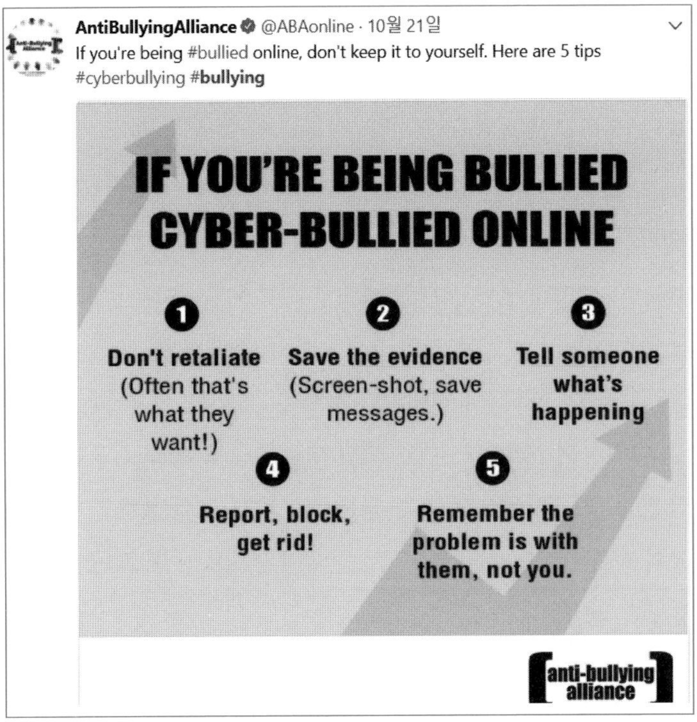


[그림 8-3] Healthy Canadians SNS 페이지

출처: https://twitter.com/abaonline/status/921730046477373440.

② The Walk Away, Ignore, Talk it Out, Seek Help(WITS) **프로그램**

왕따 근절을 위해 연방정부가 실시한 '근거 중심의 학교주도(evidence-based school-led)' 프로그램이다. 이 프로그램은 학교, 학부모, 지역 경찰, 지역 커뮤니티가 공동으로 노력하여 왕따 및 집단괴롭힘에 대응하는 환경을 조성한다는 특징이 있다. 2011년에 시범 운영을 시작한 이후 약 50개의 초등학교에서 8,800명 이상의 학생이 참여한 바 있다.

- WITS 프로그램[1]
  - WITS 도서 목록 및 학습 계획: 인기 있는 아동 도서에 기반한 학습 계획은 WITS 메시지를 지원하면서 교육자가 주의 교육과정 요구사항을 충족 할 수 있도록 다양한 주제 영역에 통합. 최적의 효과를 위해 교육자는 적어도 한 달에 한 번 학생과 WITS 수업 계획을 사용
  - 강의실 자료 및 활동: 교육자는 포스터 경연 대회 또는 WITS 특별 주최 프로그램과 같은 활동에 학생을 참여시킴으로써 교실에서 WITS 메시지를 강화. WITS 포스터를 표시하거나 WITS 책갈피를 배포하는 것조차도 학생의 마음속에 새로운 프로그램 전략을 유지하는 데 도움이 될 수 있음
  - 리소스 가이드: WITS 프로그램 리소스 가이드는 캐나다 전역의 학교 및 지역사회에서 WITS 프로그램의 구현을 용이하게 하는 것을 목표로 함. WITS Primary Program에 대한 자세한 내용을 제공하고, 전체 수업 계획을 포함하며, 학교환경에서 이를 구현하는 데 유용한 힌트를 제시함
- 가족과 지역사회가 WITS를 지원하는 방법
  - 맹세식: 지역사회 지도자는 매년 특별 대리식을 통해 프로그램을 시작함
  - 강의실 방문: 지역사회 지도자는 연중 계속되는 교실 방문을 함
  - 집에서의 WITS-WITS에 대한 정보를 공유함으로써 학교는 가정에서 WITS를 사용하도록 권장함

1) http://witsprogram.ca

③ GetCyberSafe

GetCyberSafe에서는 안전한 인터넷 사용을 위한 정부 차원의 공공 인식 캠페인을 벌이고 있으며 사이버 불링 및 대처방안에 대한 정보 등을 제공한다([그림 8-4] 참조).

[그림 8-4] GetCyberSafe 홈페이지

출처: https://www.getcybersafe.gc.ca/en

사이버괴롭힘에 대한 추가 자료와 학부모와 청소년을 위한 사이버괴롭힘에 대한 정보를 제공하고 있다. 다음의 '청소년을 위한 사이버괴롭힘 방지 도움'처럼 사이버괴롭힘에 대한 개념과 사이버괴롭힘을 어떻게 방지할 수 있고, 이에 대한 대처방법은 어떠한지 등의 자료를 다양하게 제시하고 있다.

- 청소년을 위한 사이버괴롭힘 방지 도움
  - 개인정보 설정 사용. 사용하는 사이트에서 가능한 한 비공개로 콘텐츠를 유지하는 방법을 알아보고 개인정보 보호 설정을 자주 변경 및 확인하기
  - 어쩌면 남자 친구 또는 여자 친구, 심지어 친구가 당신에게 압력을 가하여 자신에 관한 사진, 자기 관리 또는 기타 세부 사항을 공유해야 한다는 압박감을 느낄 수 있음
  - 자신의 이미지를 보내기 전에 잠시 멈춰서 모든 사람이 보고 싶어 하는 것인지 생각하기

–잘못된 방법과 의도하지 않은 방식으로 사진을 사용할 수 있음

- 온라인에 게시하기 전에 생각하기

–주소, 생년월일, 전화번호, 학교, 신용카드 번호 등과 같은 자신에 관한 개인 신상정보를 비밀로 유지하고 자신의 암호도 지켜야 함

–온라인 계정을 사용하지 않을 때는 로그아웃하기. 웹사이트나 웹브라우저의 양식 필드에 비밀번호를 저장하고, 컴퓨터나 휴대전화에서 멀리 떨어져 있을 때 로그인 상태를 유지하면 누군가가 자신이 온라인상에 있는 것처럼 가장할 수 있음

–사이버괴롭힘에 대해 친구들과 이야기하기. 목표를 달성한 사람들을 지원하고 사이버괴롭힘을 아는 경우에 중지하도록 알림

–이미지 검색을 포함하여 모든 주요 검색엔진에서 자신의 이름을 자주 검색하기. 온라인 해커가 사용할지도 모르는 개인정보나 사진이 나오면 그것을 삭제하기

–온라인에 있는 다른 사람에 대한 부정적인 의견을 보게 되면 참여를 거부하고 입장을 결정하기. 사이버괴롭힘은 다른 사람이 따라 놀거나 아무것도 하지 않을 때 계속됨. 사이버괴롭힘을 하는 사람에게 온라인에서 싫어하는 것에 대해 말함으로써 놀라게 하기. 얼마나 많은 사람이 당신과 함께하고 싶어 하는지 놀라게 될 것

④ Canadian Centre for Child Protection

안전한 인터넷 사용을 위한 홈페이지 ‘Cybertip.ca([그림 8–5] 참조)’ 및 ‘NeedHelpNow.ca([그림 8–6] 참조)’ 등이 캐나다 연방정부의 지원으로 운영되고 있다.

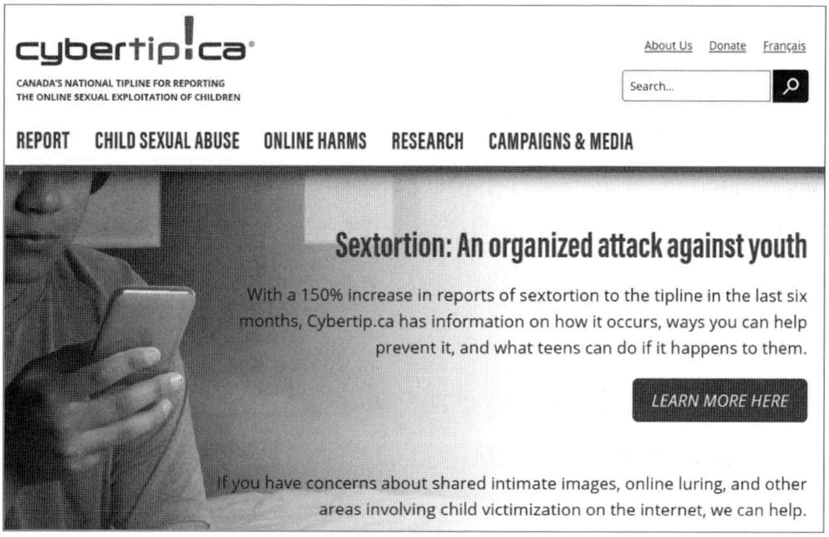


[그림 8-5] Cybertip.ca 홈페이지

출처: Cybertip.ca 홈페이지(https://www.cybertip.ca/app/en/).

이 두 홈페이지는 학교 및 가정에서 학생이 음란물과 같이 유해한 이미지를 공유하는 행위를 근절시키고, 학생이 문제가 될 만한 행동(예를 들어, 타인에게 성적인 이미지를 전송하는 것)을 저지른 경우에 학생이 취해야 할 행동을 교사와 학부모가 교육하기 위한 목적으로 만들어졌다.

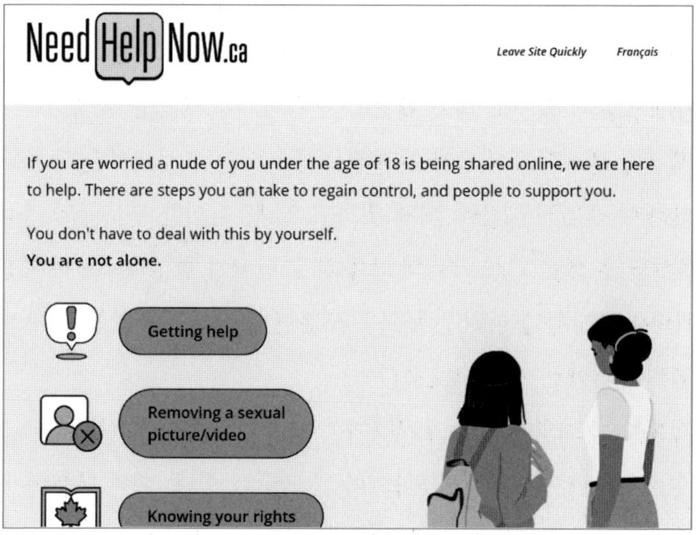


[그림 8-6] NeedHelpNow.ca 홈페이지

출처: NeedHelpNow.ca 홈페이지(https://needhelpnow.ca/en/).

캐나다는 교내 비행행동 및 왕따 문제를 해결하기 위한 종합대책으로 브리티시컬럼비아주에서 'ERASE(Expect Respect and A Safe Education)' 계획을 진행하였다. 매해 3,000여 명의 교육가 및 경찰관, 아동복지사 등 지역사회의 동반자들이 필요한 교육과 훈련을 받고 있고, 이와 관련된 업종 종사자도 참여하고 있다. 최근 사이버 불링과 정신건강에 중점을 두어 다양한 교육이 이루어지고 있다. ERASE는 온라인상에 소셜미디어 가이드라인 및 사이버 불링에 대해 알림으로써 학생이 보다 책임 있는 행동을 하도록 유도하고 있다. 교육부는 2012년부터 ERASE 시행 이후 약 400만 달러(약 34억 6,000만 원)의 예산을 지원하고 있고, 학교의 안전을 위해 약 60명의 코디네이터를 각 권역마다 배치하고 있다.

## 4. 스마트폰 중독과 학교폭력 예방대책

### 1) 스마트폰 중독과 사이버폭력 예방교육의 문제점

청소년의 스마트폰 사용이 증가하고 보편화되면서 시공간을 초월한 사이버폭력이 증가하고 있지만 현재 관련부처와 학교 내에서 실시되고 있는 예방교육은 거의 형식적인 내용으로 교육하는 것이 대부분이다. 스마트폰 중독과 사이버폭력에 대한 예방교육은 장기적인 측면에서 지속적으로 이루어져야 하는데, 예산과 인력의 부족으로 대상과 상황에 맞춤화 및 세분화된 활동을 진행하기가 어려운 실정이다. 또한 각 부처의 대응 정책이 실시되고 있으나 부처별로 중복되거나 체계의 일관성을 갖추지 못한 경우가 많아서 실질적 대응이 되지 못하고 있다. 이러한 부분에서 정부는 사용자 스스로가 참여할 수 있는 민간 차원의 교육 홍보 단체가 활성화되도록 지원함과 동시에 민간영역에서 담당하기 어려운 공교육 부분이나 국제 협력활동 등에 힘을 쏟으면서 민간과 협력해 나가는 것이 필요하다.

청소년, 학부모 등 다양한 계층의 사용자가 각각의 시각과 방식으로 스스로 건전하게 참여할 수 있는 다양한 장이 만들어져야 할 필요가 있다. 이와 더불어 스마트폰 중독과 사이버폭력에 대한 정확한 이해를 바탕으로 한 교육이 이루어질 수 있도록 학부모 및 교사에 대한 연수교육이 확대되어야 한다. 스마트폰 중독과 사이버폭력 예방

교육에 대해 부정적으로 인식하지 않도록 교육 프로그램 내용 구성에 있어서 질적인 보완이 필요하다.

한편, 이에 대한 문제점을 해결하기 위해 외국의 예방정책을 참고해 볼 필요가 있다고 본다. 미국의 경우에는 스마트폰 중독과 같은 학생의 정신적 문제에 있어서 학교보다는 학부모의 책임을 더 강조하고 있다. 학생의 정신적 문제 또는 문제행동에 대해 학교의 책무와 학부모의 책무를 어느 수준에서 구분 지을 수 있을지 미국의 사례를 참고하여 국내 사정에 맞는 검토가 필요하다. 또한 사이버 불링을 심각한 사회문제로 인식하고 사전에 차단하기 위해 연방정부 및 주정부 차원에서 법적 제도 정비, 의식 변화를 위한 캠페인 실시 등 캐나다에서는 다양한 노력을 기울이고 있다. 사이버 불링의 피해가 심각한 우리나라의 현실에 캐나다 정부의 적극적인 지원에 대해서도 생각해 볼 필요가 있다.

## 2) 학교의 적극적인 예방교육 활동과 개입

학생의 스마트폰 중독과 사이버폭력 예방교육은 학교의 적극적 교육활동과 개입에 달려 있다고 해도 과언이 아니다. 실제 사례로 스마트폰 중독 예방교육에 대한 학교자체의 프로그램은 없지만 학교의 적극적인 교육활동으로 학생 스스로가 스마트폰 사용에 대한 조절능력을 키우고 이후 미디어를 건전하게 사용할 수 있도록 유도하고 있었음을 볼 때 학교의 적극적인 예방교육 활동과 개입이 필요하다. 또한 사이버폭력에 있어 폭력 내용이 드러나지 않고 학교뿐만 아니라 가정 등에서도 발생할 수 있기 때문에 피해학생이 상당 기간 피해에 노출되어 피해 회복에 어려움을 겪는 경우가 많다. 따라서 사이버폭력에 대한 신속한 대응과 개입을 위해 목격자가 방관자가 되지 않게 적극적인 행동을 유도할 수 있는 교육이 이루어지도록 학교의 노력이 필요하다. 예를 들어, 학생 스스로 규칙을 만들어 사이버폭력이 발생하면 학생 자치결정에 따라 벌금 부여 등을 통해 가해학생에게 경각심을 일깨우는 형태로 문제를 해결할 수 있도록 다양한 측면에서 학생의 자발적이고 자율적인 참여를 할 수 있도록 학교가 지원해 주어야 한다.

이와 더불어 스마트폰 중독과 사이버폭력 예방효과에 또래관계도 상당 부분 영향을 미치므로 잘못된 또래 관념을 바로잡고 올바른 또래관계를 유지할 수 있도록 캠프

활동이나 협동교육, 교우관계 증진에 대한 프로그램 등을 통해 지속적인 또래관계 형성을 위한 교육이 필요하다.

### 3) 학교, 가정, 지역사회 협력체계 구축 필요

스마트폰 중독과 사이버폭력 예방과 관련해서 각 지자체별로 협의체가 구성되어 신속한 개입이 이루어질 필요가 있다. 이를 위해 전문상담을 위한 지원센터를 설치하여 문제점들을 공유하고, 부처별 · 산하기관 간의 연계 및 산재된 정보와 기관의 정보를 통합하여 관리할 수 있어야 한다. 특히 스마트폰 중독과 사이버폭력에 관해 구체적인 이해와 도움을 줄 수 있는 상담전문가도 배치될 필요가 있다. 따라서 실질적인 상담이 이루어지기 위해서는 관련 기관에 배치된 인력에 대하여 전문교육을 실시해야 하고, 관련 전문인력에 대한 지속적인 질 관리와 보수교육 등을 통해 스마트폰 중독과 사이버폭력 상담 사례를 공유하여 대응능력을 갖출 수 있는 시스템 구축이 마련되어야 할 것이다.

제9장

# 미국의 학교폭력 대책 동향

# 1. 미국의 학교폭력 대책 동향

## 1) 미국의 학교폭력 현황

미국은 「연방법」 차원에서 학교폭력에 관하여 직접 다루고 있지는 않으나, 미국 교육부(United States Department of Education: ED)와 미국 법무부(United States Department of Justice: DOJ)가 관장하는 「연방 민권법(federal civil rights laws)」을 통하여 이를 '차별적 학대행위'에 해당한다고 파악하고 있다.

미국에서는 학교범죄(school crime)라는 범주 안에서 학교폭력을 논의하고 있는데, 학교범죄로는 폭력적인 사망(violent deaths), 치명적인 학교폭력 범죄와 단순 폭행이나 절도 등을 들고 있다. 즉, '학교폭력 피해'는 학교 교정, 소유하고 있는 부동산, 통학로 등의 장소적 공간에서 수업, 통학, 공식적인 학교 행사의 참석 기간 중에 학생, 교직원을 비롯하여 이들이 아닌 자까지 포함하는 살인, 자살, 공권력을 통한 체포 과정 중의 살해 등을 의미한다. 미국 내 학교폭력의 유형은 언어를 통한 모욕, 학교 내에 좋지 않은 소문의 대상이 되는 경우, 신체적으로 폭력을 당하는 경우, 의도적으로 학생들 사이의 활동에서 배제되는 경우 등이며, 괴롭힘을 당한 이유로는 외모, 인종이나 민족, 성별, 장애, 종교, 성 정체성 등으로 나타난다. 괴롭힘을 당하는 장소로는 교실, 교내 식당, 학교 외곽, 교내 복도나 통학버스, 욕실이나 락커룸 등이다(백경희 외, 2019).

2022년 학교범죄와 안전에 관한 지표(indicators of school crime and safety)에 의하면(National Center for Education Statistics, 2022) 전반적으로 지난 10년 동안에 초등학교와 중 · 고등학교에서 몇 가지 범죄 및 안전 문제가 줄어든 것으로 나타났다. 2009년부터 2020년까지 12~18세 학생의 치명적이지 않은 범죄 피해율(절도 및 폭력 피해 포함)은 학생 1,000명당 51건에서 11건으로 감소했다. 코로나19 이전에도 학교 내 범죄 피해율은 이미 감소하고 있었지만, 코로나19와 관련된 학교 절차의 변화는 2019년부터 2020년까지 학교 내 범죄 피해율의 60% 이상 감소와 일치했다. 범죄 피해율의 감소와 더불어 학교에서 동료 학생을 대상으로 한 폭력행동도 10년 전에 비해 전반적으로 감소하고 있다.

2009~2010년에 비해 2019~2020년에 공립학교에서 학생 괴롭힘(23% → 15%), 학생의 다른 학생 성희롱(3% → 2%), 성적 지향 또는 성 정체성을 이유로 학생 괴롭힘(3% → 2%) 등의 징계문제가 일주일에 한 번 이상 발생한다고 답한 비율이 낮았다.

반면, 2020~2021년에 공립 및 사립 초등학교와 중등학교에서 총 93건(43건의 사망, 50건의 부상)의 학교 총격 사건으로 사상자가 발생했고, 이는 2000~2001년 이후로 가장 많은 수치이다. 또한 교사 및 교실과 관련된 사이버괴롭힘과 학생 훈육 문제도 시간이 지남에 따라 더 흔해진 것으로 나타났는데, 2009~2010년보다 2019~2020년에 사이버 괴롭힘을 보고한 공립학교의 비율이 더 많았고(8% → 16%), 2009~2010년에 비해 2019~2020년에 더 높은 비율의 공립학교에서 학생이 교사에 대한 언어적 학대(5% → 10%), 교사 무례 행위(9% → 15%), 교실 내에 만연한 무질서(3% → 4%)로 나타나고 있다. 2019년에는 고등교육기관 캠퍼스에서 총 757건의 증오 범죄가 신고되었는데, 고등교육기관에서 발생한 증오 범죄의 절반 이상이 인종 또는 민족에 의한 것이었다.

## 2. 미국의 학교폭력 정책 기조

### 1) 무관용정책의 배경과 주요 내용

#### (1) 정책 배경

미국은 1980년대 이후 학교폭력, 무기 사용, 마약 복용 등의 문제에 대응하기 위하여 무관용정책(zero tolerance)을 시행하고 있다. 학교폭력이나 비행이 발생한 경우에 미리 예정된 정학 또는 퇴학을 엄격하게 적용하여 학교의 안전과 학습 분위기 개선을 도모하고 있다. 이에 대한 실질적 결과로 학교폭력 비율이 감소하고 있는 것으로 나타났다. 그러나 다른 한편으로 사소한 비행에 대해서도 엄격한 처벌로 인하여 비행이 더 악화되고, 효용성도 증명이 되지 않는다는 비판이 제기되었다. 이에 대한 대안으로 무관용정책의 대원칙은 유지하면서도 폭력의 정도에 따라 처벌의 정도를 달리하자는 등급징계제도 또는 조기반응모형이 제시되고 있다.

콜로라도주에 위치한 콜럼바인(Columbine), 켄터키주에 있는 퍼듀카(Paducah), 아칸소주에 있는 존즈버러(Jonesboro), 버지니아 공과대학교(Virginia Tech) 등과 같은 장소를 언급하는 것만으로도 안전한 안식처라고 믿을 만한 학교 시설에서 총기 사고로 두려움에 가득 찬 학생들이 우왕좌왕하며 도망치는 모습을 생각하게 된다. 미국에서 학교폭력 비율이 1993년 이후 감소하였고, 학교폭력과 관련된 사망은 아주 드문 것이라는 조사보고에도 불구하고(U.S. Departments of Education and Justice, 1998: 9) 일반인과 학생은 모두 학교를 안전하다고 생각하지 않았다. 사실 1992년 7월 1일부터 2002년 6월 30일까지 미국에서 5~10세의 학생이 학교 밖에서 살해당할 가능성은 학교 내에서보다 70배나 높았다(U.S. Departments of Education and Justice, 1998; DeVoe et al., 2005).

또한 1993년부터 1996년 사이에 학교에서 불안감을 느낀 학생의 비율은 4%에서 7%로 증가하였다(U.S. Department of Education and Justice, 1998). 그리고 1989년에서 1995년 사이에 피해를 당할 우려가 있다고 생각하여 교내의 일정 장소를 피해 다닌 학생은 4%에서 9%로 증가하였다(U.S. Department of Education and Justice, 1998). 이러한 공포 분위기 속에서 학교폭력에 대한 새로운 정책이 싹트기 시작하였는데, 그것이 무관용정책이다. 즉, 미국에서 학교가 폭력, 범죄 조직, 약물 사용에 취약하다는 비판이 강하게 나타나자 연방정부가 이에 대한 대책으로 무관용정책을 채택한 것이다.

미국에서 무관용정책이란 비행의 정도를 불문하고 모든 비행자를 엄하게 처벌하는 정책을 말하는데, 학교에서는 증가하고 있는 학교폭력에 대한 해결책으로 수용되었다(Insley, 2001). 무관용정책은 학교폭력이 위기 상황이고, 그 위기가 점점 증가하고 있으며, 따라서 학교폭력을 예방하기 위하여 강제적이고 간단명료한 전략이 필요하다는 것을 전제로 한다. 이러한 무관용정책은 학생의 안전과 복지를 조장하고 학교폭력에 대한 강력한 억제력이 있다는 근거에서 미국의 거의 모든 학교에서 채택하고 있다. 그러나 엄격한 처벌로 인하여 부작용도 나타나고 있으며, 이에 대한 대안도 제시되고 있다.

미국에서 무관용정책에 대한 법적·제도적 정의는 명확하지 않다. 시간이 경과되면서 용어가 일반화되고 그 의미도 변화되어 왔다. 1980년대에 마약범에 대하여 처음으로 무관용정책이 적용될 때부터 위반 행위의 경중에 관계 없이 모든 비행을 엄중하게 처벌함으로써 어떤 행동도 관용되지 않는다는 메시지를 보낼 수단으로서 입안되었다(Skiba & Peterson, 2000).

미국 국립 교육통계센터(The National Center for Educational Statistics: NCES)는 무관용정책을 특별한 비행에 대하여 미리 예정된 처벌을 명하는 정책으로 정의하고 있다(National Center for Education Statistics, 1998). 일반적으로 학교에서의 무관용정책이란 일정한 유형의 징계 원인이 되는 비행에 대하여 사건의 개별적 사정을 고려하지 않고 자동적으로 미리 정해진 정학이나 퇴학을 엄격하게 부과하는 정책이라고 할 수 있다.

이 무관용정책은 폭력에 대한 대책 중의 하나로 미국 학교에서 비교적 폭넓게 채택되었다. 이 정책은 소란 행위를 행한 학생을 제거하면 다른 학생의 소란 행위를 억제할 수 있고, 남은 학생들에게 개선된 교육환경을 만들어 줄 수 있다는 추정을 전제로 한다(Ewing, 2000; Public Agenda, 2004).

무관용정책은 1980년대에 미국 연방정부와 주정부의 마약 집행 정책에서 출발하였다(Skiba & Peterson, 1999). 이 용어는 1983년에 해군이 마약 복용 혐의로 잠수함 대원 40명의 재배치를 보도한 렉시스넥시스(LexisNexis)에서 최초로 나타났다. 그 후 1986년에 샌디에이고에서 미국 연방검사인 Peter Nunez가 마약을 운반한 원양 항해선을 몰수하기 위하여 개발한 프로그램의 제목으로 이 용어가 사용되었다. 1988년 2월 이 프로그램은 전국적인 관심을 받았는데, 그것은 미국 검찰총장인 Edwin Meese가 세관공무원에게 극미량의 마약이라도 소지하고 국경을 통과하는 배, 자동차, 사람의 여권을 압수하고 연방법원에 기소할 수 있는 권한을 부여하였기 때문이다. 이후 무관용정책은 빠르게 확산되어 나갔고, 환경오염, 무단침입, 스케이트보드타기(skateboarding), 이민족 편협(racial intolerance), 성희롱 등과 같은 다양한 문제에 적용되었다.

무관용정책은 모든 위반자에게 처벌의 강도를 의도적으로 강하게 한다. 그러나 사소한 위반 행위에 대하여 가혹하게 처벌하는 관행은 일관되게 논쟁이 되고 있다. 처음부터 무관용 마약정책에 의하여 부과된 가혹한 처벌은 상당한 논쟁을 낳았다. 극소량의 마약으로 인하여 차, 배, 자전거 등을 몰수당한 시민들은 격렬하게 저항하였고, 미국 시민자유연맹(American Civil Liberties Union)은 이 프로그램에 대하여 소송을 제기하였다. 그리고 1990년에 미국 우즈홀 해양연구소(Woods Hole Oceanographic Institution) 해양조사선의 선실에서 소량의 마리화나를 압수한 후, 미국 세관은 무관용정책을 조용히 단계적으로 폐기하였다.

이와 같이 초기의 무관용 마약정책은 중단되었지만, 이 개념은 공립학교에 널리 퍼지기 시작하였다. 1980년대 말부터 학교폭력에 대응하면서 교육자들은 마약소지, 범죄집단 또는 불법무기에 간단명료한 대응책을 수립하려고 하였다. 1989년 말, 캘리포니아주 오렌지 카운티(Orange county)와 켄터키주 루이빌(Louisville)에서는 마약을 소지하거나 조직폭력과 관련된 활동에 참가한 경우에는 퇴학에 처하는 무관용정책이 공표되었다. 또한 뉴욕의 한 공립고등학교 교장은 학교에서 소란을 일으킨 학생에 대한 조치의 하나로서 전면적인 무관용정책을 제안하였다. 여기에는 학교접근의 제한, 모자 착용 금지, 소란 행위자에 대한 즉각적인 정학 조치와 함께 지난 20년간 무관용정책의 특징이 된 많은 요소가 담겨 있었다.

1993년, 미국의 거의 모든 교육위원회는 무관용정책을 채택하였다. 그리고 무관용정책의 개념이 확대되어 마약과 무기뿐만 아니라 담배 관련 위반 행위와 학교 소란 행위가 포함되기도 하였다. 1994년, Bill Clinton 대통령이 「학교총기금지법(Gun Free Schools Act of 1994)」에 서명함으로써 연방정부가 이 정책을 전국적으로 명령하였다. 이 법은 무기를 소지한 경우에 1년의 퇴학과 위법 행위를 한 학생에게 형사사법제도와 청소년 사법제도에 위탁을 명령하였다. 1995년까지 미국의 거의 모든 주가 이 법의 조건을 수용하였다. 1998년, 공립학교의 90%가 무기나 화기 소유에 대한 무관용정책을 채택하였다. 또한 88%의 학교가 마약에 대하여, 87%의 학교가 알코올에 대하여 무관용정책을 시행하였다(Insley, 2001).

지방학교구(Local school district)는 연방의 명령을 확대하여 무기뿐만 아니라 마약, 알코올, 싸움, 협박, 욕설 등에도 무관용정책을 적용하였다(Skiba, 2003). 많은 교육위원회는 징계 정책을 계속 강화하였다. 즉, 어떤 교육위원회는 일정한 비행에 대하여 영구적인 퇴학을 처분하기도 하였다. 또 어떤 주에서는 학교 밖에서 발생한 행동에 대하여 정학 · 퇴학 · 전학 조치를 취하기도 하였다(Seymour, 1999).

무관용정책의 한계에 대해서도 지역마다 차이가 있다. 어떤 학교구는 비행의 경중에 무관하게 상대적으로 동일한 처벌을 부과하는 원래의 무관용정책을 고수하고 있으나, 또 다른 주에서는 비행의 경중에 따라 척도화된 징계 처분을 부과하는 등급제도를 채택하기도 한다(Skiba, 2003).

### (2) 학교에서의 무관용정책의 법적 근거

미국에서 무관용정책은 여러 법에서 근거를 가지고 있다. 학교폭력에 대하여 무관용정책을 규정한 최초의 법률은 1994년에 제정된 「2000년대 교육목적: 미국교육개혁법(Goals 2000: Educate America Act)」이다. 이 법은 국가적인 교육개혁의 틀을 제공함으로써 교수와 학습의 개선을 도모하는 것을 목적으로 한다. Clinton 대통령이 서명한 이 법은 교육이 미국의 최대 관심사라는 전제하에서 미국이 2000년까지 달성해야 할 교육목표와 이를 실천하기 위한 정책 수단을 제시한 것이다. 마약, 폭력, 알코올로부터 해방되는 학교환경을 국가 교육목표의 하나로 정하였으며, 학교안전이 생산적인 학습환경을 조성하는 결정요인이라고 기술하고 있다.

이 법에 앞서 마약에 대한 무관용정책이 법제화되었다. 1980년대 초에 마약과의 전쟁계획(war on drugs initiative)을 선포한 레이건 행정부(President Ronald Reagan's administration) 때부터 학교구는 학교에서 마약의 소지와 사용을 근절하기 위하여 이 계획을 적용하였다. 이 계획이 법제화된 것이 「학교마약금지법(Drug-Free Schools and Campuses Act of 1989)」이다. 이 법은 학교 내에서 학생과 교직원의 마약이나 알코올의 불법적인 사용, 소지, 배포를 금지하고 있다. 학교는 위반 행위에 대하여 징계적 제재조치를 취하지 않으면 연방 재정 지원을 받을 수 없다고 규정하고 있기 때문에 많은 학교가 즉시 무관용정책을 채택하였다.

그리고 1994년에 연방의회는 「학교안전법(Safe Schools Act 1994)」을 제정하여 학교폭력 문제를 해결하고자 하였다. 앞서 설명한 「미국교육개혁법」이 규정한 2000년까지 미국 내의 모든 학교에는 마약이 없고, 폭력의 위협으로부터 안전한 학교가 되어야 한다는 목적을 달성하기 위하여 「학교안전법」을 제정한 것이다. 이 법에 의해 학교구와 같은 지방교육당국(Local Education Agencies: LEAs)은 학교폭력 예방프로그램에 기금을 제공하기 위하여 2년 기간 동안 연방보조금을 신청할 수 있게 되었다. 즉, 지방교육당국은 ① 5세에서 8세까지 학생의 자살, 소년법원에 청소년 위탁, 법원의 보호를 받고 있는 청소년, 대안학교에 징계학생의 위탁 또는 폭력, 범죄, 기타 비행에 의하여 청소년의 희생 비율이 높은 지역, ② 적절한 자료에 의하여 심각한 학교범죄, 폭력, 징계 문제를 가지고 있는 경우에는 연방보조금을 받을 수 있도록 하였다.

이어서 연방의회는 「학교총기금지법(Gun Free Schools Act of 1994)」을 제정하여 무관용정책을 학교 내의 무기 사용에 대하여 적용하였다. 이 법은 연방보조금 수령

조건으로 학교 내에서 총기를 소지한 경우에는 각 주가 적어도 1년의 퇴학을 과하는 주법의 제정을 요구하고 있다. 단, 1년의 퇴학은 사건에 따라 학교구의 교육장이 변경하여 적용할 수 있도록 하였다. 그리고 장애학생은 「장애자법(Individuals with Disabilities Act: IDEA)」 또는 「재활법(Section 504 of the Rehabilitation Act)」에 근거를 두고 45일간 퇴학을 당할 수 있다.

이와 더불어 2002년 부시 행정부 시절에 학교안전을 취급하는 또 하나의 법이 제정되었는데, 「아동낙오방지법(No Child Left Behind Act)」이 그것이다. 이 법은 학교의 안전을 학교의 책임과 결부시키고, 안전하지 못한 학교에 다니는 학생의 보호자에게 학교선택권을 부여하고 있다.

## 2) 학교 내 무관용정책의 효과와 부작용

### (1) 학교폭력 대응성

학교는 안전하고 규율 잡힌 학습환경을 유지하기 위하여 필요한 효과적인 모든 수단을 사용할 의무가 있다. 학교가 학생의 안전을 보장하는 단순한 책임을 다하지 못한다면 혼동과 무질서가 난무하는 환경에서 교사는 학생을 잘 가르칠 수 없고 학생은 그곳에서 효과적인 학습을 할 수 없다. 그러나 이론상으로 이 목적을 달성하기 위한 수단은 여러 가지가 있을 수 있고, 어느 수단이 좋은지에 대해서는 쉽게 결론을 내릴 수 없다.

1990년대 이래 미국에서 학교규율에 대한 국가적 담론은 무관용정책이 지배적이었다. 앞에서 설명한 바와 같이, 마약에 대한 법 집행에서 발전된 무관용정책은 1990년대 초 교육에 폭넓게 채택되어서 비행의 경중, 경감 사유, 비행의 상황 등을 고려하지 않고 미리 결정된 가장 엄중한 처벌을 부과하는 정책이다. 무관용정책은 학생이 행한 모든 종류의 비행에 대하여 신속하고 가혹하게 처벌한다(Skiba & Rausch, 2006: 1063-1089).

무관용정책의 목적은 안전한 교육환경을 조장하고, 학생이 폭력행위와 비행을 하지 않도록 억제하고, 폭력행위를 할 징조를 보이는 학생을 발견하여 도움을 주며, 아울러 어떤 학생이 학교폭력을 행한 원흉으로 지적되는 집단따돌림으로부터 잠재적인 가해학생을 보호하기도 한다. 이런 정책의 강경한 적용은 학생은 본래 위험한 존재이고, 학생의 기본적 권리를 약화시키는 엄격한 정책에 의해서만 통제될 수 있다는 신념을 기저로 하고 있다.

### (2) 학교폭력 및 비행에 대한 억제력

언론, 정책입안자, 교육행정가는 학교폭력을 '공격적이고 위협적인 성질을 가진 학생의 행동'이라고 아주 포괄적으로 정의하고 있다. 무관용정책은 이러한 학교폭력이 위기 상황이고, 그 위기는 점점 증가하고 있으며, 따라서 학교폭력을 예방하기 위하여 강제적이고 간단명료한 전략이 필요하다는 것을 전제로 한다.

장래의 비행을 억제할 수 있다는 인식은 무관용정책의 핵심적인 주장이고, 장래의 행동 결과에 영향을 준다는 것은 효과적인 처벌의 특성이다(Skinner, 1953). 무관용정책은 학교에서 폭력과 마약남용 등 비행을 예방하고 억제할 수 있다고 주장된다. 즉, 무관용정책에 따른 신속하고 확실한 처벌은 다른 학생에게 억제 효과를 가져오므로 모든 학생의 행동과 규율을 개선시킬 수 있다.

무관용정책의 기본 가정은 규범을 위반한 이유와 방법을 불문하고 규범이 파괴된 사실이 처벌의 근거가 되기 때문에 불융통성은 억제 효과를 가진다는 것이다. 이것은 행동수정 전략으로서의 기능도 한다. 즉, 불공정하게 집행될 수 있다는 것을 알고 있기 때문에 규범 위반을 피하기 위하여 불합리한 조치라도 취하려고 한다(Ghezzi, 2006).

### (3) 학습 분위기 조성

학교는 안전하고 규율 잡힌 학습환경을 유지하기 위하여 필요한 효과적인 모든 수단을 사용할 의무가 있다는 데 대하여 의문이 없다. 학생의 안전을 도모하는 단순한 책임을 다하지 못한다면 혼동과 무질서가 난무하는 환경에서 교사는 가르칠 수 없고 학생은 그곳에서 배울 수 없다.

무관용정책으로 학교규율을 위반한 학생을 배제하면 남아 있는 학생들에게는 학습하기 좋은 학교 분위기를 조성해 줄 수 있다고 하는 것이다. 무관용정책의 주요 가정은 문제학생의 제거가 다른 학생에게 더 안전한 환경을 만들어 준다는 것이다(Ewing, 2000).

무관용정책의 찬성론자들은 과거에 학교당국자들이 느슨한 징계를 하여 학교 질서를 파괴하였다고 주장하면서 무관용정책은 적절한 학습환경을 조성하기 위하여 필요하다고 본다(Scaringi, 2001). 특히 학부모들은 학교의 안전을 확보하기 위하여 무관용정책의 시행을 압도적으로 지지하며, 학생들은 위반 행위가 확실하게 처리된다는 것을 알면 더 안전하다고 느낀다는 것으로 추정된다.

#### (4) 일관성 보장과 차별 예방

무관용정책은 학교규율의 일관성을 보장하고, 따라서 학생에게 규율에 대한 분명한 의사를 전달하게 된다고 본다. 정책의 일관성은 행동 간섭(behavioral intervention)의 시행에서 중요한 기준이다(Patterson, Capaldi, & Bank, 1991: 139-168). 퇴학과 정학의 비율은 학교와 학교구에 따라 아주 다르다는 것(Kaeser, 1979: 465-484)을 근거로 학교규율에 일관성이 없다고 주장할 수는 없다. 그 비율상의 차이는 학생의 행동이나 태도와 동일하게 학교와 교직원의 특성이 다르기 때문이다(Mukuria, 2002: 432-452). 그리고 이 정책을 엄격하게 집행하면 교직원이 학생 개개인을 차별하지 못하게 된다.

#### (5) 부패와의 전쟁

무관용정책은 부패와 싸우는 수단으로서의 역할을 한다(Takyi-Boadu, 2006). 따라서 주관적인 판단은 허용되지 않고, 관용을 위하여 뇌물이나 향응을 바라는 어떠한 시도도 명백하게 드러나도록 한다.

### 3) 무관용정책의 비판

무관용정책의 대상이 되는 비행에는 제한이 없고, 학생이 행한 모든 종류의 비행에 대하여 무관용정책을 시행할 수 있다. 대체로 ① 학교에서 총, 칼과 같은 무기를 소지하는 행위, ② 학교에서 마약이나 알코올을 소지하거나 사용하는 행위, ③ 물리적 폭력을 사용하여 학생이나 교직원을 위협하는 행위가 포함된다.

그러나 비행의 범위는 점점 확대되어 무기, 마약 등 위험한 물건의 소유에 제한되지 않고 알코올, 규제 약품, 폭력의 위협, 무기를 사용하지 않은 싸움, 음란물, 욕설, 놀림, 경멸적 발언(hate speech), 복장 규정(dress codes) 등으로까지 적용되었다(Skiba

& Rausch, 2006).

비행에 대한 처벌에는 방과 후 학교에 남아 있기(detention), 수일간의 정학과 퇴학 등이 있다.[1] 그러나 대부분의 무관용정책은 비행에 대하여 미리 결정된 처벌을 한다(Insley, 2001: 1056). 전형적으로 가장 무거운 처벌은 장기 정학과 퇴학이다(Wasser, 1999: 747-750). 실제로 위스콘신주의 최대 도시 밀워키(Milwaukee)에 거주하는 중학교 3학년 900명을 대상으로 한 조사에 의하면, 약 40%가량이 일 년에 1회 이상 정학을 당한 것으로 나타났다. 민간단체 Open Society의 조사에 의하면, 볼티모어 학생의 12.5%인 1만 명가량이 2006~2007년 학기에 정학 이상의 처벌을 받은 것으로 나타났다(세계일보, 2008. 5. 28.).

무관용정책의 적용에서 교육자들은 학생에 의한 학교안전에 대한 위협과 결백한 실수를 구별하기 어렵기 때문에 종종 과도한 처벌이라는 비판을 한다(Peden, 2001: 369, 373, 375). 예를 들면, 자살을 시도하려는 친구로부터 칼을 넘겨받아 교장에게 신고한 중학생, 레몬 드롭스(lemon drops, 사탕)를 학급의 친구에게 나누어 준 6세의 초등학생, 도둑잡기 놀이(cops and robbers)를 한 유치원생, 통학버스 안에서 스테이플러를 가지고 총 놀이를 한 12세의 초등학생, 골프화를 정리하기 위하여 부러진 주머니용 칼을 가지고 다닌 고등학교 2학년 학생, 점심을 먹기 위하여 컵 스카우트 식사용 칼(cub scouts dinner knife)을 소지한 6세 초등학생, 할머니가 학교에 생일 케이크와 함께 보낸 빵칼을 소지한 초등학교 3학년 학생, 주머니용 칼을 차 안의 비상용품 상자(emergency supply kit)에 싣고 다닌 고등학교 3학년 학생 등에게 정학 또는 퇴학 처분 등을 내린 것이 그것이다(Rater, 2001; Peden, 2001: 373, 374; Nuckols, 2009; Petras & Ross, 2003: 15-16).

그 외에도 해열제인 타이레놀(Tylenol), 생리진통제인 마이돌(Midol), 구강청정제인 리스테린(Listerine), 진해정(cough drop), 장난감 권총(toy gun), 물총(water pistol), 손톱을 다듬는 줄(nail files), 종이 클립, 모형 로켓, 할로윈 복장용 5인치 플라스틱 도

---

1) 미국에서 징계의 일종으로 사용하는 정학과 퇴학은 우리나라의 경우와는 약간의 차이점이 있다. 우리가 일반적으로 정학으로 번역하여 사용하는 suspension은 문제행동의 악성에 따라 학생이 몇 시간 또는 며칠, 몇 주 동안 학교에 출석을 하지 못하거나 학습활동에 참여하지 못하도록 하는 징계이다. 정학보다 기간이 더 긴 징계를 exclusion이라고 하는데, 정학과 퇴학의 중간에 위치한 것으로 번역할 수 있다. 우리가 퇴학이라고 하는 expulsion은 가장 무거운 징계로서 6개월에서 수년 동안 학교에서 배제되는 것을 말한다(http://www.cyh.com/HealthTopics/HealthTopicDetails.aspx?p=114&np=99&id=2239 참조. 2012.7.31 방문).

끼, 천식용 흡입기(inhaler for asthma), 통닭을 자르기 위하여 도시락에 넣는 소형 칼 등의 소지와 같은 상대적으로 사소한 사건 때문에 많은 학생이 퇴학이나 정학을 당하였다. 심지어 흡입기를 가지고 학교에 오지 않도록 한 금지 규정 때문에 11세 학생이 천식발작(asthma attack)을 일으켜서 사망한 경우도 있었다(http://en.wikipedia.org/wiki/Zero-tolerance_policies_in_schools). 이라크에 파병되어 30일간 대화를 못한 어머니와 휴대전화로 학교에서 전화를 한 사실로 인하여 퇴학을 당하기도 하였다(Torpy, 2005).

이러한 부적절한 처벌은 상식을 벗어났고, 중요한 헌법의 기준을 근거로 무관용정책에 대한 비판을 제기했다. 과도한 징계를 당한 학생의 학부모는 격분하여 학교당국에 항의하고, 사건을 언론에 공개하며, 때로는 그 징계를 파기하기 위하여 소송을 제기하기도 하였다. 법원은 일반적으로 학교경영자도 학교의 안전을 유지하기 위하여 그들의 판단을 행사할 수 있는 능력을 가지고 있어야 한다고 판시하면서 이러한 소송에서 원고의 주장을 기각하였다.

법원은 무관용정책에 대한 학생의 헌법 상소 제기에서 학생의 주장을 기각하면서 일관되게 학교당국의 징계 결정을 존중하였다. 연방대법원은 우드(Wood) 사건에서 법원은 타당성이나 동정심의 측면에서 근거가 부족한 것으로 보일지라고 학교의 결정을 파기하는 것은 연방법원의 역할이 아니라고 판시하였다(Wood, 1985). 이러한 견해에 따라 여러 법원은 학교당국이 학생의 징계를 처리하기에 더 적합하다고 인식하였다. 제4순회 항소법원에서는 무관용정책의 타당성을 판단할 것을 요청하는 것은 적절하지 않다고 선언하였다. 무관용정책에 대한 헌법 상소 제기에서 학생이 패소한 것은 법원의 학교 징계문제에 관여하는 것을 관례적으로 기피하는 것 때문일 수도 있다(Boucher, 1998).

이러한 법적 대응 외에 전문가들은 무관용정책의 역효과를 주장하면서 무관용정책의 문제를 지적하고 있다.

### (1) 학교폭력에 대한 징계의 비효과성

심리학자와 상담가는 학교경영자의 언어적 · 신체적 처벌뿐만 아니라 징계 절차로서 정학과 퇴학 처분에 비판을 가한다(Hyman & Perone, 1998). 학생은 정학이나 퇴학을 자신의 행동을 반성할 기회로 활용할 것 같으나, 여러 자료에 의하면 일반적으로 학생은 정학과 퇴학을 비효과적이고 불공정하다고 생각한다(Sheets, 1996: 165-183).

정학 처분을 받은 학생의 40%가 반복하여 비행을 저지른다고 일관되게 보고하고 있다(Bowditch, 1993: 493). 이 통계치는 무관용정책의 메시지를 분명하게 받아들이지 못한 것을 의미한다. 어떤 학생에게 정학은 또 하나의 정학을 당한다는 예측변수에 불과하고, 이들 학생에게 정학은 응징자로서가 아니라 강화인자로서 기능을 하고 있다(Tobin, Sugai, & Colvin, 1996). 특히 비행의 발생을 감소시키기보다는 정학은 정학을 당한 학생 중에서 장래에 더 높은 비율의 비행이나 정학을 예견하는 것 같다(Raffaele-Mendez, 2003: 17-34). 즉, 정학과 퇴학은 실제로 계속적인 학생비행의 원인이 될 수 있다.

장기적인 관점에서 학교의 정학과 퇴학은 중도 탈락률을 높이며, 제때에 졸업을 하지 못하게 한다. 정학과 퇴학의 관계는 전적으로 우연이 아니다. 학교규율에 관한 민족지학적 분야(ethnographic field)의 연구에 의하면, 많은 도시 학교의 규율주의자는 그들의 역할을 학교당국에 도전하는 고집스러운 말썽꾸러기를 다루는 것이라고 본다(Bowditch, 1993: 493). 여러 번에 걸쳐 그런 학생의 이름이 알려지면 징계 접촉을 하면서 학교경영자는 문제학생을 학교에서 제거할 기회를 가지게 된다. 즉, 고등학교에서 나쁜 학생을 쓸어 내는 관행은 아주 널리 알려져 있고, 학교경영자나 교사 또는 상담가도 이를 인정하고 있으며, 이런 관행을 비판하는 목소리는 아주 약하다(Fine, 1986: 393-409).

학교 분위기 조성에 대해서도 반대의 효과를 보여 준다. 즉, 정학과 퇴학의 비율이 높은 학교는 학교 분위기 만족도에서 하위를 차지하고, 학교 관리 구조(school governance structures) 만족도에서도 하위를 차지하며, 교직원이 규율문제에 부적절하게 많은 시간을 보내고 있었다(Bickel & Qualls, 1980: 79-86; Wu, Pink, Crain & Moles, 1982; Scott & Barrett, 2004: 21-27). 가장 중요한 것은 학교의 퇴학 및 정학과 학업성취 사이에 부적 상관관계가 있다는 것이다(Skiba & Rausch, 2006). 그런 사실이 무관용정책과 학교 분위기 사이의 인과관계를 입증하지 못하지만 무관용정책이 더 긍정적인 학교 분위기를 조성한다고 주장하기는 곤란하다.

그리고 잔혹한 언어적 질책과 엉덩이 때리기, 가볍게 때리기 등 신체적 처벌은 학생의 자신감과 자존심에 손상을 준다. 이러한 방법으로 처벌을 받은 학생은 처벌을 가한 교사나 학교경영자를 신뢰하지 않을 수 있다. 또한 이러한 신뢰의 상실은 학생 사이에서 공격성을 조장하려는 압박감을 낳게 된다. 학생은 교직원이 자신에게 행한 공격을 받은 결과, 더 공격적이 된다. 그들은 학교-교직원 상호작용에서 경험한 것을 단순하게 다른 학생에게 적용하여 학교폭력을 낳게 된다(Hyman & Perone, 1998).

정학은 학업 성취가 나쁜 학생이나 문제학생을 중도 탈락하게 하는 하나의 도구가 된다. 발달정신병리학(developmental psychopathology)의 연구에서는 정학과 중퇴 사이의 관계를 설명했다. 초등학교에서 반사회적 행동을 개발할 위험이 있는 학생은 교사와 친구들로부터 소원하도록 하는 분열적 행동(disruptive behavior)과 사회적 · 학업적 결핍을 보인다(Patterson, 1992). 중학교까지 이런 청소년은 학교에 흥미가 없고, 반사회적 행동을 하는 친구와 교제하고자 한다. 동시에 그의 가족도 자녀의 소재를 알 수 없고, 부모의 감독을 받지 않고 거리에서 지내게 된다(Ramsey, Walker, Shinn, & O'Neill, 1989). 반사회적 행동을 할 위험성이 있는 청소년에게 정학은 행동에 영향을 주지 않고, 오히려 부모의 감독을 거의 받지 못하는 문제학생이 일탈적인 친구를 사귈 수 있는 기회를 제공하여 청소년비행의 과정을 가속화시킬 수 있다(Thorson, 1996).

요약하면 이러한 퇴학의 소용돌이에 예상하지 못하는 사회적 비용이 발생한다. 청소년비행 분야의 연구에 의하면, 학교사회연대(school social bond)의 강화는 비행을 설명함에 있어서 중요한 예측변수이다. 인간발달적 견해에 의하면, 문제학생과의 그러한 연대를 명백하게 파괴하려는 학교 징계 정책의 타당성에는 문제가 있다(Skiba, Rausch, 2006: 13).

### (2) 징계의 행동적 · 정서적 반작용

무관용정책으로 인한 심리적 개입은 청소년발달과 부적합하다는 비판이 있다. 일반적으로 15세 이전의 청소년은 친구의 영향력에 대한 약한 저항, 위험에 대한 태도와 인식, 미래지향성(future orientation), 충동 통제 등과 같은 적어도 네 가지 분야에서 미성숙 상태임을 나타낸다(Gardner & Steinberg, 2005: 625-635; Hooper, Luciana, Conklin, & Yarger, 2004; Grisso et al., 2003; Sowell, Trauner, Gamst, & Jernigan, 2002; Luna, Garver, Urban, Lazar, & Sweeney, 2004: 1357-1372). 발달신경과학(developmental neuroscience)에서도 청소년기의 사회심리학적 미성숙 현상을 주장하고 있는데, 뇌의 특정 부위가 미성숙하면 그 부분이 지배하는 인간의 기능 역시 성숙하지 못하다고 본다(Baird & Fugelsang, 2004). 즉, 청소년은 더 큰 위험을 감수하고, 그의 행동에 대해 적절한 이유를 제시하지 않는 경향이 있다. 그리고 중등학교는 친밀한 동료관계의 필요, 자율성, 정체성 협상(identity negotiation), 학업의 자기효능감(academic self-efficacy)과 같은 청소년기의 발달상의 과제(developmental challenges)를 모두 해결해 주지 못한다(Eccles, 2004).

이와 같이 청소년기에 부적절하게 사용된 무관용정책은 청소년의 규범에 대한 저항을 낳고, 중등학교의 구조와 청소년의 성장단계와의 관계에서 부조화를 악화시킨다. 중등학교에서의 징계사건이 대부분 청소년의 판단 미숙에 그 원인이 있다. 그러나 만약 성장적 또는 신경과학적 미성숙으로 그러한 판단 미숙이 나타났고, 그로 인한 행위가 안전에 위협을 주지 않는다면 청소년은 판단의 실수에 더 민감하기 때문에 무관용정책의 적용에는 상당한 주의가 필요하다.

학교 징계의 효용성에 관하여 성장 중인 학생과 교직원의 인식은 상당히 다르다. 교직원은 학교 소란 행위는 학생의 선택이며, 징계는 그 선택에 대한 반작용으로 본다. 그러나 학생은 징계가 비행을 악화시키는 역할을 한다고 생각한다. 대부분의 학생은 학교규율을 불공정하고 부당하게 적용하였기 때문에 징계가 발생한다고 주장한다. 특히 이미 비행의 위험성을 가지고 있는 학생은 징계를 그들의 비행을 악화시키는 요인으로 본다(Thorson, 1996). 무관용정책에 의한 강제적 징계에 대한 이러한 반작용은 전형적으로 나타나며, 처벌 위주로 학교의 질서를 잡으려고 하면 학생의 비행을 억제하기보다는 악화시킬 수 있다(Shores, Gunter, & Jack, 1993).

한편, 징계와 관련한 알몸수색(strip search)이나 비밀요원(undercover agent)의 이용과 같은 더 침해적인 수단은 장·단기적으로 학생에게 정서적 손해를 가할 위험성이 있다. 그런 조치를 당한 학생은 분노, 행동화, 회피, 역공격, 더 강한 처벌로의 습관화 등의 반작용을 나타낸다. 어떤 경우에는 알몸수색과 같은 극단적인 징계 절차는 심리적 외상 후 스트레스 장애(post traumatic stress disorder) 진단을 받기에 충분한 스트레스 증상을 수반한다(Hyman & Perone, 1998). 이렇게 학생에게 의도하지 않은 효과가 나타난다는 사실은 처벌에 일관성이 없거나 처벌이 새로운 행동을 유도하지 못한다는 것을 말해 준다(Council for Exceptional Children, 1991).

결론적으로 말하면 가혹한 징계가 무분별하게 집행되면 학생들은 의미 있는 대안적 행동을 회피하거나 이에 대해 역공격을 할 수 있다(Axelrod & Apsche, 1983). 반면에 절호의 순간에 적절한 징계를 하면 합법적인 사회에서 행위가 가져오는 결과를 학생에게 가르칠 수 있는 도구가 될 수 있다.

### (3) 청소년 사법제도로의 통로

무관용정책 위반을 이유로 정학과 퇴학을 받은 학생은 청소년 사법제도(juvenile justice system)에 위탁될 가능성이 아주 높다. 즉, 무관용정책의 제재는 학생을 형사적인 비난의 대상이 되게 하며, 학생의 교육적 기회를 박탈하고, 불평분자로서 낙인을 찍는 악의 순환을 영속화한다(Robbins, 2005). 이러한 현상 때문에 청소년 사법제도를 '학교에서 형무소로 가는 통로(school-to-prison pipeline)'라고 한다(Wald & Losen, 2003: 9-15). 많은 학교는 일정한 청소년 사법제도를 활용하고 있고, 특히 과거에는 위험하거나 위협적이라고 생각하지 않은 위반 행위에 대해서만 활용했다(Casella, 2003: 872-892). 학교에서 범한 위반 행위에 대해 청소년 사법제도에 위탁하는 학생이 많아지면 위탁된 청소년의 헌법적 권리 보장에 문제가 제기될 수 있다(Advancement Project, 2003).

이외에도 무관용정책의 실제 적용 사례를 보면 백인 학생에 비해 흑인 학생이나 소수민족 학생이 보다 엄격한 징계를 받고 있는 것으로 나타났다. 콜로라도대학교의 분석에 의하면 전체 흑인 학생의 1/3이 학교에서 한 번 이상 처벌을 받은 적이 있으며, 뉴저지주 공립학교에서 흑인 학생이나 소수민족 학생의 퇴학 가능성이 백인 학생에 비해 60배나 높은 것으로 보고되었다(LA Times, 2011. 10. 6.; 세계일보, 2008. 5. 28.).

## 4) 무관용정책의 보완 방향[2]

### (1) 유연성의 확보

무관용정책은 학교의 상황과 교사의 전문성을 고려하여 더 많은 유연성을 가지고 적용되어야 한다. 경찰관이 경범죄자에 대한 소환과 체포권을 행사함에 있어서 폭넓은 재량권을 가지는 바와 같이, 현장에 있는 전문적인 교직원도 상황과 문제를 평가

---

2) 이하의 개선책에 대해서는 American Psychological Association Zero Tolerance Task Force(2008), Are Zero Tolerance Policies Effective in the Schools?; An Evidentiary Review and Recommendations, 63(9), American Psychologist, 852-862. 참조.

할 능력이 있다. 그러므로 학교장은 교사와 함께 청소년 사법제도에 위탁할 비행과 학급에서 처리해야 할 비행을 사전에 정하여 적용하여야 한다.

### (2) 등급징계제도 확립

모든 비행에 엄격한 징계를 가하는 무관용정책의 징계 전략을 폐기하고 등급징계제도(graduated system of discipline)로 대치하여야 하며, 위반 행위의 심각성에 따라서 징계 조치가 취해져야 한다. 이것은 학교의 규율과 안전을 위반한 학생에게 적용할 수 있는 효과적인 대안의 연속체를 계발하는 것이다.

학교폭력과 비행이 발생하였을 때 학교가 이용할 수 있는 회복적 정의, 대안 프로그램, 지역사회 봉사, 상담, 학부모와의 면담 등과 같은 계획적인 조치를 사전에 준비해 두고 행위의 경중에 따라서 허용될 수 있는 징계에 관한 지침을 마련해 둔다면 학교폭력과 비행의 예방 및 진압에 효과적일 수 있다. 특히 긍정적 행동지원(positive behavioral supports)과 집단따돌림 예방(bullying prevention)과 같은 프로그램은 학교가 정학과 퇴학에 의존하는 것을 감소시키고 학생의 공부할 수 있는 기회를 확대할 수 있다.

이 경우에 교실 내의 단순한 소란 행위, 학생 사이의 사소한 싸움과 같은 위반 행위는 학부모와의 면담, 지역사회 봉사, 상담과 같은 경미한 처벌을 함으로써 학교 징계의 효과를 높일 수 있다. 다만 심각하고 가혹한 폭행이나 비행에 대해서만 징계적 배제를 하여야 한다. 다른 학생과 교직원을 신체적, 정서적으로 위험에 처하도록 하는 폭행과 퇴학의 경우를 들 수 있다.

폭행 또는 비행청소년에게 적용할 여러 대안을 개발하기 위하여 학교, 학부모, 법집행관, 청소년 사법 담당자, 정신건강 전문가 등이 공동으로 노력하여야 한다. 오늘날 청소년의 비행문제는 복잡한 문제로서 하나의 기관이 처리할 수 있는 능력을 벗어나 있다. 이 경우에 교육가, 정신건강 전문가, 청소년 사법 담당자, 기타 지역사회의 청소년 봉사기관이 통합된 서비스를 개발하기 위하여 협력하는 기관조정방법(system coordination approaches)은 심각하고 도전적인 행위를 해결하기 위하여 학교가 이용할 수 있는 자원을 상당히 확대시킬 수 있다(Walker & Bruns, 2006: 47-57)

### (3) 교직원의 훈련

모든 교직원은 그 경중을 불문하고 모든 폭력과 비행의 성질을 정하고 그것에 적절한 처벌 및 수단을 결정할 수 있도록 부단한 훈련을 받아야 한다. 징계 규정과 관련된 모든 행위를 심사숙고하여 정의하면 불공정한 결과로부터 학생을 보호하고 학교정책의 독단적인 적용에서 나타나는 책임에서 교직원이 보호받을 수 있다. 따라서 예비교사의 교육에서는 학급관리론이 포함되어야 하고, 신임교사는 사소한 학급 소란을 처리하고 비행을 완화할 수 있는 적절한 능력을 가지고 있어야 한다.

## 5) 무관용정책의 시사점

오늘날 미국에서 무관용정책은 여러 가지 비판에도 불구하고 학교행정의 핵심으로 남아 있다. 특히 무기에 대한 무관용정책은 여러 건의 학교 총기 사건 때문에 최우선 과제로 간주되고 있다. 어떤 학교경영자는 무관용정책을 채택하여 사건이 발생한 경우에 통제와 규율의 유지를 위하여 신속하고 결정적으로 반응하고 있다. 그리고 무관용정책은 명확하고 강력한 의사를 전달하여 즉각적으로 징계를 할 수 있다는 사실을 학생에게 이해하도록 한다. 또한 학교경영자는 무관용정책을 집행하지 않을 경우에 학교폭력의 희생자로부터 민사소송을 당할 염려가 있기 때문에 이를 수용하고 있다.

무관용정책은 학교폭력과 비행의 예방에는 어느 정도의 효과가 있다고 할 수 있으나, 그 엄벌주의와 강직성 때문에 효과가 반감된다고 할 수 있다. 이와 같은 상황에서 미국의 무관용정책이 우리에게 주는 시사점은 다음과 같다.

첫째, 무관용정책과 아울러 학교폭력 예방 전략을 병행하여 활용하여야 한다. 무관용정책의 딜레마를 해결할 수 있는 방법은 신속하고 확실한 처벌에서 벗어나 학교공동체의식과 소속감을 조장할 수 있는 예방 전략을 사용하는 것이다(Osher, Sandler, & Nelson, 2001).

학교폭력의 잠재성을 감소시키고 학교의 안전을 조장할 수 있는 일차적인 예방 조치로서 3단계 전략을 생각할 수 있다(Elliott, Hatot, Sirovatka, & Potter, 2001). 1차 예방 전략은 모든 학생을 대상으로 하는 집단따돌림의 예방이고(Olweus & Limber, 1999), 2차 예방 전략은 폭력이나 소란의 위험이 있는 학생을 대상으로 하는 위협요소의 제거이다(Cornell & Sheras, 2006). 3차 예방 전략은 이미 소란이나 폭행을 가한 학생을 대상으로 하는 회복적 정의(restorative justice)이다(Karp & Breslin, 2001). 학교는 이 프로그램이 효과적인 대안으로서 작용하도록 하기 위하여 이 프로그램을 종합적으로 실시하는 것이 중요하다. 긍정적 행동지원(positive behavioral supports) 또는 안전하고 즉각 대응하는 학교(safe and responsive schools)와 같은 학교규율에 대한 변화 모델을 시도하면 청소년 사법제도에의 위탁, 학교의 퇴학과 정학의 감소의 견지에서 좋은 결과를 낳을 수 있다(Rosenberg & Jackman, 2003: 10-21; Skiba, Ritter, Simmons, Peterson, & Miller, 2006).

사실상 무관용정책이 학업에 유리하고 안전한 학교 분위기를 유지하기 위한 유일한 선택이라면 무관용정책이 효과가 없고, 수정되거나 중단되어야 한다고 결론을 내리는 것은 의미가 없다.

둘째, 학생의 비행과 징계 수단은 비례의 원칙이 적용되어야 한다. 사소한 비행에 일률적이고 엄격한 장기 정학이나 퇴학을 명하는 것은 위법이다. 비례의 원칙이란 학생 징계에 있어서 징계 목적과 징계 종류의 사이에 합리적인 비례관계가 있어야 한다는 원칙이다. 즉, 비례의 원칙은 교육목적을 위하여 징계를 함에 있어서 학생의 이익을 침해하는 경우에는 징계가 교육의 목적을 실현하는 데 적합하고, 실현하려는 교육적 이익과 침해되는 학생의 권익 사이에 정당한 균형이 유지되어야 하며, 교육의 목적을 실현하기 위하여 부득이 징계를 하는 경우에는 필요한 최소한의 징계의 종류를 선택하여야 한다는 것을 말한다.

셋째, 교사에게 교실에서의 행동 관리와 교수-학습에 대하여 부단한 연수를 하여야 한다. 가장 효과적인 징계 전략 중의 하나는 효과적인 지도와 학급 관리를 통하여 비행의 발생을 예방하고, 그래서 학생의 공부할 수 있는 기회를 최대화하고 징계 회부를 감소시키는 것이다(Jones & Jones, 2004). 특히 징계 회부의 비율이 높은 것은 문화적으로 반응하는 학급 관리와 교수의 요소를 훈련할 필요가 있다는 것을 나타낸다.

넷째, 징계와 관련된 학생의 적법 절차에 대한 권리를 보호하여야 한다. 권리가 침해되지 않으면 무관용정책에 비판도 그만큼 감소될 수 있다. 이에 대하여 2001년에 미국변호사협회(American Bar Association)에서는 차별적인 효과를 가지거나 또는 비행의 상황, 비행의 성질, 학생의 성장배경 등을 고려하지 않은 의무적으로 처벌하는 무관용정책을 학생의 적법 절차에 대한 권리를 침해한다고 주장하면서 강력한 예방적 조치를 유지할 것을 주장하였지만, 학생이 징계를 받을 경우에 그 권리가 보호되어야 한다고 강력하게 주장하였다.

1980년대 이래 미국에서 도입된 무관용정책은 총기 사용, 학교폭력, 기타 비행에 대하여 사건의 개별적 상황에 관계없이 엄격한 처벌을 가하는 정책을 말한다. 1994년 미국 연방의회는 「학교총기금지법」과 「학교안전법」을 제정하여 연방정부 차원에 무관용정책을 추진하였으며, 이 법들을 준수하기 위하여 각 주정부에서도 이 정책을 추진하였다.

미국에서 무관용정책은 안전하고 평화로운 학교를 조성하고 학습 분위기를 개선하였으며, 학교폭력을 비롯하여 학생의 비행이 감소하였다는 입장에서 어느 정도 타당성을 인정받을 수 있다. 그러나 무관용정책은 유연성 없는 징계 정책으로서 학생에게 유해한 결과를 낳을 수 있다는 비판을 받는다. 그리고 무관용정책에 의한 정학과 퇴학이 학생비행을 감소시키거나 없앨 수 있다는 주장에 의문을 제기하기도 하고, 무관용정책을 비상식적으로 적용하였기 때문에 아스피린이나 플라스틱 총과 같은 물건을 학교에 가지고 오는 등 비의도적인 경미한 비행을 저지른 학생들에게도 퇴학처분을 하게 된다. 그래서 무관용정책이 무지능정책(zero intelligence policies)이라고 비난을 받기도 한다.

이에 무관용정책의 대원칙은 유지하되, 대안이 강구되어야 한다는 주장이 강하게 제기되고 있다. 특히 등급징계제도는 학교규율의 확립에서 조기반응모형이라고 할 수 있다. 이 조기반응모형은 사소한 비행을 방치하면 더 심각한 비행이나 폭행으로 발전한다고 생각하는 점에서 무관용정책과 철학적 기반을 같이한다. 다만 무관용정책과 달리 비행이 약한 경우에는 완화된 처벌을 하자는 점에서 차이가 난다. 그리고 목적에 있어서 무관용정책은 엄격한 처벌을 통하여 비행의 발생을 예방 또는 제거하려고 하지만, 조기반응모형은 사소한 비행은 더 심각한 비행으로 확대되기 전에 제거되고, 장기적으로 모든 학생에게 개인적 또는 개인 간의 문제해결을 위하여 비행이나 폭력이 아닌 다른 좋은 방법을 가르치려고 한다. 따라서 우리가 학교폭력에 대응하기 위해서는 엄격한 처벌과 동시에 예방적인 정책을 아울러 수행하여야 할 것이다. 즉, 학교폭력과 비행을 긍정적인 학교 분위기를 조성하고, 학생이 표현하는 폭력 및 비행의 경고 신호에 잘 대처하며, 비행과 폭력에 대한 등급징계제도로 적절히 대응하는 동시적 개입이 병행되어야 할 것이다.

## 3. 미국의 학교폭력 대책[3)]

### 1) 학교폭력의 의미

학교폭력(bullying)은 실제 또는 인지된 힘의 불균형을 포함하는 학령기 아동 사이의 원치 않는 공격적인 행동을 의미한다. 이러한 공격적 행동은 반복되거나 시간이 지남에 따라 반복될 가능성이 있으며, 학교폭력을 당하는 학생과 다른 학생을 폭력하는 학생 모두 심각하고 지속적인 문제가 발생한다. 학교폭력으로 간주되려면 행동이 공격적이어야 하며 다음을 포함해야 한다.

- 힘의 불균형: 학교폭력을 가하는 학생은 다른 학생을 통제하거나 해를 입히기 위해 체력, 부끄러운 정보에 대한 접근 또는 인기와 같은 자신의 힘을 사용한다. 힘의 불균형은 시간이 지남에 따라 그리고 상황에 따라 변할 수 있다.
- 반복: 학교폭력행위는 한 번 이상 발생하거나 두 번 이상 발생할 가능성이 있다. 학교폭력에는 위협, 소문 퍼뜨리기, 신체적 또는 언어적으로 누군가를 공격하고 고의로 집단에서 누군가를 제외시키는 것과 같은 행위가 포함된다.

### 2) 학교폭력의 유형

학교폭력에는 세 가지 유형이 있다. 언어폭력은 비열한 말을 하거나 글을 쓰는 것이다. 언어폭력에는 ① 놀리기, ② 별명 부르기, ③ 부적절한 성적 댓글, ④ 조롱, ⑤ 피해를 입히겠다고 협박 등이 포함된다. 사회적 폭력은 관계형 폭력이라고도 하며, 다른 학생의 평판이나 관계를 손상시키는 것과 관련이 있다. 사회적 폭력에는 ① 누군가를 일부러 밖에 두기, ② 다른 학생들에게 누군가와 친구가 되지 말라고 말하기, ③ 누군가에 대한 소문 퍼뜨리기, ④ 공개적으로 누군가를 부끄럽게 하는 것 등이 포함된다. 신체폭력은 사람의 신체나 소유물에 상처를 입히는 것과 관련이 있다.

3) Stopbullying 홈페이지 참조(https://www.stopbullying.gov/bullying/what-is-bullying).

신체폭력에는 ① 때리기/차기/꼬집기, ② 침뱉기, ③ 밀치기, ④ 남의 물건을 가져가거나 부수는 것, ⑤ 비열하거나 무례한 손짓 등이 포함된다.

## 3) 학교폭력의 빈도

학교폭력의 빈도에 대해 연방정부에서 수집한 자료에는 두 가지가 있다. 첫째는 미국 국립 교육통계센터와 법무국에서 2019년 실시한 전국 범죄 피해 조사에서 학교 범죄 보충 자료에 따르면 전국적으로 12~18세 학생의 약 22%가 학교폭력을 경험한 것으로 나타났다. 둘째는 질병통제예방센터의 2021년 청소년 위험 행동 감시 시스템에 따르면 전국적으로 9~12학년 학생의 15.0%가 조사 전 12개월 동안 학교 소유지에서 학교폭력을 당했다고 보고했다.

## 4) 학교폭력 관련 법률, 정책 및 규정[4]

### (1) 주법

미국 주 및 지방 입법자들은 학교폭력을 방지하고 학생을 보호하기 위한 조치를 취하고 있다. 그러나 50개 주 모두, 컬럼비아 특별구 및 미국 영토(주)를 포함한 각 관할권은 학교폭력을 다르게 다루고 있다, 어떤 주는 법률, 정책 및 규정을 모두 제정하여 시행하고 있다. 그러나 어떤 주는 학교 및 지역 교육기관(학교구)이 자체 지역 법률, 정책 및 규정을 개발할 때 사용할 수 있는 표준 정책을 개발하여 제공하고 있다.

대부분의 주 법률, 정책 및 규정은 학교구와 학교가 학교폭력이 발생했을 때 이를 조사하고 대응하기 위한 학교폭력 정책 및 절차를 실행하도록 요구하고 있다. 소수의 주에서는 학교폭력 예방 프로그램과 보건교육 표준에 학교폭력 예방을 포함하고 교사 전문성을 개발하도록 요구하고 있다. 이러한 주법(state laws)은 일반적으로 학교폭력행위에 가담한 학생에 대한 특정 결과를 규정하고 있지는 않고 있다. 또한 주에서는 학교폭력, 사이버폭력 및 관련 행동을 단일 법률 또는 여러 법률에서 다룰 수 있다. 경우에 따라 학교폭력은 청소년에게 적용될 수 있는 국가의 형법에도 나타난다.

---

4) https://www.stopbullying.gov/resources/laws

2010년 12월, 미국 교육부는 당시 학교폭력에 초점을 맞춘 주 법률, 정책 및 규정에서 파악할 수 있는 공통 구성요소의 틀을 개발하였다. 이 틀은 학교폭력 사건을 예방하고 대응하기 위해 학교가 어떻게 조치를 취하고 있는지 설명하는 데 사용될 수 있다. 이 틀에 따르면 주 법률, 정책 및 규정에서 파악할 수 있는 공통 구성요소에는 학교폭력의 정의, 학교폭력 행동에 일반적으로 표적이 될 수 있는 특성 정의, 학교구 정책에 대한 세부 요구사항 등이 포함되어 있다. 주 법률, 정책 및 규정에 포함된 구체적인 공통 구성요소는 다음과 같다.

① 목적 진술

이 구성요소는 학교폭력이 학생의 학습, 학교안전, 학생 참여 및 학교 환경 등에 미치는 영향을 포함하여 학생에게 미치는 해로운 영향의 범위를 설명하고 있다. 모든 형태, 유형 또는 수준의 학교폭력은 용납될 수 없으며 모든 학교폭력 사건은 학교 관리자, 교직원(교사 포함), 학생 및 학생의 가족이 심각하게 받아들여야 한다는 것을 나타내고 있다.

② 정의

이 구성요소는 사이버폭력에 대한 명확한 정의를 포함하여 학교폭력에 대한 구체적인 정의를 제공하고 있다. 학교폭력의 정의에는 학교폭력을 구성하는 특정 행동의 목록이 포함되며, 학교폭력에는 한 명 이상의 개인에게 해를 입히려는 의도적인 노력이 포함되며, 직·간접적일 수 있고, 신체적 상해를 유발하는 행동에 국한되지 않으며, 언어적인 것도 있을 수 있음을 명시하고 있다. 학교폭력의 정의는 학교위원회, 정책입안자, 학교행정가, 교직원, 학생, 학생의 가족 및 지역사회가 쉽게 이해하고 해석할 수 있다. 또한 금지된 행위에는 학교폭력행위 주장 또는 주장에 대한 보복, 다른 사람이 만든 자료라도 상처를 주거나 비하하는 자료를 퍼뜨려(예: 불쾌감을 주는 이메일 또는 문자메시지 전달) 폭력이나 희롱 행위를 지속하는 것도 포함되어 있다.

③ 범위

이 구성요소는 법, 규정 또는 정책이 적용되는 범위를 설정하고 있다. 예를 들어, 법은 학교 운동장, 학교 후원 활동 또는 행사(장소에 관계없이), 학교에서 제공하는 교통수단, 학교에서 발생하는 행위 등을 다루고 있다.

④ 보호된 집단

이 구성요소는 학교폭력에는 역사적으로 학교폭력의 대상이었던 학생의 특성에 기반한 행위가 포함될 수 있지만 이러한 특성에 제한을 두지 말아야 하며, 학교폭력이 특정한 특성에 근거할 필요가 없다는 것을 분명히 하고 있다.

⑤ 학교구 정책 요건

이 구성요소는 모든 교육기관이 학교관리자, 교직원, 학생, 학생의 가족 및 지역사회를 포함하여 관심 있는 모든 이해관계자와의 협력 과정을 통해 학교폭력을 금지하는 정책을 개발하고 실행하도록 지시하고 있다.

⑥ 보고 및 조사

이 구성요소는 학생, 학생의 가족, 교직원 및 기타 사람들이 학교폭력 사건을 보고하는 절차를 포함하며, 보복으로부터 보호하면서 익명으로 그런 정보를 제출하는 절차를 포함하고 있다. 이 절차는 보고를 받고 사건을 조사할 책임이 있는 교직원의 연락처 정보를 제공하고 있다. 교직원은 자신이 목격했거나 알고 있는 학교폭력 사건을 지정된 공무원에게 적시에 대응하는 방식으로 보고해야 한다. 추가 폭력이나 보복으로부터 피해학생을 보호하기 위한 즉각적인 개입 전략을 포함하여 학교폭력 사건 보고에 대해 신속하게 조사하고 대응하는 절차를 포함하고 있다. 그리고 피해학생의 학부모 또는 보고된 피해자, 혐의가 있는 가해학생 및 그 학부모에게 통지하는 것을 포함하고 있다. 또한 만약 해당된다면 법집행관에게 통지하는 것도 포함되어 있다.

⑦ 결과

이 구성요소는 학교폭력에 대한 결과 및 제재의 단계적 범위에 대한 자세한 설명이 포함되어 있다.

⑧ 정책 전달

이 구성요소는 학교폭력에 연루된 결과를 포함하여 학교폭력과 관련된 정책을 학생, 학생의 가족 및 교직원에게 알리기 위한 계획을 포함하고 있다.

⑨ 보호 및 지원

이 구성요소는 학교폭력을 당한 학생을 위한 보호 장치를 제공하고, 학교폭력 사건에 연루된 학생을 상담, 정신 및 기타 건강 서비스에 위탁하는 절차를 포함하고 있다.

⑩ 지역 정책 검토 및 업데이트

이 구성요소는 학교구가 정책을 정기적으로 검토 및 업데이트하고, 주 법령의 목표를 달성하기 위해 지역 정책을 검토하도록 요구하는 사항을 포함하고 있다.

⑪ 예방교육

이 구성요소는 학교구가 연령에 맞는 학교 및 지역사회 차원의 학교폭력 예방 프로그램을 시행하도록 권장하는 것을 포함하고 있다.

⑫ 직원 교육

이 구성요소는 학교폭력의 예방, 파악 및 대응에 대해 교직원, 보조원, 지원 직원 및 통학버스 운전사 등을 포함하여 모든 교직원에 대한 교육을 제공하는 사항을 포함하고 있다.

⑬ 학부모 참여

이 구성요소는 학교구 정책 개발과 학생이 학교폭력 사건에 연루되었을 때 학교구가 학부모에게 알리도록 요구함으로써 학교폭력 예방 및 대응 노력에 학부모를 참여시키도록 권장하거나 요구하는 것을 포함하고 있다.

〈표 9-1〉은 주별 학교폭력 방지법과 규정에 나타나 있는 공통 구성요소의 유무를 보여 준다. 표에서 알 수 있듯이 대부분의 주는 학교폭력 방지법과 규정에 공통 구성요소를 포함하고 있다.

〈표 9-1〉 **주별 학교폭력 방지법과 규정의 공통 구성요소**

| 주 | 금지문 | 정의 | 범위 | 보호된 집단 | 학교구 정책 요구 사항 | 보고 및 조사 | 결과 | 정책 전달 | 보호 및 지원 | 지역 정책 검토 및 업데이트 | 예방 교육 | 직원 교육 | 학부모 참여 |
|---|---|---|---|---|---|---|---|---|---|---|---|---|---|
| 앨라배마 | ✓ | ✓ | ✓ | ✓ | ✓ | ✓ | ✓ | ✓ | ✓ | | ✓ | ✓ | |
| 알래스카 | ✓ | ✓ | | | ✓ | ✓ | ✓ | ✓ | | | | | ✓ |
| 아메리칸 사모아 | ✓ | ✓ | ✓ | | ✓ | ✓ | ✓ | | | | ✓ | | ✓ |
| 애리조나 | ✓ | | ✓ | | ✓ | ✓ | ✓ | ✓ | ✓ | | | | ✓ |
| 아칸소주 | ✓ | ✓ | ✓ | ✓ | ✓ | ✓ | ✓ | ✓ | ✓ | ✓ | ✓ | ✓ | ✓ |
| 캘리포니아 | ✓ | ✓ | ✓ | ✓ | ✓ | ✓ | ✓ | ✓ | ✓ | ✓ | ✓ | ✓ | ✓ |
| 콜로라도 | | ✓ | | ✓ | ✓ | | ✓ | | | ✓ | ✓ | | ✓ |
| 코넷티컷 | ✓ | ✓ | ✓ | ✓ | ✓ | ✓ | ✓ | ✓ | ✓ | ✓ | ✓ | ✓ | ✓ |
| 델라웨어 | ✓ | ✓ | ✓ | | ✓ | ✓ | ✓ | ✓ | ✓ | ✓ | ✓ | ✓ | ✓ |
| 워싱턴 D.C. | ✓ | ✓ | ✓ | ✓ | ✓ | ✓ | ✓ | ✓ | ✓ | ✓ | ✓ | ✓ | ✓ |
| 플로리다 | ✓ | ✓ | ✓ | | ✓ | ✓ | ✓ | ✓ | ✓ | ✓ | ✓ | ✓ | ✓ |
| 조지아 | ✓ | ✓ | ✓ | | ✓ | ✓ | ✓ | ✓ | | ✓ | ✓ | | ✓ |
| · 괌 | ✓ | ✓ | ✓ | ✓ | ✓ | ✓ | ✓ | ✓ | ✓ | | ✓ | ✓ | ✓ |
| 하와이 | ✓ | ✓ | ✓ | ✓ | ✓ | ✓ | ✓ | ✓ | | | | | |
| 아이다호 | ✓ | ✓ | ✓ | | ✓ | ✓ | ✓ | ✓ | ✓ | ✓ | ✓ | ✓ | |
| 일리노이 | ✓ | ✓ | ✓ | ✓ | ✓ | ✓ | ✓ | ✓ | ✓ | ✓ | ✓ | | ✓ |
| 인디애나 | ✓ | ✓ | ✓ | | ✓ | ✓ | ✓ | ✓ | ✓ | ✓ | ✓ | ✓ | ✓ |
| 아이오와 | ✓ | ✓ | ✓ | ✓ | ✓ | ✓ | ✓ | ✓ | ✓ | ✓ | ✓ | ✓ | ✓ |
| 캔자스 | ✓ | ✓ | ✓ | | ✓ | | | | | | ✓ | ✓ | |
| 켄터키 | ✓ | ✓ | ✓ | | ✓ | ✓ | ✓ | ✓ | | | | ✓ | ✓ |
| 루이지애나 | ✓ | ✓ | ✓ | | ✓ | ✓ | ✓ | ✓ | ✓ | | ✓ | ✓ | ✓ |
| 메인 | ✓ | ✓ | ✓ | ✓ | ✓ | ✓ | ✓ | ✓ | ✓ | ✓ | | ✓ | ✓ |
| 메릴랜드 | ✓ | ✓ | ✓ | ✓ | ✓ | ✓ | ✓ | ✓ | ✓ | ✓ | ✓ | ✓ | ✓ |
| 매사추세츠 | ✓ | ✓ | ✓ | ✓ | ✓ | ✓ | ✓ | ✓ | ✓ | ✓ | ✓ | ✓ | ✓ |
| 미시간 | ✓ | ✓ | ✓ | | ✓ | ✓ | ✓ | ✓ | | ✓ | ✓ | ✓ | ✓ |
| 미네소타 | ✓ | ✓ | ✓ | ✓ | ✓ | ✓ | ✓ | ✓ | ✓ | ✓ | ✓ | ✓ | ✓ |
| 미시시피 | ✓ | ✓ | ✓ | | ✓ | ✓ | ✓ | | ✓ | | ✓ | | ✓ |
| 미주리 | ✓ | ✓ | ✓ | | ✓ | ✓ | ✓ | ✓ | ✓ | ✓ | ✓ | ✓ | |

| | | | | | | | | | | | | | |
|---|---|---|---|---|---|---|---|---|---|---|---|---|---|
| 몬태나 | ✓ | ✓ | ✓ | | ✓ | ✓ | ✓ | | ✓ | | | | ✓ |
| 네브래스카 | | ✓ | ✓ | | ✓ | | ✓ | | | ✓ | | | |
| 네바다 | ✓ | ✓ | ✓ | ✓ | ✓ | ✓ | ✓ | | ✓ | ✓ | ✓ | ✓ | ✓ |
| 뉴햄프셔 | ✓ | ✓ | ✓ | ✓ | ✓ | ✓ | ✓ | ✓ | ✓ | | ✓ | ✓ | ✓ |
| 뉴저지 | ✓ | ✓ | ✓ | ✓ | ✓ | ✓ | ✓ | ✓ | ✓ | ✓ | ✓ | ✓ | ✓ |
| 뉴멕시코 | ✓ | ✓ | ✓ | ✓ | ✓ | ✓ | ✓ | ✓ | ✓ | ✓ | ✓ | ✓ | ✓ |
| 뉴욕 | ✓ | ✓ | ✓ | ✓ | ✓ | ✓ | ✓ | ✓ | ✓ | ✓ | ✓ | ✓ | |
| 노스캐롤라이나 | ✓ | ✓ | ✓ | ✓ | ✓ | ✓ | ✓ | ✓ | | ✓ | | ✓ | |
| 노스다코타 | ✓ | ✓ | ✓ | | ✓ | ✓ | ✓ | ✓ | ✓ | ✓ | ✓ | ✓ | ✓ |
| 북마리아나제도 | ✓ | ✓ | ✓ | ✓ | ✓ | ✓ | ✓ | ✓ | ✓ | | | | |
| 오하이오 | ✓ | ✓ | ✓ | | ✓ | ✓ | ✓ | ✓ | ✓ | ✓ | ✓ | ✓ | ✓ |
| 오클라호마 | ✓ | ✓ | ✓ | | ✓ | ✓ | ✓ | ✓ | ✓ | ✓ | ✓ | ✓ | ✓ |
| 오리건 | ✓ | ✓ | ✓ | ✓ | ✓ | ✓ | ✓ | ✓ | | ✓ | ✓ | ✓ | ✓ |
| 펜실베이니아 | | ✓ | ✓ | | ✓ | ✓ | ✓ | ✓ | | ✓ | ✓ | ✓ | |
| 푸에르토리코 | ✓ | ✓ | ✓ | | ✓ | ✓ | ✓ | ✓ | ✓ | | ✓ | ✓ | ✓ |
| 로드아일랜드 | ✓ | ✓ | ✓ | ✓ | ✓ | ✓ | ✓ | ✓ | ✓ | ✓ | ✓ | ✓ | ✓ |
| 사우스캐롤라이나 | ✓ | ✓ | ✓ | | ✓ | ✓ | ✓ | ✓ | | ✓ | ✓ | ✓ | ✓ |
| 사우스다코타 | ✓ | ✓ | ✓ | | ✓ | ✓ | ✓ | | | | | | |
| 테네시 | ✓ | ✓ | ✓ | | ✓ | ✓ | ✓ | ✓ | ✓ | ✓ | ✓ | ✓ | ✓ |
| 텍사스 | ✓ | ✓ | ✓ | | ✓ | ✓ | ✓ | ✓ | ✓ | | ✓ | ✓ | ✓ |
| 미국령 버진아일랜드 | | | | | ✓ | | | ✓ | | ✓ | ✓ | ✓ | |
| 유타 | ✓ | ✓ | ✓ | | ✓ | ✓ | ✓ | ✓ | ✓ | ✓ | ✓ | ✓ | ✓ |
| 버몬트 | ✓ | ✓ | ✓ | ✓ | ✓ | ✓ | ✓ | ✓ | ✓ | ✓ | ✓ | ✓ | ✓ |
| 버지니아 | ✓ | ✓ | ✓ | | ✓ | ✓ | ✓ | | | ✓ | ✓ | ✓ | ✓ |
| 워싱턴 | ✓ | ✓ | ✓ | ✓ | ✓ | ✓ | ✓ | ✓ | ✓ | ✓ | ✓ | ✓ | ✓ |
| 웨스트버지니아 | ✓ | ✓ | ✓ | | ✓ | ✓ | ✓ | ✓ | ✓ | ✓ | ✓ | ✓ | ✓ |
| 위스콘신 | ✓ | | ✓ | | ✓ | ✓ | ✓ | ✓ | | | ✓ | | ✓ |
| 와이오밍 | ✓ | ✓ | ✓ | | ✓ | ✓ | ✓ | ✓ | ✓ | ✓ | ✓ | ✓ | ✓ |

출처: https://www.stopbullying.gov/resources/laws

### (2) 주별 학교폭력 방지법 및 정책

[그림 9-1]은 주별 학교폭력 방지법 및 정책 현황을 보여 준다. 그림에서 알 수 있듯이 미국의 어떤 주는 법과 정책 모두를 가지고 있는가 하면, 어떤 주는 법 또는 정책만 가지고 있다. 이것은 미국의 학교폭력에 대한 대처는 주별로 독립적으로 제정 및 시행되고 있다는 것을 시사한다.

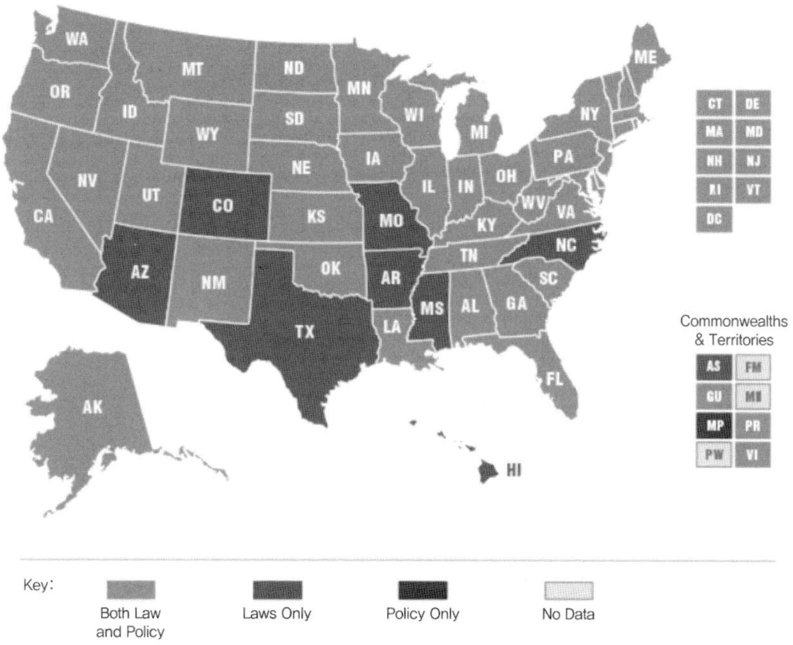


[그림 9-1] **주별 학교폭력 방지법 및 정책 현황**

출처: https://www.stopbullying.gov/resources/laws

### (3) 연방법

미국은 학교폭력에 특별히 적용되는 연방법(federal law)을 가지고 있지 않다. 그러나 상황에 따라 학교폭력이 인종이나 민족, 피부색, 출신 국가, 성별, 장애 또는 종교에 기반한 경우 학교폭력은 폭력과 중복되며, 학교는 법적으로 이를 해결할 의무가 있음을 제시하고 있다.

제 10 장

# 미국의 학교폭력 예방제도: 학교자원경찰제도

# 1. 학교폭력과 학교자원경찰제도[1)]

## 1) 도입 배경

일반적으로 폭력이란 타인에 대한 신체적 손상, 손해 또는 위협을 가할 목적으로 협박하거나 물리력을 행사하는 것을 말하며(Elliott et al., 1998), 학교폭력은 학교 운동장이나 등하교시 통학버스 내에서 발생하는 협박, 위협, 괴롭힘, 절도, 기물 파손(vandalism), 싸움과 같은 신체적 공격 또는 살인행위를 말한다(Capozzoli & McVey, 2000: 11). 이러한 폭력행위는 학생에게 신체적, 정서적, 사회적으로 악영향을 줄 뿐만 아니라 학교경영자의 교육목적 수행을 방해하고, 학생의 효과적인 학습을 막는다. 그러므로 지역사회와 교육당국은 학교폭력을 억제하고 궁극적으로 예방하여야 할 책임을 져야 한다.

미국에서는 지난 수년간 학교폭력과 총기 사고의 비극이 수많이 발생하였으며, 최근에는 연령, 성별, 학년과 구별 없이 발생하고 있다.[2)] 특히 1997년 켄터키주 웨스트 퍼듀커(West Paducah), 1998년 일리노이주 스프링필드(Springfield)와 아칸소주 존즈보로(Jonesboro), 1999년 콜로라도주 리틀턴(Littleton) 등에서 발생한 사건은 세간의 이목을 집중시켰다. 이로 인하여 학교에서 학생의 안전문제를 지금 당장 해결하여야 한다는 사회적 합의가 급속하게 형성되기 시작하였으며, 교육당국들은 학교안전을 확보할 수 있는 많은 조치를 취하였다.

이러한 조치로서 금속 탐지기와 감시 카메라와 같은 첨단기술의 사용, 무관용정책의 실시, 운동장과 건물에의 엄격한 접근 통제, 교직원과 학생에 대한 위기관리기술의 개발, 학교환경에 대한 연례 안전성평가 등과 같은 다양한 방법을 들 수 있다(정일환, 김영환, 2013; Bracy, 2011; Kupchick, 2011; Price, 2009). 이와 더불어 장기적인 예방

---

1) 정일환, 김영환(2013: 25-50). 미국의 학교자원경찰제도의 주요 내용과 시사점을 토대로 작성되었음.

2) 2000년 2월 29일 미국 미시간주 마운트 모리스(Mount Morris)에서는 6세 어린이가 32구경 반자동권총을 학교에 가지고 와서 1학년 동료 학생을 살해하였으며, 2002년 10월 4일 텍사스주 샌안토니오(San Antonio)에서는 13살 여중학생이 교내 주차장에서 친구들이 보는 앞에서 9mm 권총으로 자신의 왼쪽 관자놀이를 쏘아서 치명상을 입었다(Center for the Prevention of School Violence, School Resource Officers and Safe SchoolPlanning, 2003; http://www.ncsu.edu/cpsv/srossp.htm 2012.7.15 방문).

전략도 등장하였는데, 멘토 프로그램, 갈등해결기법 연수, 법 관련 교육, 인성교육, 학교에 보안요원과 경찰의 배치 등이 그것이다(Addington, 2009; Price, 2009).

오늘날 미국에서 학교폭력은 학교가 홀로 해결할 수 있는 문제가 아니며, 오히려 관계 기관이 협력하여 해결해야 할 다면적인 문제가 되었다(Fink, 2001). 불행하게도 학교경영자들은 그들이 교육자로서 가지고 있는 전문적 지식과 기능만으로 학교폭력을 해결할 수 없는 현실에 직면하게 된 것이다. 따라서 교직원뿐만 아니라 학부모, 지역사회 인사, 법집행기관들이 공동으로 학교폭력을 줄이려는 노력을 하여야 하며, 그런 전략의 하나로서 학교자원경찰이 등장하게 되었다(Robinson, 2006).

### 2) 학교자원경찰의 개념 규정

학교와 지역사회 센터(Center for Schools and Communities)에 의하면, 학교자원경찰이란 학생, 학부모 및 교사와의 상호작용에 관하여 특별히 훈련을 받고 학교에 출근하여 수업 외에 대해 활동하는 경찰관을 말한다. 그리고 「종합범죄방지 및 거리안전에 관한 법(Part Q of Title I of the Omnibus Crime Control and Safe Streets Act of 1968)」에서는 학교자원경찰을 "경찰서 또는 행정기관에서 임명하고 학교와 지역사회 중심조직과 협동하여 지역사회경찰활동을 수행하기 위하여 배치된 직업적 법집행관"이라고 규정하고 있다.

학교자원경찰은 지역사회경찰활동의 일환으로 활동한다. 지역사회경찰활동(community policing)이란 지역사회와 경찰과의 협력관계를 통하여 범죄와 사회불안의 원인을 제거하고, 그 우려를 감소시키기 위한 조직적인 전략을 조장 및 지원하는 경찰활동을 말한다(Atkinson, 2000). 이런 관점에서 보면 학교자원경찰은 지역사회 내의 독립기관의 지위에서 학교에 봉사하기 위하여 임명된 순찰지구대(patrol division)의 구성원이다.

그들은 범죄, 약물 남용, 폭력을 줄이고, 안전한 학교환경을 조성하기 위하여 교사, 학생, 학부모 및 지역사회와 협력하여 업무를 수행한다. 학교자원경찰의 가장 중요한 목적은 안전한 학교환경을 조성하는 데 있다. 이를 위하여 운동장을 순찰하고, 학생의 구조 요청에 대응하며, 청소년비행을 예방하는 임무를 수행한다. 그리고 교실에서 공식적, 비공식적으로 법적 지식 및 도덕 등을 가르치고, 학생을 개인적으로 상담하면서 멘토로서의 역할을 한다. 또한 학교자원경찰의 업무, 형사사법제도, 지역사회 내 법집행기관(law enforcement agencies)의 역할 등을 학생, 교직원 및 지역사회 주민에게 교육을 한다. 종합적으로 말하면, 학교자원경찰은 학교에 배치된 법집행기관으로서 학교폭력과 청소년비행을 예방 및 진압하고, 학생, 학부모, 교사와 학교경영자, 지역사회에 법률문제를 교육 및 상담하며, 그에 관한 정보를 제공하는 중요한 인적자원이라고 할 수 있다.

## 2. 학교자원경찰제도의 전개과정

미국에서 경찰이 일시적으로 학교에 근무한 것은 오래 전부터이지만, 정식 경찰관이 학교에 상근 배치된 것은 비교적 최근의 일이다(Birkland & Lawrence, 2009). 1990년 이전에는 극히 소수의 경찰이 자전거 안전, 교통안전, 아동학대 예방과 같은 특별 프로그램을 위하여 학교에 개입하였으나, 1990년대에는 지역사회 경찰 활동이 활발해지고 그 성과가 알려지자 이를 학교폭력에 적용하려고 하였기 때문에 미국 공립학교에서 근무하는 정식 경찰관의 수가 급증하였다.

학교자원경찰제도는 1950년대에 미시간주 플린트(Flint)에서 처음으로 시작되었다(Garrett, 2001). 이 제도의 목적은 지방 경찰서와 청소년의 소통을 향상시키는 것이었다. 경찰관은 상근직으로 배치되어 교사와 상담자로서의 역할을 수행하였다. 플린트에서 이 제도가 성공하자 다른 지역으로도 퍼져나갔다. 1962년 애리조나주 투손(Tucson)에서 청소년범죄를 해결하기 위하여 이 제도가 도입된 후(Kennedy, 2001), 1966년 미시간주 새기노(Saginaw), 1967년 오하이오주 신시내티(Cincinnati), 1968년 로스앤젤레스(Los Angeles) 등에서도 학교자원경찰이 활동하기 시작하였다. 특히 1968년 캘리포니아주 프레즈노(Fresno)에서는 학생과 경찰 간의 관계를 증진하기 위하여 7명의 사복 경찰관을 초등학교와 중학교에 배치하였다. 1974년 프레즈노 경찰서는 조직을 개편하여 소년 범죄국을 설치하고, 7명의 학교자원경찰을 소년범 수사관으로서 고등학교에 배치하여, 그들로 하여금 학생이나 학교 재산에 대하여 발생한 범죄를 수사하게 하였다(West & Fries, 1995).

이와 같이 학교자원경찰제도가 애리조나주와 캘리포니아주에서 활발히 실행되자

1970년대에는 미국 전역으로 확대 시행되었다. 특히 플로리다주 의회는 모든 중 · 고등학교에 학교자원경찰을 배치할 것을 명령하는 법률을 제정하였다. 또한 학교구의 지시를 받고 운영되는 경찰서를 설치하는 법들이 여러 주에서 제정되었는데, 이 경찰서에서는 학교구가 임명한 정식 경찰관이 근무하였다.

1973년 형사사법기준 및 목표에 관한 국가자문위원회(National Advisory Commission on Criminal Justice Standards and Goals)에서는 모든 법집행기관에게 사회에서 법집행관의 역할을 기술한 연례보고서를 연 1회 이상 제출 할 것을 권고하였는데, 이후 학교자원경찰제도가 전국적인 관심을 끌게 되었다. 그리고 이 위원회는 400명 이상을 고용하고 있는 모든 법집행기관에 학생을 가르치고, 상담하고, 법을 집행하며, 교직원에게 각종 지원을 하기 위하여 개별 중 · 고등학교에 상근 학교자원경찰관을 배치할 것을 권고하였다. 이에 따라 중학교의 10%와 고등학교의 19%가 학교자원경찰을 배치하였으며, 특히 재학생이 1,000명 이상인 도시지역의 대규모 학교에 이들이 배치된 경우가 많았다. 1990년대 말에는 지방 경찰서의 약 1/3이 학교자원경찰을 임용하였고(Goldberg & Reaves, 2000), 2003년에는 지방 경찰서의 43%가 이들을 임용하였다. 학교자원경찰은 관할 구역이 큰 지역에서는 특히 활용도가 높았다. 즉, 주민이 10만 명 이상인 경찰서의 약 80%가 학교자원경찰을 두고 있었고, 25만 이상 50만 미만의 주민이 있는 경찰서의 90% 이상이 상근직 학교자원경찰이 활동하고 있었다. 2003년 당시 지방 경찰서에는 약 2만 명의 학교자원경찰이 근무하고 있었다(Hickman & Reaves, 2006).

한편, 1991년 플로리다주 새러소타(Sarasota)에서는 처음으로 학교자원경찰이 참석한 전국회의가 개최되었으며, 전국 학교자원경찰관협회(National Association of School Resource Officers: NASRO)의 이사회가 설립되었다(Kennedy, 2001).

## 3. 학교자원경찰제도의 주요 특징

### 1) 학교자원경찰제도의 주요 내용

미국 학교자원경찰제도의 주요 내용으로 목적과 역할, 임용권자, 자격, 선발, 훈련,

감독, 재정 지원 확보 등을 중심으로 제시하면 다음과 같다.

### (1) 목적 및 역할

학교자원경찰의 운영이 있어서 법집행기관의 장과 교육장은 제도의 목적 및 역할을 명확하게 이해하는 것이 중요하다. 지역에 따라 학교자원경찰이 학교에서 담당하는 임무가 다양하지만, 대부분의 경우에 학교자원경찰은 법집행관이면서 교육자와 상담자의 역할을 함께 수행하고 있다. 일반적으로 교직원은 모든 징계문제를 처리할 책임을 가지고 있지만, 학교자원경찰은 학교에서 발생한 모든 범죄를 처리할 책임이 있기 때문에 교직원과 학교자원경찰이 담당하는 역할을 명확히 결정하여야 혼란을 방지하고 강력한 파트너십을 형성할 수 있다. 학교자원경찰은 법집행관, 법 관련 상담자, 법 관련 교육자라는 3대 주요 역할과 책임을 수행하는 지위에 있다(http://cte.jhu.edu/courses/ssn/sro/ses1_act4_pag1.shtml).

#### ① 법집행관으로서의 역할

학교자원경찰은 신뢰받는 법집행관(law enforcement officer)으로서 체포권한을 가지고 있으며, 범죄 억제 기능을 수행한다. 그리고 학교 내와 그 부근에서 절도, 마약, 폭력 등의 범죄를 조사하며 학교의 안전과 보안을 유지한다. 학교자원경찰의 법집행관으로서의 역할을 구체적으로 살펴보면 다음과 같다.

첫째, 학교와 그 인근에서 법을 집행하고 경찰 활동을 수행한다. 경찰서의 정책과 절차에 따라 범죄 사건을 조사하고, 주와 지방의 법률 및 자치법규를 집행한다. 그리고 필요한 경우에 비행청소년을 적절한 청소년 보호기관이나 관련 정부기관에 위탁한다.

둘째, 학생과 친밀하게 접촉하고 적극적인 관계를 형성하여 청소년범죄를 예방한다. 범죄 예방 계획을 수립하고, 범죄와 비행을 예방하기 위하여 순찰(security inspection)한다. 그리고 범죄 통계를 추적 및 관찰하고, 지역순찰경찰관 및 학생과 함께 범죄 예방 전략을 수립한다.

셋째, 안전한 학교환경을 구축하기 위하여 학교경영자와 밀접한 협력관계를 형성 및 유지한다. 교육위원회의 정책과 절차를 집행하는 교직원의 업무를 조력하고, 무기나 위험물질과 관련하여 학교 수색을 하거나 학생의 감정 상태가 학교경영자에게 위해를 가할 수 있는 경우에는 현장에 임장하여 학교경영자의 신변 안전을 도모한다. 그리고 비상사태하에서 보안문제를 책임지는 학교경영자를 보조한다.

넷째, 학교에서 학생이 쉽게 도움을 요청할 수 있도록 학생과 친숙하고 가까운 곳에 있어야 한다. 각종 학교 행사에 참석하며, 교직원뿐만 아니라 학생 및 학부모 단체와 협력관계를 형성하고 조성해야 한다.

다섯째, 교사의 교육적 노력을 지원하기 위하여 법 관련 교육계획을 개발 및 수행한다. 교사와 공동으로 법 관련 주제와 사회에서 경찰의 역할에 관한 교육을 설계하고 시행한다.

여섯째, 교실과 건물에서 학생들과 접촉하고, 적극적인 역할모델로 활동한다. 따라서 학교에서 경찰의 가시성과 접근성을 향상시켜야 한다.

② 법 관련 상담자로서의 역할

학교자원경찰은 법 관련 상담자(counselor)로서의 역할도 원활히 수행하여야 한다. 일반 경찰관도 일정한 경우에 상담을 행한다. 예를 들면, 가정폭력의 피해자에게 보호명령을 받을 수 있는 방법을 상담해 주고, 이웃 간의 분쟁을 중재하려고도 하며, 범죄와 관련 없는 문제의 해결을 도와달라고 요구받기도 한다. 학교자원경찰도 마찬가지이다. 즉, 생활지도 상담자는 갈등 중재 과정에서 학교자원경찰에게 도움을 요청하며, 학부모도 그 자녀의 마약이나 알코올 문제에 관한 정보를 학교자원경찰로부터 얻으려고 한다.

학생도 자신이 범한 교통 위반 행위에 관한 조언을 얻으려고 한다. 학생이 자신의 행동에 대하여 학교자원경찰과 의논하면 학교자원경찰은 청소년에게 적극적인 문제해결책을 제시한다.

③ 법 관련 교육자로서의 역할

학교자원경찰은 학생, 교직원, 지역 주민에게 법 관련 교육자(educator)로서의 역할을 한다. 법 관련 교육은 학생들에게 책임 있는 시민정신을 함양하고 법 제도가 적용되는 방법에 대한 바람직한 이해를 돕기 위하여 실시되며, 교육과정을 보완한다는 의미도 가진다. 학교자원경찰은 초청연사로서 학급에 요청받았을 때 법 관련 교육자로서 그의 전문성과 경험을 제공할 수 있다. 경찰관으로서 학교자원경찰은 학생에게 형사사법제도가 운용되는 방법, 범죄의 예방과 개인의 안전, 학교와 지역사회에서 용인될 수 없는 행동의 결과 등을 가르치며 토론한다. 이러한 활동은 학생에게 긍정적인 학습경험이 된다. 학급에서 다룰 수 있는 주제로는 수색과 체포, 연방헌법 수정 제4조의 적법절차, 헌법상 권리와 민주주의와의 관련성, 재판절차, 형사 사법절차 및 청소년 사법절차, 범죄 현장 조사, 지문 찍기와 찾기, 증거로 사용되는 DNA 기술, 마약과 알코올에 관련된 법적 지식 등이다.

이와 같이 학교자원경찰은 학급에서 교사를 지원할 뿐만 아니라 학교 전체의 교육활동을 돕는다. 그리고 학교자원경찰은 교직원에게 위기와 긴급 상황에 대처하는 방법을 가르치며, 학부모에게 학생이 노출되기 쉬운 현재의 마약 문제 추세에 관한 정보를 제공한다. 교직원, 학생, 학부모에게 교통안전에 관한 교육을 하기도 한다.

### (2) 임용권자

학교자원경찰은 지방 법집행기관에 의하여 임명되어 감독을 받고 배치되어 경찰, 학교와 지역사회 사이에서 연락자의 역할을 한다. 그러나 학교자원경찰과 학교경영자의 밀접한 근무관계가 학교자원경찰의 성공적인 임무 수행에 중요한 요소가 되기 때문에 학교경영자도 그 선발 과정에 참여하고 있으며, 학교자원경찰의 배치와 재임의 결정에도 관여한다.

일반적으로 학교자원경찰을 임명하기 전에 법집행기관의 장과 학교구의 교육장이 각자의 권한과 의무를 명백하기 하기 위하여 양해각서(Memorandum Of Understanding: MOU)를 체결하고 학교자원경찰을 임용한다. 통상적으로 이 양해각서에는 협정의 목적, 학교자원경찰의 임용(임용할 경찰관의 수 및 배치되는 장소, 보수 및 각종 수당, 임명 · 배치 · 훈련에 관한 권한), 자격, 근무시간 및 장소, 의무, 명령계통, 훈련, 회의 참가, 복장, 장비와 보급품, 조사 · 질문 · 수색 · 체포의 절차, 교육기록에의 접근, 사후손실보전(indemnification), 근무평가 등에 관한 규정을 두고 있다.

### (3) 자격

학교자원경찰은 근무할 학교를 관할 구역으로 하는 법집행기관에 소속된 정식 경찰관이며, 학교가 주된 근무지이다. 따라서 학교자원경찰은 지역사회에서 근무하는 일반 경찰관에게 요구되는 자격과는 달라야 한다. 특히 학교자원경찰이 효과적으로 임무를 행하기 위해서는 교육환경에서 일할 수 있는 자격을 갖추는 것이 가장 중요하다(Atkinson, 2000). 일반적으로 학교자원경찰의 자격으로 다음과 같은 것을 들고 있다(Finn et al., 2005: 47-55).

첫째, 학교자원경찰은 2년 이상의 경찰관 근무경력이 있어야 한다. 학교자원경찰은 학교에서 그들의 임무를 수행함에 있어서 경찰로서의 전문성과 경험을 가질 필요가 있기 때문이다. 경험 있는 경찰관이 학교에서 근무할 때 학교자원경찰에게 요구되는 자질을 체계적으로 개발할 수 있다.

둘째, 학생을 사랑하는 마음을 가져야 한다. 학교자원경찰은 특별한 기준에 따라 선발되어야 하지만, 청소년에게 관심을 가지고 있고 학생과 함께 일하겠다는 의욕이 강하고 또한 할 수 있어야 한다. 이것은 학교자원경찰이 되기 위한 아주 기본적인 자격이며, 업무의 속성상 학교자원경찰은 청소년과 소통하면서 근무시간의 대부분을 보내기 때문에 학교자원경찰에게는 학생과 함께 근무하려는 진정한 희망이 전제조건이 된다. 학생과 접촉하고 적극적이고 유용한 상호관계를 유지할 수 있는 학교자원경찰의 능력은 교육환경으로서 학교에 긍정적인 효과를 줄 수 있다.

셋째, 올바른 품행과 대인관계기술을 가지고 있어야 한다. 학교자원경찰의 인성적 특질로서 침착하고 차분한 성격을 요하며, 사람에게 공포감을 주거나 냉담하지 않아서 접근하기 쉬운 성격이어야 한다. 그리고 학생의 엉뚱한 수작이나 허튼소리를 적절하게 받아넘길 수 있어야 하며, 격분하거나 짜증을 내지 않고 참을성이 있어야 한다.

넷째, 감독자 없이도 스스로 업무를 추진할 수 있어야 한다. 학교자원경찰은 직접적인 감독 없이 독립적으로 근무한다. 일과 점호에도 참석하지 않으며, 경찰서장이 아니라 교장이나 교감이 일상적인 감독을 한다. 따라서 학교자원경찰은 경찰서와 접촉이 거의 없는 상태에서 독립적으로 근무할 수 있는 성격이어야 하고, 또 그렇게 하는 것이 편하다고 생각하여야 한다.

다섯째, 아주 열심히 자발적으로 일을 할 수 있어야 한다. 학교자원경찰은 교사, 교장, 경찰서 등으로부터 여러 가지 일을 요구받기 때문에 시간 관리가 어렵다. 따라서 업무 추진의 선후를 잘 정리하고 추진하여야 하며, 한 업무에서 빠르고 적절하게 전환하여 다른 업무를 추진할 수 있는 유연성을 가지고 있어야 한다.

여섯째, 유능한 교사이거나 그러한 교사가 될 수 있어야 한다. 학교자원경찰의 역할 중의 하나가 법 관련 교육자이기 때문에 교직원, 학생, 학부모 등에게 법 관련 내용을 가르칠 수 있는 능력을 가지고 있거나 경험이 있어야 한다.

일곱째, 평균 이상으로 성실한 사람이어야 한다. 학교자원경찰은 학생을 가르치고, 학생과 학부모에게 역할모델이 되기 때문에 도덕적, 윤리적인 사람이어야 하며, 성실한 사람이어야 한다.

### (4) 선발

미국에서는 자격에 적합한 학교자원경찰을 임용하기 위하여 여러 선발 절차를 활용하고 있다. 대체적으로 지원서를 받아 검토하고, 전현직 감독자로부터 정보를 수집하며, 학교자원경찰의 직무와 역할에 대하여 충분한 정보를 제공하고, 개인 인사기록을 조사하며, 개인적 경험을 고려한다. 이러한 조사검토는 제출된 서류와 면접을 통하여 진행된다(Finn et al., 2005: 60-70).

첫째, 지원서에는 학생과 함께 일하는 것에 대한 흥미와 관심, 학교자원경찰로서의 적합성을 증명할 수 있는 과거의 경력과 경험, 공개연설 능력과 경험, 자유근무시간제의 수용 여부, 학교자원경찰에 대한 지식 등을 기록하도록 하고 근거 서류를 제출하게 한다.

둘째, 전현직 감독자와 접촉하여 유능한 학교자원경찰이 될 수 있는 특성을 가지고 있는지를 확인한다.

셋째, 선발 과정에서 지원자에게 당해 직위에 대한 정보, 직무기대치와 직무수행상의 어려움을 명확히 제공함으로써 학교자원경찰의 직무에 대한 책임을 느끼고 근무조건을 알도록 한다. 특히, 학교자원경찰의 단점을 충분히 설명함으로써 부적절한 지원자가 스스로 포기하도록 한다.

넷째, 인사기록이나 기타 자료를 검토한다. 지원자가 제출한 인사서류는 학교자원경찰의 적합성을 판단할 수 있는 자료가 된다. 특히 전현직에서 징계를 받은 사실을 파악한다.

다섯째, 지원자의 개인적 경험을 고려한다. 지원자가 학생을 가르친 경험이나 학생들과 친밀감을 형성해 본 경험은 학교자원경찰에게 유용한 자원이 된다.

### (5) 훈련

#### ① 훈련기관

미국에서 학교자원경찰을 훈련하는 기관은 다양하게 존재한다. 전국적인 훈련 조직, 주정부의 훈련기관, 대학 설립 훈련기관, 학교자원경찰 자체 조직의 교육기관 등을 들 수 있다.

전국적인 교육기관으로서는 학교자원경찰 조직인 전국학교자원경찰협회(National Association of School Resource Officers: NASRO), 코빈(Corbin & Associates Inc.) 및 RJK(RJK & Associates, Inc.)가 대표적이다. 특히 전국학교자원경찰협회의 훈련과정에서는 학교자원경찰이 되려는 자에게 법집행, 상담, 교육이라는 세 가지 개념을 이해할 수 있도록 교육을 실시한다. 5일간 실시되는 훈련에서 교육생은 지역사회경찰 활동, 교수방법, 학습계획, 상담, 아동학대의 감지, 특수교육, 결손가정, 학교안전, 위기관리, 교육법, 약물 남용의 감지, 범죄 예방 등에 관하여 교육을 받는다(Trump, 2001).

주정부의 훈련기관으로서는 주 법무부가 개설한 노스캐롤라이나주 법무학교(The North Carolina Justice Academy), 주검찰청(State Attorney General's Office)이 설립한 플로리다주 범죄예방훈련원(The Florida Crime Prevention Training Institute), 와이오밍주 법집행학교(Wyoming Law Enforcement Academy), 치안관 기준 및 훈련원(Commissions on Peace Officer Standards and Training: POST) 등이 있다.

그리고 폭스 밸리 공과대학교(Fox Valley Technical College), 미시간주립대학교(Michigan State University), 일리노이대학교(University of Illinois) 등에서 학교자원경찰 교육과정을 개설하고 있다. 특히 폭스 밸리 공과대학교가 국립 실종 · 학대 아동방지센터(National Center for Missing and Exploited Children)와 함께 미 법무부의 소년사법 및 비행 예방국(Office of Juvenile Justice and Delinquency Prevention)의 지원을 받아 시행하고 있는 학교안전지도 종합계획(Comprehensive School Safety Leadership Initiative)은 정평 있는 교육과정이다. 이 계획의 목적은 안전한 학교환경의 조성 및 유지에 관한 지도력과 지원을 요구하는 지역사회를 돕는 데 있으며, 학교와 법집행관, 학교자원경찰, 일반 경찰, 교직원, 사회봉사단체, 지역사회 지도자 등을 대상으로 표적훈련(targeted training)을 제공한다. 즉, 학교, 지역사회, 소년사법기관이 효과적인 학교자원경찰제도를 시행할 수 있도록 지원하고, 지역사회가 조직능력과 권한을 정립하고 새로운 정책과 절차를 수립하도록 지원한다.

이 계획에는 최고경영자 안전학교 과정, 학교자원경찰지도자 과정, 안전학교 기관협력팀계획 과정의 세 가지 교육과정이 있다.

• 최고경영자 안전학교 과정(Chief Executive Officer Safe Schools Forum)

2일의 교육 기간 동안에 학교자원경찰제도의 중요한 역할과 책임을 소개하고, 학교안전과 소년사법에 관련된 정보의 공유와 정책문제를 논한다. 교육장, 경찰서장, 보안관찰소장, 사회복지사업 책임자, 검사장 등이 참가한다.

• 학교자원경찰지도자 과정(School Resource Officer Leadership Program)

1주일 동안 진행하며, 안전한 학교환경을 계획하고 유지하는 데 있어서 지도자로서 학교자원경찰의 역할에 대한 최선의 정책을 토론한다. 학교자원경찰과 그 감독관, 학교구경찰관, 대학경찰, 학교상담자, 심리학자, 기타 교직원이 참석한다.

• 안전학교 기관협력팀계획 과정(Safe Schools Interagency Team Planning Program)

학교, 지역사회, 사회봉사기관, 청소년 사법기관의 최고책임자들이 함께하여 향상된 학교안전, 더 나은 학생지도, 효과적인 범죄 예방을 유도하기 위한 정보공유, 협력, 조정의 과정과 방법을 배우는 과정이다. 교장, 교육장, 학교자원경찰의 감독관, 사회복지사업 책임자, 학교구경찰서장, 지역경찰서장, 지방정부의 장, 기타 지역사회 지도자들이 참석한다.

② 훈련의 종류 및 내용

학교자원경찰의 역할은 일반 경찰의 것과는 상당히 다르다. 그러므로 일반 경찰이 직면하지 않는 문제를 해결하기 위한 훈련과 지식이 필요하다. 학교자원경찰은 학교에서 근무하기 위한 기본양성훈련을 받아야 하고, 일정한 기간이 지나면 재교육을 받아야 한다. 전국학교자원경찰협회는 기본과정 훈련과 상급과정 훈련을 개설하고 있다.

• 기본과정 훈련

학교자원경찰은 학교에서 범죄나 청소년비행을 유발하는 상황을 파악하기 위하여 훈련을 받아야 한다. 또한 잠재적인 문제점을 제거하기 위한 계획 수립에서 행정가와의 협력능력 향상에 대한 훈련도 필요하다. 이런 계획에는 보안성평가, 위기관리계획, 직무능력개발훈련 등이 포함된다(Atkinson, 2000).

전국학교자원경찰협회가 제공하고 있는 기본교육과정(basic school resource officer course)은 5일 동안 하루 8시간 총 40시간의 교육이다. 매일 아침 8시부터 오후 5시까지 교육이 진행된다. 교육 대상자는 학교에서 2년 이상 근무한 경험 없이 학교자원경찰이 되려는 자이다. 학교에서 경찰관으로서의 기능, 인적자원과 문제해결가로서의 업무, 교수기법의 개발과 같은 세 가지 영역을 주로 교육한다. 이 과정을 이수하면 전국학교자원경찰 기본과정 이수증(national school resource officer basic course certificate)을 수여한다. 구체적인 교육내용으로는 학교자원경찰의 역사, 개념, 역할과 책임, 긍정적인 역할모델, 공개연설, 법 관련 교육, 강의방법, 학급 관리, 교수-학습 계획 수립, 상담이론, 청소년기의 정서, 아동학대, 기능장애가족(dysfunctional families), 특수교육, 학교안전, 비상 관리, 범죄 예방, 약물중독, 학교법 등이다.

- 상급과정 훈련

전국학교자원경찰협회의 기본교육과정을 이수한 학교자원경찰관은 상급과정(advanced school resource officer course)에서 단기연수를 하고 학교자원경찰의 인지능력을 향상시킨다. 이 과정은 현직 학교자원경찰에게 학교에서 위험 상황을 확인하고 대처할 수 있도록 하기 위하여 추가적인 기능과 정보를 제공하고 있다. 3일간 24시간을 교육하며, 교육내용은 교직원과 학교자원경찰의 관계, 문제해결, 학교폭력의 원인과 해결, 범죄 예방 전략과 기법, 학교안전평가 등이다.

### (6) 감독

학교자원경찰의 감독 권한은 임용권자인 법집행기관에게 있다. 한편에서는 학교자원경찰은 전적으로 스스로 임무를 수행하고, 경험이 많고, 자발적이며, 적극적인 성격을 가진 사람으로 임명되었기 때문에 감독을 할 필요가 없다는 주장도 있다. 그러나 엄격한 감독은 필요 없을지라도 학교자원경찰의 업무 추진을 조심스럽게 감독할 필요는 있다.

학교자원경찰에 대한 감독은 활동 일지의 점검, 보호 또는 체포 사건의 기록, 학교자원경찰 회의, 감독관의 학교 방문, 전화 및 무전기를 통한 대화, 학생과 교사의 의견, 공식적인 근무평정 등을 통하여 이루어진다(Finn et al., 2005: 147-158).

### (7) 재정

학교자원경찰제도의 운영에 소요되는 비용을 법집행기관, 학교구, 연방정부, 지방정부 중에서 2~3개 기관이 공동으로 부담하는 경우가 대부분이고, 지방에 따라서 법집행기관 또는 학교구가 단독으로 부담하는 경우도 있다. 봉급과 부가 혜택을 포함하여 학교자원경찰 1인의 소요 경비는 주와 지방에 따라 다르지만 4만 5,000~10만 달러 수준이다(Finn et al., 2005: 191-197).

주정부와 지방정부는 학교자원경찰관의 소요 경비를 확보하려고 다각적인 노력을 하였는데, 대표적인 것이 연방정부의 보조금을 통하여 확보하는 것이다. 1999년 법무부 내 지역경찰활동국(Office of Community Oriented Policing Services: COPS)에서는 초·중학교에서 지역사회경찰 활동에 종사할 학교자원경찰의 고용을 촉진하기 위한 재정지원계획을 시행하였다. 지역경찰활동국은 일차적으로 두 가지 목적을 가지고 있었는데, 학생과 학교의 안전을 확보하고, 경찰기관이 지역 학교와의 협력관계 형성을 돕는 것이었다. 지역경찰활동국은 1999년 4월에 전국적으로 289개 지역사회에서 599명의 학교자원경찰관을 고용하는 데 필요한 비용으로 6,800만 달러를 지원하였다. 그리고 2000년 미국 연방의회는 이러한 학교자원경찰의 훈련 비용으로 지역경찰활동국에 500만 달러를 지원하였고, 2001년에는 300만 달러를 추가 지원하였다. 이 지역경찰활동국은 학교자원경찰관과 관련된 총비용의 25~75%에 해당하는 금액을 보조금으로 지급하였다. 그리고 1999년~2005년 사이에 학교자원경찰의 임용에 사용하기 위하여 3,000여 기관에 7억 5천만 달러 이상을 지급하였고, 약 2,300만 달러 이상을 학교자원경찰관과 교육행정가의 훈련에 사용하였다(Office of Community Oriented Policing Services, 2008).

# 4. 학교안전을 위한 뉴욕주의 사례

## 1) 모든 학생을 위한 존엄성법

뉴욕주의 「모든 학생을 위한 존엄성법(The Dignity for All Students Act)」이라고도 알려져 있고, 가장 일반적으로 두문자어인 DASA로 불리는 법은 미국 뉴욕주에서 제정된 법안(2013년 7월 발표)으로서 차별과 괴롭힘이 없는 학교 환경을 제공하기 위해 제정되었다. 이 법은 학교 및 학교 관련 행사에서 학생의 정신건강을 지원하기 위한 법으로서 학생 차별, 괴롭힘, 위협, 조롱 및 따돌림에 대해 엄격하게 무관용정책을 시행하고 있다.

존엄성법에서는 '괴롭힘'을 학생의 교육성과, 기회 또는 혜택 또는 정신적 · 정서적 · 신체적 복지 또는 행동을 불합리하게 지속적으로 방해하는 적대적인 환경을 조성하는 것으로 정의하고 있다. 인종, 피부색, 체중, 출신 국가, 민족, 종교, 종교적 관습, 장애, 성적 지향, 젠더(성 정체성 및 표현 포함), 성별 등에 대하여 폭력이나 차별 및 괴롭힘을 규제하고 있다. 「모든 학생을 위한 존엄성법」에 따라 학교는 차별, 괴롭힘 및 따돌림의 중요한 사건에 관한 데이터를 수집하고 보고할 책임을 가진다.

2016년 8월 31일, 법무장관 Eric T. Schneiderman과 교육 커미셔너 MaryEllen Elia는 학교구가 「모든 학생을 위한 존엄성법」을 준수하는 데 도움이 되는 지침과 모델 자료를 발표하였으며, 2019년에 「모든 학생을 위한 존엄성법」은 「크라운법(The Crown Act)」에 의해 개정되면서 머리카락 질감, 땋은 머리, 꼬는 머리 등 보호용 헤어스타일과 같은 특성을 포함하는 인종의 정의를 추가하였다. 자연스러운 머리카락을 위한 존중과 개방의 세상 만들기의 약자인 「크라운법」은 머리카락 질감과 보호용 헤어스타일을 이유로 한 인종차별을 금지하고 있다. 이로 인해 인종차별이나 학교 출입, 활동 참여, 일반교실 안팎의 기회 참여에 위협 없이 학생이 원하는 대로 머리를 꾸미거나 다룰 수 있는 권리를 보호하고 있다(New York State Education Department: NYSED; https://www.nysed.gov/sites/default/files/programs/student-support-services/understanding-crown-act.pdf).

**●「모든 학생을 위한 존엄성법」에 따른 「크라운법」 준수를 위한 복장 규정 개정 권장●**

- 행동 강령은 학교와 지역사회의 특정 요구 사항을 염두에 두고 개발해야 한다. 학생, 교직원, 학부모 및 지역사회 구성원을 포함한 이해당사자 집단을 소집하여 개정한다.
- 인종, 성별(성전환자 포함), 추천을 한 교직원별로 복장 규정 시행 요청 및 징계를 분석하고 추적한다.
- 복장 규정 문구를 검토하여 교직원이 자연스러운 머리카락의 질감이나 보호용 헤어스타일에 대해 학생을 징계할 수 있도록 허용하거나 장려하는 주관적인 문구를 지운다. '흐트러진' '단정하지 않은' '산만하다'와 같은 단어는 학교에서 유색인종 학생을 징계하고 활동 및 학습 기회에서 배제하는 데 사용될 수 있다.
- 「모든 학생을 위한 존엄성법」에 따른 인종에 대한 「크라운법」 정의에 따라 땋은 머리, 로크(또는 '드래드록') 또는 꼬임 및 기타 보호용 헤어스타일에 대한 모든 제한을 삭제한다.
- 성 중립적인 복장 규정 정책을 만든다. 이는 「크라운법」의 요건과 관계없이 권장되는 사항이지만, 해당 정책이 문화적, 인종적으로 성별에 따른 헤어스타일을 대상으로 하지 않도록 해야 한다. 예를 들어, 일부 복장 규정에서는 남학생의 머리카락 길이가 1인치를 넘지 않도록 규정하고 있으며, 이는 로크 또는 아프로(흑인의 고수머리)를 제외한다.

출처: NYSED. Preventing CROWN Act Incidents(https://www.p12.nysed.gov/sss/documents/PreventingCROWNActIncidentsBrief.pdf).

## 2) 학교에서의 괴롭힘, 따돌림, 사이버괴롭힘 및 차별에 대한 교육을 위한 「모든 학생을 위한 존엄성법」 교육: 예방 및 개입

뉴욕주의 경우 뉴욕주 등록 교육자 예비 프로그램을 통해 「모든 학생을 위한 존엄성법」 교육을 완료하지 않은 개인은 뉴욕주 교육부가 승인한 제공기관에서 「모든 학생을 위한 존엄성법」 교육 워크숍을 받아야 한다. 교육 기간은 최소 6시간이며, 일반적으로 오프라인에서 완료한 최소 3시간이 포함된다(코로나19 위기 시 뉴욕주 주지사가 선포한 비상 사태 기간 동안에는 교육이 전적으로 온라인으로 제공될 수 있음). 「모든 학생을 위한 존엄성법」 교육 워크숍 강사는 괴롭힘, 따돌림, 사이버괴롭힘의 예방 및 개입과 관련하여 적절한 교육과 학위를 취득해야 하고 취학 연령 아동에 대한 최소 5년의 경험을 가지고 있어야 한다.

이 교육은 「모든 학생을 위한 존엄성법」에 따라 인증 및 면허에 필요한 학교에서의 괴롭힘, 따돌림, 사이버괴롭힘 및 차별 예방 및 개입 교육을 수행하도록 설계된다. 「모든 학생을 위한 존엄성법」은 무엇보다도 학교구가 차별이나 괴롭힘의 발전을 억제하고 직원들이 차별이나 괴롭힘을 예방하며, 이에 대응할 수 있도록 학교교육 프로그램에서 사용할 정책과 지침을 만들 것을 요구한다.

이 과정 또는 훈련에서는 개인의 실제 또는 인지된 인종, 피부색, 체중, 출신 국가, 민족 집단, 종교, 종교적 관행에 근거한 행위를 포함하되, 이에 국한되지 않는 괴롭힘, 따돌림, 차별, 소외 및 미세한 공격의 사회적 패턴을 다룬다. 이 교육은 사후 대응이 아닌 능동적 위치에서 이러한 문제를 해결하고 학교 문화 및 분위기를 해결하여 모든 학생을 위한 긍정적인 교육환경을 만드는 '목표'를 제시하고, 학교에서의 괴롭힘, 따돌림, 사이버괴롭힘 및 차별의 식별 및 완화를 다루게 된다. 교육환경에서 배제, 편견 및 공격성 문제를 효과적으로 해결하기 위한 전략을 학습하게 된다. 주요 교육내용은 다음과 같다.

- 다양성, 다문화 환경 이해 및 개인적 편견 조사
  - 특권과 취약성을 포함하여 개인의 정체성을 반성하기 위해 개인 및 집단 활동으로 참여하게 된다. 여기에는 사례 연구 검토, 역할극 및 영상 검토와 토론을 포함한 다양한 활동이 포함될 수 있음
  - 개인의 실제 또는 인지된 인종, 피부색, 체중, 출신 국가, 민족 집단, 종교, 종교적 관행, 장애, 성 정체성, 성별 또는 성별에 기반한 행동을 포함하되, 이에 국한되지 않는 다양성에 대해 배우고 각 의미를 이해, 다문화 환경에서 다양성의 역할을 이해

- 특정 학생의 인구특성적 경험에 대한 민감성 개발
  - 괴롭힘과 따돌림의 대상이 되는 학생 인구의 요구사항과 다른 사람을 대상으로 하는 학생의 괴롭힘 행동에 대한 연구
  - 괴롭힘과 관련된 다양한 역할을 배우고 이해하며 개입 및 예방 전략에 대한 이해
  - 괴롭힘, 따돌림, 사이버괴롭힘 및 차별의 사회적 패턴이 「모든 학생을 위한 존

엄성법」이 적용되는 모든 학생과 가족에게 어떤 영향을 미치는지 이해(인종, 피부색, 체중, 출신 국가, 민족 집단, 종교, 종교적 관습, 장애, 성별)

• 학교 분위기와 문화가 학생의 학업성취도와 행동에 어떤 영향을 미치는지 이해
 – 긍정적인 학교 문화와 분위기가 어떻게 보이고 느껴지는지, 그리고 긍정적인 분위기의 이점을 이해
 – 참여자는 학교공동체 내에서 모든 학생의 정체성이 존중되도록 왕따 및 괴롭힘 행위가 신속하고 공평하게 해결되는 포용적인 환경을 조성하는 방법을 이해

• 가족과 상호작용하는 방법을 포함하여 개입 및 예방 전략 학습
 – 괴롭힘, 따돌림, 사이버괴롭힘 및 차별 사례를 자세히 설명하는 예를 제시하고 개입 및 예방 전략을 학습
 – 피해학생 및 가해학생의 가족과 소통하고 협력하는 방법을 학습
 – 대상 학생을 지원하기 위해 구현할 수 있는 전략을 배우고 이해

• 「모든 학생을 위한 존엄성법」 소개
 – 「모든 학생을 위한 존엄성법」의 입법 배경에 대한 개요를 제공하고, 존엄법의 목적에 대한 이해를 높이고, 「모든 학생을 위한 존엄성법」에 따라 보호받는 사람을 학습
 – 용어의 중요성과 「모든 학생을 위한 존엄성법」 개입 전략에 어떻게 도움이 되는지 이해
 – 법의 주요 내용에 대한 개요 제공

• 학교 분위기와 문화가 학생의 학업성취도와 행동에 어떤 영향을 미치는지 이해
 – 괴롭힘, 따돌림, 사이버괴롭힘, 미세한 공격, 소외, 학업성취도, 출석률 및 중퇴율에 대한 차별 사이의 관계를 이해
 – 학습에 대한 학생의 준비와 관련하여 괴롭힘, 따돌림, 사이버괴롭힘 및 차별과 부정적인 학교 분위기 사이의 직접적인 관계를 이해
 – 괴롭힘, 따돌림, 사이버괴롭힘 및 차별이 학업성취도에 어떤 영향을 미치는지

를 이해

• 지표와 조기 경고 신호를 이해
–각 시나리오를 처리하는 방법에 대한 제안뿐만 아니라 괴롭힘, 따돌림, 사이버괴롭힘 및 차별에 대한 설명(열거된 범주 기반)을 청취
–괴롭힘, 따돌림, 사이버괴롭힘 및 차별의 초기 징후를 배우고 인식
–학생들이 왕따, 파괴적인 행동에 가담하는 이유를 인식하고 개입하는 방법을 학습

• 교육자를 위한 보고 요건
–괴롭힘, 따돌림, 사이버괴롭힘 및 차별 식별과 관련하여 교육자를 위한 보고 요구 사항을 배우고 이해
–구두 및 서면으로 보고하는 일정과 절차 학습
–조사 및 보고 절차에서 정의 및 역할을 배우고 이해

### 3) 학교폭력 신고를 위한 절차 구축

「모든 학생을 위한 존엄성법」에서는 괴롭힘, 따돌림, 사이버괴롭힘 및 차별이 학교, 학교 운동장 또는 학교 밖에서의 학교 행사·활동 중에 발생하는 경우에 각 학교구가 다음과 같이 괴롭힘을 신고할 수 있는 정책 및 절차를 마련하고 있다(https://www.nyscfss.org/dasa-faqs-for-parents).

① 괴롭힘, 따돌림, 사이버괴롭힘 및 차별에 대한 신고를 접수할 관리자를 지정(예: 「모든 학생을 위한 존엄성법」 코디네이터)
② 학생, 학생의 가족 및 기타 사람이 학교 직원에게 구두 또는 서면으로 신고
③ 학교 관리자 또는 지정인이 괴롭힘, 따돌림, 사이버괴롭힘 및 차별에 대해 필요한 경우 지역 법집행기관에 즉시 통보
④ 교직원은 괴롭힘, 따돌림, 사이버괴롭힘 또는 차별을 목격하거나 신고를 받은 날로부터 수업일 기준 1일 이내에 관리자 또는 지정인(예: 「모든 학생을 위한 존

엄성법」 코디네이터)에게 신고하고, 구두로 신고 및 통보 후 수업일 기준 2일 이내에 서면 신고서를 제출

⑤ 관리자 또는 지정인(예: 「모든 학생을 위한 존엄성법」 코디네이터)이 모든 괴롭힘, 따돌림, 사이버괴롭힘 및 차별 신고에 대한 철저한 조사를 주도하고 서면 신고 접수 후 즉시 완료하여 (「모든 학생을 위한 존엄성법」 사건 보고 양식의 파트 II) 기록

⑥ 괴롭힘, 따돌림, 사이버괴롭힘 및 차별 행위가 확인되면 학교는 괴롭힘, 따돌림, 사이버괴롭힘 및 차별을 종식, 적대적인 환경을 제거, 행위의 재발 방지, 괴롭힘, 따돌림, 사이버괴롭힘 또는 차별이 지시된 학생의 안전을 보장하기 위해 합리적으로 계획된 조치를 신속하게 취하도록 함

⑦ 괴롭힘, 따돌림, 사이버괴롭힘 또는 차별을 신고하거나 조사에 협조하는 개인에 대한 보복을 금지

⑧ 괴롭힘, 따돌림, 사이버괴롭힘 및 차별을 예방하기 위한 학교 전략을 개발

⑨ 학교지도자가 괴롭힘, 따돌림, 사이버괴롭힘 및 차별과 관련된 데이터 및 동향에 대해 교육감에게 정기적으로 보고

⑩ 학교관리자 또는 지정인이 괴롭힘, 따돌림, 사이버괴롭힘 및 차별을 지역 법집행기관에 즉시 통지(필요한 경우)

⑪ 모든 교직원, 학생 및 학부모에게 괴롭힘, 따돌림, 사이버괴롭힘 및 차별 신고 절차를 포함한 교육구 정책집을 매년 배부

⑫ 사건 보고 양식을 포함한 교육구 정책 및 절차의 최신 버전을 교육구 웹사이트에 유지

제 11 장

# 학교폭력 예방과 문제중심학습

1. 학교폭력과 학습자중심교육
2. 문제중심학습의 이론적 배경
3. 학교폭력의 예방과 문제중심학습

# 1. 학교폭력과 학습자중심교육

## 1) 포스트모더니즘과 청소년문화

오늘날 지식과 진리는 상대화되어서 고정된 가치들이 부인되고 실제 세계에서 적용될 수 있는 유용한 가치만이 사회에서 체계의 정당성을 확보할 수 있게 되었다. 1960년대 이후에 등장하기 시작한 포스트모더니즘은 비결정성, 파편화, 행위와 참여 중시, 우연성, 구성주의 등의 특징으로 요약되는데, 포스트모더니즘의 특징은 자아해체와 탈정전화(脫正典化), 그리고 유희와 행복감 추구로 제시될 수 있다(목영해, 1994: 67-77).

자아해체에 있어서 자아란 주체적 자아를 말하며, 이는 인간에게 선험적으로 주어진 이성을 토대로 사회적 문제상황이나 가치 판단에 있어서 자율적으로 문제를 해결할 수 있는 고정적 · 안정적 · 절대적 · 이상적 자아를 말한다. 그러나 우연성, 단편성, 다양성을 강조하는 포스트모던 시대에는 이와 같은 선험적인 고정적 자아는 존재하지 않았다. 특히 자본주의사회에서 나타나는 제한된 자원을 더 많이 소유하려는 인간의 욕망은 인간의 이성적 판단능력과 도덕적 의식을 마비시키고 해체시키며, 경쟁을 통해 목적 성취가 불명확해진 자아는 불안정, 분열적, 모순적인 특징을 나타낸다. 자아정체성이 명확하게 확립되지 못한 청소년에게 현대사회는 이성적 판단과 자율적 사고를 요구하고 있지만, 더욱 복잡해진 사회생활에서 필연적으로 나타날 수밖에 없는 가치 혼란 속에서 그들의 불안감은 더욱 크게 나타나게 된다.

포스트모더니즘의 패러다임 속에서 영원할 것 같았던 고정된 자아는 해체되어 타인의 기대와 경험에 따라 다양한 모습으로 나타나는데, 이렇게 다양하게 표현되는 유동적 자아에 대한 이해는 청소년의 불합리한 행동과 정서를 이해하는 데 도움을 준다. 선험적 이성에 바탕을 둔 자율적이고 주체적인 자아의 실체가 해체됨으로써 이성을 통해 억압받던 감성과 인간의 욕구가 청소년시기의 혼란과 불확정적인 성향, 그리고 가변적인 현대사회의 유동성과의 만남을 통해 더욱 심하게 분출되어 비정상적인 행동을 야기하게 되는 것이다.

정전화(正典化)란 인류의 보편적 가치를 담고 있는 이론체계와 도덕의 원리와 규범

체계 등은 시공간을 초월하여 모든 인간과 세계에 통용되는 본래적이고 내재적인 가치를 담고 있기 때문에 인간이 올바른 삶을 살아가기 위해서는 이러한 보편적인 이론체계를 이해하고 따라야 한다는 의미를 담고 있다(목영해, 1996: 70). 그러나 포스트모더니즘 사회에서 인간과 세계에 대한 절대적 이상은 해체되고 현실세계의 감각적 즐거움에 대한 강조로 보편적인 이론체계는 그 중요성을 잃어버리게 되었다. 보편적 진리는 시대와 공간에 따른 제약을 받는 불완전한 인간에 의해 만들어진 것으로 상황과 맥락에 따라 그 의미가 달라질 수밖에 없다. 오히려 모든 인간에게 통용되어야 한다는 절대적 기준에 대한 믿음은 인간을 구분 짓고 서열화하고 편견을 만드는 데 일정한 작용을 하게 되었다. 특히 그러한 보편적인 도덕규범이 청소년에게 죄의식과 불안감을 유발하게 된다. 왜냐하면 현실적인 자아는 즐거움과 자유를 누리고자 하는데, 절대적 규범과 도덕적 이상이 그것을 억누르게 되면서 정서불안을 야기하게 되고, 그것이 적절한 방법으로 해결이 되지 않을 경우 약자에 대한 폭력으로 이어지게 된다.

보편적 가치와 이론체계를 근거로 획일적 문화와 규범의 전달을 통해 청소년문제를 해결하려는 전통적인 가치관에서 벗어나 청소년이 향유하고자 하는 놀이와 유희를 인정하고, 타인과 다를 수 있다는 것과 그들의 욕망을 적절한 사회적 장치의 테두리 안에서 마음껏 발산할 수 있는 기회를 마련한다는 것이 포스트모더니즘의 방향성 가운데 하나이다. 또한 포스트모더니즘이 추구하는 가치는 수행성의 원칙에 따라 판단되는데, 수행성의 원칙이란 모든 가치 판단의 기준을 효율성에 둔다는 것이다. 이에 따라 학교교육의 목적은 현실과 동떨어진 이상적 가치를 전달하는 것이 아니라 실생활에 얼마나 적용될 수 있는가에 따라 설정된다(강인애, 2003: 15).

다양한 생활양식과 사고방식이 인정되는 다원주의적 가치관은 자신만의 문화를 향유하고자 하는 강한 욕구를 지닌 청소년에게 억눌렸던 그들의 에너지를 마음껏 발산할 수 있는 기회가 될 수 있다. 포스트모더니즘과 더불어 점점 증가하고 있는 개인중심적 가치는 청소년에게 공동체적 가치에 기여하는 것보다 스스로 인생을 즐기는 것에 더욱 가치를 두게 하고 있으며, 현실이 주는 만족감을 누리고자 하는 현실중심적 가치를 추구하게 한다. 그들은 인간으로서 마땅히 지켜야 할 보편적인 도덕규범에 대한 관심보다는 현재 자신의 욕구를 충족시키는 일에 더욱 관심을 갖는다.

이러한 포스트모더니즘의 과학과 이성, 그리고 도덕규범의 해체적 분위기와 더불어 한국의 일부 청소년은 지나친 경쟁 위주의 대학입시로 인한 압박과 스트레스로 인하여 소외와 갈등을 겪고, 학교 부적응 현상이 심화되면서 일탈과 폭력의 상황에 빠지게 된다. 모든 것에서의 해방과 다양성을 강조하는 포스트모더니즘의 패러다임 속에서 전통적 규범을 다시 되살려 획일적, 강압적인 방법으로 청소년의 욕구를 억누르고 비행의 문제를 해결하려고 하기보다는 그들의 욕구와 갈망을 해소할 수 있는 경험의 장을 만들어 열정을 쏟게 하고, 다른 사람과의 협력을 통해 즐거움과 만족을 얻을 수 있는 교육의 작용이 필요하다. 이런 측면에서 학교 교육활동 중 체육 시간 증대, 스포츠클럽 활동의 활성화는 그 기능을 어느 정도 수행한다고 볼 수 있다. 포스트모더니즘의 해방적이고 가치주관적인 경향성 속에서 학습은 더 이상 교사를 통해 주어지는 것이 아니라, 학생 스스로 고민과 탐색을 통해 이루어진다. 지식은 개인에게 내적 의미가 부여될 때 실제 생활에의 적용이 이루어지고, 학습은 학생 스스로의 적극적인 참여를 통해 성장과 발전의 가치가 부여된다.

포스트모더니즘의 또 다른 원칙은 반리(反理)로 표현될 수 있다. 즉, 절대성과 보편성 대신에 다양성과 창의성을, 중심화 대신에 탈중심화를, 확실성 대신에 불확실성을, 그리고 통합과 집중 대신에 자율과 분산을 추구한다(강인애, 2003: 16). 교육에 있어서도 학교와 교사 중심의 교육에서 학생들의 권리와 인권, 그리고 그들의 입장에서 학습의 의미와 성취 수준을 결정하는 것을 말한다. 교사에게는 학생의 변화와 관점을 수용할 수 있는 개방적이고 유동적인 사고가 필요한데, 이때 유동적 사고란 자신의 견해만을 고수하는 것이 아니라 다른 사람의 관점으로부터 새로운 어떤 것을 볼 수 있고 수용할 수 있으며, 이를 통해 기존의 문제해결 접근방법을 변화시킬 수 있는 개인의 능력과 경향성이라고 할 수 있다(Shaughnessy, 2001: 113). 포스트모더니즘에서의 교육은 학습자중심교육으로 이루어지며, 교사는 학생의 자발적 학습을 도와줄 수 있는 촉진자로서의 역할을 하게 된다.

### 2) 학교폭력 예방과 학습자 중심의 인성교육

학교폭력은 신체적 · 심리적 상해나 재산상의 피해를 가져오는 의도적이고 부주의한 행동으로 정의되기도 하고, 학교를 중심으로 발생하는 것으로 정신적, 신체적으로 나약하여 외부 압력에 대해 스스로를 방어할 능력이 없는 아동에 대해 힘이 강한 개인이나 집단이 고의적으로 가하는 물리적 · 심리적 공격, 혹은 학교 교내, 학교 주변, 등하굣길, 집 주변 등의 물리적 장소와 교육 관련 장소 및 현장에서 부모와 교사를 제외한 모든 사람이 학생에게 행사한 정도가 심한 유형 혹은 무형의 모든 폭력으로 정의된다(송재홍 외, 2013: 52-53). 이러한 학교폭력의 원인에는 심리적 · 사회적 · 문화적 요인이 복합적으로 관계하게 되는데, 그 원인으로 공격성과 충동성, 공감능력, 자존감과 자신감, 자아정체감, 자기조절능력 등을 들 수 있다. 이를 구체적으로 기술하면 다음과 같다(김희복 외, 2013: 15-22).

공격성은 인간의 본능적인 행동으로 목표 달성을 향한 동기나 행동이 좌절되었을 때 분출되는 행동이며, 충동성과 자기통제 부족에 의해 촉진된다. 대부분의 폭력적인 학생은 정서가 불안하고 자제력이 부족하여 충동적인 결정을 하며, 공격적이고 자기중심적인 경향이 강하다. 특히 청소년기는 신체적, 심리적으로 급격한 변화를 겪는 시기이므로 많은 갈등과 혼란을 경험하게 되는데, 이때 학교나 가정에서 야단을 치거나 권위를 통해 억누르게 되면 공격적 행동이 나오게 된다. 공감능력은 다른 사람의 생각과 감정을 이해하고 배려할 수 있는 능력으로서 공감능력이 부족하면 타인과의 상호작용을 하는 데 어려움을 겪는다. 그리고 자기중심적 생각과 태도 때문에 사람들과의 관계에서 많은 갈등을 겪게 되지만, 이를 원만히 해결할 수 없으므로 쉽게 분노와 좌절에 빠지게 되고, 심할 경우에는 폭력행위로 이어지게 된다.

자존감은 자신을 가치 있게 여기는 마음이고, 자신감은 어떤 특정 영역에서 일을 잘 처리할 수 있다는 자신에 대한 믿음이다. 자존감과 자신감이 강한 학생은 어려운 문제를 만나게 되더라도 그것을 이겨낼 수 있지만, 그렇지 않은 학생은 쉽게 좌절하고, 욕구불만으로 인해 폭력의 가해자나 피해자가 되기 쉽다. 특히 정서적으로 불안한 청소년기에 자존감과 자신감을 갖기 위해서는 자신의 감정을 명확하게 인식하고 표현하도록 하는 것이 필요하다.

자아정체감이란 자기 동일시에 대한 지각이며, 자신의 위치, 능력, 역할, 책임에 대한 분명한 인식이다. 자신의 존재 의미에 대해 연속적으로 동질성을 유지해 가는 것으로, 자아정체감의 확립은 청소년기의 가장 중요한 과업이다. 자신의 존재에 대한 분명한 확신이 없다면 쉽게 방황을 하게 되고, 나쁜 친구들에 휩쓸려 일탈과 폭력행위에 빠지게 될 위험이 높아지게 된다. 자기조절능력은 어려운 상황에서 냉정함을 잃지 않고 목표를 이루기 위해 자신의 욕망을 절제할 수 있는 능력을 말한다. 자기조절능력이 강한 학생은 자신의 감정을 잘 표현하고 힘든 상황이라도 분노를 표출하지 않고 억누를 수 있지만, 자기조절능력이 약한 학생은 행동 장애나 학교폭력 등의 사회적 문제를 일으키는 경우가 많다.

이와 같이 자신과 타인의 감정을 명확하게 이해하지 못하고 더 나은 목표를 위해 자신의 현재의 만족감을 지연시키고 절제할 수 있다는 확신이 부족한 학생은 그들의 욕구가 좌절될 때 자신보다 약한 학생에게 언어적 · 신체적인 폭력을 가함으로써 자신의 욕구를 충족시키려는 경향이 있다. 특히 우리나라 학생들은 학업성적과 진로문제, 과도한 경쟁과 대인관계능력의 부족 때문에 많은 스트레스를 경험하게 되는데, 이러한 스트레스와 정서적 불안감, 그리고 자아에 대한 불확정성과 자기조절능력의 부족이 결합하여 폭력행위를 유발하게 된다.

학교교육은 교과교육과 인성교육으로 나눌 수 있는데, 과도한 교과교육에 대한 집중은 학생들의 폭력행위를 더욱 쉽게 양산할 수 있다. 학생의 일탈을 막고 폭력문제를 해결하기 위해서는 과열된 입시와 지나친 성적 위주의 교과교육보다는 올바른 인격 형성과 바람직한 행동을 추구하게 하는 인성교육적 차원에서의 노력이 필요하다. 전통적으로 인성교육은 교사가 모범을 보이고, 학생이 이를 따르는 주로 외적인 작용으로서 교화(敎化)를 통한 교육을 실시하였다. 그러나 현대사회의 가치의 상대화와 다양화로 인해 일률적인 외부작용을 통한 교육으로 학교교육의 문제를 해결하기란 용이하지 않다. 특히 모든 것이 급변하고, 우연적이며, 비구조적으로 발생하게 되는 현실에서 여러 가지 복잡한 문제에 대처하기 위해서는 고정적 · 형식적 모델을 통한 문제해결보다는 문제에 처한 학생 스스로가 주어진 상황과 자신의 경험에 근거하여 맥락적, 현실적, 즉시적으로 문제를 해결해 나가야 할 필요가 있다.

한국에서 교사는 학생의 문제에 대해 강압적인 방법으로 행동을 통제하고 교정하는 경우가 많다. 이는 학생의 욕구불만과 정서불안, 그리고 분노의 표출로 인해 문제를 해결하는 것이 아니라 오히려 학생과의 갈등을 키우게 되는 경향이 있다. 학생들의 문제행동을 교정하는 방법은 여러 가지가 있다. 특히 전통적인 외부작용을 통한 교육방식에 이론적 근거를 제시하는 행동주의 이론의 경우에는 외적보상과 처벌을 통해 바람직한 행동을 유발할 수 있다고 믿는다. 그러나 이러한 외적보상을 통한 교육은 단시간의 행동교정에는 도움을 줄 수 있지만 학생에게 내재되어 있는 근본적인 문제를 해결할 수 없으므로 지속적인 교육의 효과를 보장할 수 없다. 보다 근본적인 문제는 학생의 내적 작용에서 일어나므로 학생 스스로가 문제를 해결하려는 적극적인 노력이 있을 경우에 교육 효과를 기대할 수 있다. 학생 스스로 문제를 진단하고 대안을 모색하는 과정에서 느끼는 자신에 대한 자부심과 기쁨은 행동을 교정하고 지속적으로 바람직한 행동을 유도할 수 있는 최선의 방법이다. 학생이 좌절을 경험하고 스스로를 낙오자라고 느낀다면 어떤 외적·교육적 보상도 학생의 잘못된 행동을 교정할 수 없다. 학생의 바람직한 행동을 유발하기 위해서는 학생 스스로가 내적 욕구를 충족하고 자아를 실현해 나갈 수 있도록 적극적인 참여를 유도할 수 있는 학생중심의 교육이 필요하다.

학교폭력 예방교육의 목적은 현실에서 일어나는 여러 가지 작용에 대한 청소년의 그릇된 인식과 태도를 변화시키는 것이다. 이를 위해 경험을 통해 주어진 사실을 바탕으로 자기성찰과 세계에 대해 탐색하는 힘을 기르고, 의사소통을 통해 더 나은 방향을 추구할 수 있도록 도와주며, 현실 속에서 직면하는 문제에 대해 스스로 해결해 갈 수 있는 능력을 길러 줄 필요가 있다. 학생은 문제상황을 받아들이고 그 상황에 대처할 수 있는 능력에 대한 자신감을 통해 정서적·심리적 안정감을 유지할 수 있다.

## 2. 문제중심학습의 이론적 배경

### 1) 문제중심학습의 전개과정

전통적인 교수–학습 과정에서 교사는 학생들에게 지식과 정보를 전달하는 정보전달자로서의 역할을 수행하였다. 여기에서 학생들은 비판적인 생각을 가지고 주어진 정보를 판단하기보다는 교사에 의해 주어지는 지식의 주요 내용을 수동적으로 받아들였다. 교실에서 교사와 학생 간의 상호작용은 거의 일어나지 않고, 일정한 형식으로 짜여진 교육과정에 의존해서 교사는 수업내용을 설계하고, 학생은 그 내용을 의심의 여지없이 받아들인다. 지식은 전체 개념과 따로 동떨어지게 분리되어서 전달되고, 교사의 교과에 대한 사고와 해석이 학생에게 그대로 전달된다. 학생은 교사에 의해 주어진 교과내용을 그대로 암기하게 되므로 주어진 지식을 통해 실제 세계에서 적용할 경우에 어려움을 겪게 된다. 이러한 현실과 동떨어진 학교교육의 문제점을 지적하고 교수-학습 과정을 개선하기 위하여 학생 중심의 문제중심학습이 도입되었다.

문제중심학습(Problem Based Learning: PBL)은 의학 분야에서 처음 시작된 학습방법이다(Bereiter & Scardamalia, 2000: 185). 의학교육을 마친 졸업생이 많은 의학 지식을 가지고 있음에도 불구하고 실제 의료상황에서 적절하게 대처를 하지 못하는 문제가 발생하자 이를 해결하기 위해 출발하게 되었다. 문제중심학습의 전개과정은 교육과정에 전면적으로 도입하는 경우와 전통적인 교육과정과 공존하다가 추후에 문제중심학습으로 서서히 전환되는 단계적 도입 유형이 있다. 전면적으로 교육과정에 문제중심학습을 도입 및 실시한 대표적인 학교는 1969년에 이를 학교 교육과정에 최초로 도입한 캐나다의 맥마스터대학교로, 신설 의과대학이었다.

이후에 단계적으로 문제중심학습을 도입한 대학은 미국의 하버드 의과대학이 대표적이다. 1985년에 하버드 의과대학은 'New Pathway'라는 새로운 교육과정을 신설하였는데, 이것은 문제중심학습과 전통적인 강의식의 의학 교육과정이 함께 병행된 것이었다. 이 과정의 학생들은 2년간 소집단 토의와 자율학습을 주된 교육과정으로 삼고, 강의 실험 회의 등을 보조수단으로 운영하며, 특히 학습자 중심의 교육과정을 시행하고, 2년 후에는 전통적인 교육과정에 소속되어 있던 학습자들과 합류하여 동일한 임상실습교육을 2년간 받고 졸업하였다. 그 후 1993년부터는 전통적인 의학 교육과정을 폐지하고 전면적으로 문제중심학습 교육과정으로 개편하여 임상 전 2년의 교육기간은 문제중심학습, 이후 2년은 임상실습을 하는 교육과정을 지금까지 시행하고 있다(허예라, 2000: 7-8).

이러한 문제중심학습은 경험을 바탕으로 하는 새로운 교수-학습 모형으로, 내적 인지구조와 과정을 중요시하는 구성주의 교육이론과 만나면서 의학교육뿐만 아니라 전반적인 교육과정영역에 확대 및 적용되었다. 학습 과정에서 실제로 문제가 발생하여 교정이 필요한 모든 경우의 학습에 문제해결학습이 적용될 수 있다. 최근에는 학교에서 발생하는 여러 가지 문제를 해결하고, 학습자가 주도적으로 학습에 참여하여 비판적 사고능력을 기르고, 문제해결을 통한 학습에서 실질적인 능력을 향상시키기 위해서, 혹은 학생을 효율적으로 가르치기 위한 수단으로서 학습자 중심의 문제중심학습으로 교육의 방향을 전환시키려는 많은 노력이 일어나고 있다.

## 2) Dewey의 반성적 사고와 문제중심학습

Dewey(1960: 254)에게 있어서 인성교육은 학생들이 생활에서 만나는 여러 가지 문제를 효율적으로 해결할 수 있도록 이끌어 주는 과정으로 설명될 수 있다. 학교와 일상생활에서의 경험을 통해 도덕적 문제에 대해 성찰하고, 올바른 행동을 내면화하여 실천하도록 하는 것은 인성교육의 중요한 목적이 된다.

우리는 생활하면서 수많은 문제를 만나게 되고, 예기치 않은 일을 겪게 된다. 획일적으로 규정된 몇 가지 도덕규범과 덕목을 내면화하여 문제가 발생할 때마다 그것을 실천에 옮기면서 문제를 해결할 수도 있겠지만, 다양성과 복잡성을 특징으로 하는 현대사회에서는 그러한 일관된 문제해결 방식은 개인에게 더 큰 불안감과 죄의식을 불러일으킬 수 있다. 획일적인 도덕적 판단 기준은 고정되고 편협한 사고방식과 태도를 가지게 할 수 있고, 이것은 다양한 생활방식과 경험을 소유하고 있는 다른 사람과의 관계에서 갈등을 일으키게 된다. 결국 이러한 갈등과 문제가 해결되지 않고 누적되면 불안감과 죄의식, 심지어 내재되어 있는 폭력을 유발하게 된다. 아무리 훌륭한 지적 능력과 이론적 성찰이 있다고 하더라도 현실세계에서 일어나는 여러 가지 복잡한 문제와 갈등을 해결할 수 없다면 그 가치를 잃게 된다. 빠르게 변화하는 현대의 사회 환경에서 부딪히게 되는 수많은 문제를 어떻게 효율적으로 해결할 수 있는가 하는 것이 사람의 인생을 평가하는 기준이 될 수 있다(Archambault, 1974: 152-153).

문제를 효율적으로 해결하기 위해서는 소통(communication)이 필요하다. 왜냐하면 사회란 전달(transmission)의 과정으로 존재하게 되는데, 전달은 행동, 사고, 감정의 습관화가 다른 사람들과 소통하면서 일어나기 때문이다. 이상(ideal)과 희망(hope), 기대(expectation), 규범(standard), 의견(opinion)이 공동체 속에서 서로 소통 및 공유되면서 사회적 삶이 가능해진다(Ozmon & Craver, 2003: 162). 소통을 통해 다른 사람과의 관계에서 나타나는 문제를 원만하게 해결하기 위해서는 문제를 해결할 수 있는 사고작용이 필요하다. 이는 우리의 삶 속에서 경험하게 되는 여러 가지 사실에 대해 그 의미를 검토하고, 미래에 더 나은 행동의 결과를 가져올 수 있도록 경험을 재구성하는 것으로, 이를 위한 구체적인 해결방법은 반성적 사고 절차를 통해 구체화된다(Archambault, 1974: 212). 반성적 사고(reflective thinking)란 불안정한 상황이나 혼란, 문제에 직면했을 때 문제를 직시하고 규명하여 해당 문제를 해결할 수 있는 여러 가지 가설을 탐색해서 최적의 문제해결방안을 마련하는 것을 말한다. 반성적 사고는 학생들이 도덕적 문제를 만났을 때, 이를 성찰 및 탐구하여 문제를 해결하는 데 실천적인 이론적 근거를 마련해 준다. 반성적 사고작용과 함께 합리적으로 문제를 해결하기 위해 개인이 가져야 할 태도를 Dewey는 다음과 같이 제시하였다 (Archambault, 1974: 224-227).

첫째, 개방된 마음자세(open-mindedness)이다. 이것은 새로운 문제를 해결하기 위해 새로운 아이디어를 적용하는 데 어려움을 갖게 하는 편견과 편파적인 생각으로부터 자유로워지는 것을 말한다. 그러나 이는 마음을 비우는 것과는 다른 것으로, 긍정적이고 적극적으로 활동하려는 경향성과 관련된다. 한 가지 관점에서만 보는 것이 아니라 다른 측면에 대해서도 적극적으로 귀를 기울이고, 양가적 가능성에 대해서도 주의를 기울이는 것이다. 우리가 오랫동안 믿어 오던 오래된 신념에 대해서도 오류를 인식할 수 있고, 교정할 수 있는 상태가 되어야 한다.

둘째, 진실된 마음(whole-heartedness)이다. 어떤 사람이 어떤 대상에 대해 진정으로 관심과 흥미를 가진다면 그는 온몸을 다해 그것에 헌신하게 된다. 이러한 태도는 특히 실제 생활에서나 도덕적 사태에서 자주 나타나게 된다. 효율적인 사고를 하는 데 있어서 부분적인 관심(divided interest)을 갖는 것보다 더 큰 적은 없다. 이러한 부분적인 관심은 학교생활에서 주로 만들어지게 된다. 왜냐하면 학교에서는 교육과정이 대부분 형식적으로 이루어지기 때문이다. 학생들은 교사에 대해 대체적으로 수동적으로 반응한다. 눈과 귀로는 관심을 주지만 머리에는 즉각적으로 만들어 내는 일들로 가득 차게 된다. 이러한 상황에서 학생들은 열정적으로 자기 일에 몰두할 수 없다. 문제상황은 학생들에게 자발성을 일으키고 탐구의 호기심을 자극한다. 지성적이며 지적인 힘이 작용될 때 순수한 열정이 생기게 된다. 그러나 순수한 열정을 만들기 위해 교사가 할 수 있는 어떤 형식화되고 완성된 방법은 없다. 다만, 교사는 문제 제시를 통해 탐구에 대한 순수한 열정을 자극할 수 있다.

셋째, 책임(responsibility)이다. 진실된 마음과 같이 책임은 대개 실천적인 도덕적 특성을 가진다. 그것은 새로운 아이디어나 새로운 관점에 대해 수용하고자 할 때 필요한 태도로서, 지적으로 책임을 진다는 것은 문제의 탐색 과정에서 예상되는 단계의 결과를 고려한다는 것이다. 그것은 어떤 실제 상황에서 합리적인 사고를 하려고 할 때, 그 기준으로서 탐구의 결과를 기꺼이 수용하는 것을 의미한다. 그리고 이러한 지적인 책임은 진실성(integrity)을 획득하게 한다. 많은 사람이 합리적으로 사고한 결과에 대해 받아들이지 않으려고 하는 경향이 있는데, 이 경우에 그들은 정신적 혼란에 빠지게 된다. 탐색 과정을 통해 합리적 단계를 거치지 않고는 어떤 실제적 결과도 얻을 수 없다. 학생들의 관심을 불러오고, 학생들에게 지적인 책임을 가지게 하기 위해서는 주제가 학생의 인지 수준에 적합해야 하고 일상의 생활과 밀접하게 관련된 것이어야 한다. 그렇지 않으면 학생들은 학습내용에 대해 지적으로 책임지지 않고, 자신들이 배우는 학습의 의미와 기본적 원리에 대해서도 알려고 하지 않는다. 지적인 내용의 실제적 의미를 이끌어 내기 위해서는 지적인 것에 대해 책임을 지는 태도를 가지게 해야 한다.

### 3) 구성주의와 문제중심학습

포스트모더니즘의 탈중심화, 개인주의, 가치의 상대화와 이론의 집중화로부터의 분산 등의 현상들은 인식과 교육에 있어서 구성주의의 확대를 가져왔다. 포스트모더니즘에서 지식은 인간의 권익과 경험에 따라 가변적이고 불완전한 상태로 존재하는 것으로, 주어진 환경의 상황과 맥락에 따라 유동적으로 설정될 수 있는 것으로 여긴다.

구성주의에서 지식은 인식의 주체와는 독립적으로 존재한다는 전통적인 개념에 대한 문제 제기에서 출발하여 어떤 독립된 세계를 나타내는 것이 아니라 우리의 경험적 세계와 삶 속에서 의미가 규정되면서 다양하게 존재한다. 진리란 외부세계의 상태를 그대로 반영하는 것이 아니라 유용성의 원칙에 따라 다르게 해석될 수 있다. 왜냐하면 유용성은 개인이나 공동체의 이익과 관련된 것으로, 설정된 목적과 경험된 사실로부터 다른 형태로 도출될 수 있기 때문이다(조연주 외, 1998: 18-19). 실제로 인간의 두뇌는 외부의 작용과 힘에 의해 작동되는 것이 아니라 외부의 자극이 내적 기제에 어떠한 영향을 줄 때 움직이게 되는데, 내적 작용에 영향을 미칠 수 있는 것이 유용성의 원리이다.

지식에 대한 이론은 전통적으로 크게 세계 지향적인 외인적 지식(外因的 知識)과 인간정신의 지향적인 내인적 지식(內因的 知識), 그리고 주체의 내적 구성에 의해 이루어지는 구성주의적 지식으로 구성된다(조연주 외, 1998: 30). 외인적 지식은 지식의 습득 자체에 강조를 두며, 감정과 동기는 자연의 내용을 기록하는 데 필요한 중립적이거나 불필요한 것으로 간주한다. 또한 이 입장은 개인이 복잡한 환경에 적응하면서 성공할 수 있게 하는 지식의 중요성을 강조하고, 사람은 자신의 성공적인 방법을 찾기 위한 내적 지도를 지니고 있다고 믿는다. 외부의 물질세계는 주어지는 것이므로 개인이 객관적이고 독립적인 외부세계를 정확하게 표상하는 것이 중요하다. 교사의 역할은 세계에 대한 절대적 지식과 가치를 학생들에게 잘 전달하는 것이다. 내인적 지식은 인간 고유의 이성과 논리를 강조하는 것으로, 객관적 지식과 정보의 가치 및 규범에 대한 습득보다는 이들을 판단하는 사고방식에 가치를 둔다. 강의보다는 토론을 통한 능동적 참여와 이성과 영혼의 작용에 의한 깨달음을 강조한다.

구성주의에 있어서 인식은 감각기관을 통하여 전해진 단순한 자극을 폐쇄적 인지체계로서의 두뇌가 내적 요건을 근거로 해석과 의미를 부여하여 실재를 구성하는 일이다. 즉, 오직 폐쇄적 자기체계만이 인식할 수 있으며, 인식활동은 관찰자의 구성활동이다. 따라서 모든 지식은 주어진 상황 안에서 인식의 주체인 개인에 의해서 주관적으로 구성되는 것이다. 여기에서 구성이란 주체가 의미를 부여하는 것을 말하는데, 개인은 지식을 외부에 의해 수동적으로 받아들이는 것이 아니라 자신의 경험을 바탕으로 능동적으로 구성하게 된다. 지식은 맥락적인 것으로 환경과 사회와의 협상을 통해 이루어지고, 각 개인이 구성한 지식은 타인과의 의사소통과 상호작용을 통해 타당성이 증명되면 지식으로 성립된다(조용태, 2005: 47).

구성주의적 지식은 환경과의 적극적인 상호작용을 통해 학습자의 내부기제에 따라 의미를 구성함으로써 형성된다. 지식은 완전한 형태로 주어지는 것이 아니라 학습자 자신의 경험을 통해 상황적으로 이루어진다. 따라서 구성주의 입장에서 학습은 단순한 자극-반응현상 이상의 것이다. 즉, 학습을 위해서는 자기조정과 성찰적 사고, 그리고 추상화를 통한 개념적 구조의 수립이 필요하다. 문제를 해결하기 위해서는 먼저 문제를 자신의 문제로 간주하고, 목표를 성취하는 과정에서 만나게 되는 뛰어넘어야 할 장애로 수용되어야 한다는 것이다(조연주 외, 1998: 26-27).

문제를 해결하기 위해 여러 가지 조건과 방안을 탐색하는 과정에서 기쁨을 느낄 수 있는 동기 유발이 교육방법으로 유효하다. 교사는 결과보다 학생의 마음속에 일어나는 과정과 개념 구조에 관심을 기울이고, 학생의 인지구조의 변화를 유도하기 위해 노력해야 한다. 이러한 인지구조의 변화는 학생의 실제 생활에서의 경험과 관련될 때 일어날 수 있는 것으로, 교육이 이루어지기 위해서는 학생의 흥미와 관심을 유도하고, 학교생활에서 일어나는 문제해결을 탐색하고 대안을 찾는 과정에 학생을 적극적으로 참여시킬 때 학생의 성장을 도모할 수 있다. 학생의 폭력문제는 외부로부터 강제되는 접근방법으로는 해결이 불가능하다. 문제를 해결하기 위해서는 우선 학생이 그것을 자신의 문제로 인식할 수 있도록 내적 성찰을 도와야 한다.

구성주의가 교육에 가장 큰 영향을 미친 점은 교육의 주도권이 교사 중심에서 학생 중심으로 이양되었다는 것이다. 이에 따라 결과중심적 평가에서 과정중심적이고 학생의 다양한 상황을 고려한 평가를 실시하게 되었다. 교사에게 부여받는 과제에 있어서도 학생들의 사고와 탐색을 전제로 흥미를 불러일으키고, 자신들의 사전 지식을 통해 적극적으로 새로운 지식을 구성하며, 협동학습을 통해 교사와 학생, 학생과 학생 간의 의사소통능력과 문제해결능력을 향상시킬 수 있게 되었다.

인성교육에 있어서 고정된 가치의 전달은 의미가 없다. 현대사회에서의 생활은 문제들로 이루어져 있으며, 누가 문제를 잘 해결하는가에 따라서 삶의 성과가 좌우된다. 문제중심학습이 성과를 가져오기 위해서는 자기주도적이고 학습자중심교육이 되어야 한다. 구성주의는 대표적인 학습자중심교육으로, 전통적인 교사 중심의 교육과는 다르다. 교육에서 학생은 스스로 문제와 과제를 해결해 나가는 능동적이고 적극적인 존재로 인식된다. 과거에는 지식을 절대적 가치를 지닌 것으로, 외부에서 교사가 전달을 통해 학습자에게 전달하려고 하였다. 이때 교사는 절대적 위치를 차지하고 학습자는 수동적 존재로 여겼다. 반면에 구성주의에서 교사의 역할은 학습자가 스스로 의미를 찾을 수 있도록 탐구의 욕구를 자극하고 흥미를 유발하여 스스로 지식을 구성해 나가도록 도와주는 안내자의 역할이다.

이러한 구성주의 교육의 특징은 활동중심교육, 학습자중심교육, 그리고 총체적 교육으로 제시된다(조세경, 2001: 317-320). 활동중심교육(活動中心敎育)은 상호작용적 학습, 협동학습, 과제중심학습으로 구성되는데, 상호작용적 학습은 교사와 학습자, 학습자 상호 간, 학습자와 학습매체 간에 상호작용이 중요하다는 것이다. 협동학습은 학습자들이 공동의 학습목표를 가지고 배울 내용과 방법에 대해 교사와 학생 간에 긴밀하게 협동이 이루어지면 교육 효과가 증가한다는 것이다. 협동학습은 학습자들에게 필요한 사회적 기술을 개발할 수 있도록 도와주고 문제해결능력, 책임감, 의사소통능력을 향상시킨다. 과제중심학습은 학습자들에게 상호 협력해서 해결할 과제를 주고 상대방과의 교섭을 통해 부족한 지식을 보충해 나가는 것을 말한다. 이 과정에서 학습자들은 많은 양의 정보를 이해하게 되고 책임감도 증가하게 된다.

학습자중심교육(learner-center education)은 학습자들이 배울 내용, 교수법, 그리고 평가방법 등을 결정하는 데 참여하는 기회가 제공되는 학습을 의미하며, 이를 통해 학습자들은 자율적이고 자기주도적인 존재가 된다. 교사는 학습자가 가야 할 길을 안내하고 그들에게 필요한 도움을 제공함으로써 학습 과정 전반을 용이하게 해 준다. 학습자중심교육을 위해서는 학습의 개별화와 자율학습이 필요하다. 학습의 개별화란 학습자가 자신에게 주어지는 교재, 자료 등을 선택할 수 있다는 것을 의미하며, 학습자 자신의 인지 유형이나 학습자료가 학습자와 높은 연관성을 지닐 때 학습에 있어서 주인의식과 내재적 동기를 높여 학습의 효율성을 높인다는 것이다. 자율학습은 학습자가 스스로 선택하고 결정한 방향으로 학습하는 것을 의미한다. 교사는 단지 학습을 도와주는 조력자, 촉진자로서의 역할을 한다.

총체적 교육은 단위별로 나누어 분자적, 개별적으로 학습이 이루어지는 것이 아니라 전체적인 맥락에서 학습하는 총체적 접근법을 말하고, 지식이란 삶 전체와 관련되면서 형성되는 것으로 본다. 지, 정, 의가 모두 포함된 교육을 말하며, 실제 사례를 포함하는 구체적 내용 중심의 교육을 말한다.

구성주의의 이론적 근거와 교육방법은 문제중심학습에 영향을 미치게 되었는데, 문제중심학습은 경험과 상황을 기반으로 복잡하고, 비구조적인 문제와 과제를 중심으로 학생들의 내적 성장을 도모하고자 한다(강인애, 2003: 24). 학습자 상호 간의 협력을 통해 문제해결에 접근함으로써 사회적 상호작용 기술을 발달시키고, 학교생활에서 접할 수 있는 실질적인 문제들을 다루게 됨으로써 학생들의 적극적인 참여를 유도할 수 있다. 집단 안에서 타인과의 상호작용을 통해 자신이 해결할 수 없는 수준의 문제를 접하면서 내적 의미를 수정하는 과정을 거치게 되고, 이를 통해 개인의 인지능력의 확장을 가져올 수 있다.

이와 같이 구성주의의 이론적 근거에 바탕을 둔 문제중심학습은 학습자의 동기 유발을 돕고, 학생으로 하여금 교육과정에 적극적으로 참여할 수 있도록 하며, 자신의 사전 지식을 토대로 주어진 자료를 분석, 평가, 재구성함으로써 새로운 환경에 적응할 수 있도록 돕는다.

학교에서 발생하는 폭력행위는 매우 긴급하고, 파생되는 문제들이 깊으며, 넓게 확대될 수 있는 심각한 위기 상황이다. 대부분의 학교폭력 문제는 앞에서 기술한 바와 같이, 단일한 원인에 의해 발생하기보다는 여러 가지 원인이 복합적으로 작용하면서 일어난다. 심리적 · 개인적 요인에서부터 부모와의 불화와 같은 가족문제, 그리고 과도한 경쟁이나 성적에 대한 압박감과 같은 환경적 요인과 왕따와 같은 차별과 편견의 사회적 문제까지 복잡하게 얽혀 있다. 이들 학교문제는 대부분 복합적, 우연적, 비구조적으로 발생하므로 기존의 데이터와 형식을 통해 해결할 수 없는 경우가 대부분이다. 문제를 명확하게 인식하고, 해결 가능한 최적의 대안을 검토하는 과정을 통해 자기 탐색과 성찰의 경험이 필요하다.

## 3. 학교폭력의 예방과 문제중심학습

### 1) 문제중심학습의 개념과 특성

#### (1) 문제중심학습의 개념

문제중심학습은 앞에서 지적한 바와 같이 의학교육에서 처음 시작한 교수 접근방법이지만 현재는 문제를 중심으로 하는 학습활동에서 광범위하게 사용된다. 문제중심학습이 교육의 여러 영역에서 적용된다고 하더라도 대부분의 교육과정은 Barrows에 의해 체계화된 구조와 절차에 따라 진행된다(Bereiter & Scardamalia, 2000: 185). 그것은 소규모 집단을 구성하여 문제를 제시하고, 이를 검증하기 위해 가설 설정과 탐색 과정을 거친다. 그리고 이를 검증하기 위해 자기주도학습이 이루어지고, 이에 대한 발표와 토론 그리고 평가의 과정을 거친다.

객관주의 철학에 바탕을 둔 전통적 관점에서는 객관적 세계가 독립적으로 존재하고, 학습자는 감각을 통해 외부에서 전달된 독립적 세계에 대한 지식을 그대로 수용하는 것이 중요하다. 따라서 교육과정은 효율적 지식과 정보의 전달을 위한 것으로 구성된다. 그러나 문제중심학습에서 지식은 이전 경험을 바탕으로 학습자의 적극적인 참여를 통해 습득된다. 따라서 학습자가 자신의 경험을 기초로 새롭게 만나게 되는 지식에 대해 의미를 만들어 가는 과정이 중요하다. 문제중심학습에서 학습은 지식(knowledge)과 행함(doing)이 모두 포함된다. 학생들은 문제해결 수업을 하기 위해 이전의 지식을 가져오고, 문제는 학습을 위한 자극으로 사용된다. 이때 문제는 실제

학교생활에서 학생들이 직면하게 될 내용으로 구성된다.

문제중심학습이란 문제를 이해하고 해결하는 활동 과정을 통해 이루어지는 학습이라고 할 수 있다. 이때 학습 과정에서 제시되는 문제는 문제해결능력 혹은 추론능력의 적용과 문제해결에 필요한 지식 습득을 위한 자극으로서의 역할을 한다(허예라, 2000: 6). 문제중심학습은 복잡하고 다양한 사회에 적응하기 위한 능력을 기르는 것으로, 학생이 생활을 통해 만나게 되는 문제를 이해하고 다양한 해결방법을 탐색해 가는 학습방법으로 학습자중심교육으로 이루어진다.

문제중심학습에서 가장 중요한 것은 지식의 획득방법으로 문제를 사용한다는 것이며, 이때 문제는 현실과 동떨어진 단편적, 비맥락적인 것이 아니라 현실에서 지식이 학습자와 서로 복잡하게 얽혀 존재하는 비구조화된 문제, 즉 우리가 경험하게 되는 실제 문제와 관련된다(조연순, 2006: 15-16). 비구조화된 문제란 접근하는 방식에 따라 여러 가지 결론을 얻을 수 있고, 학습자의 수준과 노력에 따라 도출되는 결론이나 해결안의 수준 등이 결정될 수 있는 문제로서, 처음부터 문제가 완전히 이해되지 않을 수도 있다. 비구조화된 문제는 문제의 성격이 실제적 문제와 관련되기 때문에 나타나게 되는데, 실제적 문제란 현실 상황 및 실세계를 바탕으로 하는 문제로 둘러싼 구체적이고 실질적인 데이터와 문제의 배경을 설명해 주는 정보를 포함하는 문제이다. 실제적 문제는 잡지나 기사, 신문칼럼, TV, 영화, 책 등과 같은 우리 주변에서 흔히 찾을 수 있는 것에서 자료를 얻을 수 있다. 그리고 문제는 학생이 직접 직면할 수 있는 문제로 구성된 것이어야 하는데, 이때 학생은 적극적이고 능동적인 학습의 참여자이므로 그들의 수준과 경험에 기초한 것으로 구성되어야 한다(조연순, 2006: 21-22).

이상에서 논의한 것을 종합하면 문제중심학습이란 학생들이 실생활에서 경험하는 복잡하고 다양한 문제를 교육의 내용으로 선정하여 그들 스스로 문제를 해결해 가는 과정에서 학습의 흥미를 높이고, 문제에 대한 가설과 해결책에 대한 탐색 과정을 통해 학생의 사고력과 비판의식, 그리고 인지구조의 능력을 향상시키려는 학습이라고 할 수 있다.

### (2) 문제중심학습의 필요성과 특징

문제중심학습이 필요한 이유는 관습적인 강의 중심의 교과과정과는 달리 학생들에게 문제해결 기술을 개선하고, 비판적인 사고능력을 발달시킬 수 있기 때문이다. 문제중심학습은 실제 삶의 문제에 대한 경험을 토대로 이루어지기 때문에 학생들에게 하나의 주제에 대해 학습을 해야 하는 이유를 제공할 수 있고, 적극적으로 학습에 참여할 수 있도록 동기를 유발할 수 있다. 그리고 학생들이 가지고 있는 기존의 선행 지식을 토대로 학습이 이루어지므로 학습내용에 대해 개념 이해와 기억을 강화할 수 있다.

문제중심학습은 결과보다는 탐색 과정을 중요시하기 때문에 어떤 문제에 대한 옳은 해답을 얻는 과정에서 수준 높은 사고의 기술을 발달시킬 수 있다. 또한 학생들이 동료 학생과 함께 스스로 문제를 정의하고, 이를 해결하기 위해 정보를 얻고, 데이터를 분석하고, 가설을 세우는 과정을 통해 자기 자신의 전략을 증명하고 수정할 수 있는 기회를 얻을 수 있으며, 메타인지와 자기주도학습을 증진시킨다. 문제중심학습에서 학생들은 스스로 학습을 즐기게 되고, 학습 과정이 진행되는 동안에 더욱 적극적인 참여가 이루어질 수 있다(Uden & Beaumont, 2006: XI). 이와 같이 학생의 흥미와 참여를 유도할 수 있는 문제중심학습은 다음과 같은 몇 가지 특징을 가진다(Bereiter & Scardamalia, 2000: 186-187).

- 모든 학습은 문제로부터 시작되고, 다시 환원되어야 한다.
- 문제해결 과정의 핵심은 토론이다.
- 문제를 해결하는 과정에서 가장 중요한 것은 문제를 명확하게 확인하는 것이다.
- 문제를 해결하기 위해 소집단을 설정하고, 각 구성원은 함께 협력적으로 일을 해야 한다.
- 집단의 구성원들이 모든 똑같은 일을 하는 것은 아니고, 각 구성원에게 서로 다른 과제들이 분배되어야 한다.
- 문제중심학습의 목표는 창작물이나 결과물을 제출하는 것이 아니라 학생의 인지능력과 성과를 성취하는 것이다.

문제중심학습의 공통된 특징을 요약하여 제시하면 다음과 같다(조연순, 2006: 18).

- 문제중심학습은 문제로 시작한다. 이때 문제는 너무 쉽게 해결되거나 일정한 틀

에 매여 하나의 정확한 답을 구할 수 있는 상황이 아닌 비구조화되고 복잡한 것이어야 한다.

- 문제중심학습은 학생 중심이다. 학생은 문제해결자로서 학습에 참여하여 좋은 해결책을 찾기 위해 필요한 정보와 지식을 직접 다루고, 의미와 이해를 스스로 추구해 나간다.
- 문제중심학습에서 교사의 역할은 지식전달자가 아니라 학습진행자이다. 교사는 교육과정의 설계자로서 문제를 설계하고, 학습계획을 세우며, 학습자 집단을 조직하고 평가를 준비하며 피드백을 제공한다.

문제중심학습에서 제시되는 문제들은 대개 특수한 사례보다는 원리를 확인할 수 있는 것이어야 하며, 최종적인 결과를 얻거나 실제 결과를 성취하기 위한 것이 아니라 이해를 중점으로 해야 한다. 문제 자체는 탐색의 과정에서 변화될 수 있으며, 문제가 항상 풀릴 것으로 기대하지 않는다. 그러나 그러한 상황이더라도 각 구성원의 지식수준의 변화는 일어나게 된다(Bereiter & Scardamalia, 2000: 186-187). 이를 위해 교사는 권위를 가지고 지식을 전달하는 전형적인 모습보다는 공동의 탐구자로서 기능한다.

## 2) 문제중심학습의 원리와 교사의 역할

문제중심학습의 주요 원리는 유동적이고 유용한 지식, 문제해결이나 추론에 대한 기술, 자기주도학습의 기술, 협력학습이라고 볼 수 있다(Kelson & Distlehorst, 2000: 170-171). 유동적이고 유용한 지식을 기반으로 한다는 것은 문제중심학습을 위해 제시되고 사용되는 지식과 정보가 고정적인 것이 아니라 미래에 실제로 만나게 될 상황과 효율적인 행동을 취하는 데 도움을 주는 개념이나 기술의 목록을 포함해야 한다는 것이다. 지식은 일반화된 개념 수준의 지식과 기술이더라도 그것이 경험을 통해 재구성될 가능성이 있는 것이어야 한다.

문제해결이나 추론에 대한 기술이란 가설연역적 추론(hypothetico-deductive reasoning) 과정과 관련된 것으로, 이는 문제해결을 위한 가설을 만들어 내고, 이들 가설에 대해 탐색하고, 긍정적인 결론에 도달할 수 있을 때까지 가설의 안과 밖의 규칙을 확인하는 과정에서 준비된 데이터를 사용하는 것을 의미한다. 가설에 대한 탐색이란 문제해결을 위해서 다양한 자료와 구조를 수용하는 것을 의미한다. 예를 들어, 학교폭력 문제를 해결하기 위해 주로 탐색되는 자원은 폭력의 가해자이다. 처음에 사용되는 탐색의 형식은 표준적이다. 즉, 폭력의 가해자를 인터뷰하고, 심리적 상담을 진행하고, 이를 위한 상담의 절차에 대한 일련의 과정을 설정하는 것이다.

그다음에는 폭력의 가해자뿐만 아니라 여러 가지 환경적 요소를 탐색 자원으로 활용한다. 즉, 학교 분위기, 피해자, 학부모, 교사, 학교의 교육과정과 같은 폭력을 유발할 수 있는 다른 많은 영역에 대해 일련의 탐색 과정을 설정한다. 목격자를 인터뷰하고, 각 환경적 요소의 개별적 요인에 대해 검토하고, 다양한 리포트를 종합하고, 생물학적 · 심리학적 요인을 분석하는 등의 활동을 한다. 이와 같이 탐색 자료나 형식의 다양성과는 상관없이 문제해결을 위해 이루어지는 모든 인지적 과정은 동일하다. 즉, 문제에 대해 명확히 확인하고, 가설을 세우고, 그 가설에 대해 인지적 탐색에 들어가는 것이다. 탐색 과정이 계속되면서 가설은 마무리되어 새로운 단계가 생성될 수 있고, 가설 그 자체가 확실한 결론이 되기도 하며, 최종적으로 도달하게 된 결론이 애매모호하게 끝날 수도 있다.

이와 같이 문제해결방안이나 추론이 반드시 확실한 종결 상태에 이르는 것이 아니라 상황에 따라서 여러 가지로 나타날 수 있고, 개별적인 경험에 국한될 수도 있기 때문에 교사는 학생이 세운 가설이나 해결방안을 계속해서 검증하도록 해야 한다. 학습자가 내면적 성찰을 하도록 하고 토론을 통해 다른 사람들의 의견을 수렴하는 검증 과정을 거쳐야 한다. 즉, 문제와 지식에 대해 잘못 구조화될 경우에는 애매모호한 결과와 불확실한 추론, 그리고 완전한 지식이 형성되지 않은 상태에서 결론이 만들어질 수 있으므로 추론과 탐색 과정은 계속해서 지속적으로 이루어져야 한다.

자기주도학습의 기술은 문제해결을 위해 요구되는 지식과 기술을 스스로 인지하는 것이다. 문제를 이해하고 문제해결 기술과 관련해서 자기 자신의 능력을 스스로 평가하는 것이다. 자신의 부족함을 수용하고, 이를 채울 수 있는 전략을 계획하고, 문제해결에 필요한 여러 가지 지식과 자료의 목록을 회상해 낼 수 있는 것이 포함된다. 그리고 이것이 문제해결에 적절하지 못한 것으로 판명된다면 좀 더 효율적이고 효과적인 새로운 전략과 기술, 지식을 습득해 나가면서 자신의 인지능력을 확대해 나가는 것이다. 이러한 실제 문제해결능력의 향상은 외부의 도움으로 해결할 수 있는 것이 아니라 학습자 스스로 모든 상황을 인지하고 판단할 경우에 가능하다.

협력학습은 수업에 참여하는 개인은 소집단 안에서 집단의 구성원으로서 공동으로 작업을 진행해야 한다. 이는 협동학습이 이루어지고, 구성원들이 협동적으로 문제를 해결하며, 공동의 작업 안에서 개인의 교육과정에의 성과를 협력적으로 성취해 가는 것을 말한다. 협력적인 학습자로서의 문제중심학습 집단의 구성원들은 모두 지식의 형성자이다. 그들은 문제를 확인하고, 지식을 구조화하며, 맥락화의 과정을 통해 지식을 새롭게 구성한다는 관점에서 전문적 지식인들의 학술적 공동체와 비슷한 의미의 일을 하는 것이다. 집단의 구성원들은 공동으로 문제를 해결해 가면서 기본적인 과학적 메커니즘에 대한 이해를 공유하고, 이를 통해 서로의 인지구조의 변형에 기여하게 된다(Kelson & Distlehorst, 2000: 171). 지식은 문제에서 파생되고, 새롭게 획득된 지식과 기술은 다시 문제로 환원된다. 지식을 생성하고, 문제를 해결하는 과정에서 협력이란 학습과 문제해결의 과정으로 정의되고, 이것은 다시 개인적 능력의 향상에 도움을 주면서 개인적 성과를 산출한다.

이러한 문제중심학습의 원리를 실현해 나가기 위해서 교사는 전통적인 강의 중심의 학습과 같이 지식의 전달자가 아닌 협력자, 촉진자로서의 역할을 해야 한다. 학생에게 단순히 지식을 전달하는 것이 아니라 학생과 함께 문제를 해결하기 위한 탐구 과정에서 학생의 사고를 실험하고 학생이 학습하는 것을 모니터링해야 한다. 학습 과정에서 교사는 결과보다는 학생들의 논리적 사고와 그들의 경험에서 오는 신념에 대해 관심을 집중하고, 학생의 잘못된 논리가 확인되면 이를 수정할 수 있도록 관련 힌트를 제시하며, 문제해결 과정에서 필요한 지식과 정보를 확인할 수 있도록 자료를 제공해 주면서 학생들이 과제를 끝까지 마무리할 수 있도록 격려한다(Uden & Beaumont, 2006: Xi).

문제중심학습 프로그램을 개발하는 과정에서 교사가 고려해야 할 사항은 학습목표 설정, 문제중심학습 과제의 선정, 문제중심학습 과제에 대한 학습자료와 전략의 검토 및 준비, 문제중심학습 과제를 위한 수업 준비 과정과 문제중심학습 환경에서의 교사의 태도이다. 교사가 문제중심학습을 성공적으로 이끌어 가기 위해서는 인내와 확신을 가지고 있어야 한다. 문제중심학습 환경이 학습자 주도적이며 협동학습이므로 초기에 수업 시 혼란 상태가 발생하게 된다. 이때 교사는 혼란을 받아들이고, 이를 해결해 가는 과정에서 학습의 상태인 학생의 인지구조의 변화를 가져올 수 있다는 확신을 가지고 교육과정이 마무리될 때까지 인내할 필요가 있다. 그리고 뛰어난 교사가 지니고 있는 교수법의 특성은 'INSPIRE'로 요약된다(강인애, 2003: 31-37). 즉, 지성적(Intellectual), 양육적(Nutruant), 문답식(Sophocratic), 점진적(Progressive), 간접적(Indirect), 성찰적(Reflective), 그리고 격려적(Encouraging)인 것을 말한다. 관련 분야에 대한 수준 높은 지식(지성적), 학생과의 정서적 공감대를 형성하기 위한 노력(양육적), 학생 스스로 답을 찾아갈 수 있도록 유도(문답식), 확인된 학생의 능력보다 한 단계 더 높은 수준으로의 성장(점진적), 직접적 성과나 피드백이 아닌 학생 스스로 문제를 수정해 나갈 수 있도록 조력(간접적), 질문을 통해 자신의 논리에 대해 관찰하고 이해할 수 있는 성찰적 사고의 신장(성찰적), 학생 스스로의 자발적 동기부여(격려적)인 것이다. 이와 같이 문제중심학습에서의 교사는 학생들에게 명확한 학습 방향과 비전을 제시하고, 학생의 인지적 · 지식적 발달뿐만 아니라 동기적 · 감성적 측면에서의 발달과 학생에 대한 믿음과 존중을 함께 가지고 있다.

## 3) 문제중심학습의 기본 구조와 교육과정

### (1) 문제중심학습의 기본 구조

문제중심학습은 학생들이 실생활과 관련된 문제 중심의 과제를 부여받고, 서로 협동해서 주체적으로 문제를 해결하기 위해 가설과 대안을 탐색해 가는 학습방법을 말한다. 이 과정을 통해 학생들은 문제해결능력과 비판적 사고능력, 그리고 학습을 통해 학습(learn to learn)하는 기술을 발달시킬 수 있다(Uden & Beaumont, 2006: X). 이러한 문제중심학습의 구조는 협력학습(collaborative learning)과 자기주도학습(self-directed learning)으로 나누어진다.

협력학습은 서로 다른 인지구조를 가지고 있는 개인이 다양하고 복잡한 개념을 함께 이해하는 과정에서 이루어진다. 이것은 인지적 유동성이론(cognitive flexibility theory)에 근거하는 것으로, 서로 다른 인지구조를 가지고 있는 개인이 함께하는 과정에서 복잡한 개념에 대해 서로 다른 다양한 관점을 제공하게 되고, 이를 통해 초보적 이해로 특징 지워지는 지나친 단순화를 극복할 수 있는 계기가 된다. 이러한 협력적 학습환경은 나중에 집단이 해체되고 개인이 홀로서기를 하더라도 그 개인이 복잡한 문제와 만나게 될 때 초보적 수준을 넘어 다양한 관점으로 문제를 확인할 수 있도록 도와준다. 이러한 개인의 다중적 관점(multiple perspectives)의 내면화는 미래의 협력적 환경에서 수행할 수 있는 개인의 효능감을 증진시켜 준다(Kelson & Distlehorst, 2000: 172). 협력학습을 통해 학생들은 처음에는 애매모호하고, 비유적이며, 불완전하고, 부분적인 의미들에 대해 점차적으로 명확하고 정제된 의미를 갖게 되고, 결국에는 세련되고 객관적, 과학적인 개념을 형성할 수 있게 된다.

이러한 협력학습의 핵심 원리는 두 가지가 있다(Kelson & Distlehorst, 2000: 174). 하나는 문제를 중심으로 학습의 주제가 결정된다는 것이다. 알고자 하는 호기심은 문제를 통해서 자극되고, 지식의 획득에 대한 시험을 진행할 때에도 그 근거는 문제로의 환원이 이루어졌는가 하는 것이다. 문제로 환원된 지식은 새로운 환경에서도 적용이 가능하다. 진정한 학습이 이루어지기 위해서는 미래의 실제 세계와 호환되는 방식으로 수용되어야 한다. 두 번째는 모든 인식에 대한 책임은 학생들에게 있다는 것이다. 진정한 학습을 방해하는 것은 독립적이거나 문제 밖에 있는 지식을 습득하도록 학생들에게 강요하는 것이다. 이것은 학생들로 하여금 분명한 문제 인식을 하는 데 방해가 된다. 학습이란 학생들이 직접 문제와 접촉하면서 이루어진다. 이상적인 문제중심학습은 학생이 배워야 할 내용을 학생 마음대로 설정하는 학생 위주 프로그램도 아니며, 교사가 학생들이 배워야 할 내용을 지시하는 교사 중심의 프로그램도 아니다. 문제중심학습은 문제에 직접 부딪혀봄으로써 얻게 되는 지식과 기술이 학습되어야 한다는 것을 의미한다. 교사는 학생들이 문제를 선별 및 고안할 수 있도록 도와주고, 학생들은 직접 이것을 확인하고 해결방안을 찾는 과정에서 협력적으로 일할 때 진정한 학습이 이루어질 수 있다.

우리가 실제로 접하게 되는 문제는 대부분 상당히 복잡하고, 학생들의 가설연역적 과정은 불충분하며, 문제를 해결하는 데 사용되는 제한된 데이터와 불완전한 지식, 그리고 불확실한 판단능력을 통해 해결책에 대한 결정을 내려야 하는 상황에 놓이게 된다. 이때 다양한 구성원과의 상호작용은 다양한 관점을 접할 수 있는 기회를 주며, 애매모호하고 불확실한 상태를 보다 완성도 있는 상태로 변환시켜 주며, 초보적인 지식과 사고능력을 넘어 고차적인 지식의 형성과 합리적인 논리력을 형성할 수 있도록 도와준다.

자기주도학습은 학생들에게 기존의 선행지식들을 새로운 상황에 적용할 수 있는 기회를 줌으로써 인지적 성장이 이루어질 수 있도록 돕는다. 생활 속에서 만나게 되는 문제나 학교현장에서 발생하는 문제는 복잡하고, 다양한 형태로 일어나므로 기존의 고정된 지식을 암기하고 있는 학생들은 새로운 문제상황에서 그 지식을 적용할 수 없게 된다. 이미 알고 있는 상황을 넘어서 새로운 상황에 적합한 새로운 지식을 창출하기 위해서는 기존의 지식을 응용하고 자신의 상황을 객관적으로 파악할 수 있는 종합적인 사고능력이 필요하다. 이를 위해 지식을 스스로의 인지구조에 내면화하는 것이 필요한데, 이때 필요한 것이 자기주도학습이다. 스스로에게 이해되고, 인식된 지식에 한해서만 실제 상황에 적용할 수 있는 학습이 이루어질 수 있다.

학교에서의 문제상황은 복잡하기 때문에 학생들이 가지고 있는 빈약한 전문지식이나 제한된 경험만으로 문제를 해결하기가 용이하지 않다. 집단에서의 협력학습을 통해 문제를 해결하고 목표를 달성하기 위해 집단의 구성원이 함께 노력하는 과정에서 학생들은 스스로 여러 가지 상황과 조건을 탐색하게 된다. 자기주도학습 능력은 이러한 문제해결 과정을 통해 습득된다. 문제중심학습 속에서 자기주도학습 기술을 발달시키기 위한 조건은 다음과 같다(Hmelo & Lin, 2000: 229).

- 학습자 중심의 교육
- 학생의 기존의 지식 수준에서 문제를 확인하고 해결하려는 시도
- 제한된 지식과 경험에 대한 수용과 적절한 학습의 문제를 창출
- 연구에 대한 독립적 노력
- 연구에 사용된 자료들을 평가
- 문제를 새로운 지식에 적용
- 자기주도학습에 대한 협력적 반성과 숙고

첫째, 학습자중심교육이란 전통적인 교육과정과 다르게 배울 학습내용과 목표를 학생이 결정한다는 것이다. 학생이 스스로 주도적으로 학습하고, 학습에 대한 대부분의 책임을 학생 스스로 진다. 교사는 학생에 대해 코치의 역할을 수행하고, 학생들에게 다음과 같은 질문을 통해 학생 스스로 자기주도학습을 하도록 유도한다. 즉, '왜 너는 그와 같은 정보를 가져오는가?' '네가 특별히 배우고자 희망하는 것은 무엇인가?' 혹은 '네가 더 알고 싶은 것은 무엇인가?'와 같은 학습을 촉진하는 질문을 통해 점차적으로 학생에게 평가를 전가한다. 실제로 학생은 이 질문을 내면화하고 메타인지

형태로 받아들인다.

둘째, 앞의 단계에서 제시된 것처럼 제기된 문제를 다루기에는 학생들이 불충분한 지식 기반을 가지고 있더라도 문제해결을 시도하도록 격려해야 한다. 이러한 시도를 통해 학생들은 자신의 불충분한 지식을 보충하고, 더 진전된 학습을 위해 계획을 세우고, 더 발전된 학습의 기술을 갖도록 단계적으로 유도할 수 있다. 이는 학생들에게 학습과 탐구의 기회를 창출할 수 있게 해 주고, 이전 지식을 활성화할 수 있도록 도와주며, 적극적으로 동기화될 수 있게 한다.

셋째, 학생들이 문제를 해결하기 위해 그들이 가지고 있는 지식을 활용하는 것을 시도함으로써 자신들이 문제를 적절하게 해결하기에는 불충분한 지식을 가지고 있다는 것을 확인하게 된다. 그럼에도 불구하고 그들은 여러 가지 상황에 적절한 학습 문제를 창출하면서 학습목표를 설정하는 경험을 갖게 된다. 이는 학생들에게 적극적인 자기주도학습자가 되는 데 필요한 기술을 익히도록 동기를 유발할 수 있다.

넷째, 자기주도학습이 학생의 독립적 연구 노력을 촉진한다는 것은 매우 중요하다. 문제를 해결하기 위해 구성된 집단 안에서 학생들은 스스로 문제를 창출하고, 이를 해결하기 위해 독립적으로 자료들을 탐색한다. 학생들은 적절한 정보를 확보하기 위해 노력하고, 필요할 때는 전문가에게 직접 질문을 제기하면서 점점 더 능숙하게 일을 처리해 낸다. 그들은 정보 탐색 기술과 다양한 문제를 통해 획득한 지식들을 사용할 수 있는 기회를 가지기 때문에 문제해결을 위한 절차뿐만 아니라 개념적 지식도 구성할 수 있게 된다. 이는 학생들에게 새로운 환경에서도 그들의 지식을 활용할 수 있는 유동적이고 유능한 학습자가 될 수 있도록 준비시킨다.

다섯째, 독립적으로 연구를 하기 위한 노력의 과정에서 학생들이 사용한 자원들은 비판적으로 검토될 필요가 있다. 자료의 신뢰성과 어떻게 이들 자원들이 지식 형성에 기여하게 되는지를 고려할 필요가 있다. 그들이 사용한 데이터를 공개함으로써 그것이 적합한 검토의 과정을 거쳤는지, 그리고 미래 문제에 사용될 수 있는 자료들이 얼마나 유용한지에 대해 숙고할 수 있다.

여섯째, 학생들은 문제해결을 위해 탐색하는 과정에서 추출된 연구결과를 실제 생활에 적용할 필요가 있다. 문제중심학습방법의 핵심은 학생들이 그들의 지식을 적용할 수 있도록 학습되는가 하는 것이다. 학생들은 실제 문제에 필요한 지식과 그렇지 않은 지식을 구별하는 것을 배울 수 있고, 지식이 어떻게 도구로서 사용되는지를 확인할 수 있다. 정보와 관련된 이해를 촉진하는 방법은 분리된 정보의 조각들을 연결해 줄 수 있는 맥락적 지식의 구조를 형성하는 것이고, 이는 문제들과 관련될 때 더욱 촉진된다.

마지막으로 학생들이 지속적으로 문제해결 과정을 거치면서 자기주도학습을 경험하게 되고, 이 과정에 대한 자기평가는 학생들의 탐구능력을 지원하는 중요한 학습도구가 된다. 학생들은 자기주도학습 결과로 형성된 지식의 유용성과 학습목표를 성취하기 위해 진행되었던 학습 과정에 대해 반성하고 숙고한다. 그리고 그들의 전략이 얼마나 효과적이고, 미래의 생활 개선에 얼마나 많은 기여를 하게 되는가를 검토한다. 반성(reflection)은 학생들이 그들의 지식과 전략을 새로운 상황에 적용할 수 있는지에 대해 검토하는 자기주도학습의 비판적 구성요소이다.

문제중심학습에서 반성은 학생이 스스로를 이해할 수 있도록 돕고, 절차와 개념 사이의 연결고리를 형성하며, 광범위한 문제영역의 기저에 있는 인과관계 메커니즘을 확인하도록 돕는다. 또한 문제중심학습을 위한 집단에서의 협력적 토론은 학생들의 상호작용능력을 기르고, 그들의 생각을 다양한 관점에서 비교할 수 있도록 지원한다.

### (2) 문제중심학습의 교육과정

교육과정은 문제중심학습의 중심 역할을 한다. 문제중심학습의 교육과정에서 교사의 역할은 학생에게 질문하고, 격려하고, 균형의 중요성을 일깨워 주며, 집단에서의 상호작용을 촉진하도록 자극하고, 학생 자신의 사고와 기술에 대해 비판적으로 검토할 수 있도록 도와주는 것이다.

문제의 탐색 과정을 통해 학생의 협력학습이 교사에 의해 점검 및 피드백을 받으면서 학생들의 문제중심학습이 적극적으로 활성화된다. 문제중심학습의 교육과정이 반복되면서 새로운 정보가 학습되고, 잘못된 정보는 수정된다. 이 과정에서 문제해결은 가장 중요한 목표가 아니며, 학생이 직접 탐구해 나가는 과정 자체가 중요한 가치를 지닌다. 문제 탐색에 필요한 사실적 지식과 개념은 직접 가르치지 않고 몇 개의 단계를 통해 확인된다. 우선 집단의 구성원들에 의해 문제가 제시 및 확인된다. 그런 다음에 문제를 확인 및 해결하기 위해 필요한 사실들에 대해 집단의 구성원들이 함께 토론한다. 그들은 다양한 아이디어를 제시하고 가설을 형성한다. 그 후 학생은 자신의 아이디어를 검토 및 증명하기 위해서 필요한 요소들을 확인한다. 학생은 집단의 구성원과 함께 연구결과물에 대해 서로 공유하고, 각 단계들은 문제가 해결될 때까지 반복해서 진행된다(Uden & Beaumont, 2006: Xiii-Xiv).

교육과정이 진행되는 동안 교사는 학생들에게 자신과 타인을 관찰할 수 있는 메타 인지의 성장을 촉진할 수 있는 개방적 질문들을 한다. 예를 들면, "무엇을 진행할까?" "더 많은 것을 알 필요가 있을까?" "너의 가설이 옳다는 것을 증명할 수 있겠니?" "문제에 대해 좀 더 많은 사실을 말할 수 있을까?" 등의 질문이다. 학생들은 문제중심학습 과정에 대한 참여를 통해 마지막에는 질문을 만들어 낼 수 있으며, 학습을 지속하기 위해 무엇을 알아야 하는지에 대해 확인할 수 있는 자기주도학습자가 되어 있다(Uden & Beaumont, 2006: Xiv). Barrows의 모델에 기초한 문제중심학습 과정을 요약하면 다음과 같다(Kelson & Distlehorst C, 2000: 169-170).

① 소규모 집단을 구성한다. 문제중심학습의 이상적인 집단 규모는 5~7명의 학생으로 구성된다.

② 교사는 촉진자로서 문제중심학습을 위한 수업 분위기를 조성한다. 교사는 정보 전달자가 아니므로 자신의 지식을 직접적으로 전달하지 않도록 훈련을 받는다.

③ 문제가 제시된다. 문제의 제시는 문제중심학습 교육과정의 핵심을 형성한다. 이때 문제는 학생의 흥미를 자극할 수 있도록 실제 생활과 관련되어야 한다.

④ 문제의 진술과 문제해결을 위한 가설이 탐색된다. 공동체에 부과된 문제들은 완전한 결과물이나 순차적으로 밝혀질 사실로서 기능하는 것이 아니라 탐구를 위한 도구이다.

⑤ 자기주도학습이 이루어진다. 집단의 구성원 각자는 문제에서 요구하는 지식이나 기술을 확인해야 한다. 이러한 지식이나 기술을 활용하는 데 필요한 자신의 능력을 객관적으로 평가하고, 부족하다고 판단될 경우에는 배울 필요가 있는 학습문제에 대해 확인하고, 부족한 부분을 보충할 수 있는 효과적인 자원들을 찾아서 이용해야 한다.

⑥ 자기주도학습 후 새롭게 획득된 지식과 기술을 문제에 다시 적용할 수 있어야 한다. 이때 성과에 대해 평가하고 잘못된 부분에 대해서는 지적할 수 있다.

⑦ 자신과 동료, 그리고 교사의 평가에 대해 적극적으로 반성한다. 이러한 자기반

성은 팀의 발전과 교육과정의 성과, 그리고 개인의 발전에 이용될 수 있는 중요한 도구가 된다.

문제중심학습의 교육과정에서 집단을 형성하는 것은 중요하다. 이상적인 집단의 규모는 교사 1명과 5~7명의 학생으로 구성된 경우이다. 집단의 구성원들은 문제중심학습의 교육과정에서 가장 중요한 단계에 속하는 '문제 형성'을 위해 만나고, 이때 문제는 실생활과 관련된 것이어야 한다. 문제 진술은 문제중심학습이 가져오는 성과의 핵심이 된다. 문제가 학생의 흥미를 자극하지 못하거나 실제 생활과 관련이 없고, 학생의 의욕을 고취시킬 수 없는 것이라면 팀워크와 개인의 인지적 학습성과를 성취하는 데 어려움이 있게 된다.

집단 대표의 도움을 받아 학생들은 구성원들과 협력적으로 문제에 접근하고, 가설을 생성하며, 적절한 전략과 자원을 사용하여 문제에 대해 탐색해야 한다. 탐색은 가설연역적 추론을 통해 이루어져야 하기 때문에 긍정적인 결론에 도달할 수 있을 때까지 지속적으로 가설에 대해 탐색하고, 가설에 사용된 규칙과 원리를 점검하며, 가설 설정에 필요한 지식과 자원을 확인하는 과정이 지속되어야 한다. 전략적으로 탐구하기 위해 교사의 도움을 받고, 문제가 요구하는 지식과 기술에 대해 확인하고, 학생 스스로 자신의 능력에 대해 평가해 가면서 자기성장을 도모해야 한다. 그리고 가설의 설정이 결국에는 '학습문제'로 환원될 수 있도록 확인하고, 집단의 모든 구성원은 문제해결에 필요한 지식과 기술을 얻기 위해 함께 계획과 절차를 마련하고, 구성원 각자는 학습문제를 탐색해 가는 과정에서 기능적으로 전문가로서의 능력을 발달시키기 위해 노력해야 한다.

문제중심학습에서 학생들은 소극적인 청중이 아니라 적극적으로 문제를 해결하고, 의미를 창출하며, 판단과 결정을 스스로 내리는 자기주도적 역할을 해야 한다. 그들에게 주어지는 문제는 비구조적이므로 매우 복잡한 특성을 갖는다. 문제중심학습 과정에서 학생들은 비판적인 사고 기술을 발달시키기 위해 정보를 스스로 획득 및 수립하며, 문제에 대해 숙고하도록 요구받는다. 문제해결의 모든 과정에 대해 학생들은 스스로 책임을 진다. 그들은 적극적으로 학습전략을 세우고 자기주도학습을 해나가야 한다. 물론 문제중심학습의 초기에 학생들은 자신에게 주어진 많은 책임 때문에 혼란스럽고 다양한 어려움을 느끼지만 과제와 학습 과정이 진행될수록 그들의 문제해결능력과 비판적 사고능력은 향상된다. 자기주도학습이 끝난 후 집단의 구성원들은 다시 문제 탐색 과정에서 향상된 지식과 기술을 가지고 문제로 돌아가야 하고, 이러한 과정은 보다 근본적으로 타당한 원리와 메커니즘에 기초하여 문제가 해결될 때까지 계속 진행된다. 문제가 해결된 후에 집단 구성원들은 그들의 성과에 대해 집단 전체를 통해, 그리고 개인적으로 숙고의 과정을 거친다. 각 구성원은 문제해결능력, 자기주도학습, 협력학습, 유용한 지식을 토대로 그들 스스로에 대해 평가하고, 동료와 교사에 의해서도 서로의 평가가 이루어지게 된다.

### 4) 학교폭력 예방을 위한 문제중심학습 실천방안과 적용

이상에서 문제중심학습의 개념, 필요성, 특징, 원리, 기본 구조, 교육과정, 교사의 역할에 대해 기술하였는데, 이를 토대로 학교폭력 예방을 위해 문제중심학습의 실천방안을 제시할 수 있다.

학교는 학생에게 세계를 이해하는 데 필요한 지식을 전수하고, 건전한 사회생활을 유지할 수 있도록 올바른 인격을 형성해야 하는 곳이지만, 우리나라의 학교교육은 입시에서의 중요한 위치를 확보하기 위해 과도한 경쟁을 중심으로 한 교과교육에만 치중하고 있다. 경쟁에서 밀린 많은 학생은 그들이 가진 폭발적 에너지를 적절한 곳에 쏟지 못하고, 비행과 일탈 행동이나 자기보다 약한 학생을 골라 폭력을 휘두르는 경향을 보이고 있다. 학교에서의 폭력문제는 심화되고 있지만, 교사들은 그 문제에 대해 적절하게 대응하지 못하고 있다.

많은 교사가 학교폭력 문제를 상담과 교화를 통해 해결하려고 하고 있다. 자율적인 판단과 주체성을 강조하는 시대에 교화를 통한 폭력문제 해결의 방식은 학생들에게 실질적인 능력 개발에 도움을 주는 데에는 한계가 있다. 학생들은 과거보다 훨씬 많은 유혹과 문제에 직면해 있지만, 이를 극복하기 위해 배워야만 하는 지식이나 가치를 학교에서 배우지 못하고 있고, 문제를 해결할 수 있는 방법도 알지 못한다. 학습은 학생들의 내면화 과정을 거치고, 자기주도적인 적극적 탐색을 통해서 이루어질 수 있음에도 불구하고 학생들은 문제상황에 대해 비판적으로 사고하거나 문제의 탐색 과정을 통해 스스로 학습할 수 있는 기회도 갖지 못하고 있다.

학교폭력을 예방하기 위해서는 우선 학생들이 학교에서 만나게 되는 여러 가지 문제상황을 일상적인 것으로 생각하지 않고 문제로서 명확하게 인식할 필요가 있다는 것을 인지하게 하고, 학교에서는 학생들이 문제를 해결하기 위해 여러 가지 가설과 대처방안을 탐색할 수 있는 시간과 공간, 그리고 교육적 기회를 제공할 필요가 있다. 학생들의 변화는 내적 인지구조의 변화를 통해 일어나며, 내적 인지구조는 주어진 상황을 문제로 인식하는 것을 통해 자극받게 된다. 외부의 교화나 훈련을 통한 자극은 개인의 인식의 변화를 일으켜서 바람직한 행동으로 유도하는 데 극히 적은 부분만 영향을 미치게 된다. 학교폭력의 가해자에게 가장 문제가 되는 것은 그들이 자신의 문제행동에 대해 마땅히 가져야 할 죄의식이나 양심의 가책을 느끼지 못하는 데 있다. 학생의 내적 인식의 문제를 일깨우지 않고 학교폭력을 위한 어떠한 법과 제도의 실행이나 교육적 접근방법이 효과를 가져오는 데에는 제한이 있다. 학생의 바람직한 행동으로의 교정은 문제상황에 대한 정확한 인식에서 출발해야 하며, 문제를 해결하기 위해 여러 가지 대안을 탐색하는 과정에서 스스로 성장에 대한 경험을 통해 지속적인 동기화가 이루어질 때 가능하다.

문제중심학습은 학생이 주도적으로 문제를 해결하는 과정에서 문제를 처리하는 자신의 내적 인지구조를 확인하고, 이를 문제해결을 위한 새로운 환경에 적용하면서 새로운 지식으로의 전이와 확장이 이루어질 수 있도록 돕는다. 이러한 자신의 내면의 구조에 대해 관찰해 나가는 메타인지적 내적 인지구조의 확장은 보다 나은 행위의 선택으로 이어지게 하고, 이를 통해 인식과 행동의 교정이 이루어진다. 문제해결과정에서 사용되는 지식과 전략은 실제 학교생활에서 만나게 되는 여러 가지 갈등문제와 학교폭력 상황에서도 전이가 이루어지게 되어 학생이 스스로 자기주도학습에서 오는 성과에 대해 경험할 수 있다. 이러한 경험과 탐구 과정에서 오는 사고능력의 발달과 사고 과정의 내면화는 집단 토의와 자기반성을 통해 다양한 상황에서의 다양한 관점으로 확장된다. 학생은 외부의 지식을 빌려와서 사용하는 것보다 스스로 지식의 형성과 탐색 과정에 기여할 때 더욱 동기화되므로 문제중심학습은 학생의 사고를 활성화한다. 자기주도학습자로서 학생은 스스로 문제를 확인하고, 적절한 정보를 선택하고, 학습전략 효과에 대해 스스로 평가하고, 이러한 과정이 지속적으로 다시 반복될 필요성이 있는지에 대해서도 스스로 결정한다(Hmelo & Lin, 2000: 233).

교사의 역할은 학생들에게 질문을 유도하고, 학습문제와 주제를 목록화하도록 도와주며, 필요한 학습자료와 자원을 지원해 주는 데 있다. 학생들이 사고를 명확하게 할 수 있도록 도와주고 집단의 구성원과의 협력학습을 통해 학생 자신의 사고 과정과 결과에 대해 피드백을 받고, 문제점이나 결손 부분을 보충해 나갈 수 있도록 도와준다. 결국 문제중심학습은 자기주도학습으로 특징지어질 수 있는데, 이것은 비판적 반성과 함께 연계되어 학생들의 의식에 내적 변화를 수반하게 된다. 폭력행위에 대해 스스로 반성하고, 폭력행위가 가져오게 될 좋지 못한 결과에 대해 명확히 이해하며, 이를 해결하기 위해 자기주도적으로 대안을 탐색하는 과정에서 자기관찰이 이루어지고, 자기통제능력과 자기발전능력을 발달시키게 된다.

### (1) 학교폭력 예방을 위한 문제중심학습의 기본 구조

학교폭력을 예방하기 위한 문제중심학습의 기본 구조는 협력학습과 자기주도학습으로 구분할 수 있다. 협력학습을 통해서 학생들은 선행되어 있는 지식의 기본 구조를 확장할 수 있으며, 다양한 구성원과의 상호작용을 통해 초보적인 단순한 지식과 사고능력을 넘어서는 합리적·논리적 사고를 통해 문제를 접근하는 방식을 배울 수 있다. 학교폭력의 문제는 대부분 상당히 복잡한 상황과 원인에 기인하여 발생한다. 초보적 지식 수준의 학생이 단독으로 문제상황을 판단하고, 해결방안을 마련한다는 것은 사실상 불가능하다. 특히 불충분하고 부정적인 사회적 인지구조를 가지고 있는 폭력행위자나 피해자가 자신의 문제를 있는 그대로 인지하고, 다른 사람의 입장을 고려하여 합리적인 판단과 행위의 결정권자가 되도록 한다는 것은 오히려 자아 불안을 심화시키는 원인이 될 수도 있다.

협력학습은 다양한 성장 과정과 환경을 통해 서로 다른 인지구조를 가지고 있는 학생들이 함께 문제를 확인하고, 해결방안을 찾기 위해 노력하는 과정에서 다른 사람의 관점과 입장을 이해하게 되며, 자신의 문제를 성찰하게 됨으로써 폭력과 관련된 상황에 대해 객관적 입장에서 관찰할 수 있는 기회를 준다. 각자가 폭력의 문제상황과 해결방안에 대해 스스로 탐색한 후 획득하게 된 가설에 대해 집단 토의 과정을 통하여 재검토가 이루어질 수 있으며, 이 과정에서 각자가 가지고 있던 지식과 사고의 오류를 확인 및 수정하는 과정에서 내적 인지구조에 대한 확대가 이루어진다.

집단 내에서 다른 구성원과 토론을 통해 문제해결을 위한 합의점을 도출하고 다양한 의견을 공유함으로써 타인의 감정과 생각을 이해하게 되고, 갈등의 문제를 해결할 때 감정적인 무력의 사용이 아니라 대화와 타협 그리고 합의를 통해 문제를 해결함으로써 인간관계 능력과 기술을 발달시킬 수 있다. 학생들의 문제 접근 수준을 높일 수 있도록 폭력상황과 관련된 여러 가지 지식과 정보 그리고 자료를 적절하게 제시해 주고 협력 과정을 통해 학생들이 배워야 할 내용에 대해 성찰하게 한다. 그들의 의식과 행동의 변화 과정을 확인하여 알려 줌으로써 학생들에게 스스로 문제를 해결할 수 있다는 자신감을 부여할 수 있다. 협력학습의 핵심원리는 문제를 중심으로 학생들의 사고를 일깨우는 것이므로 집단 토의 과정이 학교폭력의 문제로 다시 환원될 수 있도록 도와주고, 이를 통해 실제로 학교에서 경험하게 되는 여러 가지 갈등문제에 적용할 수 있는 기회를 부여한다. 협력학습은 특히 개별적인 지식 구성에 대해 점검 및 수정할 수 있는 기회를 제공하고, 다른 사람의 감정과 입장을 고려할수 있게 됨으로써 타인과의 조화로운 관계 형성에 도움을 준다.

자기주도학습은 타인의 지시에 따라 학습하고 행동하는 것이 아니라 학생들이 자신의 인지 유형이나 학습전략에 맞게 스스로가 학습의 방향을 선택하는 것을 말한다. 학교폭력의 문제는 비합리적인 사회의 구조가 원인이 될 수도 있지만, 근본적으로는 가해자와 피해자의 사회적 인지구조의 모순 때문에 발생한다. 지식은 외부에서 주어지는 것이 아니라 개인에 의해 구성되는 것이므로 행동의 변화는 학생들의 내적 인지구조의 변화에 따라 이루어진다.

문제중심학습은 현실의 문제상황 속에서 학생 스스로 주어진 문제를 해결해야 하는 구체적인 문제 중심의 학습이다. 학교폭력을 예방하기 위해서는 학생들에게 특정한 폭력상황을 제시하고, 그것이 현실 속에서 자신의 문제가 될 수도 있다는 점을 상기시켜서 문제해결의 의지를 동기화하고, 학습을 촉진할 수 있는 질문을 통해 자기주도학습을 유도해야 한다. 이 과정에서 학생들이 폭력상황을 이해하고, 문제를 제기하며, 해결을 위한 가설을 세우는데, 이때 불충분한 선수능력을 가지고 있더라도 일단 시도를 할 수 있도록 격려해야 한다.

폭력상황에 대한 문제를 탐색하는 과정에서 스스로 불충분한 자신의 능력을 발견하고 집단 내에서의 다른 구성원과의 협력을 통해 자신의 부족함을 보충해 가면서 상호작용능력을 발달시킬 수 있다. 그리고 실제로 자신이 가지고 있는 지식을 활용함으로써 학습에 적극적으로 동기화되고, 독립적인 탐색 과정 속에서 다양한 자료의 확인과 전문가의 도움을 통해 세계와 인간에 대한 다양한 관점과 보편적인 개념적 이해를 형성할 수 있게 된다. 실제로 문제중심학습은 학생들이 얼마나 주도적으로 학습을 해 나갈 수 있느냐에 따라 성공 여부가 결정된다. 왜냐하면 학습은 결국 학습자가 스스로 구성할 때 동기화되고, 인지능력의 향상을 기대할 수 있기 때문이다.

자기주도적 탐색 과정은 학생들의 인지능력을 향상시켜 폭력상황에 효율적, 유동적으로 대응할 수 있는 복합적인 수행능력과 기술을 획득하게 한다. 문제중심학습을 통해 학생들은 기존의 자신의 경험과 지식을 적용하고, 자신의 불충분한 경험과 인지능력도 존중받기 때문에 다른 사람에 대한 신뢰가 생기게 되고, 이를 통해 복잡하고 어려운 폭력문제상황에 처하게 되더라도 스스로 해결할 수 있다는 자신감을 가질 수 있으며, 새로운 문제상황에서도 자신을 조절하고 통제할 수 있는 자기관리능력을 향상시킬 수 있다.

교화나 지도 같은 외부의 타율적인 인성교육은 교사와 학생 간의 관계에 있어서 친밀감과 정서적 안정감을 형성할 수 없지만, 자율적으로 다른 사람과 협력하고, 적극적으로 탐색할 수 있는 학습 분위기와 환경의 조성은 학생들에게 자신감을 부여하고, 타인에 대한 인정과 배려를 생각하는 경험을 갖게 한다. 특히 문제중심학습에서 자기인식능력의 향상은 중요한 목표가 된다. 자신의 분노 감정을 읽어 내게 하고, 왜 그러한 부정적 감정이 생기는지에 대해 생각하는 것은 폭력문제를 해결하기 위한 중요한 열쇠가 된다. 문제중심학습에서 이루어지는 내면적 성찰 과정은 자신의 모순적・부정적 감정을 인식 및 조절하게 하여 보다 긍정적인 자아개념 형성에 기여하게 된다.

### (2) 학교폭력 예방을 위한 문제중심학습의 교수-학습 과정

문제중심학습은 실생활에서의 문제를 통해 학습이 이루어지게 하는 학습자 중심의 교육이므로 전통적인 교수-학습 모형과 같이 학습목표를 중심으로 일반적인 절차에 의해 교육과정이 이루어지지 않고 학생의 필요에 따라 유동적으로 학습 과정이 전개된다.

문제중심학습의 교수-학습 과정은 수업 분위기 조성단계, 문제제시단계, 잠정적 문제해결 시도단계, 자율학습단계, 협동학습 및 토의학습단계, 토론 결과 발표 학습단계, 정리 및 평가단계의 7단계로 구성된다(강인애, 2003: 187-188).

첫째, 수업 분위기 조성단계에서 교사는 새로운 학습방식인 문제중심학습의 방식과 특징에 대해 설명해야 한다. 문제중심학습은 학생이 적극적이고 주도적인 역할을 해야 하므로 처음에 새로운 교육방식에 대해 학생들이 매우 혼란스러워한다. 이때 교사는 수업 과정의 안내와 문제 접근방법, 자기주도학습과 토의방법, 그리고 교사와 학생의 역할 등에 대해 종합적으로 안내할 필요가 있다.

둘째, 문제제시단계에서 중요한 것은 문제를 학습자의 실제 경험과 연관시킴으로써 학생들의 흥미와 참여를 유도해야 한다는 것이다. 동기유발은 대개 문제제시와 함께 이루어지는데, 이것은 학생들이 학교폭력과 관련된 도덕적 문제상황에 직면하여 내적 혼란을 경험할 수 있는 도덕적 상황으로 구성되도록 한다. 문제중심학습의 목적은 수업을 통해 자기성찰과 비판적 사고능력을 기르게 하는 것이므로 반성적 사고를 촉진할 수 있는 폭력적 문제상황을 제시한다. 그리고 개별적으로 학습자료를 활용하면서 학습문제를 찾아야 하는데, 학교폭력 상황은 일반적으로 집단따돌림과 괴롭힘, 집단폭력, 폭행과 갈취행동, 사이버폭력, 성폭력 상황으로 유형화된다(송재홍 외, 2016: 260-262).

집단따돌림과 괴롭힘은 피해학생을 심리적으로 괴롭혀서 고통을 느끼도록 하는 행위로서 집단적으로 상대방을 의도적, 반복적으로 피하는 상황, 다른 학생과 어울리지 못하게 하는 상황, 놀리거나 빈정거림, 여러 사람 앞에서 면박을 주는 등의 상황이 있을 수 있다. 집단폭력은 한 학생 또는 소수의 학생에 대해 집단적으로 폭력을 가하는 경우와 집단과 집단이 싸움을 벌이는 패싸움이 있는데, 대부분 우발적으로 발생한다. 중학교 때 집단폭력이 증가하게 되고, 아무 이유 없이 시비를 걸고 때리거나 자기들과 친하지 않다고 폭력을 행사하는 경우, 보복 폭행을 하거나 건방지다고 때리는 경우 등 특별한 이유 없이 폭력을 행사하는 경우가 많다. 갈취행동은 다른 학생의 물건을 빼앗는 것으로 협박과 폭행을 동반한다. 돈이나 물건을 빼앗기, 빌리고 돌려주지 않기, 물건을 훔쳐오라고 명령하기 등의 형태로 이루어진다.

한편, 제7장에서 기술한 바와 같이 사이버폭력은 인터넷을 비롯한 통신기기와 매체를 통해 폭력을 행사하는 것으로, 특정인에 대한 욕설을 인터넷 게시판이나 카페에 올리는 행위, 특정인에 대한 허위 글이나 사생활을 메신저 등으로 공개하는 행위, 수치심을 주는 글이나 그림 등을 정보통신망을 통해 유포하고, 공포심이나 불안감을 유발하는 문자나 영상 등을 휴대전화 등의 정보통신망으로 반복적으로 전송하는 상황 등이 있다. 성폭력은 성욕에 대한 만족을 목적으로 상대방에게 폭행과 협박을 하면서 신체적인 접촉이나 성행위를 강요하는 행위를 말하는 것으로, 성적 언행으로 성적 굴욕감과 수치심을 느끼게 하거나 강제로 신체 접촉을 하는 행동을 말한다.

이와 같이 실제로 학생이 경험할 수 있는 상황을 반영한 동영상이나 역할극, 혹은 실제로 자신이 문제에 직면할 수 있는 상황을 인식할 수 있도록 하는 생동감 있는 문제상황을 제시한다면 학생에게 책임감과 참여의식을 유발할 수 있다. 실제적인 도덕적 문제상황이 경험과 관련하여 제시된다면 학생의 내적 동기를 자극하여 문제해결을 위해 적극적으로 수업에 참여할 수 있도록 유도하고, 문제에 대한 주인의식을 느끼도록 할 수 있다.

셋째, 문제 탐색과 가설 설정을 통해 잠정적으로 문제해결을 시도하는 단계에서 중요한 것은 팀을 구성하여 역할을 분담해야 한다는 것이다. 이때 팀의 구성원은 4~8명 정도가 적당하다.

팀 활동을 통해 학생들은 구성원 간의 협력관계를 이해할 수 있고, 다양한 관점에 대해 접할 수 있는 기회를 얻을 수 있으며, 자신의 생각을 명확히 관찰 및 수정할 수 있게 된다. 교사는 팀 구성원의 역할을 분담한다. 또한 집단 내에서의 토의 과정을 강조하고 다양한 학생의 의견과 비평을 끌어내도록 하여 학생 서로가 자신의 생각을 수정하고 보완하며 구체화할 수 있는 개방적 분위기를 이끌어 낸다. 학교폭력과 관련된 문제에 관심을 가지고 폭력문제에 대한 학생들의 경험을 상기하도록 분위기를 유도하며, 학습에서 학생들이 자기주도적 역할을 수행할 수 있도록 분명하게 안내한다.

학생들이 다양한 아이디어를 거리낌 없이 발표할 수 있는 개방적 분위기를 조성하고, 문제해결을 위한 잠재적인 가설에 대해 종합한다. 이것은 가설연역적 추론 과정으로, 행동에 대한 기본 원리를 바탕으로 학교폭력 문제해결을 위한 여러 가지 규칙을 확인한다. 가설의 탐색을 위해 조별 학습목표를 분명히 하고, 구성원 각자의 역할에 따른 학습목표를 설정하여, 목표를 실현할 수 있는 학습자료를 선정하도록 한다. 예를 들어, 집단따돌림이나 집단폭력, 갈취행동이나 사이버폭력과 성폭력 사례가 발생한다면 어떻게 대처할 것인지에 대한 과제를 제시하고 피해자와 가해자, 방관자의 입장, 그리고 상담자와 진행자의 입장을 구분하여, 각자의 역할에서 필요한 정보와 지식에 대해 확인하게 한다. 이때 학습자원은 문제해결에 직접적인 해답을 줄 수 있는 것보다는 간접적으로 해결의 실마리를 줄 수 있는 것으로 제시한다. 이때 학습자료의 형태는 과제의 내용에 따라 도서 혹은 인터넷 매체를 활용하거나, 카운슬러와 전문가 방문, 혹은 피해자나 가해자로서 직접적 경험이 있는 학생과의 대화 등을 통해 확보될 수 있다.

넷째, 자율학습단계에서 학생들은 각자에게 주어진 과제를 개별적으로 해결한다. 다양한 자료를 스스로 탐색하는 과정을 통해 자신의 현재 수준과 상태를 파악하고, 문제를 해결하기 위해 자신의 사고를 확장해야 할 필요성을 느낄 수 있다. 그리고 학교폭력 상황에 빠진 당사자의 심리 상태나 문제의 원인과 배경에 대한 자료의 검토를 통해 피해자와 가해자의 입장을 공감할 수 있는 기회를 줄 수 있다. '문제를 해결하기 위해서 나는 어떤 선택을 해야 할까?' '나는 올바른 행동을 하고 있나?'와 같은 반성적 질문을 통해 자신의 도덕 수준을 검토해 볼 수 있고, '내가 폭력을 당한다면 심리적 · 신체적 고통이 얼마나 클까?' '폭력 피해자가 나라면 어떻게 행동할까?'와 같은 역할 채택을 통해 좀 더 객관적인 판단을 내리고 타인의 아픔과 고통에 대한 공감능력을 발달시킬 수 있다.

다섯째, 팀별로 협동 및 토의 학습을 한다. 이 단계에서 학생들은 각자에게 주어진 과제나 역할을 발표한 후에 자율학습단계에서 얻은 지식과 정보를 발표한다. 폭력상황을 해결할 수 있는 방법에 대해 다양한 관점에서 구체적으로 토론이 이루어지게 되는데, 이때 중요한 것은 학생들이 폭력상황을 자신의 문제로 간주하고, 자신의 과거 경험이나 장래의 희망을 모두를 고려하여 토론에 참여한다.

팀의 구성원들은 다양한 견해와 관점에 대해 접하게 되면서 개인에게 한정된 사고 범주에 넘어서는 확장된 관련 지식과 정보를 확인할 수 있다. 이러한 토의 과정에서 특정한 가설이 생략되고 새로운 가설이 채택될 수 있으며, 개인은 각자의 기존 지식 및 사고의 오류를 확인하고 수정할 수 있는 기회를 가질 수 있다. 이 과정에서 학생들은 다른 사람의 의견을 존중하는 태도를 기를 수 있고, 모든 사회현상과 문제에 대한 다양한 해결책의 가능성을 접하면서 상대주의적 관점을 배울 수 있다. 그리고 상황을 고려한 상대주의적 관점 외에도 모든 사람과 상황에서 적용될 수 있는 보편적인 도덕원칙에 대해서도 토론을 할 필요가 있다. 생명과 인간의 존엄성에 대한 보편적 도덕원리는 모든 폭력 상황에서 행위에 대한 옳고 그름을 판단할 수 있는 기준이 될 수 있기 때문이다.

여섯째, 충분한 토론을 거친 후에 결과에 대해 조별로 발표를 한다. 이때 학생들은 학교폭력 상황에 따른 의미 구성을 통해 보고서를 작성하거나 다양한 매체를 이용하여 발표할 수 있다. 교사는 학생들에게 다른 사람의 의견을 집중해서 경청할 수 있도록 분위기를 유도한다.

마지막 단계는 정리 및 평가단계로서 이 단계에서는 자율학습과 협력학습, 그리고 토론을 통해 학습한 내용을 정리하고, 이를 실제 폭력 상황에서 대처하고, 문제를 해결하는 데 어떻게 응용할 수 있는지를 검토하며, 자기 자신에 대해 성찰해 볼 수 있게 한다. 문제중심학습에서 평가는 학습자 중심, 과정평가, 평가의 다양화라는 원칙에 의해 이루어지는데, 학습자중심평가는 교사에 의한 평가와 함께 학습자의 참여에 의해 이루어지는 자기학습평가, 팀원평가, 팀 간 평가로 다양한 평가 주체에 의한 평가가 이루어진다. 과정평가는 총괄평가가 아닌 학습의 처음부터 끝까지의 과정 전체를 포함하므로 학습자의 학습 과정, 사고 과정, 개별활동, 팀 활동 등을 평가한다.

평가의 다양화는 전통적인 방법인 지필평가 외에도 교사의 관찰, 성찰저널, 보고서 작성, 프레젠테이션, 포트폴리오 등의 다양한 평가를 활용하여 학습을 종합적으로 평가한다. 특히 이 가운데 학교폭력과 관련해서는 자신의 인지구조의 수준을 관찰하고 자신의 사고와 행동에 대한 성찰적 사고와 활동이 중요한데, 문제중심학습에서는 이를 객관화, 의식화할 수 있는 방법으로 성찰저널을 작성하도록 하여 학생들이 실제 문제를 해결하는 구체적인 경험으로부터의 활동과 경험을 깊이 생각해 보고 일반화하는 기회를 갖게 한다(강인애 외, 2007: 106-108).

성찰저널 작성은 학습 과정과 새롭게 알게 된 내용, 생활과의 연관성과 학습 과정을 통해 변화된 개선점 등을 목록화하여 도표로 작성할 수도 있고, 문제해결 탐색 과정을 일기나 에세이 형식으로 자유롭게 쓸 수도 있다. 학습자의 사고 과정의 변화는 성찰저널에 기술된 자기학습 과정에 대한 평가와 학습 과정을 통해 확인할 수 있다. 새롭게 배운 지식을 이전의 경험과 연결지어 성찰하게 함으로써 자신의 과거 생활에 대해 반성하게 한다. 학교폭력의 상황을 접하게 되었을 때 자신의 내면에 어떤 생각이 나타났는지 살펴보게 하고, 그러한 생각을 갖게 된 이유와 근거에 대해 기술하도록 한다. 가해학생의 경우에는 피해학생의 입장과 상황에 대해 생각해 보도록 하여 자신의 행동에 대한 문제의식에 대해 재검토하도록 한다. 폭력이라는 특정한 상황에 대한 판단과 심사숙고를 통해 바람직한 행동에 대한 도덕적 사고를 확장할 수 있게 하고, 자신의 견해에 대한 객관화를 위해서 다른 구성원들의 관점에 대해서도 기술하게 한다.

비록 몇 번의 자기성찰과 문제해결을 위한 토론의 과정을 거친다고 해서 학생들이 과거 자신의 행동을 버리고 바람직한 가치에 기반을 둔 최선의 삶의 방식을 찾아갈 수 있다고 생각할 수 없지만, 문제를 해결하기 위해 여러 가지 가설을 탐색하는 과정에서 자신감과 타인의 입장을 이해할 수 있는 기회를 제공할 수 있다. 학교폭력 예방을 위한 문제중심학습이 종료가 되더라도 지속적으로 성찰일지를 쓰도록 격려하고, 다른 구성원들과의 토론의 기회를 계속적으로 부여한다면 점차적으로 학생들의 사고를 변화시켜서 폭력문제에 있어 올바른 행동을 선택할 수 있도록 도와줄 수 있을 것이다.

이상에서 기술한 바와 같이, 학교폭력 예방을 위한 문제중심학습은 현실에서 적용할 수 있는 폭력 사례를 중심으로 문제가 제시되고 학습이 이루어질 수 있기 때문에 학생들의 관심과 흥미를 유도할 수 있고, 자신의 행동과 사고에 대한 문제의식을 통해 자기반성을 할 수 있는 기회를 부여할 수 있으며, 문제를 탐색하는 과정을 통해 문제해결에 필요한 기술과 태도를 습득하게 할 수 있다. 그리고 자발적으로 문제를 해결하는 방안을 탐색하게 함으로써 학습에 대한 책임감과 참여도를 높일 수 있고, 자신과 타인에 대한 이해를 확장시켜서 타인과 상호작용할 수 있는 능력을 향상시킬 수 있다.

자기주도학습을 통해 자신의 사고 수준과 장단점을 파악하여 자기를 관리하고 통제하는 능력을 발달시킴으로써 욕구 조절을 하게 할 수 있다. 그러나 문제중심학습은 촉진자로서 교사의 역할이 원만하게 이루어지지 않거나 학생들의 참여 정도가 낮을 경우에는 교육 효과를 보기 힘들고, 집단 내에서 학습자들의 과제 해결 수준에 차이가 발생하면 원만하게 교육의 과정을 이끌어 낼 수 없을 수도 있고, 전통적인 인성교육 과정보다 시간과 경비가 많이 들 수 있다. 특히 학생들이 낯선 새로운 교육과정에 대해 저항감을 느낄 수 있고, 폭력문제는 여러 가지 복합적 원인이 있을 수 있으므로 소집단 토의만으로 해결이 어려울 수 있다. 따라서 '학교폭력 예방과 문제중심학습'의 주제에 대한 교사의 연수가 요구되며, 각 시 · 도 교육연수원에서는 이와 관련된 교육 프로그램을 개발하여 체계적으로 교원연수를 실시해야 할 것이다.

제 12 장

# 학교폭력 대처방안의 새로운 패러다임

1. 사회구조적 측면에서 학교폭력 대처방안
2. 학교폭력 대처방안에 대한 새로운 패러다임

## 1. 사회구조적 측면에서 학교폭력 대처방안

급속한 경제성장과 산업화 및 정보화로의 사회 전개과정에서 전통적인 가치와 규범이 그 의미와 중요성을 점점 상실해 가고, 가정과 학교의 교육적 기능이 약화되면서 청소년의 가치관 혼란과 정서적 불안감이 증폭되고 있다. 자아정체성의 확립과 독립의 욕구가 강하게 일어나는 청소년기는 부모와 심리적으로 분리되어야 하는 심리적 이유기(心理的 離乳期)에 속하는 단계로, 이 시기에 가정과 학교에서 생활 선택권에 대한 강요와 억압이 일어나게 되면 청소년은 올바른 정체성을 갖지 못하고 욕구를 비정상적인 상태로 분출하게 된다. 청소년은 자아에 대한 가치관이 확립되지 않은 채로 성인의 시기를 맞게 되므로 주위 환경이나 자극에 의해 감정의 변화가 쉽게 일어나고, 학업에 대한 과도한 스트레스와 부모로부터의 독립과 의존의 갈림길에서 느끼는 정서적 불안과 방황으로 극도의 혼란을 경험하게 된다. 특히 한국 특유의 초·중·고등학교에서의 입시 경쟁으로 인한 학생들의 학업에 대한 강박관념과 스트레스는 학교폭력의 원인이 되는데, 최근의 학교폭력은 범죄화, 장기화, 저연령화되면서 더욱 심각한 사회문제로 대두되고 있다.

학교폭력은 교내 또는 교외에서 학생을 대상으로 발생하는 부정적인 의도를 지닌 신체적·물리적·심리적 공격 및 폭력 행동으로, 한 명 또는 여러 명의 학생이 힘의 불균형 상황에서 자기보다 약한 상대나 집단의 암묵적인 규칙을 어긴 자를 폭행, 협박, 따돌림 등에 의하여 신체적, 정신적 또는 재산상의 피해를 수반하는 행위(송재홍 외, 2016: 55)로 정의할 수 있다. 청소년폭력은 피해학생과 가해학생 모두의 미래 생활에 씻을 수 없는 상처를 주게 되고, 사회적으로 안정과 불안정에도 큰 영향을 미치므로 반드시 해결해야 할 국가적 과제이다.

제1장에서 기술한 바와 같이, 학교폭력의 발생 원인은 다양하게 나타난다. 개인 요인으로는 자기조절능력 부족과 원만한 대인관계능력 부족, 그리고 공감능력 부족과 자아정체성 결여, 도덕의식 부족과 가치관 혼란 등이 있으며, 가정환경 요인으로는 부모와 자녀 간의 대화 부족, 부모의 체벌, 일관되지 않는 부모의 양육방식과 자녀에 대한 과잉기대 및 통제 등을 들 수 있다. 학교환경 요인으로는 교사의 체벌과 부정적 학교풍토, 폭력 가해 또래집단과의 접촉, 과열된 입시 중심의 학교운영 등이 있다. 이

와 같이 학교폭력은 여러 가지 원인에 따라 복합적으로 일어나므로 어느 하나의 차원에서 접근될 것이 아니라 다양한 측면에서 해결방안을 고려해야 한다.

최근에 학교폭력 문제를 해결하기 위해 학교와 지역사회, 그리고 정부 차원에서 수많은 학교폭력 근절대책과 해결책을 다양한 측면에서 제시하고 있다. 폭력의 문제는 일시적이고 단편적인 정책으로만 해결될 수 없다. 표면적으로는 폭력행위로 나타나지만 심층에는 개인의 불안정한 심리와 인성, 그리고 문화적 압박과 결핍에 원인이 있다. 이와 같은 보다 근원적인 문제는 장기적인 차원에서 인내심을 갖고 해결방안에 대한 접근이 이루어져야 하며, 가해학생의 처벌과 같은 단순한 방법보다는 피해학생을 포함한 전체적인 학교 구성원의 인간성 회복을 위한 협력적인 노력을 기울일 수 있도록 유기적 · 통합적 방법으로의 문제해결 접근이 필요하다. 학교폭력의 구체적 문제해결방안을 가정, 학교, 사회환경 측면, 법 제도적 측면에서 살펴보고, 보다 장기적이고 인간성 중심의 대처방안을 기반으로 하는 학교폭력 해결을 위한 새로운 패러다임을 제시한다.

### 1) 가정에서의 대처방안

가정은 학생의 성장과 발달, 그리고 인격 형성에 결정적인 영향을 미치는 1차적 사회집단으로서 개인의 성격과 행동 양식의 기초는 부모의 양육방식과 가정환경에 따라 결정된다. 사회환경에 잘 적응하는 학생들은 가정에서 부모를 통해 사회환경에 알맞은 규범이나 가치, 문화에 대한 적절한 교육을 받고, 긍정적인 자아개념이 형성이 되어 원만한 인간관계를 형성할 수 있다.

적응은 개체와 환경 간에 균형 있고 조화로운 관계를 유지해 나가면서 욕구 좌절이나 갈등을 합리적으로 해결해 나가는 행동 과정(김정란, 2003: 172)으로서 환경에 잘 적응하는 학생은 일상생활에서 만나는 여러 가지 어려움을 현명하게 극복하고 자신의 목적을 성취해 나갈 수 있다. 사회적 부적응은 사회생활에서 발생하는 다양한 문제상황에 적절하게 대처하지 못하고 인간관계에서 발생하는 문제를 합리적으로 해결할 수 없는 경우를 말하는데, 주로 가정에서 부모와의 원만한 관계를 유지하지 못하는 학생의 행동에서 나타난다. 심리적, 사회적으로 부적응된 청소년이나 아동은 지적, 정서적, 신체적으로 정상임에도 불구하고 학업성취도가 상대적으로 낮거나 바람직한 대인관계를 형성하고 유지하는 능력이 부족하며, 정상적인 조건에서도 바람직하지 못한 행동이나 감정을 표현하는 등의 특성을 지닌다. 또한 청소년기의 심리적 · 사회적 부적응은 인지적 · 정서적 성장에 직접적인 영향을 미치고 미래 성인기의 정신건강 문제의 원인이 될 수 있으므로 인간의 성장 과정에서 매우 중요한 의미를 지닌다(김정란, 2003: 172). 사회환경에 적응하는 능력은 인간의 가장 기본적인 생활을 유지하는 가정생활을 통해 형성된다. 부모와의 원만한 관계를 통해 인간관계에서 오는 여러 가지 문제와 갈등 상황을 조절하고 통제하여 합리적으로 문제해결을 할 수 있는 능력을 기를 수 있고, 자신의 신체적 · 심리적 변화와 정체성 혼란에서 오는 정서적 불안도 잘 극복할 수 있게 된다.

산업화와 도시화, 그리고 핵가족화와 개인화 등으로 이혼가정과 한부모가정이 증가하게 되고, 이로 인해 가정에서의 보호기능과 교육기능이 소홀해지고 있다. 청소년들은 가정에서 정서적 · 심리적 안정감을 갖지 못하고, 정체성 혼란과 방황을 경험하며, 분출하는 욕구를 해소하는 방법을 찾지 못하여 일탈과 비행, 그리고 타인에 대한 폭력을 행사하게 된다. 이외에도 빈곤과 같은 사회구조적 특성도 학생들의 폭력행위를 증가시킨다. 실제로 일반적인 가정보다 빈곤한 가정의 자녀들이 폭력에 가담할 확률이 높다. 그러나 학교폭력이 반드시 경제적 빈곤이나 가족구성원의 구조적 문제에 기인하여 일어나는 것은 아니다. 최근에는 학교폭력 가해학생이 공부 잘하는 부유한 가정에 속해 있는 경우가 흔하게 발견된다. 대부분의 학교폭력 가해학생은 폭력행위에 대한 별다른 죄의식을 가지고 있지 않으며, 타인을 지배하고자 하는 욕구를 강하게 가진다. 그들은 자신의 잘못된 행동에 대해 반성하지 않으며 타인의 고통에 쉽게 공감하지 못한다.

부모와의 관계가 원만하게 이루어지지 않을 경우에 청소년에게서 자주 나타나는 부적절한 행동은 구체적으로 과잉활동성, 공격성, 사회적 위축, 퇴행성, 강박성, 우울증, 신체적 징후 등이다. 과잉활동성은 청소년이 지나치게 활동적이거나 주의가 산만하여 충동적이고 쉽게 흥분하는 것을 말하는 것으로, 이를 통해 가정 내에서 부모와 자녀 간, 형제자매 간의 올바른 인간관계를 형성하는 데 장애를 일으키게 된다. 공격성은 인간관계나 사물에 대해 파괴적인 행동을 하는 것으로, 청소년이 상대방에게 신체적 · 언어적 · 심리적 폭력을 행사하려는 경향성을 말한다. 사회적 위축은 어떤 강한 힘에 눌려 사회적, 물리적으로 위축되어 다른 사람과의 관계에 있어서 정상적인 의사소통이 어려운 상태를 말하고, 퇴행성은 욕구불만으로 인해 현재 도달해야 할 정신발달의 수준 이전으로 되돌아가는 것을 말한다. 이외에도 불완전한 가정생활을 통해 청소년은 특정 상황과 생각에 강박적으로 사로잡혀 융통성 있는 사고를 할 수 없거나 불안과 우울을 경험하고, 말을 더듬거나 두통, 복통 등의 신체적 징후가 나타나게 된다(김진화 외, 2002: 108-109).

청소년의 폭력행동은 부모의 양육태도와 밀접하게 관련되어 있다. 주로 부모가 권위적, 공격적이며, 자녀와의 갈등해결을 폭력을 통해 해결하려는 가정의 자녀들이 폭행에 가담할 확률이 높다. 그리고 자녀를 온정적이고 관심 있는 태도로 대하지 않는 부모와 어떤 행동이 수용되고 수용되지 않는지 명확한 규칙을 설정하지 않거나 자녀의 공격 행동을 묵인하는 부모, 그리고 자주 체벌과 같은 물리적 방법을 사용하는 부모가 자녀로 하여금 학교폭력 가해자가 될 위험성을 증진시킨다. 다른 사람들과의 일상적 상호작용에서 공격 행동을 나타내는 부모의 자녀는 학교폭력의 가해자가 될 위험성이 높다(송재홍 외, 2016: 77).

학교폭력 가해학생의 부모는 대부분 자녀의 폭력행위에 대해 문제의식을 가지고 있지 못하거나 지배적인 태도나 방임적인 태도로 자녀를 양육한다. 가해학생은 부모로부터 불성실한 양육의 경험이 있고, 부모와의 갈등이 심하며, 가정에서 충분한 인정을 받지 못하므로 자신보다 약한 사람이나 또래에게 폭력을 행사하면서 욕구를 충족하고 만족감을 얻으려는 경향이 있다. 따라서 부모는 자녀의 문제행동에 대해 분명히 인식시켜 주고 잘못을 교정해 주려는 노력이 필요하다. 그리고 학교폭력 가해학생의 부모는 자녀의 폭력문제에 대해 그 심각성을 잘 인식하지 못하고 자녀에 대한 객관적인 태도를 형성하기가 어렵다. 따라서 교사와의 협력관계가 필요하다. 교사들은 부모보다 학생들에 대해 객관적으로 관찰할 수 있으므로 이것은 폭력문제를 해결하는 데 출발점이 될 수 있다.

청소년 일탈 가정의 가장 큰 문제는 부모와 자녀 간의 대화가 부족하다는 것이다. 청소년은 자아정체성이 명확하지 않고, 정서적으로 불안 상태에 놓이게 되는데, 이때 가장 효과적으로 가정에서 취할 수 있는 방법은 대화이다. 대화를 통해 문제인식을 하게 하고, 현상에 대해 이해하게 하며, 미래를 설계할 수 있는 방향으로 나아가게 해야 한다. 또한 학교폭력의 가장 큰 원인 중에 하나는 한국 특유의 학벌 중심 사회가 청소년을 이기적으로 만든다는 것이다. 가정에서 마땅히 가르쳐야 할 인성의 기본적

요소는 교육하지 않고, 오로지 성적을 중심으로 한 경쟁의식만 강요하는 것이 학생들의 비행과 탈선을 높이게 된다. 이에 따라 가정에서 올바른 교육관을 정립할 수 있도록 학부모교육과 더불어 인성교육의 중요성을 깨닫게 할 필요가 있다.

### 2) 학교에서의 대처방안

학교는 청소년이 가장 많은 시간을 보내는 장소로서 또래집단을 통해 사회규범과 인간관계 능력을 배운다. 학생들은 학교에서 자기가 소속되어 있는 사회집단의 행동양식, 가치관, 규범 등을 학습하여 내면화함으로써 집단의 규범에 따라서 행동하고, 사회에서 독특한 개성을 형성해 나간다. 이와 같이 사회화 기능 외에 학교는 개인이 사회에 적응할 수 있도록 도와주고, 사회가 계속하여 발전할 수 있도록 통합해 주며, 개인과 사회 사이에서 존재하기 쉬운 갈등을 해소해 주어 전체 사회의 기능이 원활하게 수행될 수 있도록 도와준다(차경수 외, 2010: 199). 학령기의 청소년은 부모와의 관계와 영향력이 감소되고, 친구와의 친밀감이 강하게 형성되는데, 학교에서 평등한 관계에 있는 또래 친구와의 활동을 통해 자기조절능력과 민주적으로 문제를 해결하는 방식을 배운다.

학교는 학생들에게 사회규범과 행동 양식, 가치 등을 전수해 주고, 사회에서 요구하는 지식과 기술을 가르쳐 사회에 잘 적응할 수 있도록 도와주는 기능을 수행한다. 하지만 경쟁과 성적으로 평가되는 학교 시스템에서 학생들에게 열등감과 우월감을 조장할 수 있으며, 입시 공부로 인한 압박감과 스트레스로 인하여 심리적 불안과 부정적 자아의식을 가지게 될 수 있다(김진화 외, 2002: 146-147). 이러한 문제는 학교가 그 자체로서 본래적 기능을 제대로 수행하지 못할 경우에 심화될 수 있다.

학교의 본질적 교육의 기능은 학생들의 조화로운 전인적 발달과 건전한 사회인으로의 성장을 도와주는 일이다. 그러나 현재의 학교교육은 무분별한 경쟁을 강조하는 입시 중심의 교육으로 운영되므로 우수한 교과 성적을 받지 못하는 학생들은 경쟁에서 밀려 열등감과 우울감으로 많은 스트레스를 경험하게 된다. 성적과 경쟁 중심의 학교에서 학생들은 공동체의식이 약화되고 개인적 이익을 우선으로 생각하는 이기적인 인성을 형성하게 되면서 타인의 아픔과 고통에 무관심하고 무감각해지게 된다. 학교폭력을 예방하기 위해서는 입시 중심의 학교 풍토를 인성 중심과 전인적 교육의 학교체제로 전환할 필요가 있고, 학생들에게 원만한 인간관계를 형성하는 데 필요한 기술이나 상대방의 입장을 이해하고 배려하는 능력을 기를 수 있도록 교육환경을 조성해야 한다. 인성의 핵심 가치는 도덕성, 사회성, 감성으로 구성되는데, 도덕성은 다양한 윤리적 상황에서 중요한 핵심 가치를 인식하고 판단하는 능력과 책임 있는 의사결정 능력을 말하고, 사회성은 타인의 생각, 감정과 관점을 이해하고, 타인과 긍정적인 관계를 형성하며 소통하는 능력을 말한다. 감성은 상황에 맞게 자신의 생각과 감정을 정확하게 표현하고, 자신의 강점, 약점, 흥미, 능력 등을 파악하는 능력과 충동을 억제하고 개인적 목표를 설정하여 자신의 생각과 행동을 조절하여 목표 달성에 이르는 능력이 포함된다(김희복 외, 2013: 233-234).

이러한 인성교육을 통해 학생들은 문제상황에 대한 올바른 판단을 내리고, 자신의 욕구를 통제하며, 타인의 관점을 이해하고 공감할 수 있는 능력을 형성할 수 있다. 인성교육을 중심으로 학교의 교육과정을 재구성하고, 학교 내 상담 기능을 강화하여 학교폭력 당사자들의 심리적 문제를 해결하기 위해 노력할 필요가 있다. 학교폭력에 대해 단호하고 일관된 학교정책을 유지하고, 학교폭력을 예방하고 해결하기 위한 방안을 모색하는 데 전체 학교 구성원이 함께 노력해야 할 것이다.

### 3) 사회환경 측면에서의 대처방안

청소년폭력은 개인의 심리적 문제와 가정환경과 관련이 있지만 사회・문화적 환경과도 밀접하게 연관되어 발생한다. 청소년폭력에 영향을 미칠 수 있는 사회적 환경은 유해시설과 유해미디어, 불충분한 지역사회의 체계와 구조 등을 들 수 있다. 우선 청소년의 유해환경이란 청소년이 인간적으로 성숙 및 발전해 가는 데 장애가 될 수 있는 모든 물리적・문화적・정신적 요소 등을 포괄하는 것을 말한다. 즉, 청소년의 감정을 자극하거나 폭력성을 조장하고 비행을 촉진하는 등의 인간적인 발달을 저해할 우려가 있는 환경의 총체를 말한다(김연숙, 2005: 75). 이러한 환경은 기본적 성격에 따라 자연적 유해환경과 물질적 유해환경, 그리고 제도적 유해환경으로 구분되고, 기능상의 질적인 성질에 따라 물리적 환경과 사회・심리적 환경으로 나뉜다. 물리적 환경은 가시적이고 유형적인 속성을 지니고 있는 것으로 자연적・물질적 환경을 포함하고, 사회・심리적 환경이란 비가시적・비유형적인 환경으로 청소년의 정상적인 성장과 정신적 · 신체적 건강에 나쁜 영향을 줄 수 있는 각종 규정과 기성세대의 행동 등이 포함된다(김진화 외, 2002: 334).

일반적으로 청소년에게 유해환경은 학생들 주변의 PC방, 성인 오락실, 노래방, 유흥 숙박업소와 같은 퇴폐적인 유흥업소를 말한다. 이러한 퇴폐 유해환경은 청소년의 성인문화에 대한 호기심을 자극하고 규범의식을 약화시켜서 쾌락 위주의 가치와 태도를 형성하게 하여 일탈과 비행 같은 반사회적 행동을 일으키게 된다. 유해환경이 청소년에게 미치는 영향은 청소년의 건전한 성장의 저해, 피해, 비행화로 구분될 수 있다. 건전한 성장의 저해란 직접적인 피해는 주지 않지만 청소년의 성적 · 폭력적 · 범죄적 감성을 자극하는 것이며, 피해란 청소년의 정상적인 정서발달을 직접적으로 침해하여 정서 및 신체상에 손상을 주는 것으로, 이는 법적 규제의 중요한 근거를 제공한다. 비행화란 유해환경이 청소년의 탈선이나 범죄행위에 대한 유발요인을 제공하는 것으로, 유해성의 정도가 가장 심각한 단계를 의미한다(김진화 외, 2002: 349). 이러한 유해환경은 청소년의 규범의식을 약화시키고 잘못된 욕망을 부추겨 학생들을 일탈 행동에 가담하게 한다. 권이종 등(1998: 230-231)은 유해환경의 악영향으로부터 청소년을 보호하는 대안과 개선책을 다음과 같이 제시하였다.

첫째, 청소년 유해환경에 대하여 「청소년 기본법」 제7조 제3항에 따라 청소년 생활의 장으로부터 유해 업소나 시설을 격리하여야 한다. 둘째, 청소년이 느끼는 제도적 소외감을 해소할 수 있는 대책이 마련되어야 한다. 제도란 기본적으로 관계적 측면과 기능적 측면을 공유한다. 관계적 측면에서 가정이나 학교 또는 사회에서 귀감이 될 만한 유의미한 타인들을 발견하여 연결시켜 주면 유해업소에 대한 출입 욕구가 감소될 것이다. 기능적 측면에서 청소년에게 자신의 고유의 역할에 대한 소명의식을 불러일으켜서 자신감과 자존감을 불러일으킬 수 있도록 한다. 셋째, 청소년의 유해업소나 시설에의 출입을 보다 엄격히 통제하여야 한다. 청소년복지사와 같은 전문요원을 양성하여 '지역별 선도위원회'에 참여시킴으로써 고발이나 감시활동이 단발성 행위에 그치지 않도록 한다. 장기적으로는 전문 학위나 자격증 제도를 확립하여 사회복지사와 같은 전문인력을 양성하는 방안도 필요하다. 넷째, 청소년이 퇴폐적 · 향락적 유해업소에의 의존도를 억제하는 대체놀이 형태를 개발할 필요가 있다. 다섯째, 미성년자에 대한 담배와 주류 판매를 원천적으로 규제할 필요가 있다. 여섯째, 기성세대가 가지는 청소년에 대한 편견을 해소하기 위한 노력과 가정에서의 자녀 양육법에 대한 인식을 전환할 필요가 있다.

대중매체는 우리에게 사회생활에 대한 다양한 정보를 제공하고 오락을 통한 삶의 활력을 제공하기도 하지만, TV와 인터넷 등의 대중매체의 보편화는 청소년의 폭력행위의 유발에 영향을 주고 있다. 학생들이 폭력 영상물을 통해 폭력 프로그램에 노출될수록 호기심과 모방을 통해 폭력으로 문제를 해결하는 방법을 배우게 되고, 대중매체를 통해 언어적 · 신체적인 폭력을 많이 경험한 학생일수록 폭력행위를 할 가능성이 증가한다는 것이다(송재홍 외, 2016: 79). 학생들의 건전한 사회성을 기르는 데 대중매체를 효과적으로 이용하기 위해서는 청소년을 대상으로 한 건전한 영상 프로그램과 자기존중감을 높일 수 있는 교육 프로그램을 제작하여 보급할 필요가 있다.

영상 프로그램을 제작할 때는 청소년들이 직접 참여하는 프로그램이 보다 확대될 수 있도록 제도화함으로써 영상매체를 능동적으로 이용할 줄 아는 청소년을 육성해야 한다. 프로그램 제작 과정에 직접 참여하거나 출연함으로써 청소년이 주체가 되는 프로그램의 양을 늘리는 동시에 능동적 영상세대를 배양할 수 있다. 청소년이 활용하기 쉽게 영상 제작 시설을 갖추고 그 안에서 능동적 영상세대로서의 자질을 길러 나가도록 해야 한다. 영상 프로그램을 대상으로 한 유해성 판단 및 심의 · 규제 기능을 강화함은 물론이고, 현실화시키도록 보완적 작업과 새로운 실시방안을 지속적으로 마련해야 하고, 좋은 영상 프로그램의 시사회 및 보급방안을 마련하여 체계적으로 지원해야 할 것이다(권이종 외, 1998: 236-237).

학교폭력의 문제는 학교 자체에서만은 해결할 수 없으므로 지역사회 차원에서 유관기관들의 협조와 지방자치단체의 적극적인 역할이 필요하다. 제6장에서 기술한 바와 같이, 2012년 3월 21일 「학교폭력예방 및 대책에 관한 법률」이 일부 개정됨에 따라 중앙단위에는 '학교폭력대책위원회'를, 시 · 도에는 '학교폭력대책지역위원회'를, 그리고 시 · 군 · 구에는 '학교폭력대책지역협의회'를 두게 되었다. 이는 학교폭력 예방 및 대처를 위해 체계적으로 연계망을 구축한 것이다. 따라서 이러한 연계망을 통해 특히 기초자치단체를 중심으로 지역 내 유관기관 간의 협력체계를 구축하고, 지역중심의 학교폭력예방 및 근절활동을 효과적으로 추진할 수 있도록 운영해야 할 것이다. 학교폭력의 예방을 위해서는 학생, 가정, 그리고 학교의 노력뿐만 아니라 지역사회의 적극적인 역할이 필요하며, 지역 내 기초지방자치단체를 중심으로 교육지원청, 경찰, 민간단체, 단위학교 등 유관기관들이 상호 협력체계를 공고히 해야 할 것이다

(손능수, 김순양, 2015: 455).

학교폭력 대책을 개선할 수 있는 지방자치단체 차원에서 전달체계를 구축하기 위한 지방자치단체의 정책 방안을 제시하면 다음과 같다(손능수, 김순양, 2015: 464-465).

첫째, 학교폭력 대처를 위한 지방자치단체의 역할을 강화해야 한다. 광역자치단체 차원에서는 현행의 학교폭력지역위원회의 기능을 보다 내실화 · 활성화해야 하며, 기초지방자치단체 차원에서는 학교폭력과 관련한 학교 바깥에서의 예방활동에 중점을 두되, 교내의 학교폭력 예방활동과 연계를 강화한다.

둘째, 지역 단위에서 통합 연계를 강화하여 컨트롤 타워를 설치해야 한다. 이를 위해 형식적으로 운영되고 있는 시 · 군 지역협의회를 활성화하여 보다 책임감 있게 활동을 하게 하는 것이 필요하다.

셋째, 통합사례관리 및 신고체계를 구축해야 한다. 학교폭력 관련 정보관리체계나 신고 및 체계는 매우 파편화되어 있으므로 정보관리체계, 신고체계, 온라인 상담체계를 각기 통합적으로 관리하는 방안을 모색해야 한다.

넷째, 지역협의회 산하에 사례관리기구를 설치해야 한다. 지역협의회 산하에 실무위원회를 적절히 구성하여 실무자들 간에 의사소통 및 업무 협조관계를 강화하고, 특히 지역협의회 산하에 고위험군 학생과 학교폭력 가해 · 피해 학생의 통합사례관리를 위한 사례관리 기구를 설치한다면 협의 기구의 활성화를 기하고 지역협의회를 중심으로 통합사례관리를 가능하게 할 것이다.

다섯째, 사이버폭력 예방 및 대처 프로그램을 구축해야 한다. 최근 사이버상에서 학생들의 의사소통이 급증하면서 다양한 신종 사이버폭력이 발생하고 있다. 이에 따라 사이버폭력 예방 및 대응을 위한 프로그램을 개발 및 운영해야 한다.

이와 같이 사회환경 측면에서의 대처방안은 유해환경으로부터 청소년을 보호하기 위하여 제도를 정비하고, 대중매체의 교육 기능을 강화하여 건전한 교육 영상물을 개발 및 보급하며, 학교와 지역단체의 협조체제를 구축하여 청소년의 욕구와 불만을 해소할 수 있는 놀이문화와 문화공간을 제시하여 그들이 건전하게 여가생활을 할수 있는 기회를 제공해야 할 것이다.

### 4) 법과 제도적 측면에서의 대처방안

정부는 학교폭력 문제에 대처하기 위해 지금까지 여러 가지 대책을 발표하였다. 2004년에 「학교폭력예방 및 대책에 관한 법률」과 「학교폭력예방 및 대책에 관한 법률 시행령」을 제정하였다. 이 법은 학교폭력 예방과 대책에 관하여 필요한 사항을 규정함으로써 피해학생의 보호, 가해학생의 선도, 교육 및 피해학생과 가해학생의 분쟁조정을 통하여 학생의 인권을 보호하고 학생을 건전한 사회구성원으로 육성함을 목적으로 하고 있다. 이 법에서 학교폭력이란 '학교 내외에서 학생 간에 발생한 신체·정신 또는 재산상의 피해를 수반하는 행위'를 말하며, '학교 내에서뿐만 아니라 학교 밖에서 학생 간에 발생하는 행위'까지 포함한다. 이는 법의 적용 범위를 규정한 일반법의 성격을 지니고 있으며, 실질적 의미를 모두 내포하는 것은 아니다.

학교폭력으로 인해 학생 간에 발생한 분쟁에 대한 조정의 결과는 화해의 효력이 없다. 그래서 학교폭력으로 인해 학생 간에 발생한 분쟁을 사법기관에 고소, 고발 또는 민사소송을 제기하기 전에 교육공동체가 교육적으로 해결해 보자는 데 근본 취지가 있다. 그리고 학교폭력 신고의무를 규정하고 있으므로 누구든 학교폭력의 현장을 보거나 그 사실을 알게 된 자는 학교 등 관계 기관에 즉시 신고해야 하며, 신고를 받은 기관은 이를 가해학생 및 피해학생의 보호자 또는 소속 학교의 장에게 통보하도록 되어 있다(이재욱, 2012: 37-38). 그러나 정부가 학교폭력 방지를 위해 지속적인 대처방안을 마련하고 있음에도 불구하고 학교폭력행위는 줄어들고 있지 않은데, 이에 대해 다음과 같은 문제와 한계점이 제시된다(송재홍 외, 2016: 120-122).

첫째, 성적 중심의 입시 위주 교육으로 인성교육의 가치가 떨어지고 있다. 학생들이 타인의 감정에 공감하고, 소통하며, 갈등을 해결할 수 있는 실제적인 능력 함양을 위한 실천·체험 중심의 교육이 부족하다. 실제로 인성교육의 강화를 위해 입학사정관제, 자기주도 학습전형 등 새로운 입학전형제도를 도입했으나, 성적 중심의 학생선발 관행은 지속되고 있다.

둘째, 학교폭력에 대한 신고와 조사 처리 과정에 문제점이 나타났다. 교육부(학생고충 신고·상담 전화) 1588-7179, 여성가족부의 1388, 경찰청의 117 등 신고 전화가 각 기관에 산재하여 신고자의 혼란이 가중되고 있고, 경찰청, 시·도 교육청, 학교 간 가해 학생의 인적 사항 및 학교폭력 내용에 대한 정보 공유체계가 부재하여 가해학생에 대한 조치와 피해학생 보호에 한계가 있다.

셋째, 「학교폭력예방 및 대책에 관한 법률」상 조치의 구속력이 미흡하고 가해학생에 대한 처벌이 미약하여, '학교폭력=범죄'라는 인식이 정립되지 못하고 있다. 뿐만 아니라 피해학생의 신체적·정신적 치료를 위한 즉각적인 보상체계도 미흡하다.

넷째, 학교폭력 사안에 대한 교사의 권한과 역할이 모호하여 개입에 어려움이 많다. 학교폭력과 관련하여 교사가 개입할 수 있는 실효성 있는 권한이 미흡하고, 경찰에 신고, 고소된 사안은 수사 개시를 이유로, 법원에 넘겨진 사건은 재판 중이라는 이유로 학교의 개입이 어려운 실정이다. 즉, 학교에서 일어난 문제가 학교와는 별개로 처리되는 모순을 드러내고 있다.

다섯째, 규칙을 준수하는 학교문화가 정립되지 못하고 있다. 학교에서 타인을 배려하고 법과 질서를 존중하는 민주시민의식과 준법정신을 체득할 수 있는 다양한 교육 프로그램을 제공하지 못하고 있으며, 학생 생활 규칙 등 학생들의 생활을 규율하는 규칙이 문서상으로만 존재할 뿐, 인성교육 차원에서 적극적으로 활용하지 못하고 있는 실정이다.

여섯째, 학교폭력을 유발하는 환경에 대한 견제와 감시 장치가 미비하다. 온라인 게임의 경우에는 산업 육성 위주의 관련 법령으로 인해 게임중독 등 교육적 역기능에 대한 규제 장치가 미비하고, 인터넷, SNS, 폭력만화, 음란 동영상 등 유해한 정보를 접할 수 있는 통로는 많아지고 있으나 이에 대한 모티터링 등 대책이 미흡한 실정이다. 특히 언어적·정신적 폭력이 이루어지는 공간으로 활용되는 SNS에 대한 대응책이 미비하고, 일진회를 비롯한 성인 사회의 조직적 폭력집단 문화가 학교 내 폭력서클로 유입되는 데 대한 대책도 미흡하다.

2012년 교육과학기술부는 지금까지의 학교폭력에 대한 대책과 제도의 문제점을 분석하여 이를 근거로 범정부 차원의 '학교폭력 근절 종합대책'을 마련하였는데, 그 형성 과정을 관련 언론 보도를 중심으로 소개하면 다음과 같다(정일환, 2016: 1-10).

**●'학교폭력 근절 종합대책'의 정책 배경과 형성 과정●**

• **靑 학교폭력 TF 첫 회의**(동아일보, 2011. 12. 28.)
청와대는 대구 한 중학생의 자살 사건을 계기로 학교폭력 근절을 위한 청와대 대책반(TF)을 구성해 27일 첫 회의를 개최했다. 대책반은 이명박 대통령이 26일 "학원폭력 연령이 낮아지고 있다. 심각한 단계라는 인식이 필요하다. 정부 차원에서 시급히 대책을 만들어 달라"고 지시한 데 따라 만들어졌다. 첫 회의에는 정일환 교육비서관을 중심으로 정무, 사회통합, 고용복지 등 3개 수석비서관실 소속 비서관 6~7명이 참석했으며 향후 수석비서관이 참석하는 회의로 격상될 것으로 알려졌다. 또 교육과학기술부를 중심으로 범정부 차원의 대응팀도 구성할 예정이다.

• **靑 주도 학원폭력 근절 범정부 TF 가동**(머니투데이 뉴스1, 2011. 12. 28.)

청와대가 학교 친구들 괴롭힘 때문에 목숨을 끊은 대구 중학생 자살 사건을 계기로 학교폭력 근절을 위해 정부와 함께 범정부 차원의 대책 마련에 나섰다. 청와대는 이와 관련, 지난 27일 태스크포스(TF)팀을 구성해 첫 회의를 가진 데 이어 오는 30일 2차 회의를 통해 본격적인 대책 논의에 착수하기로 했다.

청와대 TF에는 정일환 교육비서관을 중심으로 민정 2 · 법무 · 치안 · 여성가족 · 문화체육 · 국민권익 · 홍보기획 비서관 등 8명이 참여하게 된다. 정부 부처에서도 교육과학기술부를 중심으로 검찰 · 경찰이 함께 하는 실무대책협의회가 구성됐으며 교과부의 경우 청와대 TF 회의에 참석하게 된다. 결국 범정부 차원에서 학원폭력 대책이 논의되는 셈이다.

정 비서관은 28일 뉴스 1과의 전화 통화에서 "교과부가 학원폭력 근절을 위한 제도를 실시해 왔으나 제대로 운영되지 않았던 측면이 있었다"며 "이번 범정부 차원의 논의에서는 대책의 실효성 확보에 역점을 두게 될 것"이라고 강조했다.

또 "폭력을 줄이기 위해 부처 차원에서 일차적으로 대책을 마련해 나가고 청와대 TF도 해당 비서관실별 대책 논의를 토대로 폭력대책을 총괄 및 조정해 나갈 것"이라고 말했다. 이어 "범정부 대책 논의의 큰 방향은 법 · 제도적인 차원의 점검 및 강화, 교육문화적 접근, 범정부 차원의 유기적 대응 쪽으로 잡혀 있다"며 지난 7월 국가교육과학기술자문회의 논의내용을 거론한 뒤 "학부모와 교사 간 신뢰 형성, 의사소통 등을 강화하는 방안이 구체적으로 논의될 수 있을 것"이라고 덧붙였다. 정 비서관은 "한시적으로 운영될 TF 팀이지만 사안의 성격상 장기적으로 논의를 이어가게 될 것"이라고 밝혔다.

• **李 대통령, 시 · 도 교육감 초청 오찬… 학교폭력 의견 청취**(뉴시스, 2012. 1. 6.)

이명박 대통령은 6일 전국 시 · 도 교육감을 청와대로 초청, 오찬 간담회를 갖고 학교폭력 문제에 적극적으로 대처해 줄 것을 요청했다. 이 대통령은 이번 간담회를 최근 사회적 문제로 부각되고 있는 학교폭력과 관련, 시 · 도 교육감들의 의견을 청취하고 대안을 모색하기 위한 취지에서 마련했다.

앞서 이명박 대통령은 신년 국정연설을 통해 "학교폭력으로 희생된 학생들과 학부모님을 생각하면 정말 가슴이 아프다"며 "학교폭력 문제는 우리 사회가 함께 풀어야 할 시급하고 중요한 과

제"라고 강조했다. 또 정부가 마련하고 있는 종합대책을 통해 이 문제에 대해 실질적인 개선책을 마련할 것임을 약속했다.
한편, 이번 간담회에는 전국 16개 시 · 도 교육감을 비롯해 김효재 정무수석, 정진영 민정수석, 노연홍 고용복지수석, 박범훈 교육문화수석, 정일환 교육비서관과 이주호 교육과학기술부 장관 등이 참석했다.

• **李 대통령, 교직단체 · 학부모단체 초청 학원폭력간담회**(머니투데이 뉴스 1, 2012. 1. 27.)
이명박 대통령은 27일 오전 주요 교직단체 및 학부모단체 대표들을 청와대로 초청, 학원폭력대책 간담회를 가졌다. 청와대 측은 이날 간담회와 관련, "대통령께서 신년 국정연설에서 학교폭력 문제의 시급한 해결이 필요하다고 밝히신 이후 개최되는 행사로 교사와 학부모 등의 의견을 폭넓게 수렴하기 위해 마련됐다"고 설명했다.
간담회에는 안양옥 한국교총 회장, 박계화 한국초등여교장협의회장, 이기봉 국공립중학교장협의회장, 조정실 학교폭력피해자가족협의회장, 이경자 공교육살리기학부모연합회장, 장은숙 참교육을 위한 전국학부모회장 등이 참석했다. 청와대에선 하금열 대통령실장, 박범훈 교육문화수석, 정일환 교육비서관, 박정하 대변인 등이 함께 했다.

• **전교조, 청와대 학교폭력 대책회의에 불참키로**(연합뉴스, 2012. 1. 26.)
청와대가 27일 열 예정인 학교폭력 대책 마련을 위한 교직단체 · 학부모 대표 초청 간담회에 장석웅 전교조 위원장이 불참키로 한 것으로 알려졌다. 이날 회의는 이명박 대통령이 교직단체와 학부모 대표 등 교육 주체들을 청와대로 초청해 최근 사회적 이슈가 되고 있는 학교폭력 실상과 대책을 논의하기 위해 마련된 것이다.
회의에는 안양옥 한국교총 회장과 보수 · 진보 학부모 단체, 교장협의회 대표 등이 참석할 예정이다. 특히 이 대통령은 실효성 있는 학교폭력 대책 시행을 위해서는 전교조의 협조가 필요한 만큼 장 위원장이 간담회에 참석했으면 좋겠다는 뜻을 여러 차례 피력한 것으로 전해졌다.
이에 따라 박범훈 교육문화수석과 정일환 교육비서관이 장 위원장을 만나 간담회 참석을 요청했으나, 전교조는 최근 내부 논의를 거쳐 '참석하지 못한다'고 통보했다. 청와대 관계자는 26일 연합뉴스와의 통화에서 "학교폭력 문제는 이념을 넘어 교육의 본질에 관한 것"이라며 "지금이라도 전교조 측이 참석했으면 좋겠다"고 밝혔다.
이에 대해 전교조 손충모 대변인은 "장 위원장이 청와대 초청 간담회에 참석하지 않기로 했다"면서 "오늘 중 전교조 공식 입장을 발표할 것"이라고 밝혔다.

• **李 대통령 학교폭력 실태 파악… Wee 센터 방문**(연합뉴스, 2012. 1. 30.)
이명박 대통령은 30일 학교폭력 실태 파악을 위한 현장 방문을 했다. 이 대통령이 이날 방문한 경기도 안양의 'Wee 센터'는 2011년에 설립됐으며, 안양 · 과천 지역의 초 · 중 · 고등학교에 재학 중이면서 학교폭력에 노출된 위기 학생들을 대상으로 연 2,500건의 상담 프로그램을 진행 중이다.
이 대통령은 센터에서 친구들을 돕기 위한 상담활동을 벌이는 '또래상담학생'과 학교폭력 관련 학부모, 상담전문교사 등을 만나 직접 경험을 듣고 어려움을 극복한 학생을 격려했다고 청와대 관계자가 전했다. 앞서 이 대통령은 1월 6일 청와대에서 시 · 도 교육감 간담회를 개최하고, 같은 달 27일에는 교직단체 및 학부모단체 대표 등과 간담회를 열어 학교폭력 대책에 대해 논의했다.

• **"가해학생 반성문 쓰면 끝… 경찰 개입해야" Wee 센터 방문 이 대통령에 호소**(국민일보, 2012. 1. 30.)

학교폭력으로 고통받고 있는 학생들이 대통령에게 그 실태를 낱낱이 전하며 대책을 호소했다. 고등학교 1학년 여학생은 30일 경기도 안양 'Wee 센터'를 방문한 이명박 대통령에게 "가해학생은 반성문 쓰고 벌점 받으면 끝인데, 이것으로 안 된다. 경찰이 개입했으면 좋겠다"고 강조했다. 강력한 처벌이 없어 피해학생이 2차 폭력에 노출되는 현실을 호소한 것이다. 이 대통령은 피해학생과 가해학생, 학부모, 상담교사들과 1시간여를 만났다. 이 센터는 안양 및 과천 지역 초 · 중 · 고생 등을 대상으로 연 2,500건의 상담 프로그램을 진행하고 있다.
고등학교 3학년인 A군은 "학교문화가 계급사회 문화로서 일진이 있고 평범한 아이가 있고 소위 말하는 찐따(바보)가 있다"며 "빵셔틀(빵 심부름)을 하는 학생들은 잘나가는 애들한테 철저히 착취당하는 사회"라고 말했다. A군은 "도움을 요청하는 게 알려지면 완전히 소외당한다. 선생님께도 알릴 방법이 없고 가해자들의 성격이 난폭해 2차 보복이 가장 두렵다"고 토로했다. B양(고 1)은 "친구 중에 누가 왕따를 당해도 도와주면 피해를 보기 때문에 할 수 없다"며 "상담을 떳떳하게 받지 못하는 것도 알려지면 찌질이(바보)라고 낙인이 찍히기 때문"이라고 설명했다. 피해를 보고 전학을 갔지만 위장전입이어서 원래 학교로 돌아왔지만 등교를 하지 못하고 있다는 중학교 1학년 사연도 소개됐다. 이 학생의 어머니는 "지금껏 국가는 뭐했는지 원망스럽다"고 울먹였다.
이 대통령은 "여러분의 얘기를 들으니 대책이 다 나온 것 같다"며 "우리 사회에 바뀌어야 할 여러 가지 문제가 많지만 학교폭력만큼은 반드시 바뀌어야 한다"고 힘주어 말했다.

• **이 대통령, 학교장들과 학교폭력 근절 대책 논의**(2012. 2. 2. 청와대)

이명박 대통령은 2일 전국 주요 초 · 중 · 고 교장 160여 명을 청와대로 초청해 학교폭력 근절을 위한 간담회를 가졌다. 이번 간담회는 일선 학교현장에서 학생생활지도를 책임지고 있는 학교장들과 학교폭력의 심각성을 공유하고 근절방안을 모색하기 위해 마련한 자리로, 이 대통령은 초 · 중 · 고 교장들에게 학교폭력 근절을 위한 현장의 목소리를 듣고 일선 학교 교원들의 책임, 헌신적인 노력과 실천을 당부했다.

이날 간담회는 지난달 6일 시 · 도 교육감 오찬 간담회와 27일 교직단체 및 학부모단체 대표 간담회, 30일 안양 · 과천 Wee 센터를 방문해 가진 학생, 학부모, 상담교사와의 간담회에 이은 행사이다. 정부는 지금까지의 간담회를 통해 제기된 학교현장 및 사회 각계 의견을 충분히 반영해 2월 6일 총리주재 관계부처 장관회의에서 실효성 있는 학교폭력 근절 종합대책을 발표할 예정이다.

한편, 이날 행사에는 16개 교육지원청 교육장, 16개 시 · 도 교육청 생활지도 장학사들도 참석해 학교폭력의 실태와 근절방안에 대해 논의를 함께 했다. 청와대에서는 박범훈 교육문화수석, 정일환 교육비서관, 최동해 치안비서관, 강한승 법무비서관, 조현수 국민권익비서관, 이철희 홍보기획비서관, 이길호 온라인대변인 등이 자리를 함께 했다.

• **(종합)李 대통령 "올 한해, 학교폭력 근절 출발선상 삼자"**(머니투데이 뉴스 1, 2012. 2. 2.)

이명박 대통령은 2일 "금년 한해를 학교폭력을 없애고자 하는 출발선상이라 간주하고 관심을 가지면 상당한 변화를 가져올 수 있다"고 강조했다.

이 대통령은 이날 오전 전국 초 · 중 · 고 교장 160여 명을 청와대로 초청, 학교폭력 근절을 위한 간담회를 갖고 이같이 강조한 뒤 "저도 (남은) 임기 중에 관심을 가지고자 한다"고 덧붙였다. 또 "이런 문제가 이번에만 있었던 게 아니고 1990년대, 2000년대에도 종합대책 발표라는 것이 있었다. 이번에는 모두가 공감하는 기회를 갖자"며 "우리 사회 모두가 함께 공감하고 반성하는 가운데 대책을 발표해야 성과가 있다"고 말했다.

이 대통령은 "이번 기회에 정말 살아 있는, 사랑이 있는 정책을 만들어 이혼하려던 사람이 자식을 보고 이혼하지 않도록 만들어야 한다"며 "모든 사람이 관심을 갖게 됐을 때 대책을 발표하자. 전 국민이 어린아이들의 폭력문제에 대해 일시적인 것이 아니고 지속적으로 함께 해 보자는 것"이라고 밝혔다. 또 "금년에 어떻게 하든 학교에서 실제 일어나는 일을 보고 해결책을 만들자. 올해 못하면 내년에도 차차 해 줘야 한다"며 "아이들이 얼마나 고심하고 있다는 것을 알고 있지 않은가. 어른들이 모르거나 알고도 소홀히 해서 시간을 보내고 있었는데, 그런 점에서 대통령으로서 자책한다"고 말했다. 이어 "학력이 아무리 있으면 뭐 하겠나. 머릿속에 오만가지 지식을 가지고 있는들 무슨 소용이 있겠나"라고 반문한 뒤 "오만가지 알고 있는 사람이 실천은 안하고…… 우리 사회 모두가, 기성사회가 자성하는 계기를 갖자"고 말했다.

이 대통령은 "교권도 확립 안 되고 학부모도 옛날 학부모가 아니고 세상이 변해 여러 열악한 조건을 가지고 있다고 하지만 교육 분야만 그런 게 아니다"고 지적한 뒤 "열악한 조건이지만 그 조건 하에서 길을 열어야 한다고 생각한다. 늘 해오던 10년, 20년된 정책을 가지고 될 수가 없다"고 강조했다. 또 "마지막으로 교장선생님들을 뵈었다. 여러 형태로 폭력을 줄이려고 하고 드러내 놓고 해결하겠다고 하면서…… 덮어서 쉬쉬하고 담임선생님이 이야기를 하면 교장선생님이 덮어 버리는 경우도 있어 말도 못 꺼낸다는 불만도 있다고 하더라"고 지적했다.

한편, 정부는 이날 간담회와 그동안 시 · 도 교육감, 교직단체 및 학부모단체, 학생 · 학부모 및 상담교사와의 잇단 간담회에서 수렴된 의견들을 종합적으로 반영해 오는 6일 총리 주재 관계부처 장관회의를 통해 학교폭력 근절 종합대책을 발표할 예정이다.
이날 행사에는 학교장들 외에 16개 교육지원청 교육장과 16개 시 · 도 교육청 생활지도 장학사들도 함께했다. 또 이주호 교육과학기술부 장관과 청와대 박범훈 교육문화수석, 정일환 교육비서관, 최동해 치안비서관, 강한승 법무비서관, 조현수 국민권익비서관, 이철희 홍보기획비서관 등이 참석했다.

• **[학교폭력 근절 대책 발표] 학교폭력 은폐한 교장 · 교사 처벌**(국민일보, 2012. 2. 6.)

정부가 학교폭력을 완전히 근절하겠다는 강한 의지를 담은 학교폭력 근절 종합대책'(학교폭력 근절 7개 실천정책: 직접대책과 근본대책)을 발표했다. 학교폭력을 은폐하는 교장 · 교사를 처벌하고, 학생생활지도 강화를 위한 복수담임제를 도입하는 것 등이 주요 내용이다. 폭력 가해학생은 즉각 출석이 정지되고, 피해학생은 원할 경우 경찰의 보호를 받게 하는 조항도 담겼다. 그러나 현장에서 직접 적용할 구체적인 내용 대신 원론적인 대책만 강조한 데다 교사의 부담만 가중시킨다는 비난이 적지 않다.
정부는 6일 김황식 국무총리 주재로 교육과학기술부, 법무부, 문화체육관광부 등이 참여하는 학교폭력 관계장관 회의를 열어 7대 직 · 간접 실천대책을 담은 '학교폭력 근절 종합대책'을 발표했다. 김 총리는 '학교폭력 근절과 관련해 국민 여러분께 드리는 말씀'이라는 담화문에서 "정부는 이번에 못 고치면 앞으로도 못 고친다는 심정으로 끈질기게 챙겨나갈 각오"라며 "이번에야말로 학교폭력을 뿌리 뽑겠다"고 밝혔다. 김 총리는 이어 "경찰을 학교폭력에 적극 개입시켜 일진회 등 학교폭력 서클을 기필코 발본색원하겠다"고 강조했다.
대책에 따르면 학교장에게는 학교폭력이 일어나 피해학생을 보호할 필요가 있을 때 가해학생을 즉시 출석 정지할 수 있는 권한이 생긴다. 반면, 학교폭력을 은폐하려다 적발된 학교장과 교원은 성적 조작 등 중대 비위 수준으로 징계한다.
담임교사는 매학기 1차례 이상 학생과 1:1 면담하고, 면담결과를 학부모에게 통지해야 한다. 특히, 학급을 교사 2명이 공동으로 책임지는 '복수담임제'를 올해 중학교, 내년 고등학교에 순차적으로 도입한다. 피해자 · 신고자를 보복 폭행하거나 장애학생을 폭행한 학생은 엄하게 징계하기로 했다. 이명박 대통령도 라디오연설을 통해 "사안이 가볍거나 처음일 경우는 선도해야겠지만 그 밖의 경우는 경찰이 엄정 조치할 것"이라며 "이제 학교폭력으로부터 우리 아이들을 지키기 위해 모두가 함께 나서야 한다"고 밝혔다.
하지만 정부대책을 놓고 원칙에는 공감하지만 구체적인 내용이 없다는 비난이 이어졌다. 한국교원단체총연합회는 "학교폭력 대책의 방향성과 내용에 공감한다"면서도 "실천이 중요하다"고 강조했다. 전국교직원노동조합은 "교과부가 유기적으로 원인을 진단하고 대책을 세우지 못했다"

면서 "교사들의 부담만 늘어날 뿐"이라고 비난했다. 학부모단체 역시 실질적으로 학교현장에 적용되어 효과를 낼 수 있을지 미심쩍다는 반응을 보였다.

• **年 3,000억 투입 '수백개 대책' 효과는 (서울신문, 2012. 2. 7.)**

**"이번에 못고치면 앞으로도 못고친다" 학교폭력 근절 대책 내놨는데…**

정부가 6일 학교폭력을 근절하기 위한 종합대책을 내놓았다. 지난해 12월 20일 대구 중학생 자살 사건이 발생한 지 1개월 반 만이다. 학생들의 생활지도를 위해 학급 담임교사가 2명인 복수담임제를 도입하는 데다 교장이 학교폭력 가해학생을 곧바로 출석 정지, 유급시킬 수 있도록 했다. 피해자 학생에게 전학을 권고하는 규정은 사라지고 피해자 보호와 가해자 감독에는 경찰이 나서기로 했다. 신고체계는 '117'로 일원화했다. 게다가 가해 기록을 학교생활기록부에 기재, 입학사정관제 · 자기주도학습 전형 등 대학입시와 연계시켜 인성을 측정하는 전형요소로도 반영하도록 했다. 학부모의 강제소환 및 특별교육도 명문화했다.

또한 교장이나 교사가 학교폭력을 은폐할 경우, 성적 조작에 준하는 '중대 범죄'로 처벌할 방침이다. 학생, 학부모, 교사, 교장 등 학교 구성원뿐만 아니라 경찰까지 동원했다. 범정부 차원의 다각적이고 종합적이며, 접근 가능한 모든 수단을 망라한 백화점식 대책이다. 세부 항목만 수백 가지다. 이를 위해 올해 3,189억 4,000만 원을 투입하기로 했다. 하지만 벌보다는 예방을, 규제보다는 학교의 권한과 자율 및 책임 강화에 힘을 실어 줬다는 정부의 설명과는 달리 처벌과 감독에만 집중됐다는 시각도 적지 않다.

김황식 총리는 이날 '학교폭력 근절' 담화를 통해 "학교폭력을 좌시하는 일은 결코 없을 것"이라며 "'이번에 못 고치면 앞으로도 못 고친다'는 심정으로 끈질기게 챙겨 나갈 각오"라고 밝혔다. 이어 "물밑에 감춰진 모든 폭력들을 들춰낼 생각"이라며 "무엇보다 교권을 강화하는 데 중점을 뒀다"고 강조했다. 이명박 대통령도 라디오 · 인터넷 연설에서 "학교 현실을 너무나 몰랐다"면서 "학교폭력을 엄정 처벌하겠다"고 밝혔다.

이번 대책은 2004년 7월 「학교폭력예방 및 대책에 관한 법률」이 제정된 이후 여러 차례 세워졌던 학교폭력 대책의 종합판 격이다. 대부분 한두 번 거론됐던 방안이 모두 포함됐지만 더 강경해졌다. 학교폭력은 어제오늘의 일이 아니다. 학교폭력이 사회문제화될 때마다 대책이 나왔다가 흐지부지된 탓이다. 그 사이 학교폭력 연령은 낮아졌고, 건수는 늘었다. 신체 폭행에서 정서적 · 언어적 폭력까지 증가, 복잡화 · 다양화됐다. 학생들은 치열한 경쟁 속에 일렬로 줄을 설 수밖에 없었다. 정신적으로 더 황폐화됐다. 학교폭력은 반드시 뿌리 뽑아야 한다. 하지만 가해학생의 사회적응문제도 고민하지 않을 수 없다. 학교폭력이라는 '낙인'이 초 · 중학교는 졸업 5년 뒤, 고교는 졸업 10년 뒤 삭제된다지만 자칫 사회 부적응자로 전락할 수 있기 때문이다. 신체적 · 정신적으로 미성숙한 초 · 중 · 고교생이라는 점도 보다 충분히 고려해야 한다는 얘기다. 대한소아청소년정신의학회는 이날 성명을 통해 "학교폭력은 기본적으로 정신건강의 문제이지, 처벌로 다스

릴 문제가 아니다"라면서 "보살핌이 없는 정책은 근본적인 대책이 될 수 없다"고 지적했다.

• **李 대통령, 학원 폭력방지 모범학교 방문**(뉴시스, 2012. 4. 16.)

이명박 대통령은 16일 오후 학원폭력 방지 모범학교인 경기도 여주군에 위치한 여주중학교를 방문해 학부모, 교사 등을 격려했다. 이번 방문은 지난 2월 범정부 차원에서 마련한 학교폭력 근절 종합대책이 발표된 이후 달라진 학원 현장을 확인하고 관계자들을 격려하기 위한 것이라고 청와대는 설명했다.

여주중학교는 문제학생의 신속한 격리 조치, 즉각적인 경찰수사, 학교 측의 치유캠프 운영 등을 통해 학원폭력을 근본적으로 해결한 모범 사례로 꼽힌다. 이날 행사에는 이주호 교육과학기술부 장관, 하금열 대통령 실장, 박범훈 교육문화수석, 최금락 홍보수석, 정일환 교육비서관, 이길호 온라인 대변인 등이 참석했다.

• **이 대통령 "퇴임 후에도 학교폭력 근절 힘쓸 것"**(파이낸셜뉴스, 2013. 1. 21.)

이명박 대통령은 21일 "임기를 마치고 평범한 시민으로서도 학교폭력 근절을 위해 깊은 관심을 가지겠다"고 말했다. 이 대통령은 이날 청와대에서 학교폭력 예방 관계자들을 초청해 가진 오찬 간담회에서 이같이 말하고 "다음 정부에도 이 문제를 적극적으로 인수인계하고자 한다"고 밝혔다고 이길호 청와대 온라인 대변인이 전했다. 이날 행사는 사회적 문제로 부각된 학교폭력을 해결하기 위해 지난해 2월 6일 범정부 차원의 '학교폭력 근절 종합대책'을 수립하여 추진한 지 1년을 앞둔 시점에 개최되었다.

이 대통령은 오찬에서 "경제를 살리고, 일자리를 만들고, 복지를 펴는 일에 많은 논의를 하고 있지만 그에 못지 않게 학교교육의 정상화 역시 국정의 우선에 놓여 있다"면서 "과거에는 문제가 발생하면 관심이 일었다가 금세 시들해졌지만 제도적으로 사회 문화를 바꾸는 관점에서 지속적으로 해 나가야 한다"고 강조했다.

• **박 대통령, 경찰에 '4대 사회악 척결' 주문**(연합뉴스 TV, 2013. 3. 14.)

박근혜 대통령이 이른바 4대 사회악에 대한 척결을 정부에 주문하는 등 국민 안전을 위한 정책에 힘을 싣고 있다. 경찰에는 별도의 대처 기구를 마련해 핵심적인 역할을 수행할 것을 당부하였다.

박 대통령이 제29기 경찰대 졸업식에 참석하였다. 경찰의 미래를 이끌어 갈 젊은 리더로서 첫 발을 뗀 졸업생들에게 축하의 박수를 아끼지 않았다. 직접 졸업장과 계급장을 수여하고 졸업생의 부모들과도 인사를 나눴다. 축사에서는 사회 안전이 민생의 가장 기본이라는 점을 강조했다.

"국민 행복에 가장 기초가 되는 요건은 안심하고 살아갈 수 있는 국민 안전지대를 만드는 것입니다" 특히 성폭력과 학교폭력, 가정파괴범, 불량식품 등을 4대 사회악으로 꼽으면서 이를 뿌리

> 뽑겠다는 약속을 이행하는 데 경찰이 중심에 설 것을 당부하였다.
> "그 약속을 이루어 나갈 핵심적 역할은 우리 경찰 여러분에게 주어져 있습니다." 특히 4대 사회악을 근절할 추진 본부와 성폭력 특별 수사대 등 기구를 새로 갖추어 범죄 척결에 나서 달라고 주문하였다. 박 대통령은 치안을 바로잡기 위한 범정부적 차원의 대책 마련을 지시하는 등 민생과 직결된 사회안전문제에 정책적 주안점을 두는 모습이다. (후략)

이상에서 기술한 바와 같이, 국정의 최고책임자인 대통령이 직접 학교폭력 문제를 챙기는 등 범부처 차원에서 학교폭력 근절을 위한 조치들이 이루어지고 있다. 일관성 있는, 그리고 교육기관 책임자의 지속적인 학교폭력 예방과 근절을 위한 노력으로 학교폭력 문제가 조금씩 완화되고 있다. 교육부의 학교폭력 실태조사(2012년부터 실시) 결과 피해 응답률이 2012년 2차(8.5%), 2013년 2차(1.9%), 2014년 2차(1.2%), 2015년 2차(0.9%), 2016년 2차(0.8%)로 매년 줄고 있는 것으로 나타났다. 이러한 학교폭력 실태조사의 경향을 보면 초등학교의 피해가 높은 편(초등학교 1.3%, 중학교 0.5%, 고등학교 0.4%)이고, 피해 유형별로는 언어폭력(34.8%), 집단따돌림(16.9%), 신체폭력(12.2%), 스토킹(10.9%) 순으로 피해가 발생하는 것으로 보고되고 있다. 이와 같이 학교폭력이 감소하고 있는 추세는 2012년 2월 6일에 정부가 마련한 '학교폭력 근절 종합대책'의 정책이 점진적, 가시적으로 그 효과가 나타나는 것으로 해석할 수 있다.

2011년 12월 당시 전국에 사회적, 교육적으로 사안이 된 학교폭력으로 인한 학생 자살 사건의 발생과 이에 대한 정부의 강력하고 지속적인 대책 마련과 시행이 주효하다고 볼 수 있다. 이명박 정부에 이어 박근혜 정부에서도 학교폭력을 4대 사회악의 하나로 간주하고 지속적이고 일관성 있는 예방과 근절대책을 추진한 정책성과라고 볼 수 있다. 이러한 사례는 앞서 살펴 본 여주중학교의 예방 및 대책과 함께 '학교폭력근절 종합대책' 마련의 진원지였던 대구광역시교육청의 학교폭력 피해 응답률에서 나타나고 있다. 즉, 2015년 평균 0.9%보다 낮은 0.3%로 전국 최저로 나타났으며, 이는 학교폭력이 많이 발생하는 도시라는 오명을 씻고, 행복교육의 발상지로서의 명성을 회복하기 위한 노력의 결과라고 볼 수 있다. 그 주요내용을 보면 사제동행 행복시간, 또래상담과 같은 각종 상담활동 강화, 공동체 활동 프로그램 확대, 학교폭력 예방을 위한 환경 구축, 학교폭력 피해자 관련 각종 지원체제 운영 등을 들 수 있다.

## 2. 학교폭력 대처방안에 대한 새로운 패러다임

정부는 학교폭력을 예방하고 대책을 마련하기 위하여 여러 가지 정책을 발표하고 시행하고 있지만 학교폭력 문제는 여전히 큰 사회문제로 대두되고 있다. 이에 따라 학교폭력에 대한 지금까지의 대처방안에 대해 점검하고 보다 근본적인 해결책을 마련할 필요가 있다.

기존의 학교폭력 해결방안에 대한 접근방법에서 발견할 수 있는 문제점은 가해학생의 처벌 위주의 대책을 통해 피해학생을 갈등의 해결 과정에서 소외시켰다는 것이고, 학교 전체가 유기적으로 연결되어 대처하는 것이 아니라 단편적인 프로그램과 처벌 위주의 문제중심적 사후 대책이 주를 이루었다는 것이다(최중진, 2013: 129). 이러한 문제점을 보완하기 위해서는 신뢰와 존중을 바탕으로 인간성의 회복이라는 보다 근본적인 해결방안으로의 접근이 필요한데, 이때 논의될 수 있는 것이 피해학생을 문제의 해결 과정에 포함시키려는 회복적 정의와 학교 전체가 유기적으로 연결되어 문제를 해결하려는 생태체계론적 접근방법이다. 그리고 학교조직을 학교공동체로 형성하여 학교폭력 문제를 근원적으로 해결하려는 방법을 제시한다.

### 1) 회복적 정의

최근 학교폭력 문제에 대한 해법을 찾기 위해 인간에 대한 존엄성을 기반으로 피해학생과 가해학생 간의 대화와 합의를 통한 관계 개선과 피해자의 정신적 · 신체적 피해의 회복을 중심으로 한 문제해결방법이 지속적으로 논의되고 있다. 기존에는 범죄행위에 대해 형벌을 부과하는 응보적 관점(應報的 觀點)에서 폭력문제를 해결하려고 했다면 최근에는 가해학생에게 반성과 교화를 통한 사회 복귀의 기회를 주고, 피해학생의 입장에서는 상처에 대한 치료와 회복에 목적을 두며, 폭력행위를 사회 전체의 책임으로 보고 폭력문제 해결을 위해 공동체 모두의 참여를 촉구하려는 움직임이 활발히 일어나고 있다.

이는 단순하고 고정된 사고를 넘어 인격적 성장에 기초한 통합적이고 근본적인 문제해결방식을 추구하려는 패러다임의 전환, 즉 기존의 응보적 패러다임에서 회복적 패러다임으로 렌즈를 바꾸는 것을 의미한다. 사법이나 범죄 상황, 인권, 정치 분야에서 거론되고 있는 '정의(正義)의 패러다임을 인간이 실존하기 위해 소속된 공동체 속에서 발생하는 존재자체적 갈등과 대인관계의 갈등에 관한 회복과 치유, 그리고 변혁을 위한 패러다임의 렌즈로 보고자 하는 것'이다(김세광, 2015: 49). 응보적 정의관(應報的 正義觀)은 잘못을 한 사람에게 피해자가 입은 손해나 고통만큼 가해자에게 되돌려 주는 것을 말한다. 응보적 정의가 추구하는 목적은 범죄로 인해 발생한 불평등을 조정하여 균형을 이루려는 것이다. 그러나 회복적 정의는 피해자, 가해자, 공동체가 잘못을 시정하고, 화해와 안전을 촉진하는 해결책을 함께 찾자는 것이다(김세광, 2015: 51). 범죄와 처벌에 대해 응보적 관점으로 형벌을 구형하려는 전통적 관점에서 벗어나서 인간에 대한 존엄성을 바탕으로 문제를 해결하려는 움직임은 이미 서구의 여러 나라에서 시도되고 있다.

회복적 정의(restorative justice)라는 용어는 Eglash가 1977년에 처음으로 사용하였으며, Zehr가 1985년에 피해자-가해자 화해운동(The victim offender reconciliation program)을 설명할 때 'restorative justice'라는 용어를 사용함으로써 주목받기 시작했다. 우리나라에서는 2000년도를 전후로 '회복적 사법'이라는 표현을 사용하기 시작했고, 2010년에 Zehr의 『회복적 정의란 무엇인가?(Restorative Justice)』라는 제목의 책이 출간되면서 회복적 사법이라는 표현보다 회복적 정의라는 표현이 광범위하게 사용되었다(윤태현, 2017: 93). 'restorative justice'는 'justice'가 정의와 사법이라는 이원적 의미를 가지고 있으므로 '회복적 정의' '회복적 사법'으로 번역될 수 있는데, '정의'는 형이상학적이고 관념적인 상태를 나타내는 것이고, '사법'은 정의의 상태에 도달하기까지의 형이하학적이고 현실적인 과정을 의미한다. 따라서 'restorative justice'는 실무 또는 과정으로서 '사법'이라는 의미와 다른 한편으로는 그 과정이 지향하는 이데올로기, 패러다임 또는 철학으로서 '정의'를 의미한다고 볼 수 있다(윤태현, 2017: 93).

Zehr의 회복적 정의가 내포하고 있는 구체적 의미는 다음과 같다(윤태현, 2017: 97-98). 첫째, 회복적 정의는 기존의 형벌, 즉 응보적 정의와 비교되는 개념으로서 피해자의 원상 회복과 치유가 가해자에 대한 형벌 부과 만큼이나 중요하게 인식되어야 한다는 것이다. 둘째, 피해자와 가해자 간의 관계 치유 또한 중요한 관심 사항이 되어야 하는 바, 피해자-가해자 화해운동이 확산되어야 하는 이유도 여기에 있다. 셋째, 가해자도 치유를 받아야 함은 물론이고, 자신의 행위에 대한 책임 인식을 통해 치유를 받을 수 있도록 해야 한다. 넷째, 공동체도 치유의 대상이라는 점이다. 왜냐하면 범죄는 공동체의 완전함을 손상시키며, 손상된 공동체로는 가해자의 자연스러운 복귀가 불가능하기 때문이다.

회복적 정의는 범죄의 피해자, 가해자, 그리고 지역사회와 같이 범죄에 관련된 사람들이 서로 대화와 동의를 최대화할 수 있도록 안전한 장소에서 범죄로 인해 파괴된 인간의 존엄과 복지를 참여와 협력을 통해 스스로 회복할 수 있도록 돕는다는 것이다(최중진, 2013: 144). 이는 가해자에 대한 사후 처벌에 관심을 두는 것이 아니라 피해자의 상처에 관심을 두고 폭력 당사자 간의 관계 회복에 목적을 둔다. 또한 폭력의 책임을 가해자에게만 돌리는 것이 아니라 사회의 구조적 문제에서 발생하는 것으로 보고 사회 전체의 바람직한 분위기의 회복에 목적을 둔다. 반성과 성찰, 그리고 인간관계의 회복에 목적을 둔 회복적 정의가 유일한 학교폭력 해결의 방안이 될 수는 없지만, 피해자의 관점에서 피해자의 상처를 회복하고 인간에 대한 신뢰를 바탕으로 한다는 점에서 건전한 사회적 관계와 바람직한 사회공동체로의 회복에 도움을 준다.

그러나 이러한 회복적 정의에는 다음과 같은 문제점이 야기될 수 있다(윤태현, 2017: 99-100). 첫째, 회복적 정의의 확산은 법원의 역할을 축소시키고 수사기관과 보호관찰기관 등의 역할이 증대됨으로써 삼권분립의 원칙이 무너지고, 법원의 사회적 신뢰감을 손상시킬 수 있다. 둘째, 형의 선고에 있어서 피해자의 참여 및 결정권이 중요한 변수로 작용됨으로써 죄를 지은 만큼 벌을 받게 되는 비례의 원칙과 공정성이 보장될 수 없다. 피해자의 다양한 의견에 따른 형의 선고는 공정성을 기대할 수 없게 된다. 셋째, 가해자의 경제력이 충분하여 금전적 보상을 통해 피해자에게 피해 회복에 대한 만족감을 줄 경우에는 형의 선고에 결정적인 영향을 줄 수 있다. 넷째, 회복적 정의에 있어서 중요한 역할을 담당하고 있는 지역사회의 참여를 정확하게 예측할 수 없다. 지역적 특성과 여건에 따라 범죄 처리의 정도에 차이가 발생할 수 있다.

학교폭력은 한 개인의 문제가 아니라 학교 전체가 함께 해결해야 할 공동의 과제이므로 학교 구성원 전체가 참여하여 회복적 정의를 바탕으로 학교폭력 문제 해결을 위한 구체적인 해결방안을 모색할 필요가 있다. 그러나 회복적 정의의 관점에서 학교폭력 문제를 해결하려고 할 경우에 철저한 준비가 없다면 피해학생이 또 다시 피해를 당할 위험이 있다. 피해학생의 필요나 욕구에 반응하기보다는 비행청소년의 사회적응을 돕기 위하여 피해학생이 프로그램에 참여하도록 하는 경우가 많다(최중진, 2013: 145). 따라서 제도를 실천하는 데 있어서 피해자에 대한 배려를 우선하여 그들이 다시 상처를 받지 않도록 하는 것이 필요하다.

회복적 정의를 실현하기 위한 교육은 지금까지 교화 위주의 인성교육과는 다른 방식의 교육이 필요하다. 회복적 정의는 학생들이 직접적으로 실천해야 하는 경험을 다루고, 학생들의 사회적 · 감정적 · 물리적 · 지적 요구와 인식의 참여를 요구한다. 전통사회에서 요구되었던 권위적이고 응보적인 훈육문화를 넘어 탈권위적이고 다양성과 자율성의 가치가 중요시되는 현대사회에서는 잘못된 행동을 방지하고 차단하려는 기존의 생활지도방법은 물론이고 삶을 보다 책임감 있게 살도록 지도하는 것이 필요하다.

회복적 생활교육은 공감과 연결을 통한 관계와 공동체성 강화에 초점을 두고 있으므로 교사는 지배자가 아닌 파트너로서 정답을 가르치기보다는 통찰과 경험을 나눌 수 있도록 도와주는 촉진자로서의 역할, 그리고 갈등 상황에서 옳고 그름을 판단하기보다는 관계 회복을 위한 평화적 중재자로서 역할을 해야 한다. 교사는 학습 공동체의 구성원으로서 학생의 영역에 침범하지 않고 학생들의 자율적 판단을 존중해야 한다. 갈등에 대해서도 부정적으로 생각하지 않고 성장과 배움의 기회로 이용한다. 갈등은 잠재된 문제를 드러내고 해결하는 것을 통해 건설적인 대안을 찾을 수 있는 기회이므로 교육현장에서의 갈등은 대립과 분열의 위험요소가 아니라 공동체 구성원으로서 규범을 익히고 서로가 협력하여 문제를 해결하는 과정을 통해 공동체적 문제해결 역량을 기를 수 있는 기회가 되도록 관리해야 할 것이다(김세광, 2015: 50-53).

회복적 정의는 관계를 중심으로 문제해결을 시도하므로 관계를 강화하는 방향으로 잘못된 행동과 피해를 해결할 수 있는 시스템을 고안하고, 단순히 규범을 어긴 부분이 아니라 피해가 발생한 원인에 초점을 두는 것이 중요하다. 피해자가 목소리를 낼 수 있도록 도와주며, 공동으로 참여하는 문제해결방식을 활용하여 학생들의 변화와 성장이 가능하도록 도와주어야 한다(김세광, 2015: 53). 특히 회복적 정의에서 중요한 것은 피해자의 입장에서 문제를 해결하려고 하는 것인데, 피해자가 피해의식에서 벗어날 수 있도록 상처받은 자신의 모습을 감추지 않고 그대로 응시함으로써 자신을 있는 그대로 받아들일 수 있도록 상담을 진행하는 것이 필요하다(조극훈, 2017: 977). 자존감의 회복을 통해 피해의식을 극복할 수 있도록 도와주고, 타자의 시선에서 벗어나 자신의 시선을 통해 자신의 모습을 바라볼 수 있도록 하며, 용서와 화해를 통해 과거의 문제에 집착하지 않고 미래를 설계할 수 있도록 도와주어야 한다.

### 2) 생태체계적 접근방법

학교폭력은 학생 개인만의 문제가 아니라 학교의 구성원과 부모, 그리고 사회 전체가 공동으로 해결해 나가야 할 과제이다. 인간체계는 고립되어 구성되는 것이 아니라 환경과의 상호작용을 통해서 하나의 인격체로 성립된다. 생태계 속에서 하나의 체계는 환경으로 둘러싸여 서로 영향을 주고받는다. 환경은 하나의 구성물이 아니라 여러 개의 구조가 연합된 전체로서 말할 수 있으며, 모든 영향력 있는 구조체는 인간체계에 영향을 미친다. 따라서 인간 행위의 문제는 개별적으로 해결할 수 없으며, 전체적으로 접근되어야 한다.

생태학(ecology)이란 18세기까지는 가사 혹은 집에 대한 연구라는 가계(家計)의 의미로 사용되었다. 이러한 의미는 자본주의의 발달과 더불어 경제 행위가 복잡해지면서 한편으로는 경제학으로 발전되었고, 또 다른 한편으로는 생명체들 간의 관계, 그리고 이들과 환경에 대한 관계를 탐구하는 생물학의 인접 학문인 '생태학'으로 태동되었다. 생태학은 인간과 자연의 관계에 대한 전통적인 인간중심적인 관점에서 벗어나 인간 이외의 생명체와 생물의 생태계는 고유한 가치와 자기 목적을 가지고 있는 주체로 인식된다. 생물중심적 윤리는 인간과 동물과 식물을 포함하여 모든 생물을 도덕적으로 고려해야 할 대상으로 삼는다. 도덕적 주체의 기준이 어떤 생명체의 특정한 성질이 아니라 생명 그 자체에 있으므로 도덕적 고려 대상을 식물을 포함한 생명체 전반으로 확장하려는 것이다(심성보, 1999: 429). 또한 생태학은 인간과 자연이 서로 공생하여 공동의 문화를 형성하고, 전체 생명에 대한 존중과 윤리의식을 통해 생태계 위기를 극복하고자 한다.

학생들은 인간을 포함한 생태계에 대한 전체론적 관점을 통해 하나의 전체 속에서 서로 긴밀하게 상호작용하고 있음을 학습해야 하고, 하나의 문제는 개별적 사태이기보다는 사회 전체와의 관련 속에서 나타나는 것이므로 문제를 해결하기 위해서는 전체와의 관련성 속에서 원인과 방법이 규명되어야 한다. 학교폭력과 같은 사실적 문제들은 사회 전체의 관계망을 통해 맥락적으로 탐색될 때 실질적 해결방안을 마련할 수 있다. 학교폭력의 문제를 처벌을 통한 단순한 관점에서 접근할 것이 아니라 인간의 존엄성에 기반을 둔 인간성과 생명 존중과의 관계와 생태계적 윤리의식의 회복을 통해 보다 근본적이고 장기적인 관점에서 접근되어야 한다.

생태체계적 접근방법은 생태학으로부터 개념과 용어들을 빌려온 것으로, 인간과 환경 간의 상호작용과 상호 의존성에 초점을 두고 개인, 가족, 조직과 사회 등의 다양한 집단 간의 상호작용과 개인이 변화하는 환경에 대처하고 적응해 가는 다양한 방법에 관심을 갖는다(김지혜, 2017: 384). 생태시스템이론은 학교환경을 '하나의 다중계층구조 체계(a set of nested structures)'로 인식하는데, 이것은 대상자, 미시체계(microsystem), 중간체계(mesosystem), 외체계(exosystem), 거시체계(macrosystem)로 구성된다(이창훈, 송주영, 2009: 106).

대상자는 자신을 중심으로 세상을 바라보고, 그들의 생태학적 환경과 상호작용한다. 그러나 대상자의 행동이 단지 성향에만 영향을 받는 것이 아니라 상호작용하는 생태학적 환경도 그들의 행동에 영향을 준다. 학교폭력에 가담하는 학생의 경우에는 그들이 과거에 폭행을 당한 경험과 지배욕, 충동성, 공격성에 대한 태도나 쾌락 추구의 경향을 가지고 있다. 미시체계는 경험된 행동, 역할 또는 아이들이 겪는 상호 인간관계의 패턴을 의미한다. 그것은 가족 내의 경험, 교사와의 경험, 또래와의 경험이 포함된다. 가족 내의 경험은 부모의 폭행이나 권위적인 부모를 가진 경험을 말하고, 교사와의 경험에는 교사의 도덕적 권위의 결여와 비효과적인 폭력에 대한 중재가 관련되어 있다. 중간체계는 생태적 환경에 참여하는 사람들, 즉 교사와 또래집단 사이에 존재하는 사회적 상호 관계를 의미한다. 외체계는 학생들의 행동에 영향을 주는 사회적 환경을 의미한다. 예를 들면, 부모의 사회·경제적 지위가 하나의 외체계가 될 수 있는데, 부모의 사회·경제적 지위가 낮을수록 자녀의 폭력행위는 증가한다. 거시체계는 신념, 이념, 가치관 체계 등을 포함하는 사회·문화관계에서 발견되는 일관성을 의미한다. 학교폭력은 사회적 특성, 즉 개인주의나 집단주의, 혹은 사회해체와 같은 사회구조적 가치체계와 관련이 있다. 예를 들면, 집단주의 문화와 사회해체가 많이 진행된 사회에서 학교폭력행위는 증가한다(이창훈, 송주영, 2009: 106-110).

생태학적 관점에서 학교폭력이 일어나는 내용을 영역별로 구분하면 다음과 같다(김규태, 2013: 34). 즉, 생태학적 관점에서 학교폭력은 학생 개인의 심리적·사회적·발달적·교육적 특성과 관련이 있는데, 남학생이 여학생보다 학교폭력에 연관되는 경향이 높고, 학교폭력을 행사하는 학생은 열등감과 우울 성향, 그리고 공격적 성향이 강하고 공감능력과 자기통제력이 떨어진다. 또한 학업성취도가 낮고 자존감이 낮으며 부정적인 자아개념을 가지고 있다. 학교폭력은 학생이 속한 생활공간과 교실내의 교우관계, 부모의 양육 태도, 부모와의 상호작용, 가정의 심리 · 사회적 환경 등 미시체계와 관련을 갖는데, 학교폭력에 가담하는 학생은 대체로 다른 사람과의 정서적 공감과 의사소통이 부족하고, 결손가정을 가지며, 사회 · 경제적 수준이 낮은 편이다.

또한 가정폭력에 노출된 경험을 가지고 있으며, 대개 일관성 없는 양육을 받는 경우가 많다. 학교폭력은 학생 개인과 관련된 미시체계의 두 집단 이상의 관계와 학부모와 교사와의 관계, 자녀의 교우관계에 대한 부모의 인지 정도, 교내외 비행학생과의 관계 등 중간체계와도 연관된다. 술, 담배 등 비행 관련 행동과 폭력행위는 직간접적인 연관이 있으며, 교사의 학교폭력 예방에 대한 인식도 낮다. 학교폭력 관련 학생의 학부모는 자녀의 교우관계와 학교생활에 대한 정보가 부족하거나 교사와의 대화가 부족하고, 폭력 관련 학생은 일진회 등의 폭력서클에 가입되어 있는 경우가 많다. 학교폭력은 학생의 행동에 영향력을 미치는 교육환경 또는 제도와 관련되는 전문상담교사, 학교폭력 신고전화, 학교생활기록부 기재 등의 외체계와도 관련이 있다.

교내의 교육환경이 안정적이지 못하고, 학교 주변의 환경이 학교폭력과 관련된 퇴폐업소와 환경으로 둘러싸여 있을 경우에 학교폭력의 발생 빈도가 높다. 학교폭력이 빈번하게 발생하는 경우는 지역사회 및 학군이 비교적 열악한 조건에 있으며, 인성교육의 부재, 입시 위주의 교육 강조, 전문상담교사와 학교폭력 감시활동의 부족 등 교육 및 사회제도에 의해서도 일어난다. 학교폭력은 학생 개인 및 다른 체계에 간접적으로 관련이 있는 보다 넓은 의미의 사회 · 문화적 환경과 조건들인 전통적 윤리관의 붕괴, 폭력적 대중문화 등 거시체계와 관련이 있다. 전통적인 윤리관의 붕괴, 사회 전체의 무관심과 부적절한 사회적 인식, 퇴폐적 향락 문화와 폭력적 대중매체의 영향을 받고, 핵가족화, 맞벌이 부부, 소외계층 증가 등의 가정 및 사회 구조의 변화와 학교폭력은 관련이 있다(김규태, 2013: 34-39).

학교에서 일어나는 여러 가지 문제는 학교 내에서만 논의될 문제가 아니라 사회전체가 적극적으로 그 문제에 대해 관심을 갖고, 해결방안을 찾기 위해 고민을 할 때 해결될 수 있다. 왜냐하면 모든 사회체계와 구조는 서로 유기적으로 연결되어 있고, 관계 속에서 전체가 작동되므로 하나의 문제는 전체의 모순을 나타내기 때문이다. 학교폭력 문제는 개인의 심리적 · 사회적 특성뿐만 아니라 학생들의 가정환경과 문화적 배경, 그리고 학교와 지역사회의 여건과 사회규범 같은 여러 가지 요소가 복잡하게 상호작용하면서 일어나게 된다. 따라서 문제해결을 위해 체계 전체에서의 전 방위적인 노력과 함께 생명과 인간의 존엄성을 바탕으로 한 관계와 배려 중심의 생태적 인성교육에 대한 방안이 마련되고, 이러한 방안들이 체계적으로 시행될 때 학교폭력의 문제가 해결될 수 있는 실질적 대책을 마련할 수 있을 것이다.

### 3) 학교공동체 형성[1]

사전적 의미로 공동체(community, gemeinschaft)란 '개인적 자유를 인정하지 않는 사회관계 또는 사회집단' 혹은 '생활과 운명을 같이하는 조직체' 그리고 '일정한 토지를 공동으로 차지하고 거기에 바탕을 둔 사회관계의 총체' 등으로 규정하고 있다. 그리고 종교적 측면에서 본다면 가톨릭에서 공동체는 '친교(koinonia)'를 의미하며, 한국의 도교, 불교, 유교, 한국 무속, 신약성서, 동방교회, 아시아 신학, 구약성서 등에서도 공동체관을 제시하고 있다. 또한 역사적으로 '마을 공동체 문화'란 마을은 단순히 사람들이 모여 사는 취락 집단을 뛰어넘는 공동체성을 보여 주며, 이의 핵심은 정신문화와 노동문화를 포함하는 것으로 밝혀지고 있다.

또한 Tönnies(1887, 1957)는 농경사회에서 산업사회로, 그리고 사회가 발전될수록 게마인샤프트(gemeinschaft; community)에서 게젤샤프트(gesellschaft; society)로 변화된다고 보고 있는 바, 공동체는 자유의지에 결합되고, 가치, 규범의 공유를 통해 결속되는 개인들의 집합을 의미하는 것으로 보고 있다. 그리고 Sergiovanni(1994)는 조직 구성원들 간의 사회적 관계로서 공동체는 관심, 집단지향성, 특수성, 귀속, 인간중심성, 목적, 이타적 사랑 등을 특징으로 하며, 학교공동체는 전문공동체, 학습자 공동체, 민주적 공동체, 리더공동체 등의 형태로 구분하여 제시하였다.

한편, 교육개혁위원회(1998)에서는 교육개혁의 차원에서 학교공동체를 교육의 주

---

1) '교육공동체의 유형과 구축 전략: 가치공동체', 한국교육행정학회 연차학술대회 발표 자료를 토대로 작성되었음(정일환, 2003. 12.).

민자치 정신을 구현하고, 단위학교의 자율성을 확대하여 학교교육의 효과를 극대화하기 위하여 교직원, 학부모, 지역사회 인사 등이 자발적으로 책임지고 학교를 운영하는 것으로 보고 있다. 이에 학교공동체 형성을 위해 조직된 학교운영위원회는 학교의 구성 주체이면서도 이제까지 학교운영으로부터 소외되어 왔던 교사와 학부모, 지역사회 인사들에게 참여의 기회를 제공하며, 교사는 학교운영위원회를 통해 전문가로서 교육활동에 관한 소신과 의견 제시를 보장받을 수 있다. 학부모도 학교에서 요구하는 사항에 대해 협조나 지원을 하는 정도에서 벗어나 학교운영에 관한 자문과 건의는 물론이고, 교원능력개발 평가와 중요한 정책 결정에도 능동적으로 참여할 수 있다. 나아가 학교운영위원회는 그동안 높이 쌓여 있던 학교의 벽을 허물고 지역사회를 향한 문을 열어 교사나 학부모뿐만 아니라 교육과 학교 발전에 관심이 있는 지역사회 인사 누구나 학교운영에 참여할 수 있도록 제도적 장치를 마련하였다.

노종희(1999)는 "공동체란 일반적으로 자유의지에 의해서 결합되고, 가치와 규범의 공유를 통해서 결속되는 개인들의 집합"이라고 규정하였다. 다시 말하면 공동체 내에서 구성원과 목적 간의 관계, 구성원 상호 간의 관계는 계약에 근거하지 않고 헌신에 기초하며, 공동체는 구성원 간의 관계와 상호 의존성에 의해서 사회적으로 구성된다. 아울러 공동체는 구성원을 하나로 묶어 주고, 또 이들을 공유된 가치, 신념, 감정으로 결속시키며, 구성원으로 하여금 '우리의 감정(we feeling)'을 가지게 한다. 공동체 내에서의 통제는 외부에 의한 통제가 아니라 규범, 목적, 가치, 전문적 사회화, 협동, 유대감 등에 더 많이 의존한다.

또한 그는 학교공동체의 척도로서 네 가지 요인, 즉 헌신성, 인간 존중, 다원성, 연대의식 등을 추출하여 제시하였다(노종희, 1999). 구체적으로 살펴보면, 교사와 학생, 교사 상호 간, 교장과 교사와의 관계에서 헌신성은 도덕적 의무나 전문적 책임으로부터 비롯된 것으로서 대가를 바라지 않고 사심 없이 베푸는 이타적 사랑을, 인간존중은 각 개인이 나타내는 성적이나 실적에 관계없이 그를 한 인간으로서 수용하고 도와주는 것으로, 다원성은 틀에 박힌 획일적 기준에 의해 상황을 판단하거나 문제를 해결하는 방식을 지양하고, 개별적 상황의 독특성과 개인마다의 차별성을 중시하는 것으로, 그리고 연대의식은 끈끈한 인간애와 동료애를 기초로 하여 상대방에게 관심을 가지는 것으로 설명하였다.

이와 같은 공동체의 개념을 토대로 바람직한 공동체의 특성을 요약하여 제시하면 다음과 같다(이기범, 2005: 101-116). 첫째, 공동체의 구성원들은 삶의 의미와 가치를 공유하고 공동선을 함께 추구하며 연대의식을 공유한다. 둘째, 공동체의 구성원들이 공유하는 의미와 가치가 그 공동체의 문화적 전통을 역사적으로 구성한다. 셋째, 전통 및 그것에 각인된 공유할 수 있는 가치와 의미를 바탕으로 공동체 구성원들의 입장, 세계관, 도덕성, 정체성, 자아 등이 형성된다. 넷째, 공동체는 공유하고 있는 가치와 의미를 더 합리적인 것으로 발전시키기 위하여 구성원들과 다른 공동체의 다양성을 존중하고 구성원들 간에, 그리고 다른 공동체와 자유로운 의사소통을 장려한다. 마지막으로 공동체는 그 구성원들이 연대의식을 바탕으로 삶의 주체로서 사회에 참여하고 사회를 민주적으로 재구성할 것을 요구한다.

이상에서 제시한 바와 같이, 공동체라는 개념은 대상영역이나 학자들에 따라 다양하게 사용되고 있으며, 어원상으로는 '모두가 같이한다' 또는 '모두가 공동으로 참여한다'라는 의미를 가지고 있는 바, 공동체라는 의미 속에는 '지역성'과 '공동성'의 두 요소가 내재되어 있다고 볼 수 있다.

한편, '조직으로서의 학교(school as organization)'는 사회적 상호작용이 이루어지는 사회체제로서 파악될 수 있다. 사회체제로서의 학교는 각 부분마다 환경과 복잡한 사회적 관계를 가지며, 그 나름의 독특한 문화를 형성하는 특징을 지닌다. 사회체제는 폐쇄체제와 같이 조직 내부의 정적인 관계의 틀이라기보다는 개방체제와 같이 환경과의 역동적인 변화를 의미하기 때문에 체제의 모든 요소가 상호의존적이고 서로 영향을 주고받는 관계에 있다고 할 수 있다. 그러므로 사회체제로서 학교는 개방체제로 지역사회, 정치, 경제, 문화 등에 의해 영향을 받으며, 아울러 교육 관련 구성원과 학교체제 내외의 총체적인 차원에서 구조적 · 문화적 · 정치적 · 개인적 체제 간의 사회적 상호작용이 이루어지는 곳이며, 이는 지역사회의 특성 및 학교공동체를 내포하고 있다고 볼 수 있다. 따라서 교육(학교)공동체는 자유의지에 결합된 사회집단 또는 단위 조직으로서 구성원의 생활과 운명을 같이하는 조직체로서 파악될 수 있다. '공동체로서의 학교(school as community)'는 공유하는 가치체제, 평등과 참여 기회의 개방, 가치 및 신념을 통한 결속, 공동의 활동, 자율과 책임, 헌신과 신뢰, 상호 보살핌과 지원의 인간관계, 헌신적인 과업 수행, 내부 통제방식, 연대를 통한 관리 및 평가, 상호 이해와 존중 등을 특징으로 한다(노종희 1999; Sergiovanni, 1994a).

공동체는 공유된 가치, 신념, 감정의 결속으로, 공동체 개념에 고려되는 가치들은 공동체 감정의 주요 구성요소인 안전감, 의미감, 연대감 등이 기반이 된다(Sergiovanni, 1994b). 이러한 가치들은 돌봄, 학습, 전문, 협동, 참여, 탐구의 가치, 좋은 삶을 명료하게 해 주는 종합적 혹은 포괄적 정책(comprehensive doctrine), 민주적 논의의 의사결정에 헌신하도록 하는 민주적 공동체(democratic community), 애정적 관계를 중시하는 돌봄(보살핌, 배려, caring)의 가치, 그리고 공유된 가치가 구성적인(constitutive) 성격을 가질 때 공동체의 가치가 표출된다(Sergiovanni, 1994a; Strike, 1999). 이와 더불어 구성적 교육 가치의 성격은 좋은 교육의 목적 개념에 대한 공유 인식과 수행되어야 할 과업이 협동적이라는 것이다(Strike, 1999).

학교공동체의 세 가지 공유된 가치(종합적 혹은 포괄적 정책, 민주적 공동체, 돌봄)는 구성적인 가치와 자유로운 참여 간의 관계를 통해서 설명할 수 있다. 학교공동체는 종합적 혹은 포괄적 정책을 공유하면서 형성될 수 있고, 역사적 전통과 좋은 삶의 개념으로 압축되며, 종교(종교계의 학교)가 한 예가 된다. 민주적 공동체에서 학교공동체는 민주적 담론과 의사결정에 대해 공유하는 헌신성에 의해 형성된다. 그리고 돌봄에서 학교공동체는 관계를 중시하는 정서적 가치에 의해서 형성된다(Strike, 1999).

학교가 참된 공동체(real communities)로 되기 위해서는 학교를 민영화(사립)하는 것이 바람직하며, 공립학교 체제에서는 구성원 간에 보다 많은 자유로운 결속(association)을 형성하고, 그래서 구성적 가치를 불어넣은 공간을 만들어야 한다. 학교 및 학급 규모 계획은 공동체의 형성 수단으로 주창될 수 있다. 학교와 학급 규모를 줄임으로써 학생들에게 안정, 돌봄 등을 제공해 줄 수 있으며, 다양한 교육 프로그램은 다른 구성적 가치를 형성할 수 있게 만든다. 학교가 구성적 신념이나 가치에 의해 조직된 공동체가 될 때 교육목적과 학습을 위한 공간으로서 그 기능을 보다 원활하게 수행하게 될 것이다. 따라서 가치공동체로서의 학교는 교육목적, 공유된 신념, 학교 구성원들 간의 상호작용과 참여, 헌신, 개인 및 소수의 의견에 대한 관심, 돌봄, 의미 있는 관계성, 교직원의 목표 인식, 교사의 관여 및 협동성, 새로운 교수기법 개발을 위한 행정적인 지원 등으로 특징 지을 수 있다(Sergiovanni, 1994a). 예를 들면, 가치공동체로서 학교는 학교운영위원회의 교육 쟁점에 대한 높은 영향력, 의사결정에 있어서 교사의 높은 영향력, 재구조화 과정에서 모든 참여자의 공감 등 학교단위의 의사결정(Site-Based Decision Making: SBDM)을 통해서, 그리고 협약학교(charter school), 특성화 학교(magnet school), 교육비지급보증제도(voucher system) 등과 같은 기존의 관료적 조직으로서의 학교에 대한 관점을 전환시키는 학교개혁으로서, 특히 단위학교 재구조화 개혁에 초점을 두고 있다.

학교폭력을 예방하고 근절하기 위한 학교조직의 특성을 '공동체로서의 학교(school as community)'로 형성하는 것이 필요하다. 이를 제시하면 다음과 같다.

첫째, 학교 내에서 가치공동체를 증진해야 한다. 대부분의 공립학교는 공식적・관료적 조직에 의해서 느슨하게 결합된 작은 규모의 가치공동체(동아리, 운동부, 전공학과, 비공식 교직원 모임 등)를 포함하고 있다. 보다 많은 참여자에게 강한 공동체의식을 증진시키는 하나의 방법은 개별 학생과 교직원에게 자발적인 소속의 공간을 제공한다는 희망을 가지고 참여자의 참된 관심을 반영하는 작은 가치공동체를 보다 다양하게 형성하고 기능할 수 있도록 적극적으로 지원해 주는 것이다. 학생들 혹은 교직원들의 참된 관심에 기초한 가치공동체의 예로는 스포츠에서부터 예술동아리까지 다양하다.

둘째, 가치공동체로서 학교를 형성해야 한다. 다시 말해서 사립학교와 마찬가지로 서로 좋아하는 학생과 교육자의 집합된 공동체로서 형성되어야 한다는 것이다. 이것은 학교선택제(school choice), 교육비지급보증제도, 협약학교 등과 같은 주창자에 의해서 증진될 수 있는 선택들이다. 현재의 공립학교 체제하에서 특성화 학교, 대안학교(alternative school) 등의 활성화를 통해 가치공동체의 특성을 구현할 수 있다.

셋째, 가치공동체의 형성 및 구축을 위해 관련 구성원들의 참여는 확대하되, 쟁점, 문제의 성격, 중요성, 관련성 등을 고려함과 더불어 단위학교에서 의사결정 사안에 대하여 교사들의 관련성, 전문성 및 재량성 검증을 통해 참여의 효과성 문제를 다루어야 한다. 가치공동체의 참여가 단위학교 조직에서 구성원들의 의사결정의 참여문제나 혹은 참여적 의사결정을 논할 때 주의해야 할 점은 의사결정에의 참여가 무조건 많다고 해서 반드시 조직의 생산성을 높이고 구성원들의 사기나 직무만족을 높이는 것은 아니라는 점이다. 이러한 점은 Bridges(1967), Owens(2010), Duncan(1981), Hoy와 Miskel(2013) 등의 학자들이 주장한 데에서도 나타났다. 교사들이 어떤 행정적 지시에 아무런 저항 없이 복종하고 학교행정가의 요구를 받아들이려는 범위인 수용영역을 중심으로 교사들의 의사결정 참여 정도를 설명하고 있다. 즉, 학교행정가는 수용영역 내부에서 문제가 발생했을 때 교사의 참여는 효과적이지 못하며, 수용영역 외부에 있는 문제에 대한 의사결정 시 교사들을 참여시킬 때 효과적이라는 것이다.

넷째, 학교조직에서 가치공동체가 형성 및 구축되기 위해서는 협동적인 학교조직 문화의 구축이 필요하다. 협동적인 학교조직문화에 대해 많은 연구자는 학교경영의 책임자인 학교장이 우선 교직원회의 계획 수립 시 교직원들을 보다 많이 참여시키고, 교육과정 및 수업활동에 각각 중요한 역할을 부여하며, 교사들은 자신의 계획을 조정하고 서로를 관찰할 수 있는 시간을 갖게 하여 자신의 관찰에 대한 객관적 피드백을 제공하게 함으로써 협동을 촉진할 수 있다는 것이다(Little, 1990; Resenholtz, 1989). 아울러 학교활동에 대한 지역사회의 참여, 사회적 동반자 관계의 중요성을 언급하였는데, 이러한 관계에서는 지역사회 구성원들이 다양한 학교활동에 참여함으로써 협동적인 학교조직문화의 구축을 촉진할 수 있다는 것이다. 따라서 학교공동체 형성을 위한 능동적 위치를 차지하는 전략적 차원의 하나로서 협동적인 학교조직문화의 구축과 더불어 이에 따른 학교 구성원들 간에 다름을 수용할 수 있는 윤리와 상이한 가운데서 협동할 수 있는 윤리의식의 형성을 유도해야 할 것이다.

다섯째, 가치공동체의 의식을 함양하고 고취할 수 있는 프로그램 개발과 이를 실행할 수 있도록 제도화해야 할 것이다. 가치공동체 구축을 위해 학교 구성원 및 학교 관련 구성원 간(특히 지역사회)에 개방적인 네트워킹이 형성되어야 할 것이다. 이러한 학교 구성원들 간의 네트워킹은 학교경영 구조와 과정의 쇄신을 가져오게 되어 학교 관련 구성원들에게 소속감, 신뢰, 안전 등을 느낄 수 있는 공동체의식을 증진시킬 수 있게 된다. 아울러 자율적인 학교 및 학교운영, 학교와 학급 규모의 적정화, 소집단화 등은 가치공동체 형성을 강화하는 방안이 될 것이다.

# 부록

「학교폭력예방 및 대책에 관한 법률」

「인성교육진흥법」

## 학교폭력예방 및 대책에 관한 법률(약칭: 학교폭력예방법)

[시행 2023. 9. 15.] [법률 제19234호, 2023. 3. 14., 타법개정]

**제1조(목적)** 이 법은 학교폭력의 예방과 대책에 필요한 사항을 규정함으로써 피해학생의 보호, 가해학생의 선도·교육 및 피해학생과 가해학생 간의 분쟁조정을 통하여 학생의 인권을 보호하고 학생을 건전한 사회구성원으로 육성함을 목적으로 한다.

**제2조(정의)** 이 법에서 사용하는 용어의 정의는 다음 각 호와 같다. 〈개정 2009. 5. 8., 2012. 1. 26., 2012. 3. 21., 2021. 3. 23., 2023. 10. 24.〉

1. "학교폭력"이란 학교 내외에서 학생을 대상으로 발생한 상해, 폭행, 감금, 협박, 약취·유인, 명예훼손·모욕, 공갈, 강요·강제적인 심부름 및 성폭력, 따돌림, 사이버폭력 등에 의하여 신체·정신 또는 재산상의 피해를 수반하는 행위를 말한다.

   1의2. "따돌림"이란 학교 내외에서 2명 이상의 학생들이 특정인이나 특정집단의 학생들을 대상으로 지속적이거나 반복적으로 신체적 또는 심리적 공격을 가하여 상대방이 고통을 느끼도록 하는 모든 행위를 말한다.

   1의3. "사이버폭력"이란 정보통신망(「정보통신망 이용촉진 및 정보보호 등에 관한 법률」 제2조 제1항 제1호의 정보통신망을 말한다)을 이용하여 학생을 대상으로 발생한 따돌림과 그 밖에 신체·정신 또는 재산상의 피해를 수반하는 행위를 말한다.

2. "학교"란 「초·중등교육법」 제2조에 따른 초등학교·중학교·고등학교·특수학교 및 각종학교와 같은 법 제61조에 따라 운영하는 학교를 말한다.
3. "가해학생"이란 가해자 중에서 학교폭력을 행사하거나 그 행위에 가담한 학생을 말한다.
4. "피해학생"이란 학교폭력으로 인하여 피해를 입은 학생을 말한다.
5. "장애학생"이란 신체적·정신적·지적 장애 등으로 「장애인 등에 대한 특수교육법」 제15조에서 규정하는 특수교육이 필요한 학생을 말한다.

[시행일: 2024. 3. 1.] 제2조

**제3조(해석·적용의 주의의무)** 이 법을 해석·적용하는 경우 국민의 권리가 부당하게 침해되지 아니하도록 주의하여야 한다. 〈개정 2021. 3. 23.〉

**제4조(국가 및 지방자치단체의 책무)** ① 국가 및 지방자치단체는 학교폭력을 예방하고 근절하기 위하여 조사·연구·교육·계도 등 필요한 법적·제도적 장치를 마련하여야 한다.

② 국가 및 지방자치단체는 청소년 관련 단체 등 민간의 자율적인 학교폭력 예방활동과 피해학생의 보호 및 가해학생의 선도·교육활동을 장려하여야 한다.

③ 국가 및 지방자치단체는 제2항에 따른 청소년 관련 단체 등 민간이 건의한 사항에 대하여는 관련 시책에 반영하도록 노력하여야 한다.

④ 국가 및 지방자치단체는 제1항부터 제3항까지의 규정에 따른 책무를 다하기 위하여 필요한 행정적 · 재정적 지원을 하여야 한다. 〈개정 2012. 3. 21.〉

**제5조(다른 법률과의 관계)** ① 학교폭력의 규제, 피해학생의 보호 및 가해학생에 대한 조치에 관하여 다른 법률에 특별한 규정이 있는 경우를 제외하고는 이 법을 적용한다. 〈개정 2021. 3. 23.〉

② 제2조 제1호 중 성폭력은 다른 법률에 규정이 있는 경우에는 이 법을 적용하지 아니한다.

**제6조(기본계획의 수립 등)** ① 교육부장관은 이 법의 목적을 효율적으로 달성하기 위하여 학교폭력의 예방 및 대책에 관한 정책 목표 · 방향을 설정하고, 이에 따른 학교폭력의 예방 및 대책에 관한 기본계획(이하 "기본계획"이라 한다)을 제7조에 따른 학교폭력대책위원회의 심의를 거쳐 수립 · 시행하여야 한다. 〈개정 2012. 3. 21., 2013. 3. 23.〉

② 기본계획은 다음 각 호의 사항을 포함하여 5년마다 수립하여야 한다. 이 경우 교육부장관은 관계 중앙행정기관 등의 의견을 수렴하여야 한다. 〈개정 2012. 3. 21., 2013. 3. 23.〉

1. 학교폭력의 근절을 위한 조사 · 연구 · 교육 및 계도
2. 피해학생에 대한 치료 · 재활 등의 지원
3. 학교폭력 관련 행정기관 및 교육기관 상호 간의 협조 · 지원
4. 제14조 제1항에 따른 전문상담교사의 배치 및 이에 대한 행정적 · 재정적 지원
5. 학교폭력의 예방과 피해학생 및 가해학생의 치료 · 교육을 수행하는 청소년 관련 단체(이하 "전문단체"라 한다) 또는 전문가에 대한 행정적 · 재정적 지원
6. 그 밖에 학교폭력의 예방 및 대책을 위하여 필요한 사항

③ 교육부장관은 학교에서 학교폭력에 효과적으로 대응할 수 있도록 학교폭력 사안처리 및 예방교육 등에 관한 안내서를 개발 · 보급하여야 한다. 〈신설 2023. 10. 24.〉

④ 교육부장관은 대통령령으로 정하는 바에 따라 특별시 · 광역시 · 특별자치시 · 도 및 특별자치도(이하 "시 · 도"라 한다) 교육청의 학교폭력 예방 및 대책과 그에 대한 성과를 평가하고, 이를 공표하여야 한다. 〈신설 2012. 1. 26., 2013. 3. 23., 2023. 10. 24.〉

[시행일: 2024. 3. 1.] 제6조

**제6조의2(학교폭력 대응 전문교육기관 및 센터 운영 등)** ① 국가는 학생 치유 · 회복을 위한 보호시설 운영, 연구 및 교육 등을 수행하는 전문교육기관을 설치 · 운영할 수 있다.

② 국가는 학교폭력의 효과적인 예방 및 대응을 위한 센터(이하 "학교폭력 예방센터"라 한다)를 지정 · 운영할 수 있다.

③ 제1항에 따른 전문교육기관의 설치 · 운영과 제2항에 따른 학교폭력 예방센터의 지정 · 운영에 관한 사항은 대통령령으로 정한다.

[본조신설 2023. 10. 24.]

[시행일: 2024. 3. 1.] 제6조의2

**제7조(학교폭력대책위원회의 설치 · 기능)** 학교폭력의 예방 및 대책에 관한 다음 각 호의 사항을 심의하기 위하여 국무총리 소속으로 학교폭력대책위원회(이하 "대책위원회"라 한다)

를 둔다. 〈개정 2012. 3. 21., 2019. 8. 20.〉

1. 학교폭력의 예방 및 대책에 관한 기본계획의 수립 및 시행에 대한 평가
2. 학교폭력과 관련하여 관계 중앙행정기관 및 지방자치단체의 장이 요청하는 사항
3. 학교폭력과 관련하여 교육청, 제9조에 따른 학교폭력대책지역위원회, 제10조의2에 따른 학교폭력대책지역협의회, 제12조에 따른 학교폭력대책심의위원회, 전문단체 및 전문가가 요청하는 사항

[제목개정 2012. 3. 21.]

**제8조(대책위원회의 구성)** ① 대책위원회는 위원장 2명을 포함하여 20명 이내의 위원으로 구성한다.

② 위원장은 국무총리와 학교폭력 대책에 관한 전문지식과 경험이 풍부한 전문가 중에서 대통령이 위촉하는 사람이 공동으로 되고, 위원장 모두가 부득이한 사유로 직무를 수행할 수 없을 때에는 국무총리가 지명한 위원이 그 직무를 대행한다.

③ 위원은 다음 각 호의 사람 중에서 대통령이 위촉하는 사람으로 한다. 다만, 제1호의 경우에는 당연직 위원으로 한다. 〈개정 2013. 3. 23., 2014. 11. 19., 2017. 7. 26.〉

1. 기획재정부장관, 교육부장관, 과학기술정보통신부장관, 법무부장관, 행정안전부장관, 문화체육관광부장관, 보건복지부장관, 여성가족부장관, 방송통신위원회 위원장, 경찰청장
2. 학교폭력 대책에 관한 전문지식과 경험이 풍부한 전문가 중에서 제1호의 위원이 각각 1명씩 추천하는 사람
3. 관계 중앙행정기관에 소속된 3급 공무원 또는 고위공무원단에 속하는 공무원으로서 청소년 또는 의료 관련 업무를 담당하는 사람
4. 대학이나 공인된 연구기관에서 조교수 이상 또는 이에 상당한 직에 있거나 있었던 사람으로서 학교폭력 문제 및 이에 따른 상담 또는 심리에 관하여 전문지식이 있는 사람
5. 판사・검사・변호사
6. 전문단체에서 청소년보호활동을 5년 이상 전문적으로 담당한 사람
7. 의사의 자격이 있는 사람
8. 학교운영위원회 활동 및 청소년보호활동 경험이 풍부한 학부모

④ 위원장을 포함한 위원의 임기는 2년으로 하되, 한 차례에 한정하여 연임할 수 있다. 〈개정 2021. 3. 23.〉

⑤ 위원회의 효율적 운영 및 지원을 위하여 간사 1명을 두되, 간사는 교육부장관이 된다. 〈개정 2013. 3. 23.〉

⑥ 위원회에 상정할 안건을 미리 검토하는 등 안건 심의를 지원하고, 위원회가 위임한 안건을 심의하기 위하여 대책위원회에 학교폭력대책실무위원회(이하 "실무위원회"라 한다)를 둔다.

⑦ 그 밖에 대책위원회의 운영과 실무위원회의 구성・운영에 필요한 사항은 대통령령으로

정한다.

[전문개정 2012. 3. 21.]

**제9조(학교폭력대책지역위원회의 설치)** ① 지역의 학교폭력 문제를 해결하기 위하여 시 · 도에 학교폭력대책지역위원회(이하 "지역위원회"라 한다)를 둔다. 〈개정 2012. 1. 26.〉

② 특별시장 · 광역시장 · 특별자치시장 · 도지사 및 특별자치도지사는 지역위원회의 운영 및 활동에 관하여 시 · 도의 교육감(이하 "교육감"이라 한다)과 협의하여야 하며, 그 효율적인 운영을 위하여 실무위원회를 둘 수 있다. 〈개정 2012. 1. 26.〉

③ 지역위원회는 위원장 1인을 포함한 11인 이내의 위원으로 구성한다.

④ 지역위원회 및 제2항에 따른 실무위원회의 구성 · 운영에 필요한 사항은 대통령령으로 정한다.

**제10조(학교폭력대책지역위원회의 기능 등)** ① 지역위원회는 기본계획에 따라 지역의 학교폭력 예방대책을 매년 수립한다.

② 지역위원회는 해당 지역에서 발생한 학교폭력에 대하여 교육감 및 시 · 도경찰청장에게 관련 자료를 요청할 수 있다. 〈개정 2020. 12. 22.〉

③ 교육감은 지역위원회의 의견을 들어 제16조 제1항 제1호부터 제3호까지나 제17조 제1항 제5호에 따른 상담 · 치료 및 교육을 담당할 상담 · 치료 · 교육 기관을 지정하여야 한다. 〈개정 2012. 1. 26.〉

④ 교육감은 제3항에 따른 상담 · 치료 · 교육 기관을 지정한 때에는 해당 기관의 명칭, 소재지, 업무를 인터넷 홈페이지에 게시하고, 그 밖에 다양한 방법으로 학부모에게 알릴 수 있도록 노력하여야 한다. 〈신설 2012. 1. 26.〉

[제목개정 2012. 1. 26.]

**제10조의2(학교폭력대책지역협의회의 설치 · 운영)** ① 학교폭력예방 대책을 수립하고 기관별 추진계획 및 상호 협력 · 지원 방안 등을 협의하기 위하여 시 · 군 · 구에 학교폭력대책지역협의회(이하 "지역협의회"라 한다)를 둔다.

② 지역협의회는 위원장 1명을 포함한 20명 내외의 위원으로 구성한다.

③ 그 밖에 지역협의회의 구성 · 운영에 필요한 사항은 대통령령으로 정한다.

[본조신설 2012. 3. 21.]

**제11조(교육감의 임무)** ① 교육감은 시 · 도교육청에 학교폭력의 예방 · 대책 및 법률지원을 포함한 통합지원을 담당하는 전담부서를 설치 · 운영하여야 한다. 〈개정 2023. 10. 24.〉

② 교육감은 관할 구역 안에서 학교폭력이 발생한 때에는 해당 학교의 장 및 관련 학교의 장에게 그 경과 및 결과의 보고를 요구할 수 있다.

③ 교육감은 관할 구역 안의 학교폭력이 관할 구역 외의 학교폭력과 관련이 있는 때에는 그 관할 교육감과 협의하여 적절한 조치를 취하여야 한다.

④ 교육감은 학교의 장으로 하여금 학교폭력의 예방 및 대책에 관한 실시계획을 수립 · 시행하도록 하여야 한다.

⑤ 교육감은 제12조에 따른 심의위원회가 처리한 학교의 학교폭력빈도를 학교의 장에 대한 업무수행 평가에 부정적 자료로 사용하여서는 아니 된다. 〈개정 2019. 8. 20.〉

⑥ 교육감은 제17조 제1항 제8호에 따른 전학의 경우 그 실현을 위하여 필요한 조치를 취하여야 하며, 제17조 제1항 제9호에 따른 퇴학처분의 경우 해당 학생의 건전한 성장을 위하여 다른 학교 재입학 등의 적절한 대책을 강구하여야 한다. 〈개정 2012. 1. 26., 2012. 3. 21.〉

⑦ 교육감은 대책위원회 및 지역위원회에 관할 구역 안의 학교폭력의 실태 및 대책에 관한 사항을 보고하고 공표하여야 한다. 관할 구역 밖의 학교폭력 관련 사항 중 관할 구역 안의 학교와 관련된 경우에도 또한 같다. 〈개정 2012. 1. 26., 2012. 3. 21.〉

⑧ 교육감은 학교폭력의 실태를 파악하고 학교폭력에 대한 효율적인 예방대책을 수립하기 위하여 학교폭력 실태조사를 연 2회 이상 실시하고 그 결과를 공표하여야 한다. 〈신설 2012. 3. 21., 2015. 12. 22.〉

⑨ 교육감은 학교폭력 등에 관한 조사, 상담, 치유프로그램 운영, 학생 치유 · 회복을 위한 보호시설 운영, 법률지원을 포함한 통합지원 등을 위한 전문기관을 설치 · 운영하여야 한다. 〈신설 2012. 3. 21., 2023. 10. 24.〉

⑩ 교육감은 제14조 제3항에 따른 전담기구 구성원의 학교폭력 관련 전문성 향상을 위한 교육 등을 실시할 수 있다. 〈신설 2023. 10. 24.〉

⑪ 교육감은 관할 구역에서 학교폭력이 발생한 때에 해당 학교의 장 또는 소속 교원이 그 경과 및 결과를 보고하면서 축소 및 은폐를 시도한 경우에는 「교육공무원법」 제50조 및 「사립학교법」 제62조에 따른 징계위원회에 징계의결을 요구하여야 한다. 〈신설 2012. 3. 21., 2021. 3. 23., 2023. 10. 24.〉

⑫ 교육감은 관할 구역에서 학교폭력의 예방 및 대책 마련에 기여한 바가 큰 학교 또는 소속 교원에게 상훈을 수여하거나 소속 교원의 근무성적 평정에 가산점을 부여할 수 있다. 〈신설 2012. 3. 21., 2023. 10. 24.〉

⑬ 교육감은 학교의 장 및 교감을 대상으로 학교폭력 예방 및 대책 등에 관한 교육을 매년 1회 이상 실시하여야 한다. 〈신설 2023. 10. 24.〉

⑭ 제1항에 따라 설치되는 전담부서의 구성과 제8항에 따라 실시하는 학교폭력 실태조사, 제9항에 따른 전문기관의 설치 및 제13항에 따른 교육의 실시에 필요한 사항은 대통령령으로 정한다. 〈개정 2012. 3. 21., 2023. 10. 24.〉

[시행일: 2024. 3. 1.] 제11조

**제11조의2(학교폭력 조사 · 상담 등)** ① 교육감은 학교폭력 예방과 사후조치 등을 위하여 다음 각 호의 조사 · 상담 등을 수행할 수 있다. 〈개정 2021. 3. 23.〉

1. 학교폭력 피해학생 상담 및 가해학생 조사
2. 필요한 경우 가해학생 학부모 조사
3. 학교폭력 예방 및 대책에 관한 계획의 이행 지도

4. 관할 구역 학교폭력서클 단속
5. 학교폭력 예방을 위하여 민간 기관 및 업소 출입·검사
6. 그 밖에 학교폭력 등과 관련하여 필요한 사항

② 교육감은 제1항의 조사·상담 등의 업무를 대통령령으로 정하는 기관 또는 단체에 위탁할 수 있다.

③ 교육감 및 제2항에 따른 위탁 기관 또는 단체의 장은 제1항에 따른 조사·상담 등의 업무 수행에 필요한 경우 관계 기관의 장에게 협조를 요청할 수 있다. 〈개정 2021. 3. 23.〉

④ 제1항에 따라 조사·상담 등을 하는 관계 직원은 그 권한을 표시하는 증표를 지니고 이를 관계인에게 보여주어야 한다.

⑤ 제1항 제1호 및 제4호의 조사 등의 결과는 학교의 장 및 보호자에게 통보하여야 한다.

[본조신설 2012. 3. 21.]

**제11조의3(관계 기관과의 협조 등)** ① 교육부장관, 교육감, 지역 교육장, 학교의 장은 학교폭력과 관련한 개인정보 등을 경찰청장, 시·도경찰청장, 관할 경찰서장 및 관계 기관의 장에게 요청할 수 있다. 〈개정 2013. 3. 23., 2020. 12. 22.〉

② 제1항에 따라 정보제공을 요청받은 경찰청장, 시·도경찰청장, 관할 경찰서장 및 관계 기관의 장은 특별한 사정이 없으면 그 요청을 따라야 한다. 〈개정 2020. 12. 22., 2021. 3. 23.〉

③ 제1항 및 제2항에 따른 관계 기관과의 협조 사항 및 절차 등에 필요한 사항은 대통령령으로 정한다.

[본조신설 2012. 3. 21.]

**제11조의4(학교폭력 업무 담당자에 대한 지원 및 면책)** ① 학교의 장은 제14조 제3항에 따른 책임교사의 활동을 지원하기 위하여 수업 시간을 조정하는 등 필요한 조치를 하여야 한다.

② 교육부장관 및 교육감은 학교폭력 예방 및 대응 업무를 수행하는 교원의 활동을 지원하기 위하여 「교원의 지위 향상 및 교육활동 보호를 위한 특별법」 제14조의2에 따른 법률지원단을 통하여 학교폭력과 관련된 상담 및 민사소송이나 형사 고소·고발 등을 당한 경우 이에 대한 상담 등 필요한 법률서비스를 제공할 수 있다.

③ 학교의 장 및 교원이 학교폭력 예방 및 대응을 위하여 「초·중등교육법」 등 관계 법령에 따라 학생생활지도를 실시하는 경우 해당 학생생활지도가 관계 법령 및 학칙을 준수하여 이루어진 정당한 학교폭력사건 처리 또는 학생생활지도에 해당하는 때에는 학교의 장 및 교원은 그로 인한 민사상·형사상 책임을 지지 아니한다.

[본조신설 2023. 10. 24.]

[시행일: 2024. 3. 1.] 제11조의4

**제12조(학교폭력대책심의위원회의 설치·기능)** ① 학교폭력의 예방 및 대책에 관련된 사항을 심의하기 위하여 「지방교육자치에 관한 법률」 제34조 및 「제주특별자치도 설치 및 국제자유도시 조성을 위한 특별법」 제80조에 따른 교육지원청(교육지원청이 없는 경우 해당 시·도 조례로 정하는 기관으로 한다. 이하 같다)에 학교폭력대책심의위원회(이하 "심의

위원회"라 한다)를 둔다. 다만, 심의위원회 구성에 있어 대통령령으로 정하는 사유가 있는 경우에는 교육감 보고를 거쳐 둘 이상의 교육지원청이 공동으로 심의위원회를 구성할 수 있다. 〈개정 2012. 1. 26., 2019. 8. 20.〉

② 심의위원회는 학교폭력의 예방 및 대책 등을 위하여 다음 각 호의 사항을 심의한다. 〈개정 2012. 1. 26., 2019. 8. 20.〉

1. 학교폭력의 예방 및 대책
2. 피해학생의 보호
3. 가해학생에 대한 교육, 선도 및 징계
4. 피해학생과 가해학생 간의 분쟁조정
5. 그 밖에 대통령령으로 정하는 사항

③ 심의위원회는 해당 지역에서 발생한 학교폭력에 대하여 조사할 수 있고 학교장 및 관할 경찰서장에게 관련 자료를 요청할 수 있다. 〈신설 2012. 3. 21., 2019. 8. 20.〉

④ 심의위원회의 설치 · 기능 등에 필요한 사항은 지역 및 교육지원청의 규모 등을 고려하여 대통령령으로 정한다. 〈개정 2012. 3. 21., 2019. 8. 20.〉

[제목개정 2019. 8. 20.]

**제13조(심의위원회의 구성 · 운영)** ① 심의위원회는 10명 이상 50명 이내의 위원으로 구성하되, 전체위원의 3분의 1 이상을 해당 교육지원청 관할 구역 내 학교(고등학교를 포함한다)에 소속된 학생의 학부모로 위촉하여야 한다. 〈개정 2019. 8. 20.〉

② 심의위원회의 위원장은 다음 각 호의 어느 하나에 해당하는 경우에 회의를 소집하여야 한다. 〈신설 2011. 5. 19., 2012. 1. 26., 2012. 3. 21., 2019. 8. 20.〉

1. 심의위원회 재적위원 4분의 1 이상이 요청하는 경우
2. 학교의 장이 요청하는 경우
3. 피해학생 또는 그 보호자가 요청하는 경우
4. 학교폭력이 발생한 사실을 신고받거나 보고받은 경우
5. 가해학생이 협박 또는 보복한 사실을 신고받거나 보고받은 경우
6. 그 밖에 위원장이 필요하다고 인정하는 경우

③ 심의위원회는 회의의 일시, 장소, 출석위원, 토의내용 및 의결사항 등이 기록된 회의록을 작성 · 보존하여야 한다. 〈신설 2011. 5. 19., 2019. 8. 20.〉

④ 심의위원회는 심의 과정에서 소아청소년과 의사, 정신건강의학과 의사, 심리학자, 그 밖의 아동심리와 관련된 전문가를 출석하게 하거나 서면 등의 방법으로 의견을 청취할 수 있고, 피해학생이 상담 · 치료 등을 받은 경우 해당 전문가 또는 전문의 등으로부터 의견을 청취할 수 있다. 다만, 심의위원회는 피해학생 또는 그 보호자의 의사를 확인하여 피해학생 또는 그 보호자의 요청이 있는 경우에는 반드시 의견을 청취하여야 한다. 〈신설 2020. 12. 22.〉

⑤ 그 밖에 심의위원회의 구성 · 운영에 필요한 사항은 대통령령으로 정한다. 〈개정 2011.

5. 19., 2019. 8. 20., 2020. 12. 22.〉

[제목개정 2011. 5. 19., 2019. 8. 20.]

**제13조의2(학교의 장의 자체 해결)** ① 제13조 제2항 제4호 및 제5호에도 불구하고 다음 각 호에 모두 해당하는 경미한 학교폭력에 대하여 피해학생 및 그 보호자가 심의위원회의 개최를 원하지 아니하는 경우 학교의 장은 학교폭력사건을 자체적으로 해결할 수 있다. 이 경우 학교의 장은 지체 없이 이를 심의위원회에 보고하여야 한다. 〈개정 2021. 3. 23., 2023. 10. 24.〉

1. 2주 이상의 신체적 · 정신적 치료가 필요한 진단서를 발급받지 않은 경우
2. 재산상 피해가 없는 경우 또는 재산상 피해가 즉각 복구되거나 복구 약속이 있는 경우
3. 학교폭력이 지속적이지 않은 경우
4. 학교폭력에 대한 신고, 진술, 자료제공 등에 대한 보복행위(정보통신망을 이용한 행위를 포함한다)가 아닌 경우

② 학교의 장은 제1항에 따라 사건을 해결하려는 경우 다음 각 호에 해당하는 절차를 모두 거쳐야 한다.

1. 피해학생과 그 보호자의 심의위원회 개최 요구 의사의 서면 확인
2. 학교폭력의 경중에 대한 제14조 제3항에 따른 전담기구의 서면 확인 및 심의

③ 학교의 장은 제1항에 따른 경미한 학교폭력에 대하여 피해학생 및 그 보호자가 심의위원회의 개최를 원하는 경우 피해학생과 가해학생 사이의 관계회복을 위한 프로그램(이하 "관계회복 프로그램"이라 한다)을 권유할 수 있다. 〈신설 2023. 10. 24.〉

④ 국가 및 지방자치단체는 관계회복 프로그램의 개발 · 보급 및 운영을 위하여 필요한 경우 행정적 · 재정적 지원을 할 수 있다. 〈신설 2023. 10. 24.〉

⑤ 그 밖에 학교의 장이 학교폭력을 자체적으로 해결하는 데에 필요한 사항은 대통령령으로 정한다. 〈개정 2023. 10. 24.〉

[본조신설 2019. 8. 20.]

[시행일: 2024. 3. 1.] 제13조의2

**제14조(전문상담교사 배치 및 전담기구 구성)** ① 학교의 장은 학교에 대통령령으로 정하는 바에 따라 상담실을 설치하고, 「초 · 중등교육법」 제19조의2에 따라 전문상담교사를 둔다.

② 전문상담교사는 학교의 장 및 심의위원회의 요구가 있는 때에는 학교폭력에 관련된 피해학생 및 가해학생과의 상담결과를 보고하여야 한다. 〈개정 2019. 8. 20.〉

③ 학교의 장은 교감, 전문상담교사, 보건교사 및 책임교사(학교폭력문제를 담당하는 교사를 말한다), 학부모 등으로 학교폭력문제를 담당하는 전담기구(이하 "전담기구"라 한다)를 구성한다. 이 경우 학부모는 전담기구 구성원의 3분의 1 이상이어야 한다. 〈개정 2012. 3. 21., 2019. 8. 20.〉

④ 학교의 장은 학교폭력 사태를 인지한 경우 지체 없이 전담기구 또는 소속 교원으로 하여금 가해 및 피해 사실 여부를 확인하도록 하고, 전담기구로 하여금 제13조의2에 따른

학교의 장의 자체 해결 부의 여부를 심의하도록 한다. 〈신설 2019. 8. 20.〉

⑤ 전담기구는 학교폭력에 대한 실태조사(이하 "실태조사"라 한다)와 학교폭력 예방 프로그램을 구성·실시하며, 학교의 장 및 심의위원회의 요구가 있는 때에는 학교폭력에 관련된 조사결과 등 활동결과를 보고하여야 한다. 〈개정 2012. 3. 21., 2019. 8. 20.〉

⑥ 피해학생 또는 피해학생의 보호자는 피해사실 확인을 위하여 전담기구에 실태조사를 요구할 수 있다. 〈신설 2009. 5. 8., 2012. 3. 21., 2019. 8. 20.〉

⑦ 국가 및 지방자치단체는 실태조사에 관한 예산을 지원하고, 관계 행정기관은 실태조사에 협조하여야 하며, 학교의 장은 전담기구에 행정적·재정적 지원을 할 수 있다. 〈개정 2009. 5. 8., 2012. 3. 21., 2019. 8. 20.〉

⑧ 전담기구는 성폭력 등 특수한 학교폭력사건에 대한 실태조사의 전문성을 확보하기 위하여 필요한 경우 전문기관에 그 실태조사를 의뢰할 수 있다. 이 경우 그 의뢰는 심의위원회 위원장의 심의를 거쳐 학교의 장 명의로 하여야 한다. 〈신설 2012. 1. 26., 2012. 3. 21., 2019. 8. 20.〉

⑨ 그 밖에 전담기구 운영 등에 필요한 사항은 대통령령으로 정한다. 〈신설 2012. 3. 21., 2019. 8. 20.〉

**제15조(학교폭력 예방교육 등)** ① 학교의 장은 학생의 육체적·정신적 보호와 학교폭력의 예방을 위한 학생들에 대한 교육(학교폭력의 개념·실태 및 대처방안 등을 포함하여야 한다)을 학기별로 1회 이상 실시하여야 한다. 〈개정 2012. 1. 26.〉

② 학교의 장은 학교폭력의 예방 및 대책 등을 위한 교직원 및 학부모에 대한 교육을 학기별로 1회 이상 실시하여야 한다. 〈개정 2012. 3. 21.〉

③ 학교의 장은 학교폭력을 예방하기 위하여 교사·학생·학부모 등 학교구성원이 학교폭력에 대한 책임을 인식하고 실천할 수 있도록 필요한 사항을 정하여 운영할 수 있다. 〈신설 2023. 10. 24.〉

④ 학교의 장은 제1항에 따른 학교폭력 예방교육 프로그램의 구성 및 그 운용 등을 전담기구와 협의하여 전문단체 또는 전문가에게 위탁할 수 있다. 〈개정 2023. 10. 24.〉

⑤ 교육장은 제1항, 제2항 및 제4항에 따른 학교폭력 예방교육 프로그램의 구성과 운용계획을 학부모가 쉽게 확인할 수 있도록 휴대전화를 이용한 문자메시지 전송, 인터넷 홈페이지 게시 및 그 밖에 다양한 방법으로 학부모에게 홍보하여 참여가 활성화될 수 있도록 노력하여야 한다. 〈개정 2012. 1. 26., 2023. 10. 24.〉

⑥ 교육부장관은 학교폭력 예방 및 대책 등에 관한 홍보영상을 제작하여 「방송법」 제2조 제3호에 따른 방송사업자에게 배포하고 송출을 요청할 수 있다. 〈신설 2023. 10. 24.〉

⑦ 그 밖에 학교폭력 예방교육의 실시와 관련한 사항은 대통령령으로 정한다. 〈개정 2011. 5. 19., 2023. 10. 24.〉

[제목개정 2011. 5. 19.]

[시행일: 2024. 3. 1.] 제15조

**제16조(피해학생의 보호)** ① 심의위원회는 피해학생의 보호를 위하여 필요하다고 인정하는 때에는 피해학생에 대하여 다음 각 호의 어느 하나에 해당하는 조치(수 개의 조치를 동시에 부과하는 경우를 포함한다)를 할 것을 교육장(교육장이 없는 경우 제12조 제1항에 따라 조례로 정한 기관의 장으로 한다. 이하 같다)에게 요청할 수 있다. 다만, 학교의 장은 학교폭력사건을 인지한 경우 피해학생의 반대의사 등 대통령령으로 정하는 특별한 사정이 없으면 지체 없이 가해자(교사를 포함한다)와 피해학생을 분리하여야 하며, 피해학생이 긴급보호를 요청하는 경우에는 제1호부터 제3호까지 및 제6호의 조치를 할 수 있다. 이 경우 학교의 장은 심의위원회에 즉시 보고하여야 한다. 〈개정 2012. 3. 21., 2017. 4. 18., 2019. 8. 20., 2020. 12. 22., 2021. 3. 23., 2023. 10. 24.〉

1. 학내외 전문가에 의한 심리상담 및 조언
2. 일시보호
3. 치료 및 치료를 위한 요양
4. 학급교체
5. 삭제 〈2012. 3. 21.〉
6. 그 밖에 피해학생의 보호를 위하여 필요한 조치

② 심의위원회는 제1항에 따른 조치를 요청하기 전에 피해학생 및 그 보호자에게 의견진술의 기회를 부여하는 등 적정한 절차를 거쳐야 한다. 〈신설 2012. 3. 21., 2019. 8. 20.〉

③ 제1항에 따른 요청이 있는 때에는 교육장은 피해학생의 보호자의 동의를 받아 7일 이내에 해당 조치를 하여야 한다. 〈개정 2012. 3. 21., 2019. 8. 20.〉

④ 제1항의 조치 등 보호가 필요한 학생에 대하여 학교의 장이 인정하는 경우 그 조치에 필요한 결석을 출석일수에 포함하여 계산할 수 있다. 〈개정 2012. 3. 21., 2021. 3. 23.〉

⑤ 학교의 장은 성적 등을 평가하는 경우 제3항에 따른 조치로 인하여 학생에게 불이익을 주지 아니하도록 노력하여야 한다. 〈개정 2012. 3. 21., 2021. 3. 23.〉

⑥ 피해학생이 전문단체나 전문가로부터 제1항 제1호부터 제3호까지의 규정에 따른 상담 등을 받는 데에 사용되는 비용은 가해학생의 보호자가 부담하여야 한다. 다만, 피해학생의 신속한 치료를 위하여 학교의 장 또는 피해학생의 보호자가 원하는 경우에는 「학교안전사고 예방 및 보상에 관한 법률」 제15조에 따른 학교안전공제회 또는 시·도교육청이 부담하고 이에 대한 상환청구권을 행사할 수 있다. 〈개정 2012. 1. 26., 2012. 3. 21., 2021. 3. 23.〉

1. 삭제 〈2012. 3. 21.〉
2. 삭제 〈2012. 3. 21.〉

⑦ 학교의 장 또는 피해학생의 보호자는 필요한 경우 「학교안전사고 예방 및 보상에 관한 법률」 제34조의 공제급여를 학교안전공제회에 직접 청구할 수 있다. 〈신설 2012. 1. 26., 2012. 3. 21.〉

⑧ 피해학생의 보호 및 제6항에 따른 지원범위, 상환청구범위, 지급절차 등에 필요한 사항

은 대통령령으로 정한다. 〈신설 2012. 3. 21., 2021. 3. 23.〉

[시행일: 2024. 3. 1.] 제16조

**제16조의2(장애학생의 보호)** ① 누구든지 장애 등을 이유로 장애학생에게 학교폭력을 행사하여서는 아니 된다.

② 심의위원회는 피해학생 또는 가해학생이 장애학생인 경우 심의과정에 「장애인 등에 대한 특수교육법」 제2조 제4호에 따른 특수교육교원 등 특수교육 전문가 또는 장애인 전문가를 출석하게 하거나 서면 등의 방법으로 의견을 청취할 수 있다. 〈신설 2020. 12. 22.〉

③ 심의위원회는 학교폭력으로 피해를 입은 장애학생의 보호를 위하여 장애인전문 상담가의 상담 또는 장애인전문 치료기관의 요양 조치를 학교의 장에게 요청할 수 있다. 〈개정 2019. 8. 20., 2020. 12. 22.〉

④ 제3항에 따른 요청이 있는 때에는 학교의 장은 해당 조치를 하여야 한다. 이 경우 제16조 제6항을 준용한다. 〈개정 2012. 3. 21., 2020. 12. 22.〉

[본조신설 2009. 5. 8.]

**제16조의3(피해학생 지원 조력인)** ① 교육감 또는 교육장은 피해학생 지원을 위하여 피해학생이 필요로 하는 법률, 상담, 보호 등을 위한 서비스 및 지원기관을 연계하는 조력인(이하 "피해학생 지원 조력인"이라 한다)을 지정할 수 있다.

② 교육감 또는 교육장은 피해학생 지원 조력인의 운영을 위한 행정적 · 재정적 지원을 하여야 한다.

③ 피해학생 지원 조력인의 지정 및 운영에 관한 사항은 대통령령으로 정한다.

[본조신설 2023. 10. 24.]

[시행일: 2024. 3. 1.] 제16조의3

**제16조의4(사이버폭력의 피해자 지원)** ① 국가는 사이버폭력에 해당하는 촬영물, 음성물, 복제물, 편집물, 개인정보, 허위사실 등(이하 이 조에서 "촬영물등"이라 한다)이 정보통신망에 유포되어 피해(촬영물등의 대상자가 되어 입은 피해를 말한다)를 입은 학생에 대하여 촬영물등의 삭제를 위한 지원을 할 수 있다.

② 제1항에 따른 피해학생, 그 보호자 또는 피해학생이나 보호자가 지정하는 대리인은 국가에 촬영물등의 삭제를 위한 지원을 요청할 수 있다. 이 경우 피해학생이나 그 보호자가 지정하는 대리인은 대통령령으로 정하는 요건을 갖추어 삭제지원을 요청하여야 한다.

③ 제1항에 따른 촬영물등 삭제지원에 소요되는 비용은 사이버폭력의 가해학생 또는 그 보호자가 부담한다.

④ 국가가 제1항에 따라 촬영물등 삭제지원에 소요되는 비용을 지출한 경우 사이버폭력의 가해학생 또는 그 보호자에게 상환청구권을 행사할 수 있다.

⑤ 제1항 및 제2항에 따른 촬영물등 삭제지원의 내용 · 방법, 제4항에 따른 상환청구권 행사의 절차 · 방법 등에 필요한 사항은 대통령령으로 정한다.

[본조신설 2023. 10. 24.]

[시행일: 2024. 3. 1.] 제16조의4

**제17조(가해학생에 대한 조치)** ① 심의위원회는 피해학생의 보호와 가해학생의 선도 · 교육을 위하여 가해학생에 대하여 다음 각 호의 어느 하나에 해당하는 조치(수 개의 조치를 동시에 부과하는 경우를 포함한다)를 할 것을 교육장에게 요청하여야 하며, 각 조치별 적용 기준은 대통령령으로 정한다. 다만, 퇴학처분은 의무교육과정에 있는 가해학생에 대하여는 적용하지 아니한다. 〈개정 2009. 5. 8., 2012. 1. 26., 2012. 3. 21., 2019. 8. 20., 2021. 3. 23., 2023. 10. 24.〉

1. 피해학생에 대한 서면사과
2. 피해학생 및 신고 · 고발 학생에 대한 접촉, 협박 및 보복행위(정보통신망을 이용한 행위를 포함한다)의 금지
3. 학교에서의 봉사
4. 사회봉사
5. 학내외 전문가, 교육감이 정한 기관에 의한 특별 교육이수 또는 심리치료
6. 출석정지
7. 학급교체
8. 전학
9. 퇴학처분

② 제1항에 따라 심의위원회가 교육장에게 가해학생에 대한 조치를 요청할 때 그 이유가 피해학생이나 신고 · 고발 학생에 대한 협박 또는 보복행위(정보통신망을 이용한 행위를 포함한다)일 경우에는 같은 항 제6호부터 제9호까지의 조치를 동시에 부과하거나 조치 내용을 가중할 수 있다. 〈신설 2012. 3. 21., 2019. 8. 20., 2021. 3. 23., 2023. 10. 24.〉

③ 제1항 제2호부터 제4호까지 및 제6호부터 제8호까지의 처분을 받은 가해학생은 교육감이 정한 기관(대안교육기관을 포함한다)에서 특별교육을 이수하거나 심리치료를 받아야 하며, 그 기간은 심의위원회에서 정한다. 〈개정 2012. 1. 26., 2012. 3. 21., 2019. 8. 20., 2023. 10. 24.〉

④ 학교의 장은 학교폭력을 인지한 경우 지체 없이 제1항 제2호의 조치를 하여야 한다. 〈신설 2023. 10. 24.〉

⑤ 학교의 장은 피해학생의 보호와 가해학생의 선도 · 교육이 긴급하다고 인정할 경우 우선 제1항 제1호, 제3호, 제5호부터 제7호까지의 조치를 각각 또는 동시에 부과할 수 있다. 이 경우 심의위원회에 즉시 보고하여 추인을 받아야 한다. 〈개정 2012. 1. 26., 2012. 3. 21., 2019. 8. 20., 2021. 3. 23., 2023. 10. 24.〉

⑥ 학교의 장은 피해학생 및 그 보호자가 요청할 경우 전담기구 심의를 거쳐 제1항 제6호 또는 제7호의 조치를 할 수 있다. 이 경우 심의위원회에 즉시 보고하여 추인을 받아야 한다. 〈신설 2023. 10. 24.〉

⑦ 제5항 및 제6항에 따라 학교의 장이 부과하는 제1항 제6호 조치의 기간은 심의위원회

조치결정시까지로 정할 수 있다. 〈신설 2023. 10. 24.〉

⑧ 심의위원회는 제1항 또는 제2항에 따른 조치를 요청하기 전에 가해학생 및 보호자에게 의견진술의 기회를 부여하는 등 적정한 절차를 거쳐야 한다. 〈개정 2012. 3. 21., 2019. 8. 20., 2023. 10. 24.〉

⑨ 제1항에 따른 요청이 있는 때에는 교육장은 14일 이내에 해당 조치를 하여야 한다. 〈개정 2012. 1. 26., 2012. 3. 21., 2019. 8. 20., 2023. 10. 24.〉

⑩ 학교의 장이 제4항부터 제6항까지에 따른 조치를 한 때에는 가해학생과 그 보호자에게 이를 통지하여야 하며, 가해학생이 이를 거부하거나 회피하는 때에는 학교의 장은 「초 · 중등교육법」 제18조에 따라 징계하여야 한다. 〈개정 2012. 3. 21., 2019. 8. 20., 2023. 10. 24.〉

⑪ 제1항 제2호의 처분을 받은 가해학생의 보호자는 가해학생이 해당 조치를 적절히 이행할 수 있도록 노력하여야 한다. 〈신설 2023. 10. 24.〉

⑫ 가해학생이 제1항 제3호부터 제5호까지의 규정에 따른 조치를 받은 경우 이와 관련된 결석은 학교의 장이 인정하는 때에는 이를 출석일수에 포함하여 계산할 수 있다. 〈개정 2012. 1. 26., 2012. 3. 21., 2021. 3. 23., 2023. 10. 24.〉

⑬ 심의위원회는 가해학생이 특별교육을 이수할 경우 해당 학생의 보호자도 함께 교육을 받게 하여야 하며, 피해학생이 장애학생일 경우 장애인식개선 교육내용을 포함하여야 한다. 〈개정 2012. 3. 21., 2019. 8. 20., 2023. 10. 24.〉

⑭ 가해학생이 다른 학교로 전학을 간 이후에는 전학 전의 피해학생 소속 학교로 다시 전학올 수 없도록 하여야 한다. 〈신설 2012. 1. 26., 2012. 3. 21., 2023. 10. 24.〉

⑮ 제1항 제2호부터 제9호까지의 처분을 받은 학생이 해당 조치를 거부하거나 기피하는 경우 심의위원회는 제7항에도 불구하고 대통령령으로 정하는 바에 따라 추가로 다른 조치를 할 것을 교육장에게 요청할 수 있다. 〈신설 2012. 3. 21., 2019. 8. 20., 2023. 10. 24.〉

⑯ 가해학생에 대한 조치 및 제11조 제6항에 따른 재입학 등에 관하여 필요한 사항은 대통령령으로 정한다. 〈신설 2012. 3. 21., 2023. 10. 24.〉

[시행일: 2024. 3. 1.] 제17조

**제17조의2(행정심판)** ① 교육장이 제16조 제1항 및 제17조 제1항에 따라 내린 조치에 대하여 이의가 있는 피해학생 또는 그 보호자는 「행정심판법」에 따른 행정심판을 청구할 수 있다. 〈신설 2012. 3. 21., 2017. 11. 28., 2019. 8. 20.〉

② 교육장이 제17조 제1항에 따라 내린 조치에 대하여 이의가 있는 가해학생 또는 그 보호자는 「행정심판법」에 따른 행정심판을 청구할 수 있다. 〈개정 2012. 3. 21., 2017. 11. 28., 2019. 8. 20.〉

③ 행정심판위원회는 피해학생 또는 그 보호자 및 피 · 가해학생의 소속 학교에 제2항에 따른 행정심판의 청구 사실을 통지하고 「행정심판법」 제20조에 따른 심판참가에 관한 사항을 문서로 안내하여야 한다. 〈신설 2023. 10. 24.〉

④ 제1항 및 제2항에 따른 행정심판청구에 필요한 사항은 「행정심판법」을 준용한다. 〈개정 2019. 8. 20., 2023. 10. 24.〉
⑤ 삭제 〈2019. 8. 20.〉
⑥ 삭제 〈2019. 8. 20.〉
[본조신설 2012. 1. 26.]
[제목개정 2019. 8. 20.]
[시행일: 2024. 3. 1.] 제17조의2

**제17조의3(행정소송)** ① 교육장이 제16조 제1항 및 제17조 제1항에 따라 내린 조치에 대하여 이의가 있는 피해학생 또는 그 보호자는 「행정소송법」에 따른 행정소송을 제기할 수 있다.
② 교육장이 제17조 제1항에 따라 내린 조치에 대하여 이의가 있는 가해학생 또는 그 보호자는 「행정소송법」에 따른 행정소송을 제기할 수 있다.
③ 교육장은 피·가해학생 또는 그 보호자 및 피·가해학생의 소속 학교에 제1항 및 제2항에 따른 행정소송의 제기 사실을 통지하고 「행정소송법」 제16조에 따른 소송참가에 관한 사항을 문서로 안내하여야 한다.
④ 제1항 및 제2항에 따른 행정소송 제기에 필요한 사항은 「행정소송법」을 준용한다.
[본조신설 2023. 10. 24.]
[시행일: 2024. 3. 1.] 제17조의3

**제17조의4(집행정지)** ① 행정심판위원회 및 법원이 제17조 제1항에 따른 조치에 대하여 「행정심판법」 제30조 또는 「행정소송법」 제23조에 따른 집행정지 결정을 하려는 경우에는 피해학생 또는 그 보호자의 의견을 청취하여야 한다. 다만, 피해학생 또는 그 보호자가 의견진술의 기회를 포기한다는 뜻을 명백히 표시한 경우 등에는 의견청취를 아니할 수 있다.
② 교육감 또는 교육장은 행정심판위원회 또는 법원으로부터 집행정지 신청 사실 및 그 결과를 통보받은 경우 피해학생 또는 그 보호자 및 피·가해학생의 소속 학교에 그 사실 및 결과를 통지하여야 한다.
③ 제17조 제1항에 따른 조치에 대한 집행정지 신청이 인용된 경우, 피해학생 및 그 보호자는 학교의 장에게 가해학생과의 분리를 요청할 수 있고, 학교의 장은 전담기구 심의를 거쳐 가해학생과 피해학생을 분리하여야 한다.
④ 제1항에 따른 의견청취의 절차, 방법, 예외 등에 필요한 사항은 「행정심판법」 제30조에 따른 집행정지의 경우에는 대통령령으로 정하고, 「행정소송법」 제23조에 따른 집행정지의 경우에는 대법원규칙으로 정한다.
[본조신설 2023. 10. 24.]
[시행일: 2024. 3. 1.] 제17조의4

**제17조의5(재판기간에 관한 규정)** 교육장이 제17조 제1항에 따라 내린 조치에 대하여 이의가 있는 가해학생 또는 그 보호자가 「행정소송법」에 따른 행정소송을 제기한 경우 그 행정소송 사건의 재판은 다른 재판에 우선하여 신속히 하여야 하며, 그 판결의 선고는 제1심에서

는 소가 제기된 날부터 90일 이내에, 제2심 및 제3심에서는 전심의 판결의 선고가 있은 날부터 각각 60일 이내에 하여야 한다.

[본조신설 2023. 10. 24.]

[시행일: 2024. 3. 1.] 제17조의5

**제18조(분쟁조정)** ① 심의위원회는 학교폭력과 관련하여 분쟁이 있는 경우에는 그 분쟁을 조정할 수 있다. 〈개정 2019. 8. 20.〉

② 제1항에 따른 분쟁의 조정기간은 1개월을 넘지 못한다.

③ 학교폭력과 관련한 분쟁조정에는 다음 각 호의 사항을 포함한다. 〈개정 2019. 8. 20.〉

1. 피해학생과 가해학생간 또는 그 보호자 간의 손해배상에 관련된 합의조정
2. 그 밖에 심의위원회가 필요하다고 인정하는 사항

④ 심의위원회는 분쟁조정을 위하여 필요하다고 인정하는 때에는 관계 기관의 협조를 얻어 학교폭력과 관련한 사항을 조사할 수 있다. 〈개정 2019. 8. 20.〉

⑤ 심의위원회가 분쟁조정을 하고자 할 때에는 이를 피해학생·가해학생 및 그 보호자에게 통보하여야 한다. 〈개정 2019. 8. 20.〉

⑥ 시·도교육청 관할 구역 안의 소속 교육지원청이 다른 학생 간에 분쟁이 있는 경우에는 교육감이 직접 분쟁을 조정한다. 이 경우 제2항부터 제5항까지의 규정을 준용한다. 〈개정 2019. 8. 20.〉

⑦ 관할 구역을 달리하는 시·도교육청 소속 학교의 학생 간에 분쟁이 있는 경우에는 피해학생을 감독하는 교육감이 가해학생을 감독하는 교육감과의 협의를 거쳐 직접 분쟁을 조정한다. 이 경우 제2항부터 제5항까지의 규정을 준용한다. 〈개정 2019. 8. 20.〉

**제19조(학교의 장의 의무)** ① 학교의 장은 제16조, 제16조의2, 제17조에 따른 조치의 이행에 협조하여야 한다.

② 학교의 장은 학교폭력을 축소 또는 은폐해서는 아니 된다.

③ 학교의 장은 교육감에게 학교폭력이 발생한 사실과 제13조의2에 따라 학교의 장의 자체해결로 처리된 사건, 제16조, 제16조의2, 제17조 및 제18조에 따른 조치 및 그 결과를 보고하고, 관계 기관과 협력하여 교내 학교폭력 단체의 결성예방 및 해체에 노력하여야 한다.

④ 학교의 장은 학교폭력 예방을 위하여 필요한 경우 해당 학교의 학교폭력 현황을 조사하는 등 학교폭력 조기 발견 및 대처를 위하여 노력하여야 한다. 〈신설 2023. 10. 24.〉

[전문개정 2019. 8. 20.]

[시행일: 2024. 3. 1.] 제19조

**제20조(학교폭력의 신고의무)** ① 학교폭력 현장을 보거나 그 사실을 알게 된 자는 학교 등 관계 기관에 이를 즉시 신고하여야 한다.

② 제1항에 따라 신고를 받은 기관은 이를 가해학생 및 피해학생의 보호자와 소속 학교의 장에게 통보하여야 한다. 〈개정 2009. 5. 8.〉

③ 제2항에 따라 통보받은 소속 학교의 장은 이를 심의위원회에 지체 없이 통보하여야 한다. 〈신설 2009. 5. 8., 2019. 8. 20.〉

④ 누구라도 학교폭력의 예비·음모 등을 알게 된 자는 이를 학교의 장 또는 심의위원회에 고발할 수 있다. 다만, 교원이 이를 알게 되었을 경우에는 학교의 장에게 보고하고 해당 학부모에게 알려야 한다. 〈개정 2009. 5. 8., 2012. 1. 26., 2019. 8. 20.〉

⑤ 누구든지 제1항부터 제4항까지에 따라 학교폭력을 신고한 사람에게 그 신고행위를 이유로 불이익을 주어서는 아니 된다. 〈신설 2012. 3. 21.〉

**제20조의2(긴급전화의 설치 등)** ① 국가 및 지방자치단체는 학교폭력을 수시로 신고받고 이에 대한 상담에 응할 수 있도록 긴급전화를 설치하여야 한다.

② 국가와 지방자치단체는 제1항에 따른 긴급전화의 설치·운영을 대통령령으로 정하는 기관 또는 단체에 위탁할 수 있다. 〈신설 2012. 1. 26.〉

③ 제1항과 제2항에 따른 긴급전화의 설치·운영·위탁에 필요한 사항은 대통령령으로 정한다. 〈개정 2012. 1. 26.〉

[본조신설 2009. 5. 8.]

**제20조의3(정보통신망에 의한 학교폭력 등)** 제2조 제1호에 따른 정보통신망을 이용한 음란·폭력 정보 등에 의한 신체상·정신상 피해에 관하여 필요한 사항은 따로 법률로 정한다.

[본조신설 2012. 3. 21.]

**제20조의3** 삭제 〈2023. 10. 24.〉

[시행일: 2024. 3. 1.] 제20조의3

**제20조의4(정보통신망의 이용 등)** ① 국가·지방자치단체 또는 교육감은 학교폭력 예방 업무 등을 효과적으로 수행하기 위하여 필요한 경우 정보통신망을 이용할 수 있다.

② 국가·지방자치단체 또는 교육감은 제1항에 따라 정보통신망을 이용하여 학교 또는 학생(학부모를 포함한다)이 학교폭력 예방 업무 등을 수행하는 경우 다음 각 호의 어느 하나에 해당하는 비용의 전부 또는 일부를 지원할 수 있다.

1. 학교 또는 학생(학부모를 포함한다)이 전기통신설비를 구입하거나 이용하는 데 소요되는 비용
2. 학교 또는 학생(학부모를 포함한다)에게 부과되는 전기통신역무 요금

③ 그 밖에 정보통신망의 이용 등에 관하여 필요한 사항은 대통령령으로 정한다.

[본조신설 2012. 3. 21.]

**제20조의5(학생보호인력의 배치 등)** ① 국가·지방자치단체 또는 학교의 장은 학교폭력을 예방하기 위하여 학교 내에 학생보호인력을 배치하여 활용할 수 있다.

② 다음 각 호의 어느 하나에 해당하는 사람은 학생보호인력이 될 수 없다. 〈신설 2013. 7. 30., 2021. 3. 23.〉

1. 「국가공무원법」 제33조 각 호의 어느 하나에 해당하는 사람
2. 「아동·청소년의 성보호에 관한 법률」에 따른 아동·청소년대상 성범죄 또는 「성폭

력범죄의 처벌 등에 관한 특례법」에 따른 성폭력범죄를 저질러 벌금형을 선고받고 그 형이 확정된 날부터 10년이 지나지 아니하였거나, 금고 이상의 형이나 치료감호를 선고받고 그 집행이 끝나거나 집행이 유예·면제된 날부터 10년이 지나지 아니한 사람

3. 「청소년 보호법」 제2조 제5호가목3) 및 같은 목 7)부터 9)까지의 청소년 출입·고용금지업소의 업주나 종사자

③ 국가·지방자치단체 또는 학교의 장은 제1항에 따른 학생보호인력의 배치 및 활용 업무를 관련 전문기관 또는 단체에 위탁할 수 있다. 〈개정 2013. 7. 30.〉

④ 제3항에 따라 학생보호인력의 배치 및 활용 업무를 위탁받은 전문기관 또는 단체는 그 업무를 수행하는 경우 학교의 장과 충분히 협의하여야 한다. 〈개정 2013. 7. 30., 2021. 3. 23.〉

⑤ 국가·지방자치단체 또는 학교의 장은 학생보호인력으로 배치하고자 하는 사람의 동의를 받아 경찰청장에게 그 사람의 범죄경력을 조회할 수 있다. 〈신설 2013. 7. 30.〉

⑥ 제3항에 따라 학생보호인력의 배치 및 활용 업무를 위탁받은 전문기관 또는 단체는 해당 업무를 위탁한 국가·지방자치단체 또는 학교의 장에게 학생보호인력으로 배치하고자 하는 사람의 범죄경력을 조회할 것을 신청할 수 있다. 〈신설 2013. 7. 30.〉

⑦ 학생보호인력이 되려는 사람은 국가·지방자치단체 또는 학교의 장에게 제2항 각 호의 어느 하나에 해당하지 아니한다는 확인서를 제출하여야 한다. 〈신설 2013. 7. 30.〉

[본조신설 2012. 3. 21.]

**제20조의6(학교전담경찰관)** ① 국가는 학교폭력 예방 및 근절을 위하여 학교폭력 업무 등을 전담하는 경찰관을 둘 수 있다.

② 제1항에 따른 학교전담경찰관의 운영에 필요한 사항은 대통령령으로 정한다.

[본조신설 2017. 11. 28.]

[종전 제20조의6은 제20조의7로 이동 〈2017. 11. 28.〉]

**제20조의7(영상정보처리기기의 통합 관제)** ① 국가 및 지방자치단체는 학교폭력 예방 업무를 효과적으로 수행하기 위하여 교육감과 협의하여 학교 내외에 설치된 영상정보처리기기(「개인정보 보호법」 제2조 제7호에 따른 고정형 영상정보처리기기를 말한다. 이하 이 조에서 같다)를 통합하여 관제할 수 있다. 이 경우 국가 및 지방자치단체는 통합 관제 목적에 필요한 범위에서 최소한의 개인정보만을 처리하여야 하며, 그 목적 외의 용도로 활용하여서는 아니 된다. 〈개정 2023. 3. 14.〉

② 제1항에 따라 영상정보처리기기를 통합 관제하려는 국가 및 지방자치단체는 공청회·설명회의 개최 등 대통령령으로 정하는 절차를 거쳐 관계 전문가 및 이해관계인의 의견을 수렴하여야 한다.

③ 제1항에 따라 학교 내외에 설치된 영상정보처리기기가 통합 관제되는 경우 해당 학교의 영상정보처리기기운영자는 「개인정보 보호법」 제25조 제4항에 따른 조치를 통하여 그 사실을 정보주체에게 알려야 한다.

④ 통합 관제에 관하여 이 법에서 규정한 것을 제외하고는「개인정보 보호법」을 적용한다.

⑤ 그 밖에 영상정보처리기기의 통합 관제에 필요한 사항은 대통령령으로 정한다.

[본조신설 2012. 3. 21.]

[제20조의6에서 이동 〈2017. 11. 28.〉]

**제21조(비밀누설금지 등)** ① 이 법에 따라 학교폭력의 예방 및 대책과 관련된 업무를 수행하거나 수행하였던 사람은 그 직무로 인하여 알게 된 비밀 또는 가해학생 · 피해학생 및 제20조에 따른 신고자 · 고발자와 관련된 자료를 누설하여서는 아니 된다. 〈개정 2012. 1. 26., 2021. 3. 23.〉

② 제1항에 따른 비밀의 구체적인 범위는 대통령령으로 정한다.

③ 제16조, 제16조의2, 제17조, 제17조의2, 제18조에 따른 심의위원회의 회의는 공개하지 아니한다. 다만, 피해학생 · 가해학생 또는 그 보호자가 회의록의 열람 · 복사 등 회의록 공개를 신청한 때에는 학생과 그 가족의 성명, 주민등록번호 및 주소, 위원의 성명 등 개인정보에 관한 사항을 제외하고 공개하여야 한다. 〈개정 2011. 5. 19., 2012. 3. 21., 2019. 8. 20.〉

**제21조의2(「지방교육자치에 관한 법률」에 관한 특례)** 교육장은「지방교육자치에 관한 법률」 제35조에도 불구하고 이 법에 따른 고등학교에서의 학교폭력 피해학생 보호, 가해학생 선도 · 교육 및 피해학생과 가해학생 간의 분쟁조정 등에 관한 사무를 위임받아 수행할 수 있다.

[본조신설 2019. 8. 20.]

**제22조(벌칙)** 제21조 제1항을 위반한 자는 1년 이하의 징역 또는 1천만원 이하의 벌금에 처한다.

[전문개정 2017. 11. 28.]

**제23조(과태료)** ① 제17조 제13항에 따른 심의위원회의 교육 이수 조치를 따르지 아니한 보호자에게는 300만원 이하의 과태료를 부과한다. 〈개정 2019. 8. 20., 2023. 10. 24.〉

② 제1항에 따른 과태료는 대통령령으로 정하는 바에 따라 교육감이 부과 · 징수한다.

[본조신설 2017. 11. 28.]

[시행일: 2024. 3. 1.] 제23조

**부칙** 〈제19234호, 2023. 3. 14.〉 (개인정보 보호법)

**제1조**(시행일) 이 법은 공포 후 6개월이 경과한 날부터 시행한다. 〈단서 생략〉

**제2조** 부터 제10조까지 생략

**제11조**(다른 법률의 개정) ①부터 ⑩까지 생략

⑪ 학교폭력예방 및 대책에 관한 법률 일부를 다음과 같이 개정한다.

제20조의7제1항 중 "「개인정보 보호법」 제2조 제7호에 따른 영상정보처리기기"를 "「개인정보 보호법」 제2조 제7호에 따른 고정형 영상정보처리기기"로 한다.

## 「인성교육진흥법」

[시행 2020. 9. 12.] [법률 제17472호, 2020. 8. 11., 타법개정]

**제1조(목적)** 이 법은 「대한민국헌법」에 따른 인간으로서의 존엄과 가치를 보장하고 「교육기본법」에 따른 교육이념을 바탕으로 건전하고 올바른 인성(人性)을 갖춘 국민을 육성하여 국가사회의 발전에 이바지함을 목적으로 한다.

**제2조(정의)** 이 법에서 사용하는 용어의 뜻은 다음과 같다. 〈개정 2017. 12. 19.〉

1. "인성교육"이란 자신의 내면을 바르고 건전하게 가꾸고 타인 · 공동체 · 자연과 더불어 살아가는 데 필요한 인간다운 성품과 역량을 기르는 것을 목적으로 하는 교육을 말한다.
2. "핵심 가치 · 덕목"이란 인성교육의 목표가 되는 것으로 예(禮), 효(孝), 정직, 책임, 존중, 배려, 소통, 협동 등의 마음가짐이나 사람됨과 관련되는 핵심적인 가치 또는 덕목을 말한다.
3. "핵심 역량"이란 핵심 가치 · 덕목을 적극적이고 능동적으로 실천 또는 실행하는 데 필요한 지식과 공감 · 소통하는 의사소통능력이나 갈등해결능력 등이 통합된 능력을 말한다.
4. "학교"란 다음 각 목의 어느 하나에 해당하는 기관을 말한다.
   가. 「유아교육법」 제2조 제2호에 따른 유치원
   나. 「초 · 중등교육법」 제2조에 따른 학교
   다. 「재외국민의 교육지원 등에 관한 법률」 제2조 제3호에 따른 한국학교

**제3조(다른 법률과의 관계)** 인성교육에 관하여 다른 법률에 특별한 규정이 있는 경우를 제외하고는 이 법에서 정하는 바에 따른다.

**제4조(국가 등의 책무)** ① 국가와 지방자치단체는 인성을 갖춘 국민을 육성하기 위하여 인성교육에 관한 장기적이고 체계적인 정책을 수립하여 시행하여야 한다.

② 국가와 지방자치단체는 학생의 발달 단계 및 단위 학교의 상황과 여건에 적합한 인성교육 진흥에 필요한 시책을 마련하여야 한다.

③ 국가와 지방자치단체는 학교를 중심으로 인성교육 활동을 전개하고, 인성 친화적인 교육환경을 조성할 수 있도록 가정과 지역사회의 유기적인 연계망을 구축하도록 노력하여야 한다.

④ 국가와 지방자치단체는 학교 인성교육의 진흥을 위하여 범국민적 참여의 필요성을 홍보하도록 노력하여야 한다.

⑤ 국민은 국가 및 지방자치단체가 추진하는 인성교육에 관한 정책에 적극적으로 협력하여야 한다.

**제5조(인성교육의 기본방향)** ① 인성교육은 가정 및 학교와 사회에서 모두 장려되어야 한다.

② 인성교육은 인간의 전인적 발달을 고려하면서 장기적 차원에서 계획되고 실시되어야 한다.

③ 인성교육은 학교와 가정, 지역사회의 참여와 연대 하에 다양한 사회적 기반을 활용하여 전국적으로 실시되어야 한다.

**제6조(인성교육종합계획의 수립 등)** ① 교육부장관은 인성교육의 효율적인 추진을 위하여 대통령령으로 정하는 관계 중앙행정기관의 장과의 협의와 제9조에 따른 인성교육진흥위원회의 심의를 거쳐 인성교육종합계획(이하 "종합계획"이라 한다)을 5년마다 수립하여야 한다.

② 종합계획에는 다음 각 호의 사항이 포함되어야 한다.

1. 인성교육의 추진 목표 및 계획
2. 인성교육의 홍보
3. 인성교육을 위한 재원조달 및 관리방안
4. 인성교육 핵심 가치 · 덕목 및 핵심 역량 선정에 관한 사항
5. 그 밖에 인성교육에 관하여 필요한 사항으로 대통령령으로 정하는 사항

③ 교육부장관은 종합계획의 중요사항을 변경하는 경우 제1항에 따른 관계 중앙행정기관의 장과의 협의와 제9조에 따른 인성교육진흥위원회의 심의를 거쳐야 한다. 다만, 법령의 개정이나 관계 중앙행정기관의 관련 사업계획 변경 등 경미한 사항을 변경하는 경우에는 그러하지 아니한다.

④ 교육부장관은 제1항 또는 제3항에 따라 종합계획을 수립하거나 변경하였을 때에는 지체 없이 이를 관계 중앙행정기관의 장에게 통보하여야 한다.

⑤ 교육부장관은 종합계획을 수립하기 위하여 인성교육의 진흥에 관한 실태조사를 5년마다 실시할 수 있다. 〈신설 2018. 12. 18.〉

⑥ 교육부장관은 제5항에 따른 실태조사를 위하여 관계 중앙행정기관의 장 및 지방자치단체의 장 등 관련 기관 · 단체의 장에게 필요한 자료 제출을 요청할 수 있다. 이 경우 요청을 받은 자는 특별한 사유가 없으면 이에 협조하여야 한다. 〈신설 2018. 12. 18.〉

⑦ 특별시 · 광역시 · 특별자치시 · 도 및 특별자치도 교육감(이하 "교육감"이라 한다)은 종합계획에 따라 해당 지방자치단체의 연도별 인성교육시행계획(이하 "시행계획"이라 한다)을 수립 · 시행하여야 한다. 〈개정 2018. 12. 18.〉

⑧ 교육감은 제7항에 따라 시행계획을 수립하거나 변경하였을 때에는 이를 지체 없이 교육부장관에게 통보하여야 한다. 〈개정 2018. 12. 18.〉

⑨ 종합계획 및 시행계획의 수립 · 시행과 실태조사의 방법 등에 필요한 사항은 대통령령으로 정한다. 〈개정 2018. 12. 18.〉

**제7조(계획수립 등의 협조)** ① 교육부장관과 교육감은 종합계획 또는 시행계획의 수립 · 시행 및 평가를 위하여 필요한 경우 관계 중앙행정기관의 장, 지방자치단체의 장 및 교육감 등에게 협조를 요청할 수 있다.

② 제1항에 따른 협조를 요청받은 자는 특별한 사유가 없으면 이에 따라야 한다.

**제8조(공청회등의 실시)** ① 교육부장관과 교육감은 종합계획 및 시행계획을 수립하려는 때에는 공청회, 설명회, 세미나, 설문조사 등 다양한 방식(이하 이 조에서 "공청회등"이라 한다)으로 국민 및 관계 전문가 등으로부터 의견을 청취하여야 하며, 공청회등에서 제시된 의견이 타당하다고 인정되는 때에는 이를 종합계획 및 시행계획 수립에 반영하여야 한다. 〈개정 2019. 12. 10.〉

② 공청회등의 실시에 필요한 사항은 대통령령으로 정한다. 〈개정 2019. 12. 10.〉

[제목개정 2019. 12. 10.]

**제9조(인성교육진흥위원회)** ① 인성교육에 관한 다음 각 호의 사항을 심의하기 위하여 교육부장관 소속으로 인성교육진흥위원회(이하 "위원회"라 한다)를 둔다.

1. 인성교육정책의 목표와 추진방향에 관한 사항
2. 종합계획 수립에 관한 사항
3. 인성교육 추진실적 점검 및 평가에 관한 사항
4. 인성교육 지원의 협력 및 조정에 관한 사항
5. 그 밖에 인성교육 지원을 위하여 대통령령으로 정하는 사항

② 위원회는 위원장을 포함한 20명 이내의 위원으로 구성한다.

③ 위원회의 위원장은 위원 중에서 호선하되, 공무원이 아닌 사람으로 한다.

④ 위원회의 위원은 다음 각 호의 어느 하나에 해당하는 사람 중에서 대통령령으로 정하는 바에 따라 교육부장관이 임명 또는 위촉한다. 이 경우 위원은 공무원이 아닌 사람이 과반수가 되도록 한다. 〈개정 2020. 8. 11.〉

1. 교육부차관, 문화체육관광부차관(문화체육관광부장관이 지명하는 차관), 보건복지부차관(보건복지부장관이 지명하는 차관) 및 여성가족부차관
2. 국회의장이 추천하는 사람 3명
3. 인성교육에 관한 학식과 경험이 풍부한 사람 중에서 대통령령으로 정하는 사람

⑤ 위원회가 심의한 사항을 집행하기 위하여 인성교육 진흥과 관련된 조직 · 인력 · 업무 등에 필요한 사항은 교육부령으로 정한다.

⑥ 그 밖에 위원회의 구성 · 운영에 필요한 사항은 대통령령으로 정한다.

**제10조(학교의 인성교육 기준과 운영)** ① 교육부장관은 대통령령으로 정하는 바에 따라 학교에 대한 인성교육 목표와 성취 기준을 정한다.

② 학교의 장은 제1항에 따른 인성교육의 목표 및 성취 기준과 교육 대상의 연령 등을 고려하여 대통령령으로 정하는 바에 따라 매년 인성에 관한 교육계획을 수립하여 교육을 실시하여야 한다.

③ 학교의 장은 인성교육의 핵심 가치 · 덕목을 중심으로 학생의 인성 핵심 역량을 함양하는 학교 교육과정을 편성 · 운영하여야 한다.

④ 학교의 장은 인성교육 진흥을 위하여 학교 · 가정 · 지역사회와의 연계 방안을 강구하여

야 한다.

**제11조(인성교육 지원 등)** ① 국가 및 지방자치단체는 가정, 학교 및 지역사회에서의 인성교육을 지원하기 위한 교육 프로그램(이하 "인성교육프로그램"이라 한다)을 개발하여 보급하여야 한다.

② 국가와 지방자치단체는 인성교육프로그램의 구성 및 운용 등을 전문단체 또는 전문가에게 위탁할 수 있다.

③ 교육부장관과 교육감은 인성교육프로그램의 구성 및 운용 계획을 해당 학교 인터넷 홈페이지에 게시하는 등의 방법으로 학부모에게 알릴 수 있도록 하여야 한다. 〈개정 2017. 12. 19.〉

④ 학부모는 국가, 지방자치단체 및 학교의 인성교육 진흥 시책에 협조하여야 하고, 인성교육을 위하여 필요한 사항을 해당 기관의 장에게 건의할 수 있다.

⑤ 그 밖에 가정, 학교 및 지역사회에서의 인성교육 진흥 등에 필요한 사항은 대통령령으로 정한다.

**제12조(인성교육프로그램의 인증)** ① 교육부장관은 인성교육 진흥을 위하여 인성교육프로그램을 개발·보급하거나 인성교육과정을 개설(開設)·운영하려는 자(이하 "인성교육프로그램개발자 등"이라 한다)에 대하여 인성교육프로그램과 인성교육과정의 인증(이하 "인증"이라 한다)을 할 수 있다.

② 인증을 받고자 하는 인성교육프로그램개발자 등은 교육부장관에게 신청하여야 한다.

③ 교육부장관은 제2항에 따라 인증을 신청한 인성교육프로그램 또는 인성교육과정이 교육내용·교육시간·교육과목·교육시설 등 교육부령으로 정하는 인증기준에 적합한 경우에는 이를 인증할 수 있다.

④ 제3항에 따른 인증을 받은 자는 해당 인성교육프로그램 또는 인성교육과정에 대하여 교육부령으로 정하는 바에 따라 인증표시를 할 수 있다.

⑤ 제3항에 따른 인증을 받지 아니한 인성교육프로그램 또는 인성교육과정에 대하여 제4항의 인증표시를 하거나 이와 유사한 표시를 하여서는 아니 된다.

⑥ 제1항부터 제3항까지에 따른 인증의 절차 및 방법 등에 필요한 사항은 교육부령으로 정한다.

⑦ 교육부장관은 제1항부터 제3항까지에 따른 인증 업무를 교육부령으로 정하는 바에 따라 전문기관 또는 단체 등에 위탁할 수 있다.

**제13조(인증의 유효기간)** ① 제12조 제3항에 따른 인증의 유효기간은 인증을 받은 날부터 3년으로 한다.

② 제1항에 따른 유효기간은 1회에 한하여 2년 이내에서 연장할 수 있다.

③ 제2항에 따른 인증의 연장신청, 그 밖에 필요한 사항은 교육부령으로 정한다.

**제14조(인증의 취소)** 교육부장관은 제12조 제3항에 따라 인증한 인성교육프로그램 또는 인성교육과정이 다음 각 호의 어느 하나에 해당하는 경우에는 그 인증을 취소할 수 있다. 다만,

제1호에 해당하는 경우에는 취소하여야 한다.

1. 거짓, 그 밖의 부정한 방법으로 인증받은 경우
2. 제12조 제3항에 따른 인증기준에 적합하지 아니하게 된 경우

**제15조(인성교육 예산 지원)** 국가 및 지방자치단체는 인성교육 지원, 인성교육프로그램 개발·보급 등 인성교육 진흥에 필요한 비용을 예산의 범위에서 지원하여야 한다.

**제16조(인성교육의 추진성과 및 활동 평가)** ① 교육부장관 및 교육감은 종합계획 및 시행계획에 따른 인성교육의 추진성과 및 활동에 관한 평가를 1년마다 실시하여야 한다.

② 교육부장관과 교육감은 제1항에 따른 평가 결과를 종합계획 및 시행계획에 반영할 수 있다. 〈개정 2016. 12. 20.〉

③ 그 밖에 인성교육의 추진성과 및 활동 평가에 필요한 사항은 대통령령으로 정한다.

[제목개정 2016. 12. 20.]

**제17조(교원의 연수 등)** ① 교육부장관과 교육감은 학교의 교원(이하 "교원"이라 한다)이 대통령령으로 정하는 바에 따라 일정시간 이상 인성교육 관련 연수를 이수하도록 하여야 한다. 〈개정 2017. 12. 19.〉

②「고등교육법」 제41조에 따른 교육대학·사범대학(교육과 및 교직과정을 포함한다) 등 이에 준하는 기관으로서 교육부령으로 정하는 교원 양성기관은 예비교원의 인성교육 지도 역량을 강화하기 위하여 관련 과목을 필수로 개설하여 운영하여야 한다.

**제18조(학교의 인성교육 참여 장려)** 학교의 장은 학생의 제11조 제1항에 따른 지역사회 등의 인성교육 참여를 권장하고 지도·관리하기 위하여 노력하여야 한다.

**제19조(언론의 인성교육 지원)** 국가 및 지방자치단체는 범국민적 차원에서 인성교육의 중요성에 대한 인식을 공유하고 이들의 참여의지를 촉진시키기 위하여 필요한 경우 언론(「언론중재 및 피해구제 등에 관한 법률」 제2조에 따른 방송, 신문, 잡지 등 정기간행물, 뉴스통신 및 인터넷신문 등을 포함한다)을 이용하여 캠페인 활동을 전개하도록 노력하여야 한다.

**제20조(전문인력의 양성)** ① 국가 및 지방자치단체는 인성교육의 확대를 위하여 필요한 분야의 전문인력을 양성하여야 한다.

② 교육부장관 및 교육감은 제1항에 따른 전문인력을 양성하기 위하여 교육 관련 기관 또는 단체 등을 인성교육 전문인력 양성기관으로 지정하고, 해당 전문인력 양성기관에 대하여 필요한 경비의 전부 또는 일부를 지원할 수 있다.

③ 제2항에 따른 인성교육 전문인력 양성기관의 지정기준은 대통령령으로 정한다.

**제21조(권한의 위임)** 교육부장관은 이 법에 따른 권한의 일부를 대통령령으로 정하는 바에 따라 교육감에게 위임할 수 있다.

**제22조(과태료)** ① 다음 각 호의 어느 하나에 해당하는 자에게는 500만원 이하의 과태료를 부과한다.

1. 거짓이나 그 밖의 부정한 방법으로 제12조에 따른 인증을 받은 자
2. 제12조 제5항을 위반하여 인증표시를 한 자

② 제1항에 따른 과태료는 대통령령으로 정하는 바에 따라 교육부장관이 부과 · 징수한다.

**부칙** 〈제13004호, 2015. 1. 20.〉
이 법은 공포 후 6개월이 경과한 날부터 시행한다.

**부칙** 〈제14396호, 2016. 12. 20.〉
이 법은 공포한 날부터 시행한다.

**부칙** 〈제15233호, 2017. 12. 19.〉
이 법은 공포 후 6개월이 경과한 날부터 시행한다.

**부칙** 〈제15958호, 2018. 12. 18.〉
이 법은 공포 후 6개월이 경과한 날부터 시행한다.

**부칙** 〈제16745호, 2019. 12. 10.〉
이 법은 공포한 날부터 시행한다.

**부칙** 〈제17472호, 2020. 8. 11.〉 (정부조직법)

**제1조**(시행일) 이 법은 공포 후 1개월이 경과한 날부터 시행한다. 다만, … 〈생략〉 … 부칙 제4조에 따라 개정되는 법률 중 이 법 시행 전에 공포되었으나 시행일이 도래하지 아니한 법률을 개정한 부분은 각각 해당 법률의 시행일부터 시행한다.

**제2조** 및 **제3조** 생략

**제4조**(다른 법률의 개정) ① 인성교육진흥법 일부를 다음과 같이 개정한다.

제9조 제4항 제1호 중 "보건복지부차관"을 "보건복지부차관(보건복지부장관이 지명하는 차관)"으로 한다.

②부터 ㉝까지 생략

**제5조** 생략

# 참고문헌

가상준, 김강민, 임재형(2013). SNS 사용문화가 청소년의 학교폭력 및 사이버폭력에 미치는 영향. 단국대학교 분쟁해결연구센터 분쟁해결연구. 11(1), 159-208.

강선보, 박의수, 김귀성, 송순재, 정윤경, 김영래, 고미숙(2008a). 21세기 인성교육의 방향설정을 위한 이론적 기초 연구. 교육문제연구, 30, 1-38.

강선보, 박의수, 김귀성, 송순재, 정윤경, 김영래, 고미숙(2008b). 인성교육. 양서원.

강윤정(1995). 콜버그의 도덕 교육론. 4, 교육연구, 99-110.

강인애(2003). PBL의 이론과 실제. 문음사.

강인애, 정준환, 정득년(2007). PBL의 실천적 이해. 문음사.

강희양, 박창호(2012). 스마트폰 중독 척도의 개발. 한국심리학회지, 31(2), 563-580.

경인일보(2013. 6. 25.). 한국, 작년 스마트폰 보급률 세계 첫 1위.

고진희(2009). 학교폭력 가해자와 피해자의 정신건강 비교 연구. 한양대학교 석사학위논문.

고형일(1996). 근대화 정보화 그리고 한국교육, 모더니즘과 포스트모더니즘의 관점에서. 교육과학사.

곽영길(2007). 학교폭력 피해에 대한 인식과 경험에 관한 연구. 동국대학교 박사학위논문.

곽영주, 김명하(2014). 학교폭력 예방의 이론과 실제 교과와 관련된 예비유아교사의 인식과 요구 분석. 유아교육학논집, 18(6), 263-281.

관계부처합동(2012). 학교폭력 근절 종합대책. 교육과학기술부.

관계부처합동(2016a). 건강한 스마트사회 구현을 위한 스마트폰 · 인터넷 바른 사용 지원 종합계획(안)(2016~2018). 미래창조과학부.

관계부처합동(2016b). 학교폭력 예방 및 대책 2016년도 시행계획. 교육부.

관계부처합동(2020). 제4차 학교폭력 예방 및 대책 기본계획(안). 교육부,

관계부처합동(2022). 학교폭력 근절 종합대책. 교육부.

교육개혁위원회(1998). **한국교육개혁백서: 1994-1998**, 91-92.

교육과학기술부(2010. 1. 14.). 학교폭력! 유 · 초등학교 단계부터 조기예방 강화. 교육과학기술부 보도자료.

교육과학기술부(2012. 2. 6.). 학교폭력 근절 종합대책. 보도자료.

교육과학기술부(2012. 4. 14.). 학교폭력 실태조사 결과. 보도자료.

교육과학기술부(2012a). 2012년 학생의 게임 인터넷 스마트폰 중독 예방을 위한 생활지도 추진(최초로 초등용, 중등용 생활지도 매뉴얼 개발, 일선학교에 배포).

교육과학기술부(2012b). 배려와 나눔으로 모두가 행복한 인성교육 강화 기본계획.

교육과학기술부(2012c). 학교폭력 근절 종합대책.

교육과학기술부(2013). 2013년 정보통신윤리 교원 연수 자료집.

교육부(2016a). 2016년 전국 학교폭력 실태조사 보고서.

교육부(2016b). 인성교육 5개년 종합계획.

교육부(2017). 2017년 전국 학교폭력 실태조사 보고서.

교육부(2021a). 2021년 전국 학교폭력 실태조사 보고서.

교육부(2021b). 제17차 학교폭력 대책위원회 개최. 보도자료.

교육부(2022a). 2022년 전국 학교폭력 실태조사 보고서.

교육부(2022b). 학교폭력 사안처리 가이드북. 보도자료.

교육부(2022c). '함께 실천하는 사이버폭력 예방' 학생 사이버폭력 예방 · 대응 가이드.

교육부, 이화여자대학교 학교폭력예방연구소(2023). 학교폭력 사안 가이드북.

교육인적자원부(2005. 2. 22.). 향후 5년 내, 학교 폭력 25% 경감. 교육인적자원부 보도자료.

국립특수교육원(2009). **특수교육학용어 사전**.

권동택, 최지연, 임한별, 이태석(2012). 교원양성, 임용, 연수에서의 인성교육 강화방안 연구. 교육과학기술부 · 충청북도교육청.

권윤호(2013). 학교폭력과 도덕윤리과 교육의 방향. **도덕윤리과교육**, 38, 1-26.

권이종(2000). 학교 내에서의 집단따돌림의 발생원인과 해결방안에 관한 연구-학교 내의 폭력을 중심으로. **청소년학연구**, 7(2), 1-38.

권이종, 남정걸, 차경수, 최충옥, 최운실, 최윤진(1998). **청소년 교육론**. 양서원.

금창민(2013). 중 · 고등학생의 스마트폰 중독 경향성과 정신건강문제에 관한 연구. 서울대학교 교육대학원 석사학위논문.

금창민, 김동일(2013). 중 · 고등학생의 스마트폰 '중독 경향성(proneness)'과 정신건강 문제에 관한 연구. **한국상담학회 학술대회 논문집**. 728-738.

김경동(2010). **한국의 사회윤리**. 철학과 현실사.

김경은, 윤혜미(2012). 청소년의 사이버폭력에 관련된 생태체계변인의 영향. **청소년복지연구**,

14(1), 213-238.

김계정(2014). 청소년의 위기요인과 학교 적응과의 관계에서 탄력성과 학교문화의 영향. 강남대학교 박사학위논문.

김광수(2013). 긍정심리학에 기반한 학교폭력 예방과 대처의 방향과 과재. 한국초등교육, 24(1), 1-23.

김규태(2013). 생태학적 관점에서의 학교폭력 실태와 원인에 대한 학생, 학부모 및 교원의 인식 차이. 중등교육연구, 61(1), 29-57.

김규태, 이용진, 신지승(2013). 생태학적 관점에서의 학교폭력 원인과 대책에 대한 학교 공동체 구성원의 의식 차이. 열린교육연구, 21(4), 95-120.

김길수(2004). 뒤르껭의 도덕교육론에 따른 초등학교 도덕 공동체 형성 방안 연구. 전주교육대학교 교육대학원 석사학위논문.

김난주(2013). 학교폭력예방에 관한 연구: 「학교폭력 예방 및 대책에 관한 법률」을 중심으로. 동의대학교 박사학위논문

김남선, 이옥분, 정일환, 주동범, 한상철(2001). 청소년 교육론. 형설출판사.

김덕수(2016). 실행으로서의 인성교육-칸트의 『교육학 강의』를 중심으로-. 칸트연구, 38, 91-118.

김동일, 이윤희, 이주영, 김명찬, 금창민, 남지은, 강은비, 정여주(2012). 미디어 이용 대체 · 보완과 중독: 청소년과 성인의 인터넷 및 스마트폰 사용 형태를 중심으로. 청소년 상담 연구, 20(1), 71-88.

김명자(2001). 중학생의 학교폭력에 영향을 미치는 요인. 정신간호학회지, 10(2), 241-253.

김미란(2010). 문제중심학습법: 탐구적 접근. 포널스.

김미란(2012). 청소년이행(transition)과 '위기청소년' 담론에 대한 분석, 교육사회연구, 22(1), 51-76.

김병년(2013). 청소년의 스마트폰 중독이 사회성 발달에 미치는 영향. 한국콘텐츠학회논문지, 13(4), 208-217.

김봉소(1989). 발달심리학. 교육과학사.

김상돈(2010). 중등인선교육의 방향: 도덕과 교육의 관점. 한국윤리학회. 77, 35-71.

김상돈(2012). 학교폭력: 도대체 무엇이 잘못되었는가?-도덕과교육(도덕 및 도덕교육)의 존재 망각. 윤리연구, 1(85), 235-262.

김선애(2007). 가정, 학교, 친구관련 변인과 학교폭력과의 관계. 청소년학연구, 14(1), 101-126.

김설희(2006). 중학생의 학교폭력에 관한 인식 변화 연구: 학교폭력예방교육을 중심으로. 명지대학교 석사학위논문.

김세광(2015). 대학생을 위한 '회복적 정의' 교과목 개발. 기독교교육논총, 43, 47-76.

김소연(2013). 스마트폰 및 SNS 사용이 중학생의 소외감과 교우관계에 미치는 영향. 건국대

학교 교육대학원 석사학위 논문.
김수정, 손경숙(2007). 가출청소년의 정서조절능력증진을 위한 집단상담 프로그램 개발 및 효과검증. 사회복지연구, 35, 409-439.
김승호(2013). 학교의 의미 탐색. 교육논총, 50(1), 17-28.
김연숙(2005). 청소년학교폭력의 실태와 대처방안에 관한 연구. 전북대학교 교육대학원 석사학위논문.
김영은(2013). 영아기 자녀를 둔 모의 양육스트레스와 자기 통제력이 스마트폰 중독에 미치는 영향: 자기 통제력의 매개효과 중심으로. 서울여자대학교 석사학위논문.
김영화(2012). 학교폭력, 청소년 문제와 정신 건강. 한울.
김영희, 강혜원(2013). 청소년의 학교폭력예방방안 모색 연구-정서지능을 중심으로. 소년보호연구, 22, 143-164.
김은경(2013). 인터넷 과잉몰입 청소년을 위한 집단상담 프로그램 개발—좋은 삶 모형(GLM) 기반—. 백석대학교 상담대학원 석사학위논문.
김재엽, 이순호(2011). 청소년의 부모간 폭력 목격경험이 학교폭력 가해에 미치는 영향과 공격성의 매개 효과: 군산지역 청소년을 대상으로. 한국사회복지조사연구, 26, 109-137.
김재엽, 정윤경, 이서원, 김희진, 이근영, 이지현, 최지현, 이진석, 장용언, 최권호, 이동은, 최선아(2022). 청소년복지론. 학지사.
김정남(2013). 학교폭력예방을 위한 초등교사의 역량과 대책의 효과성 분석. 미래청소년학회지, 12(1), 93-115.
김정란(2003). 청소년기 자녀의 가정폭력 노출과 심리 사회적 부적응. 가정폭력연구, 21(5), 171-180.
김종석(2000). 구성주의. 교수학습전략 워크숍. 충남대학교 교육공학 연구실, 1, 1-76.
김준호, 박정선, 김은경(1997). 학교주변 폭력의 실태대책. 한국형사정책연구원.
김지숙, 김영희(2016). 문제 중심 학습을 적용한 시뮬레이션 학습이 간호학과 학생의 문제해결 능력, 비판적 사고, 학습 만족도에 미치는 효과. 한국콘텐츠학회, 16(12), 203-212.
김지혜(2017). 생태체계 관점에서 본 성폭력 피해 지적장애 여성의 성폭력 이후의 경험에 대한 연구, 한국콘텐츠학회, 17(6), 382-395.
김진화, 송병국, 고운미, 이채식, 최창욱, 임형백, 이창식, 김경준, 김진호, 권일남, 양승춘(2002). 청소년 문제행동론. 학지사.
김창군, 임계령(2010). 학교폭력의 발생원인과 대처방안. 법학연구, 38, 173-198.
김충기, 강봉규(2001). 현대 상담이론과 실제. 교육과학사.
김하연(2016). 학교 인성교육 활성화를 위한 교사의 요구분석. 교육연구, 25(1), 27-57.
김한나(2014). 청소년의 스마트폰 중독 수준과 사용 유형에 따른 대인관계 문제의 차이. 숙명여자대학교 석사학위논문.

김현수(2017). 도덕과 교육에서 인성교육 관련 연구의 현황과 전망: 인성교육 5개년 종합계획을 중심으로. 윤리연구, 1(114), 141-161.

김혜주(2012). 청소년의 스마트폰 중독이 사회성 발달 및 학교 적응에 미치는 영향. 호남대학교 산업경영대학원 석사학위논문.

김희민(2015). 남녀 중학생의 스마트폰 중독에 영향을 미치는 요인 비교. 경희대학교 석사학위논문.

김희복, 강성빈, 박현주, 김수동, 이정명, 임은주(2013). 학교폭력 예방을 위한 이론과 실제. 경성대학교출판부.

남상호(2015). 서원의 인성교육-철학 치유 방법을 찾아서. 인문과학연구, 49, 377-406.

네이버 지식백과(2009). 한경 경제용어사전. 한국경제신문/한경닷컴.

노연상, 이상훈(2013). 중국의 학교폭력 예방정책의 내용과 그 시사점. 한국경찰연구, 12(3), 75-102.

노종희(1999). 교육행정학: 이론과 연구. 문음사.

노희정(2016). 듀이의 반성적 사고와 문제해결형 도덕수업. 윤리교육연구, 39, 179-197.

도기봉(2008). 학교폭력에 영향을 미치는 가족요인에 대한 공격성과 충동성의 조절효과. 한국가족사회복지학, 22, 5-34.

류근숙(2015). 중학생의 스마트폰 중독 실태 연구. 가야대학교 행정대학원 석사학위논문.

류진아(2007). 위기청소년의 문제상황에 대한 사례연구. 한국놀이치료학회지, 10(2), 59-71.

류청산, 진홍섭(2006). 인성교육을 위한 인성덕목의 요인 분석. 교육논총, 26(1), 139-166.

목영해(1994). 후 현대주의 교육학. 교육과학사.

문영희, 강동욱(2015). 「학교폭력 예방 및 대책에 관한 법률」의 성격에 대한 검토 및 그 개정방향. 법과 정책연구, 15(1), 97-123.

문용린, 김준호, 임영식, 곽금주, 최지영, 박병식, 박효정, 이규미, 임재연, 정규원, 김충식, 이정희, 신순갑, 진태원, 장현우(2006). 학교폭력 예방과 상담. 학지사.

민경삼(2014). 학교폭력 예방 및 대책에 관한 연구. 동국대학교 석사학위논문.

박수빈(2013). 중학생의 스마트폰중독이 학교생활적응 및 정신건강에 미치는 영향. 국민대학교 교육대학원 석사학위논문.

박영신, 김의철(2000). 폭력가해, 폭력피해, 폭력무경험 집단의 인간관계와 심리행동특성의 차이. 2000년도 한국심리학회 연차학술발표대회 논문집, 88-89.

박의수(2010). 교육의 역사와 철학. 동문사.

박종효(2005). 또래공격행동 및 피해 행동에 대한 이해: 선행요인 탐색과 문제행동에 미치는 영향. 한국심리학회지: 한국발달심리학회, 18(1), 19-36.

박진규, 윤여승, 최용환, 최희선, 하중래(2019). 청소년문화. 학지사.

박진욱(2013). 스마트폰 중독이 청소년에게 미치는 영향에 관한 연구. 울산대학교 석사학위논문.

박효정, 정미경, 김효원(2010). 학교폭력 예방 프로그램의 적용효과 분석: 초등학생의 학교폭력에 대한 인식, 태도 및 행동, 대처능력의 변화를 중심으로. 한국교육, 37(4), 47-72.

박효정, 정미경, 박종효(2006). 학교폭력 대처를 위한 국내 외 지원체제 구축사례집. 한국교육개발원 연구보고, RR 2006-92.

박훈미(2013). 청소년의 스마트폰 중독에 영향을 미치는 요인에 관한 연구. 중앙대학교 사회개발대학원 청소년학과 석사학위논문.

박휴용(2012). 교육과정. 학지사.

백경희, 송승훈 박정수, 강근호, 조동선(2019). 학교폭력의 범위 및 가해학생과 그 감독자의 법적 책임에 관한 고찰-미국의 법제와의 비교를 중심으로-. 법학논집, 23(2), 109-139.

삼성사회정신건강연구소(2010). 학교폭력예방을 위한 시범학교 운영 매뉴얼. 교육과학사.

서동은(2012). 인성교육, 철학으로 풀어볼 수 없을까: 자존감 회복을 위한 중학생 철학 수업. 우리교육, 168-177.

서민규(2012). 비판적 사고와 창의적 문제해결. 교양교육연구, 6(3), 221-247.

서민철(2012). 인성교육의 윤리학적 기초로서 덕윤리. 학습자중심 교과교육연구, 12(3), 217-241.

서울특별시교육청 교육연구정보원(2023). 인터넷 · 스마트폰 지능정보서비스 과의존 예방 및 해소 가이드라인 교사용.

서정화, 정일환, 고재경, 권동택, 김경윤, 김무봉, 김병주, 김병찬, 김정희, 박세훈, 박영숙, 박은혜, 백정하, 손영배, 신은수, 안병천, 오범호, 유병주, 이상성, … 황준성(2013). 한국 교육정책 현안과 해법. 교육과학사.

서지혜(2012). 고등학생의 개인, 부모, 또래 및 스마트폰 이용 동기 요인과 스마트폰 중독과의 구조적 관계 분석. 성신여자대학교 석사학위논문.

손경원(2016). 인성교육의 연구동향과 과제. 윤리교육연구, 39, 97-133.

손능수, 김순양(2015). 학교폭력대처를 위한 지방자치단체의 정책 방안 모색에 관한 연구. 지방정부연구, 19(3), 437-468.

손봉호(2010). 인성교육의 철학적 기초. 한국유아교육 · 보육복지학회 학술발표대회 논문집, 19-24.

송재홍, 김광수, 박성희, 안이환, 오익수, 은혁기, 정종진, 조붕환, 홍종관, 황매향(2016). 학교폭력의 예방과 상담: 이론과 실제. 학지사.

송준수, 강재태, 신재영(2003). 교육사회학. 교육과학사.

신석은(2013). 청소년의 스마트폰 사용실태와 중독: 정신과 신체건강에 미치는 영향을 중심으로. 충남대학교 교육대학원 석사학위논문.

신성철, 백석기(2013). 청소년의 스마트폰 중독이 공격성에 미치는 영향. 위기관리 이론과 실천 2013 Crisisonomy, 9(11), 345-362.

신성철, 백석기(2014). 청소년의 가정폭력경험이 학교폭력에 미치는영향에 대한 적응유연성의 조절효과. 한국치안행정학회 2014 한국치안행정논집, 11(1), 23-44.

심성보(1999). 도덕교육의 담론. 학지사.

양영하(2013). 청소년의 가정 및 학교적응이 스마트폰 중독에 미치는 영향. 한양대학교 교육대학원 석사학위논문.

양일영, 이수영(2011). 이용 동기에 기반한 스마트폰 초기 이용자 유형에 관한 탐색적 연구. 한국언론학회, 55(1), 109-139.

양종국(2002). 비행청소년의 비행위험요인 및 보호요인과 제비행간의 관계. 건국대학교 박사학위논문.

엄수현(2013). 스마트폰 사용 특성이 사용자의 인체적 이상증상에 미치는 영향. 인하대학교 석사학위논문.

엄태동(1998). 교육적 인식론 탐구. 교육과학사.

여성가족부(2010). 2010년 청소년 인터넷 중독 위험정도. 여성가족부.

여성가족부(2011). 2011년 인터넷 게임중독 청소년 스스로 조절해 가요!(초 · 중 · 고 학생 5만여 명 청소년 스스로지킴이—YP 활동 전개).

여성가족부(2013). 2013년 스마트폰 중독 청소년 상담 매뉴얼개발연구.

여성가족부(2013). 2013년 청소년의 스마트폰 중독에 따른 상담 및 치료 방안모색.

여성가족부(2014). 2014년 청소년 스마트폰 중독 실태 조사연구.

여성가족부(2015). 2015년 청소년 인터넷 스마트폰 중독 상담프로그램 개발연구.

여성가족부(2016). 2016년 인터넷 · 스마트폰 이용습관 진단조사.

오세연, 곽영길(2013). 사이버 불링을 통한 학교폭력의 실태와 대응방안에 관한 연구. 한국치안행정논집, 10(3), 65-88.

유경희(2005). 학교폭력의 예방과 교정을 위한 안간힘: 중국. 교육개발, 32(5), 85-92.

윤명숙, 조혜정(2008). 청소년의 폭력경험유형이 우울 및 음주행위에 미치는 영향. 정신건강과 사회복지, 29, 295-329.

윤미애(2013). 중학생의 스마트폰 중독 경향성이 학업성취도에 미치는 영향. 배재대학교 교육대학원 석사학위논문.

윤석진(2008). 학교폭력 대책에 관한 교사의 역할 연구. 경기대학교 교육대학원 석사학위논문.

윤태현(2017a). 학교폭력예방 및 대책의 실효성 제고 방안: 학교폭력예방 및 대책에 관한 법률검토를 중심으로. 한양대학교 법학전문대학원 박사학위논문.

윤태현(2017b). 회복적 정의를 통한 학교폭력예방 및 대책의 발전 방안 연구. 소년보호연구, 30(2), 89-123.

이경희(2014). 교과교육학, 학교폭력 문제해결을 위한 패러다임의 전환. 윤리교육연구, 33, 149-168.

이규미(2014). 학교폭력 예방의 이론과 실제. 학지사.

이기범(2005). '사회적 실천에 참여'로서의 학습과 공동체. 교육철학연구, 33, 101-116.

이기홍, 소병철, 민황기, 임종진, 이영경, 하갑룡, 강손근, 조수경, 전종윤, 차봉준, 유의근(2016). 인성교육의 철학적 성찰. 교육과학사.

이대성(2013). 학교폭력문제의 사회과교육적 접근의 가능성과 한계: 회복적 정의론의 관점에서. 사회과교육연구, 20(1), 67-86.

이미경(2014). 초등학교 고학년 학생의 스마트폰 사용과 정신건강과의 관계. 전남대학교 교육대학원 석사학위논문.

이미리, 김춘경, 여종일(2019). 청소년 심리 및 상담. 학지사.

이미리, 조성연, 길은배, 김민(2019). 청소년학개론. 학지사.

이민석(2011). 스마트폰 중독에 영향을 미치는 요인 연구. 연세대학교 정보대학원 석사학위논문.

이병환, 김경선(2014). 학교폭력 예방의 이론과 실제. 교육과학사.

이복희, 김종표, 김윤아(2018). 청소년교육론. 학지사.

이상, 이수연(2011). 중국 농촌 류수(留守) 청소년의 우울에 영향을 미치는 요인. 미래청소년학회지, 8(1), 111-132.

이상균(2005). 청소년의 또래폭력 가해경험에 대한 생태 체계적 영향 요인. 한국아동복지학, 19, 141-170.

이석호 역(1999). 철학적 윤리학. 한스 라이너 저. 철학과 현실.

이선종(2013). 스마트폰 중독의 위험요인 탐색 및 모형검증: 성격과 이용동기를 중심으로. 경상대학교 석사학위논문.

이순래(2002). 학교폭력의 원인 및 대처방안에 관한 연구. 형사정책연구원 연구총서, 2(40), 9-148.

이승출(2011). 청소년의 가정폭력 노출경험과 학교폭력에 관한 연구. 청소년문화포럼, 29, 115-135.

이승현, 강지현, 이원상(2015). 청소년 사이버폭력의 유형분석 및 대응방안 연구. 한국형사법무정책연구원.

이승현, 강지현, 이원상(2015). 청소년 사이버폭력의 유형분석 및 대응방안 연구. 형사정책연구원 연구총서, 1-481.

이시은, 이재창(2004). 청소년기 애착에 관한 질적 분석 연구. 한국심리학회지: 상담 및 심리치료, 16(2), 207-226.

이영민, 전도근 역(2009). 팀 기반 학습. 학지사.

이유진, 이창훈, 강지명, 이상희(2014). 학교폭력 해결을 위한 회복적 정의모델 도입방안 연구. 한국청소년개발원 연구보고서, 11, 1-341.

이은영(2015). 공감의 교육학적 의미 연구: 학교폭력에서 인성교육을 위한 공감의 의미를 중심으로. 교육문화연구, 21(1), 5-27.

이재상(2019). 청소년 기본법상 청소년문제에 대한 해결방안 제고. 동북아법연구, 13(1), 195-232.

이재욱(2012). 학교폭력의 원인과 해결 방안: 학교폭력예방 및 대책에 관한 법률의 실효성 검토와 법교육의 중요성 인식을 중심으로. 고려대학교 교육대학원 석사학위논문.

이지은(2014). 초등학생의 스마트폰 사용현황과 중독실태에 대한 고찰. 경성대학교 교육대학원 석사학위 논문.

이진남(2015). 철학실천 그리고 문제해결의 과정과 기법들. 가톨릭철학, 25, 33-61.

이진원 역(2009). 디지털 네이티브. 돈 탭스코트 저. 비즈니스북스.

이창호, 윤철경, 최금해, 김옥태(2014). 한중 청소년의 온라인 게임 이용과 중독예방 및 치료정책에 관한 비교연구. 중국종합연구, 1-208.

이창훈, 송주영(2009). 집단 괴롭힘(Bullying)에 대한 생태학적 접근: 한국과 미국의 비교연구. 한국범죄학, 3(2), 103-143.

이철현(1997). 현대 사회적 위기 상황 속에서의 가족과 가정 문제에 대한 관리방안 연구. 여성가족생활연구, 2, 49-83.

이춘화(1999). 보호관찰소년의 폭력비행에 관한 연구, 소년보호 연구, 한국소년정책학회, 1, 213-249.

이충효(2015). 초 · 중 · 고등학생들의 스마트폰 중독에 영향을 미치는 요인에 대한 메타분석. 한국교원대학교 교육대학원 석사학위 논문.

이택휘, 유병열(2000). 도덕교육론. 양서원.

이하준(2014). 울리히 벡의 개인개념과 한국사회. 사회와 철학, 28, 67-104.

이형득(1998). 자기성장 집단상담의 단계별 발달과정. 집단상담연구, 1, 35-61.

이형득(2003). 본성실현상담. 학지사.

인천광역시교육청 평생교육체육과(2016). 2016년도 학생 건강관리.

임종범(2021). 인터넷, 스마트폰 과의존, 어떻게 해결할 것인가. 교육정보 가을호(224호). 서울특별시교육청교육연구정보원.

장로(2013). 청소년 인터넷 게임중독 및 스마트폰 중독이 신체적 건강에 미치는 영향. 명지대학교 청소년지도학과 석사학위논문.

장리화, 정일환(2016). 중국의 학교폭력 실태와 대책: 하남성 정주시 사례. 한국비교교육학회 학술대회자료집, 107-131.

전경숙(2017). 대안고등학교에서의 스마트폰 중독예방 사례연구. 한국비교교육학회 학술대회자료집, 175-186.

정미경(2001). 구성주의, 문제중심수업이 자기주도적 학습태도에 미치는 효과. 초등교육학연구, 8(2), 127-141.

정미경(2008). 학교폭력 예방 프로그램 적용효과 분석 연구. 한국교육개발원 연구보고서, 한국교육개발원.

정보통신정책연구원(2013). 스마트폰 보유 및 이용행태 변화: 2012년과 2013년의 비교, KISDI STAT Report 13(11), 21-25.

정석용, 이용규(2011). 인간과 사회윤리. 동문사.

정여주(2008). 통합예술치료가 인터넷 중독 고교생의 인터넷 사용조절과 자기통제에 미치는 영향. 미술치료연구, 15(3), 555-570.

정용수(2016). 다문화 교육을 위한 철학적 모색-칸트의 세계 시민론을 중심으로. 대동철학, 74, 25-42.

정은다(2013). 초등학생의 스마트폰 과다사용과 충동성 및 사회성 간의 관계. 충남대학교 교육대학원 석사학위논문.

정익중, 이소희, 도미향, 김지혜, 한윤선(2021). 청소년복지론. 학지사.

정일환(2016a). 대구행복역량교육의 성과분석 및 발전방향 탐색연구. 대구광역시 교육연구정보원.

정일환(2016b). 학교교육의 혁신과 교육학의 과제: 대구행복역량교육의 성과와 발전 방향. 한국교육학회 학술대회논문집, 199-231.

정일환(2016c). 학교폭력예방과 대책에 대한 토론. 한국문화 및 사회문제심리학회. 춘계학술대회자료집.

정일환, 김병주, 구자억, 권동택, 김병찬, 김정희, 박남기, 박선형, 박희진, 신태진, 신효숙, 유성상, 윤종혁, 이병진, 이화도, 정영근, 정종진, 주경란, 최영표, … 한일조(2012). 비교교육학: 이론과 실제. 교육과학사.

정일환, 김영환(2012). 미국 학교폭력에 대한 무관용정책의 변화와 시사점. 비교교육연구, 22(1), 25-50.

정일환, 김영환(2013). 미국의 학교자원 경찰제도의 주요내용과 시사점. 비교교육연구, 23(1), 25-50.

정일환, 류영숙, 김현숙, 김정희, 김경선, 정현숙(2013). 교육학개론. 동문사.

정정호(2000). 또래폭력 피해 경험에 관한 연구. 서울대학교 석사학위논문.

정주영, 홍광표, 이정아(2012). 술술 풀리는 PBL과 액션러닝. 학지사.

정진곤, 김규환 역(1997). 개인주의와 교육. 학지사.

정진석(1995). 교회법해설 6. 가톨릭대학교 출판부.

정창우(2012). 정부의 학교폭력근절종합대책에 대한 보완책. 한국학중앙연구원회 학교폭력 근절을 위한 전국교육자대회 자료집, 189-200.

정창우, 김란, 이경은, 황광원(2016). 초 · 중등 교사의 인성교육 전문성 발달을 위한 교원연수 자료 개발 연구. SNU-CoE 학교 교육 프로그램 개발 사업 연구보고서. 서울대학교 산학협력단 보고서 번호 700-201500700-(1).

정하은, 전종설(2012). 청소년 학교폭력의 위험요인. 청소년복지연구, 14(1), 195-212.

정한라(2013). 국내외 사이버폭력 사례 및 각국의 대응방안. Internet & Security Focus, 10, 31-47.

정한호(2012). 학교현장에서 발생하는 사이버폭력 실태와 대처방안에 대한 고찰. 한국소년정책학회, 20, 205-239.

정희태(2011). 학교폭력예방과 갈등해결 방안: 인성교육적 접근. 윤리교육, 1(83), 123-162.

조극훈(2017). 헤겔철학에서 용서담론과 회복적 정의. 문화와 융합, 39(5), 953-984.

조남두(2014). 학교폭력의 예방과 실제. 동문사.

조미정(2015). 초등학생의 스마트폰 중독에 의한 정서적 문제점과 개선방안. 전북대학교 교육대학원 석사학위논문.

조미희(2013). 초등학생의 부모 양육태도와 또래애착이 스마트폰 과다사용에 미치는 영향: 우울을 매개로. 광운대학교 상담복지정책대학원 석사학위논문.

조세경(2001). 구성주의와 문제중심학습법. 영어교육, 56(4), 311-327.

조연순(2006). 문제중심학습의 이론과 실제. 학지사.

조연순, 김아영, 허미화, 김인전(2001). 교사-학생 간 상호작용 분석을 통한 인성교육의 현황 및 가능성 탐색. 교육학연구, 39(3), 233-258.

조연주, 조미헌, 권형규 공역(1998). 구성주의와 교육. 레슬리 스테프, 제리 게일(편). 학지사.

조용태(2002). 교육철학의 탐구. 문음사.

조정실, 차명호(2012). 교사와 학부모를 위한 학교폭력 상담. 학지사.

조학래(2002). 중학생 집단따돌림 실태와 대응방안. 연세사회복지연구, 8, 1-27.

조형정, 권희림(2016). 문제중심학습(PBL)을 활용한 학교폭력의 예방 및 대책—교직교과 수업의 사례연구—. 교육방법연구, 28(1), 29-53.

조희정(2012). 사이버 불링(CyberBullying)의 현황과 과제. 한국인터넷자율정책기구(KISO) 저널, 9.

차경수, 최충옥, 이미나, 옹정근, 남기석(2010). 교육사회학의 이해. 양서원.

채진원(2013). 시대전환기 학교폭력과 새로운 학교문화의 정립. 교육논총, 33(2), 73-99.

청소년폭력예방재단(2008). 2007학교폭력 실태조사 보고서.

청소년폭력예방재단(2012). 2011년 전국 학교폭력 실태조사 보고서.

청소년폭력예방재단(2014). 2013년 전국 학교폭력 실태조사 보고서.

청소년폭력예방재단(2015). 2014년 전국 학교폭력 실태조사 보고서.

초록우산 어린이재단 아동복지연구소(2014). 초록우산 인성교육 프로그램 개발 및 효과성 검증.

최남순(2013). 초등학생의 스마트폰 중독과 관련된 변인: 부모양육태도, 자존감, 사회성. 경남대학교 교육대학원 석사학위 논문.

최병욱(2016). 위기청소년을 위한 인성교육과 인문치료. 인문과학연구, 49, 511-537.

최성진, 김양하, 황인숙(2004). 한국문화에서 청소년이란 무엇인가? 한국심리학회지: 사회문제, 10, 11-28.

최성환, 최해연(2014). 청소년 정서 조절의 이해: 측정도구의 개발 및 타당화. 한국심리학회지: 일반, 33(4), 833-852.

최숙영(2014). 사이버불링에 대한 국내외 연구 동향 및 대응 방안 연구. 한국컴퓨터교육학회 컴퓨터교육학회논문지, 17(6). 35-48.

최신일(2016). 도덕과 인성교육의 주요가치, 덕목연구. 초등교육연구논총, 32(2), 1-16.

최정웅, 조용태(1996). 교육의 역사와 철학. 대구가톨릭대학교출판부.

최정임, 장경원(2010). PBL로 수업하기. 학지사.

최종술(2012). 미국의 학교-경찰 연계제도 및 한국의 학교폭력 해결책에 주는 시사점. 한국교육개발원 연구보고서, 1-45.

최중진(2013). 학교폭력의 해결과 예방을 위한 패러다임의 전환: 회복적, 생태체계적, 그리고 성장지향적 개념틀을 중심으로. 교정담론, 7(2), 129-164.

최충옥(1998). 청소년교육론. 양서원.

추병완 역(1999). 도덕 발달 이론. 존 마틴 리치, 조셉 드비티스 공저. 백의.

추병완, 박병기(2005). 윤리학과 도덕교육. 인간사랑.

통계청, 여성가족부(2012). 청소년 통계.

하수연(2015). 인성교육 핵심가치 8덕목에 대한 예비 유아교사의 연상 단어 분석. 인문사회 21, 6(3), 493-526.

한국교육개발원(2008). 학교폭력예방프로그램 적용효과 분석연구. 연구보고 RR 2008-09-02.

한국정보화진흥원(2007). 2007년 인터넷 休(휴)요일 프로그램.

한국정보화진흥원(2008). 2008년 인터넷 중독 예방 강의안.

한국정보화진흥원(2010). 2010년 인터넷게임중독 예방교재 적합성 및 개선방안 연구.

한국정보화진흥원(2011a). 스마트폰 중독 진단척도 개발 연구.

한국정보화진흥원(2011b). 청소년 인터넷 중독 전수조사 및 대응체계 개선방안 연구.

한국정보화진흥원(2013). 2013년 스마트폰 중독 예방 가이드북.

한국정보화진흥원(2014). 2014년 인터넷 중독 실태조사 보고서.

한국정보화진흥원(2015). 인터넷 스마트폰 중독예방 교육과정 개편연구.

한국청소년정책연구원(2004). 청소년 온라인게임 중독 실태와 중독 예방 교육 프로그램 연구.

한국청소년정책연구원(2009). 청소년 게임중독 예방을 위한 가족단위 여가 프로그램 활성화 방안.

한국청소년정책연구원(2013a). 스마트폰 확산에 따른 청소년 보호방안 연구.

한국청소년정책연구원(2013b). 영유아 및 아동 청소년의 스마트폰 중독 예방을 위한 정책.

한안나, 권미수, 백용매, 김윤희, 박효영, 전경숙, 남길우, 정세용(2015). 인터넷 · 스마트폰 중독 예방 교육과정 개편 연구. 한국정보화진흥원.

한준상, 이춘화, 임성택(1999). 학교내 비폭력문화 프로그램 개발. 한국청소년정책연구원 연구보고서, 1-138.

한혜정, 조덕주(2012). 교육과정. 학지사.

허예라(2000). 문제중심학습법 활용 교수전략에 관한 연구. 연세대학교 석사학위논문.

허지혜(2013). 청소년의 친구관계와 자아존중감이 스마트폰 중독에 미치는 영향. 대구대학교 사회복지대학원 석사학위논문.

홍순정(2013). 전생애 인성교육. 양서원.

홍종관(2012). 학교폭력의 실태, 원인 그리고 대처에 관한 연구. 초등상담연구, 11(2), 237-259.

홍지혜(2013). 초등학생의 스마트폰 사용정도가 정신건강과 사회성에 미치는 영향에 관한 연구: 성격 5요인의 조절효과를 중심으로. 영남대학교 석사학위논문.

홍후조, 백혜조, 고영희(2013). 학교교육에서 강조하는 자기주도학습과 인성교육에 대한 비판적 고찰. 교육문제연구, 26(1), 181-200.

황상민, 김영사(2001). "사이버 중독"에 관한 도서들: 천자서평/사이버 공간에 또 다른 내가 있다. 상담과 선교, 33, 124.

황종관(2001). 도덕교육에서의 권위와 자율성의 관계: 칸트와 뒤르껭을 중심으로. 도덕교육연구, 12(2), 87-112.

황창근(2009). 인터넷상 욕설, 악플 등 사이버 폭력 해소를 위한 법제도 개선방안 연구. 방송통신정책연구, 09-진흥-라-5. 한국공법학회.

황혜원, 신정이, 박현순(2006). 초기청소년의 학교폭력에 대한 생태학적 요인들 간의 경로분석. 아동권리연구, 10(4), 497-526.

Addington, L. A. (2009). Cops and Cameras: Public School Security as a Policy Response to Columbine. *American Behavioral Scientist, 52*, 1426-1446.

Advancement Project. (2003). *Derailed: The Schoolhouse to the Jailhouse Track*. Advancement Project.

American Psychological Association. (2008). Are Zero Tolerance Policies Effective in the Schools? An Evidentiary Review and Recommendations. *American Psychologist, 63*(9), 852-862.

Archambault, R. D. (1974). *John Dewey on Education*. The University of Chicago Press.

Aristoteles. (1972). *Die Nikomachische Ethik*. Übersetzt von Olof Gigon. Deutscher Taschenbuch Verlag. München.

Atkinson, A. J. (2000). *The Successful School Resource Officer Program: Building Effective School and Law Enforcement Partnerships*. Greystone.

Atkinson, A. J. (2002). *Fostering School-Law Enforcement Partnerships*. Portland, OR: Northwest Regional Educational Laboratory.

Axelrod, S., & Apsche, J. (1983). *The Effects of Punishment on Human Behavior*. Academic Press.

Baird, A. A., & Fugelsang, J. A. (2004). The Emergence of Consequential Thought: Evidence from Neuroscience. *Philosophical Transactions of the Royal Society of London B, Biological Sciences, 359*, 1797.

Bandura, A. (1977). *Social Learning Theory*. General Learning Press.

Bandura, A. (1986). *Social Foundations of Thought and Action: A Social Cognitive Thory*. Englewood cliffs, Prentice-Hall.

Beger, R. R. (2002). Expansion of Police Power in Public Schools and the Vanishing Rights of Students. *Social Justice, 29*, 119-130.

Belkin, G. S. (1981). *Pactical counseling in the school* (2nd ed.). William C. Brown Co. Publishers.

Bender, D., & Losel, F. (2011). Bullying at school as a predictor of delinquency, violence and other anti-social behavior in adulthood. *Criminal Behavior and Mental Health, 21*(2), 99-106.

Benigni, M. (2004). The Need for School Resource Officers. *FBI Law Enforcement Bulletin, 73*(5), 22-24.

Bereiter, C., & Scardamalia, M. (2000). Commentary on Part I: Process and Product in Problem-Based Learning Research. In *Problem-based Learning: A research perspective on learning interaction*, L. Erlbaum Associates, 185-226.

Bickel, F., & Qualls, R. (1980). The Impact of School Climate on Suspension Rates in the Jefferson County Public Schools. *Urban Review, 12*(2), 79-86.

Birkland, T. A., & Lawrence, R. G. (2009). Media Framing and Police Change after Columbine. *American Behavioral Scientist, 54*, 1405-1425.

Björkqvist, K., Ekman, K., & Lagerspetz, K. M. (1982). Bullies and Victims: Their Ego Picture, Ideal Ego Picture and Normative Ego Picture. *Scandinavian Journal of Psychology, 23*(4), 307-313. https://doi.org/10.1111/j.1467-9450.1982.tb00445.x

Bond, B. (2001). Principals and SRO: Defining Roles. *Principal Leadership, 1*(8), 52-55.

Bowditch, C. (1993). Getting Rid of Troublemakers: High School Disciplinary Procedures and the Production of Dropouts. *Social Problems, 40*, 493.

Bracy, N. L. (2011). Student Perceptions of High: Security School Environments. *Youth & Society, 43*, 365-395.

Bridges, E. M. (1967). A Model for Shared Decision Making in the School Principalship. *Educational Administration Quarterly, 3*(1), 49-61.

Brown, B. (2006). Understanding and Assessing School Police Officers: A Conceptual and Methodological Comment. *Journal of Criminal Justice, 34*, 591-604.

Brown, B., & Benedict, W. R. (2005). Classroom Cops, What do the Students Think? A Case Study of Student Perceptions of School Police and Security Officers Conducted in a Hispanic Community. *International Journal of Police Science and Management, 7*, 264-285.

Brown, L. (1985). *Justice, Morality and Education: A New Focus in Ethics in Education.* The Macmillan Press.

Campbell, J. C., & Humphrey, J. (1984). *Nursing Care of Victims of Family Violence.* Reston Publishing Co.

Capozzoli, T., & McVey, R. (2000). *Kids Killing Kids: Managing Violence and Gangs in Schools.* CRC Press.

Casella, R. (2003). Zero Tolerance Policy in Schools: Rationale, Consequences, and Alternatives. *Teachers College Record, 105*(5), 872-879.10.1111/1467-9620.00271.

Center for Schools and Communities. (1998~2000). *School Safety Environment Survey.* Retrieved from http://www.pccd.state.pa.us/stats/sro%20Executive%20Summary.pdf on July 15, 2012.

Center for the Prevention of School Violence. (2001). *School Resource Officers: What We Know, What We Think We Know, What We Need to Know.* Center for the Prevention of School Violence.

Center for the Prevention of School Violence. (2003). *School Resource Officers and Safe School Planning.* Retrieved from http://www.ncsu.edu/cpsv/srossp.htm on July 15, 2012.

Cornell, D. G., & Sheras, P. L. (2006). *Guidelines for Responding to Student Threats of Violence.* Sopris West Educational Services.

Costenbader, V., & Markson, S. (1998). School Suspension: A Study with Secondary School Students. *Journal of School Psychology, 36*(1), 59-82. https://doi.org/10.1016/S0022-4405(97)00050-2

Council for Exceptional Children. (1991). *Reducing Undesirable Behaviors (CEC Mini-Library: Working with Behavioral Disorders).* Council for Exceptional Children.

Crick, N. R., & Dodge, K. A. (1996). Social information-processing mechanisms in reactive and proactive aggression. *Child Development, 67*, 993-1002.

Denham M. (2009). *Effectiveness of School Resource Officer Programs*. Sam Houston State University.

DeVoe, J. F., Peter, K., Kaufman, P., Miller, A., Noonan, M., Snyder, T. D., & Baum, K. (2004). Indicators of School Crime and Safety, 2004. NCES 2005-002. *National Center for Education Statistics*.

Dewey, J. (1960). *The Quest for Certainty: A Study of the Relation of Knowledge and Action.* G. P. Putnam's Sons.

Donohue, E., Schiraldi, V. & Ziedenberg, J. (1998). *School House Hype: School shootings and the real risks kids face in America*. The Justice Policy Institute.

Dunn, W. N. (1981). *Public Policy Analysis: An Introduction. Englewood Cliffs.* Prentice-Hall.

Durkheim, E., & König, R. (1995). *Die Regeln der soziologischen Methode*. Suhrkamp.

Eccles, J. (2004). Schools, Academic Motivation, and Stage Environment Fit. In R. Lerner & L. Steinberg (Eds.), *Handbook of Adolescent Psychology.* Wiley.

Elliott, D. S., Hamburg, M. A., & Williams, K. R. (1998). Violence in American Schools: An Overview. In D. Elliott, B. Hamburg, & K. Williams (Eds.), *Violence in American Schools*, 3-28. Cambridge University Press.

Elliott, D., Hatot, N. J., Sirovatka, P., & Potter, B. B. (2001). *Youth Violence: A Report of the Surgeon General.* Office of the U.S. Surgeon General.

Evensen, D. H. (2000). Observing Self-Directed Learners in a Problem-Based Learning Context: Two Case Studies. In D. Evensen, & C. E. Hmelo (Eds.), *Problem-Based Learning: A Research Perspective on Learning Interactions* (pp. 263-297). Erlbaum.

Ewing, C. P. (2000). Sensible Zero Tolerance Protects Students. *Harvard Education Letter, 16*(1), 7-8.

Farrington, D. P., & Loeber, R. (2000). Epidemiology of juvenile violence. *Child and Adolescent Psychiatric Clinics of North America, 9*(4), 733-748.

Fine, M. (1986). Why Urban Adolescents Drop into and out of Public High School. *Teachers College Record, 87*, 393-409.

Fink, P. J. (2001). Problems with and Solutions for School Violence: The Philadelphia Experience. In M. Shafii &S. Shafii (Eds.), *School Violence Assessment, Management,*

*Prevention* (pp. 231-250). American Psychiatric Publishing.

Finn, P., Shively, M., McDevitt, J., Lassiter, W., & Rich, T. (2005). Comparison of Program Activities and Lessons Learned among 19 School Resource Officers (SRO) Programs. Report Prepared for the National Institute of Justice. Retrieved from http://www.ncdjjdp.org/cpsv/pdf_files/SRO_Natl_Survey.pdf on September 3, 2012.

Finn, P., Townsend, M., Shively, M., & Rich, T. (2005). *A Guide to Developing, Maintaining, and Succeeding with Your School Resource Officer Program*. US Department of Justice, Office of Community Oriented Policing Services.

Finn, P., Townsend, M., Shively, M., & Rich, T. (2005). *Guide to Developing, Maintaining, and Succeeding With Your School Resource Officer Program*. U. S. Department of Justice, Office of Community Oriented Policing Services.

Fiona A. W. (1996). Sources of Influence in Moral Thought: the new Moral Authority Scale. *The Journal of Moral Education, 25*(3-4), 421-440.

Gardner, M., & Steinberg, L. (2005). Peer Influence on Risk Taking, Risk Preference, and Risky Decision Making in Adolescence and Adulthood: An Experimental Study. *Developmental Psychology, 41*, 625-635.

Garrett, A. (2001). *Keeping Schools Safe*. McFarland.

Ghezzi, P. (2006). Zero Tolerance for Zero Tolerance. *Atlanta Constitution*, March 20.

Goldberg, A. L., & Reaves, B. A. (2000). *Sheriffs' Departments, 1997*. Bureau of Justice Statistics.

Grisso, T., Steinberg, L., Woolard, J., Cauffman, E., Scott, E., Graham, S., ... & Schwartz, R. (2003). Juveniles' competence to stand trial: A comparison of adolescents' and adults' capacities as trial defendants. *Law and human behavior, 27*, 333-363.

Gropper, N., & Froschl, M. (2000). The role of gender in young children's testing and bullying. *Equity and Excellence in Education, 33*(1), 48-56.

Hall, G. S.(1904). *Adolescence: Its Psychology and its Relations to Physiology, Anthropology, Sociololgy, Sex, Crime, Religion and Education, Vol. 1*. D Appleton & Company. https://doi.org/10.1037/10616-000

Hamilton Fish Institute (1999). *A Comprehensive Framework for School Violence Prevention*. Retrieved from http://www.hamfish.org/pub/vio_com2.pdf on July 10, 2012.

Havighurst, R. J. (1972). *Developmental Tasks and Education* (3rd Ed.). D. McKay.

Hickman, M. J., & Reaves, B. A. (2006). *Local Police Departments, 2003*. Bureau of Justice Statistics.

Hmelo, C. E., & Lin, X. (2000). Becoming Self-Directed Learners: Strategy Development in Problem-Based Learning. In D. H. Evensen & C. E. Hmelo (Eds.), *Problem-Based Learning: A Research Perspective on Learning Interactions* (pp. 227-250). Lawrence Erlbaum Associates Publishers.

Hooper, C., Luciana, M., Conklin, H., & Yarger, R. (2004). Adolescents' Performance on the Iowa Gambling Task: Implications for the Development of Decision Making and Ventromedial Prefrontal Cortex. *Developmental Psychology, 40*(6), 1148-1158.

Hopkins, N. (1994). School Pupils' Perceptions of the Police that Visit Schools: Not All Police are 'Pigs'. *Journal of Community & Applied Social Psychology, 4*, 189-207.

Hostetler, K. (2003). The Common Good and Public Education. *Educational Theory, 53*(3), 347-364.

Hoy, W. K., & Miskel, C. G. (2008). *Educational administration: Theory, research, and practice* (8th ed.). McGraw-Hill.

Humphrey, J. (2001). Students Feel Safer, Behave Better with School Resource Officers on Hand. *Inside School Safety, 6*(5), 3-4.

Hyman, I. A., & Perone, D. C. (1998). The Other Side of School Violence: Educator Policies and Practices That May Contribute to Student Misbehavior. *Journal of School Psychology, 36*(1), 7-27.

Insley, A. C. (2001). Suspending and Expelling Children from Educational Opportunity: Time to Reevaluate Zero Tolerance Policies. *American University Law Review, 50*, 1039-1074.

International Association of Chiefs of Police (1999). *Guide for Preventing and Responding to School Violence*. International Association of Chiefs of Police. IACP.

Johnson, A. (2002). Police-school Resource Officers' and Students' Perception of the Police and Offending. *Policing: An International Journal of Police Strategies & Management, 25*(3), 631-650.

Johnson, I. M. (1999). School Violence: The Effectiveness of a School Resource Officer Program in a Southern City. *Journal of Criminal Justice, 27*(2), 173-192.

Jones, T. L. (2001). *Effective Response to School Violence: A Guide for Educators and Law Enforcement Personnel*. Charles C. Thomas.

Jones, V., & Jones, L. (2004). *Comprehensive Classroom Management: Creating Communities of Support and Solving Problems* (7th Ed.). Allyn & Bacon.

Kaeser, S. E. (1979). *Suspensions in School Discipline*. *Education and Urban Society, 11*(4), 465-484.

Kant, I. (1960). *Education*. Ann Arbor Paperbacks, The University of Michigan Press.

Karp, D. R., & Breslin, B. (2001). *Restorative Justice in School Communities*. *Youth & Society, 33*(2), 249-272.

Kelson, A. C. M., & Distlehorst, L. H. (2000). Groups in Problem-Based Learning (PBL): Essential Elements in Theory and Practice. In *Problem-Based Learning* (pp. 167-184). Routledge.

Kennedy, M. (2001). *Teachers with a Badge*. *American School & University, 73*(6), 36-38.

Kupchick, A. (2011). *Homeroom Security: School Discipline in an Age of Fear*. New York University Press.

Lavarello, C., & Trump, K. (2001). *Best Practice: Periodic Rotation of SRO*. National Association of School Resource Officers.

Lester, W. (1999). Four of Five Call Own Schools Safe. *The Topeka Capital-Journal*.

Lewis, C. T. (1992). *An Elementary Latin Dictionary*. Oxford University Press.

Liddell, H. G., & Scott, R. (1975). *An Intermediate Greek-English Lexicon*. The Clarenon Press.

Little, J. (1981). *The Power of Organizational setting*. National Institute of Education.

Luna, B., Garver, K. E., Urban, T. A., Lazar, N. A., & Sweeney, J. A. (2004). *Maturation of Cognitive Processes from Late Childhood to Adulthood*. *Child Development, 75*(5), 1357-1372.

Maranzano, C. (2001). The Legal Implications of School Resource Officers in Public Schools. *NAASP Bulletin, 85*(621), 76-80.

Massachussetts Advocacy Center (1986). *The Way Out: Student Exclusion Practices in Boston Middle Schools*. Massachussetts Advocacy Center.

May, D. C., Fessel, S. D., & Means, S. (2004). Predictors of Principals' Perceptions of School Resource Officer Effectiveness in Kentucky. *American Journal of Criminal Justice, 29*, 75-93.

McDevitt, J., & Panniello, J. (2005). *National Assessment of School Resource Officer Programs: Survey of Students in Three Large New School Resource Officers Programs*. National Institute of Justice.

McKay, M. D., Covell, K., & McNeil, J. (2006). *An Evaluation of Cape Breton Regional Police Service's Community Liaison Officer Program in Cape Breton-Victoria Region Schools*. Sydney, Nova Scotia: Children's Rights Centre, Cape Breton University.

Mckenna, F. R. (1995). *Philosophical Theories of Education*. University Press of America, Inc.

Morrison, G. M., Furlong, M. J., & Morrison, R. L. (1994). From School Violence to School Safety: Reframing the issue for the School Psychologist. *School Psychology Review*, 23, 236-256.

Mukuria, G. (2002). Disciplinary Challenges: How do Principals Address This Dilemma? *Urban Education*, 37(3), 432-452.

Murray, J. P. (1999). Impact of television violence. In K. S. Manhattan (Ed.), *School of family studies and human services*. Kansas State University.

Myrstol, B. A. (2010). Police in school: Public Perceptions. *Alaska Justice Forum*, *27*(3), 4-8.

Myrstol, B. A. (2011). Public Perceptions of School Resource Officer (SRO) Programs. *Western Criminology Review*, *12*(3), 20-40.

National Center for Education Statistics. (1998). Violence and Discipline Problems in U.S. Public Schools: 1996-97.

National Center for Education Statistics. (2022). Report on Indicators of School Crime and Satety: 2022.

Nuckols, B. (2009, October 14). *Delaware 1st Grader Has 45-day Suspension Lifted*. Retrieved from http://www.youtube.com/watch?v=ilQCClEGU78

Nystul, M. S. (1999). *Introduction to Counseling: An Art and Science Perspective*. Allyn and Bacon.

Office of Community Oriented Policing Services. (2008). *Cops in Schools*. Retrieved from http://www.cops.usdoj.gov/Default.asp?Item=54

Olweus, D., & Limber, S. (1999). Bullying Prevention Program. In D. S. Elliot (Ed.), *Blueprints for Violence Prevention*. Denver, CO: C &M Press.

Osher, D. M., Sandler, S., & Nelson, C. L. (2001). The Best Approach to Safety is to Fix Schools and Support Children and Staff. *New Directions for Youth Development, 92*, 127-153. https://doi.org/10.1002/yd.23320019208

Oulasvirta, A., Rattenbury, T., Ma, L., & Raita, E. (2012). Habits make smartphone use more pervasive. *Personal and Ubiquitous Computing*, 16(1), 105-114.

Owens, R. G. (2010). *Organizational Behavior in Education* (6th ed.). Prentice-Hall

Ozmon, H. A., & Craver, S. M. (2003). *Philosophical Foundations of Education*. Merrill.

Ozmon, H., & Craver, S. (1981). *Philosophical Foundations of Education*. Merrill Publishing Co.

Paquette, J. A., & Underwood, M. K. (1999). Gender differences in young adolescents' experiences of peer victimization. *Social Psychology International*, *21*, 359-376.

Patterson, G. R. (1992). Developmental Changes in Antisocial Behavior. In R. D. Peters, R. J. McMahon, & V. L. Quinsey (Eds.), *Aggression and Violence Throughout the Life Span*. Sage.

Patterson, G. R., Capaldi, D. M., & Bank, L. (1991). An Early Starter Model for Predicting Delinquency. In D. J. Pepler & K. H. Rubin (Eds.), *The Development and Treatment of Childhood Aggression*. Erlbaum.

Peden, J. M. (2001). Through a Glass Darkly: Educating With Zero Tolerance. *10-SPG Kan. J. L & Pub. Pol'y*, 369.

Petras, K., & Petras, R. (2003). *Unusually Stupid Americans: A Compendium of all American Stupidity*. Villard Books.

Powell. J. (1969). *Why am I afraid to tell you who I am?* Argus communications.

Price, P. (2009). When is a Police Officer an Officer of the Law?: The Status of Police Officers in Schools. *Journal of Criminal Law & Criminology*, 99, 541-570.

Public Agenda. (2004). *Teaching Interrupted: Do Discipline Policies in Today's Public Schools Foster the Common Good?* Retrieved from http://www.publicagenda.org/files/pdf/teaching_interrupted.pdf

Raffaele-Mendez, L. M. (2003). Predictors of Suspension and Negative School Outcomes: A Longitudinal Investigation. In J. Wald & D. J. Losen (Eds.), *New Directions for Youth Development: Deconstructing the School-to-prison Pipeline*.

Ramsey, E., Walker, H. M., Shinn, M., & O'Neill, R. E. (1989). Parent Management Practices and School Adjustment. *School Psychology Review, 18*(4), 513-525.

Raymond, B. (2010). *Assigning Police Officers to Schools (Problem-Oriented Guides for Police Response Guides Series #10)*. U. S. Department of Justice, Office of Community Oriented Policing Services.

Reiner, H. (1964). *Die Philosophische Ethik*. Quelle & Meyer.

Rich, J. M., & DeVitis, J. L. (1994). *Theories of Moral Development* (2rd Ed.). Charles C. Thomas.

Robbins, C. (2005). Zero Tolerance and the Politics of Racial Injustice. *The Journal of Negro Education*, *74*(1), 2-17.

Robinson, T. R. (2006). Understanding the Role of the School Resource Officer (SRO): Perceptions from Middle School Administrators and SROs. A Dissertation Presented for a Doctor of Education Degree, The University of Tennessee.

Romer, T. A. (2003). Learning and Assessment in Postmodern Education. *Educational Theory*, *53*(3), 313-327.

Rosenberg, M. S., & Jackman, L. A. (2003). Development, Implementation, and Sustainability of Comprehensive School-wide Behavior Management Systems. *Intervention in School and Clinic*, *10*(39), 10-21.

Rosenholtz, S. (1989). *Teachers' workplace: The social organization of schools.* Longman.

Rutter, M. (1985). Family and Social Influences: Meanings, Mechanisms and Implications. In A. R. Nichol (Ed.), *Longitudinal Studies in Child Psychology and Psychiatry*. Wiley.

Ryan, A. (1995). *John Dewey and High Tide of American Liberalism*. W. W. Norton & Company.

Salmivalli, C., & Niieminen, E. (2002). Proactive and Reactive Aggression Among School Bullies, Victims, and Bully-victims. *Aggressive Behavior*, *28*(1), 30-40.

Santrock, J. W. (2018). *Adolescence* (17th Ed.). McGraw Hill.

Scaringi, D. (2001). Zero Tolerance Needed for Safe Schools. *St. Petersburg (FL) Times*, June 24.

Scott, T. M., & Barrett, S. B. (2004). Using Staff and Student Time Engaged in Disciplinary Procedures to Evaluate the Impact of School-wide PBS. *Journal of Positive Behavior Interventions*, *6*(1), 21-27.

Sergiovanni, T. J. (1994a). *Building community in schools*. Jossey-Bass/Wiley.

Sergiovanni, T. J. (1994b). Organizations or Communities? Changing the Metaphor Changes the Theory. *Educational Administration Quarterly, 30*(2), 214-226.

Seymour, L. (1999). Getting too Tough?: Schools Are Expanding Their Zero-tolerance Policies, Disciplining and Even Kicking Out Student Who Misbehave Off-campus. *Los Angeles Times*, February 24.

Shaughnessy, M. F. (2001). Interview with Norbert Jausovec: About Flexible Thinking and Creative Thinking. *The Korean Journal of Thinking and Problem Solving*, *11*(2), 113-117.

Sheets, R. H. (1996). Urban Classroom Conflict: Student-teacher Perception: Ethnic Integrity, Solidarity, and Resistance. *Urban Review*, *28*, 165-183.

Shores, R. E., Gunter, P. L., & Jack, S. L. (1993). Classroom Management Strategies: Are they Setting Events for Coercion? *Behavioral Disorders*, *18*(2), 92-102.

Siegel, H. (2003). Value Pluralism and Moral Progress. *Philosophy of Education Society*, University of Illinois at Urbana-Champaign.

Skiba, R. J. (2003). Zero Tolerance Zero Evidence: An Analysis of School Disciplinary Practice. *Indiana Education Policy Center Policy Research Report #SRS2*.

Skiba, R. J., & Peterson, R. (1999). The Dark Side of Zero Tolerance: Can Punishment Lead to Safe Schools? Retrieved from http://www.pdkintl.org/kappan/kski9901.htm

Skiba, R. J., & Peterson, R. L. (2000). School Discipline at a Crossroads: From Zero Tolerance to Early Response. *Exceptional Children, 66*, 335-347.

Skiba, R. J., & Rausch, M. K. (2006). Zero Tolerance, Suspension, and Expulsion: Questions of Equity and Effectiveness. In C. M. Evertson &C. S. Weinstein (Eds.), *Handbook of Classroom Management: Research, Practice, and Contemporary Issues*. Erlbaum.

Skiba, R. J., Ritter, S., Simmons, A., Peterson, R., & Miller, C. (2006). The Safe and Responsive Schools Project: A School Reform Model for Implementing Best Practices in Violence Prevention. In S. R. Jimerson & M. J. Furlong (Eds.), *Handbook of School Violence and School Safety: From Research to Practice*. Routledge.

Skinner, B. F. (1953). *Science and Human Behavior*. Free Press.

Smith, P. K., & Shu, S. (2000). What Good Schools can do about Bullying? Findings from a Survey in English Schools after a Decade of Research and Action. *Childhood*, 7(2), 193-212.

Sowell, E. R., Trauner, D. A., Gamst, A., & Jernigan, T. L. (2002). Development of Cortical and Subcortical Brain Structures in Childhood and Adolescence: A Structural MRI Study. *Developmental Medicine and Child Neurology*, *44*(1), 4-16.

Steinberg, L. (2019). *Adolescence* (12th Ed.). McGraw Hill.

Sudlow, R. E. (1984). *Conducting an Effective Schools Program*[microform]. ERIC Clearinghouse.

Takyi-Boadu, C. (2006). On Zero-Tolerance Corruption not Province of Politicians. *The Ghanaian Chronicle*, March 16.

Tapscott, D. (2009). *Grownup Digital: How the Net Generation is Changing Your World*. McGraw Hill Professional.

Theriot, M. T. (2009). School Resource Officers and the Criminalization of Student Behavior. *Journal of Criminal Justice*, *37*, 280-287.

Thorson, S. (1996). The Missing Link: Student Discuss School Discipline. *Focus on Exceptional Children*, *29*(3), 1-12.

Timm, J. T. (1996). *Four Perspectives in Multicultural Education*. Wadsworth.

Tobin, T., Sugai, G., & Colvin, G. (1996). Patterns in Middle School Discipline Records. *Journal of Emotional and Behavioral Disorders*, *4*(2), 82-94.

Tönnies, F. (1887). *Gemeinschaft und Gesellschaft,* trans. CP Loomis (1957) Community and Society.

Torpy, B. (2005). Teen Punished for Taking Iraq Cell Call; Chat with Army Mom Violated School Policy. *Atlanta Journal-Constitution*.

Travis, L. F., & Coon, J. K. (2005). The Role of Law Enforcement in Public School Safety: A National Survey. National Institute of Justice.

Trump, K. S. (2001). The Latest School of Thought: Find Out How Schools Are Applying Security Concepts to Improve Staff and Student Protection-and Where Progress Remains to Be Made. *Security Management*, *45*(11), 60-65.

U.S. Departments of Education and Justice. (1998). *Annual Report on School Safety*(NCES 98-251/NCJ-172215). U.S. Departments of Education and Justice.

U.S. Departments of Education and Justice. (1998). Student Reports of School Crime: 1989 and 1995 (NCES 98-241/NCJ-169607). U.S. Departments of Education and Justice.

Uden, L., & Beaumont, C. (2006). *Technology and Problem-based Learning*. Information Science Publishing.

Urbina, I. (2009, October 12). It's a Fork, It's a Spoon, It's a Weapon? *The New York Times*. Retrieved from http://www.nytimes.com/2009/10/12/education/12discipline.html

Waddell, M. (2018). *On Adolescence*. Routledge.

Wald, J., & Losen, D. J. (2003). Defining and Redirecting a School-to-prison Pipeline. In J. Wald & D. J. Losen (Eds.), *New Directions for Youth Development: Deconstructing the School-to-prison Pipeline*, *99*, 9.

Walker, J. S., & Bruns, E. J. (2006). The Wraparound Process: Individualized, Community-based Care for Children and Adolescents with Intensive Needs. In J. Rosenberg & Rosenberg (Eds.), *Community Mental Health: Challenges for the 21st Century*. Routledge.

Wasser, J. M. (1999). Note: Zeroing in on Zero Tolerance. *Journal of Law & Politics, 15*, 747-779.

Weiler, S. C., & Cray, M. (2011). Police at School: A Brief History and Current Status of School Resource Officers. *The Clearing House*, *84*, 160-163.

West, M. L., & Fries, J. M. (1995). Campus-based Police/Probation Teams-Making Schools Safer. *Corrections Today*, *57*(5), 144-146, 148.

Wu, S. C., Pink, W. T., Crain, R. L., & Moles, O. (1982). Student Suspension: A Critical Reappraisal. *The Urban Review*, *14*(4), 245-303.

동아일보, 1995. 12. 14, 2012. 8. 14; 경향신문, 1997. 6. 29; 한겨레신문, 1995. 11. 28; 중앙

일보, 2012. 8. 14, 충북일보, 2013. 2. 20; 강원일보, 2013. 2. 21.

한국일보(2012. 7. 30.). 학교폭력 징계 학생부에 낙인, 학생 선도 효과 볼지 의문. http://news.hankooki.com/1page/society/201207/h2012073020264621950.htm. 2012. 7. 31. 방문.

조선일보(2012. 5. 4.). 학교'폭력'으로 숨진 학생, 6년간 22명. http://news.chosun.com/site/data/html_dir/2012/05/04/2012050400210.html. 2012. 7. 30. 방문.

stopbullying.gov. (2023, August 4). https://www.stopbullying.gov/

stopbullying.gov. (2023, August 1). What Is Bullying? https://www.stopbullying.gov/bullying/what-is-bullying

stopbullying.gov. (2023, May 17). *Laws, Policies & Regulations*. https://www.stopbullying.gov/resources/laws

Wikipedia contributors. (2023, July 18). Zero-tolerance policies in schools. In *Wikipedia, The Free Encyclopedia*. Retrieved 01:35, August 17, 2023, from https://en.wikipedia.org/w/index.php?title=Zero-tolerance_policies_in_schools&oldid=1166027420

Zero-tolerance policies in schools. https://en.wikipedia.org/wiki/Zero-tolerance_policies_in_schools.

https://witsprogram.ca/

https://www.getcybersafe.gc.ca/en

https://www.cybertip.ca/en/

https://needhelpnow.ca/en/

# 찾아보기

## 인명

## 내용

# 저자 소개

## | 정일환(Chung, Il-Hwan)

경북대학교 사범대학 교육학과 학사
서울대학교 행정대학원 행정학과 석사
Pennsylvania State University 교육정책학 전공(Ph.D)
전 대구가톨릭대학교 사범대학장, 교육대학원장, 학생상담센터 소장
한국교육개발원 교육행정연구부장, 한국연구재단 전문위원(파견근무)
한국대학교육협의회 정책자문교수(상근), 국가교육과학기술자문회의 위원
대통령실 교육비서관, 한국비교교육학회 회장, 한국교육정치학회 회장
(사)한국교육학회 회장
현 대구가톨릭대학교 사범대학 교육학과 교수

대표 저역서

『교육행정학』(개정판, 공저, 2023, 양성원), 『교육사회학』(개정판, 공저, 2023, 양성원), 『교육정책학』(공저, 2021, 학지사), 『교육정치학: 이론과 적용』(공저, 2020, 학지사), 『교육학의 이해』(공저, 2018, 양성원), 『비교교육학과 교육학』(공저, 2018, 양성원), 『학교폭력 예방과 인성교육』(공저, 2018, 양성원), 『한국교육정책 현안과 해법』(공저, 2013, 교육과학사) 외 다수

## | 주동범(Ju, Dong-Beom)

경북대학교 대학원 교육학과 석사
Pennsylvania State University 교육사회학 전공(Ph.D)
전 한국해양대학교 교수
부경대학교 미래융합대학 학장
현 부경대학교 미래융합대학 평생교육 · 상담학전공 교수

대표 저역서

『교육사회학』(개정판, 공저, 2023, 양성원), 『비교교육학과 교육학』(공저, 2018, 양성원), 『비교교육학, 접근과 방법』(공역, 교육과학사, 2017) 외 다수

## | 문수백(Moon, Soo-Back)

경북대학교 대학원 교육학과 석사
University of Alabama 심리측정학 전공(Ph.D)
현 대구가톨릭대학교 사회과학대학 아동학과 명예교수
한국심리검사표준화연구소 소장

대표 저역서
『비전공자를 위한 통계분석의 원리와 실제』(2021, 학지사), 『구조방정식 모델링의 이해와 적용』(2020, 학지사), 『학위논문 작성을 위한 연구방법의 실제』(2003, 학지사) 외 다수

| 류영숙(Ryu, Young-Suk)
대구가톨릭대학교 대학원 교육학과 박사
현 대구가톨릭대학교 사범대학 교육학과 강의전담교수
한국발달상담연구소 선임연구원

대표 저역서
『학교폭력 예방과 인성교육』(공저, 2018, 양성원), 『생활지도와 상담』(공저, 2016, 공감플러스), 『교육방법론』(2015, 공감플러스) 외 다수

| 조태윤(Cho, Tae-Yoon)
대구가톨릭대학교 대학원 교육학과 석사
Humboldt University in Berlin 교육학 전공(Ph.D)
현 대구가톨릭대학교 사범대학 교육학과 외래교수

대표 저역서
『학교폭력 예방과 인성교육』(공저, 2018, 양성원)

| 정현숙(Jung, Hyun-Sook)
대구가톨릭대학교 대학원 교육학과 박사
현 대구가톨릭대학교 사범대학 교육학과 강의전담교수

대표 저역서
『교육행정학』(개정판, 공저, 양성원, 2023), 『학교폭력 예방과 인성교육』(공저, 양성원, 2018), 『교육학의 이해』(공저, 2018, 양성원) 외 다수

| 전경숙(Jeon, Kyeong-Suk)
대구가톨릭대학교 대학원 교육학과 석사
현 대구가톨릭대학교 대학원 교육학과 박사과정

대표 저역서
『학교폭력 예방과 인성교육』(공저, 2018, 양성원)

인성교육의 관점에서 본

# 학교폭력 예방 및 학생의 이해

Prevention of School Violence and Students Understanding

2024년 2월 20일 1판 1쇄 인쇄
2024년 2월 25일 1판 1쇄 발행

지은이 • 정일환 · 주동범 · 문수백 · 류영숙 · 조태윤 · 정현숙 · 전경숙
펴낸이 • 김진환
펴낸곳 • ㈜학지사
04031 서울특별시 마포구 양화로 15길 20 마인드월드빌딩
대표전화 • 02-330-5114 팩스 • 02-324-2345
등록번호 • 제313-2006-000265호

홈페이지 • http://www.hakjisa.co.kr
인스타그램 • https://www.instagram.com/hakjisabook

ISBN 978-89-997-3076-4 93370

정가 23,000원